本书系 2019 年度山东省基础教育教学改革重点项目"构建基于学生感受、质疑、发现的语文新课堂"（项目号：3700012）暨一般项目"融合·建构·创新：初中语文专题阅读与写作教学研究与实践"（项目号：3703004）阶段成果

名师讲语文

语文新课堂丛书

段岩霞 著

语文新课堂
十八讲

山东教育出版社

图书在版编目（CIP）数据

语文新课堂十八讲 / 段岩霞著 . — 济南：山东教育出版社，
2021.4

（语文新课堂丛书 / 张伟忠主编）

ISBN 978-7-5701-1569-3

Ⅰ. ①语…　Ⅱ. ①段…　Ⅲ. ①中学语文课-课堂教学-教学研
究　Ⅳ. ①G633.302

中国版本图书馆CIP数据核字（2021）第026186号

YUWEN XINKETANG SHIBA JIANG

语文新课堂十八讲

段岩霞　著

主管单位：山东出版传媒股份有限公司

出版发行：山东教育出版社

地址：济南市市中区二环南路 2066 号 4 区 1 号　　邮编：250003

电话：（0531）82092660　　网址：www.sjs.com.cn

印　　刷：山东新华印务有限公司

版　　次：2021 年 4 月第 1 版

印　　次：2021 年 4 月第 1 次印刷

开　　本：710 mm × 1000 mm　1/16

印　　张：27.25

字　　数：436 千

定　　价：68.00元

（如印装质量有问题，请与印刷厂联系调换）印厂电话：0534-2671218

序言　上出有思想、有底蕴的语文课

张伟忠

第一次见到段岩霞老师应该是在省优质课的讲台上，但在此前，市教研员崔雪梅老师曾对我提过，她特意"雪藏"了一位优秀教师，让她"潜伏"锻炼，准备到时候"一鸣惊人"。与其他教学新秀相比，段老师给我的印象可谓是"大器晚成"。之所以这样说，是因为她在1998年就获得市优质课一等奖，但直到2012年才参加并获得省优质课一等奖，中间隔了十四年。这十四年，是她闭门读书、潜心教课、厚积薄发的过程。

自获得省优质课一等奖之后，段老师就一发而不可收。先是上了几节省级公开课，都很成功，接着于2017年获得第十一届全国"语文报杯"中青年教师课堂教学大赛一等奖第一名暨最佳朗诵奖。这表明她的课受到了全国专家和同行代表的肯定与好评。此后，她就一直保持着教学与教研的良好、稳定状态，不断推出精彩课堂，时有论文发表，顺利入选齐鲁名师工程人选，并被评为山东省特级教师。我听过段老师的不少语文课，并多次与她研讨，深感她谦逊质朴、勤勉好学的品格和锐意求新、化茧成蝶的韧劲。

初览段老师大作，观其成长之路和思考、实践成果，有几点感受：

一、读书是"真正的备课"

苏霍姆林斯基曾说："读书，每天不间断地读书，跟书籍结下终生的友谊，就是一种真正的备课。""教师若不读书，若没有在书海中的精神生活，那么提高他的教育技能的一切措施就都失去意义了。"读书之于语文教师和语文教学，是"取法乎上"，其重要性怎样强调都不为过。段老师的课堂时常使学生和听课老师感到"惊艳"，除了精研教材，不断提高教学技艺外，更主要的是源于她的博览群书、融会贯通。段老师自己也承认并非天赋异禀，只是乐学好读，深思精进，乘上时间带来的"复利"，才最终脱颖而出并一路领先。她读的书，有文学的、哲学的、美学的、教育学的、心理学的等。读书拓展了她的视野，丰富了她的精神，更新了她的思想。读书相对于备课，是磨刀不误砍柴工。一个因读书而思想充盈、精神丰富的老师，在课堂上给学生提供的就不是知识的"份饭"或"剩饭"，而是精神的大餐和盛宴。

二、要教学，更要治学

教师的天职是教学，这毫无疑问。问题在于，为什么有的教师"几十年如一日"地教学，却只感劳苦，鲜有功劳？学生不满意，自己没提高。一个重要原因即在于教师缺乏治学意识，日复一日地重复别人和自己。那么治学很难吗？其实也不难。以下路径可供参考：一是以课文为原点的文本研究，二是以学生质疑为原点的学情研究，三是以课例为原点的教学研究。分类不是那么严格，简单来说就是研究"这一篇""这一班""这一课"。以课文为原点，由"这一篇"到"这一类""这一本"，由文及人，由人及文，扩展开去。比如教学《昆明的雨》，就顺带把汪曾祺的其他作品和相关评论、传记等都看看，以广度求深度，自然眼界不同，不会再只就课文讲课文。以学生质疑为原点，常能见人所未见，想人所未想。解决一个小问题，即是研究一点小学问，几十个学生，几十个问题，能做出多少学问？学生的问题是教师的金矿，这是语文教师治学无可替代的天然优势。以课例为原点，可利用信息社会的网络优势，把同一篇课文的不同课例找来，梳理比较，研究思考，结合学情，上出新意。如此治学，"为之，则难者亦易矣；不为，则易者亦难矣"。对语文教师来说，治学其实是一种不断思考、研究和创造的状态，也只有这样的语文课，源头活水才会常涌，不停留在技艺、方法、模式等层面打转。当然，如果在治学的过程中自觉地把一些成果转化为课题、论文、书稿，像段老师做的那样，一举数得，就更好了。

三、带着思想进课堂

苏霍姆林斯基主张教师要"带着思想进课堂，形象地说，就是使学生感到惊讶"。思想是从哪里来的呢？不是从天上掉下来的，而是源于读书、治学、思考。现今，有多少语文课能让学生感到"惊讶"呢？我所理解的思想，一是语文教学要切实体现"学生是语文学习的主人"这一理念，二是要努力体现语文课程的性质和特点，三是语文教师在课堂上要带着自己读书治学的体会、心得、思考。我们这几年在研究和推动的"构建基于学生感受、质疑、发现的语文新课堂"项目，就致力于体现这些思想。段老师是项目研究和实施的主要参与者，她的领悟能力很强，能吃苦，善钻研，在教学实践中逐步形成了自己的教学风格。她的课扎实、厚重、大气，理念先进，底蕴深厚，可称作鲁派语文的优秀代表。

段老师的这本书很厚重，思维含量颇丰。所谓"新课堂"，既有教学思想之新，也有教学内容和教学设计之新。这些新意，有很大一部分来自对学情的精准把握和课堂教学中的精彩生成。她对每一类文体的把握，对每篇文本的解读和设计，以及对写作教学的思考和实践，都能体现出一位一线名师的底蕴、智慧和创新。语文教学之路没有尽头，风景无限，最后衷心希望段老师不忘初心，更行更远。

是为序。

2021年4月

（张伟忠，文学博士，山东省教育科学研究院初中语文教研员，研究员，山东省中语会副理事长，首届教育部基础教育语文教学指导委员会专家）

目 录

自序　我的语文新课堂追寻之路

眨眼间，在语文教学的田园上已经耕耘二十四个年头。二十四年来，我误打误撞走进语文的"桃源"圣地，从"复制"名家到自我"觉醒"，从细读文本再到"发现"学生、关注学生，重视学生的感受、质疑、发现……且行且思，且思且寻，终于在这课程教育改革的新时代走进了语文新课堂。

蹉跎十年，从"复制"名家到自我"觉醒"

我从小喜欢读书，读书之路是先入"歧路"再上"正途"。最早的读物是小人书、烟盒画片；小学三年级时，开始翻阅父亲的《三侠五义》《七侠五义》《彭公案》《施公案》等侠义、公案、传奇小说；四、五年级时，跟着大哥读金庸的武侠小说和琼瑶、三毛的言情作品；直到八年级，才在语文老师的指引下，阅读真正的名家名作。囫囵吞枣地读了几遍《红楼梦》后，便急转弯拐到了外国名著的田野，一路读了托尔斯泰、屠格涅夫、叶赛宁、歌德、雨果、大仲马、狄更斯、杰克·伦敦、马克·吐温、海明威、马尔克斯、川端康成等外国小说家的作品。升入师范学校后才又拐回国内，先后读了鲁迅、巴金、老舍、郁达夫、张爱玲、余华等现当代名家的名作。师范三年没读过瘾，就又读了两年师专。

1995年，师专毕业前一年，学校推行"微格教学"。在专门设置的格子间，在砖头一样的录像带里，我看到了宁鸿彬、于漪等语文名家的教学实录。如果说文学阅读给我打开了一个美丽而神奇的世界，让我爱上了语文；那么，这段时间的视频阅读则让我感受到了语文教学的魅力，笃定了我做一名优秀语文教师的念头。

毕业第一周，学校领导听新入职教师的课。我恰巧教到一篇自读课文，便顺手"搬用"了宁鸿彬老师的"通读、质疑、理解、实践"四步教学法，引导学生自读自问，自主解决问题。或是我所在的小县城信息闭塞，或是听课的长辈有心鼓励、栽培我，所有的听课领导、老师竟然没有识破我的"抄袭"，异口同声夸赞我教学基本功好，教学思路新，有创新意识。初尝成功滋味，我有些沾沾自喜。接下来的很长一段时间，我就靠着这样的"小聪明"，连续施展"腾挪"战术，"复制"名家教学设计，不仅先后在学校、县城执教公开课，还在1998年春天全市初中语文优质课比赛中斩获一等奖。我抽到的比赛篇目是朱自清的《春》，而我的教学思路大半"借鉴"自于漪老师的案例，唯一属于我原创的应是"体会作者情感"环节——拓展相关资料，引导学生比较领悟，这不是朱自清某一具体时刻所见的春天，而是经过浓缩提炼的朱自清心中的春天。我清晰地记得，当时的市语文教研员王玉强老师特别表扬了我的这一点发现。然而，那时的我没有理论自觉，不知道为何偏偏是"这一点"设计博得了王老师的青睐，也就没有继续琢磨深思，高兴了几天，就把王老师的点评抛诸脑后了。

就这样，我原地徘徊，"混"了十年，或是自小打下的文学底子以及师范五年培养的基本功、提供的"存货"还算厚实，竟"混"成了学校的骨干、县教学能手和学科带头人。2006年，我再次参加市优质课评选，抽到了《死海不死》，我想"复制"曾经的成功模式——用教《春》的方式来教《死海不死》，可这次却遭遇滑铁卢，只得了一个二等奖。失败的我把所有原因归咎于自己运气不好，赛制不公平——二十余名参赛选手，二十余个课题，《死海不死》是其中最无法出彩的几个课题之一，自然难以胜过他人。这种情绪一直持续了很久，我还专门为此写了一篇《说明文也需要美读》的小论文，以抒发内心的不平之气。直到2007年春，县教研员郭莉莉老师带我去临淄二中，我亲耳聆听了上海师范大学王荣生教授的评课，才如醍醐灌顶，幡然醒悟——"合宜的教学内容是一节好课的最低标准"，"不同文体应有不同的读法，教学重点也应该有所不同"，而我却把"科学语体"混同于"文艺语体"，用读文学作品的方式来读说明性文章，自然南辕北辙。要教好语文，不仅要有丰厚的文学积淀，还要有扎实的理论功底。学理通透了，才能把语文教对、教好、教美，才能看出语文的门道。

于是，我先后购买了王荣生、钟启泉、孙绍振、钱理群、王富仁、王尚文、赖瑞云、詹丹、陈日亮、李海林、郑桂华等名家的著作，埋首苦读。理论书籍内容艰深，语言枯燥，初读的时候真像"啃"一块块寡淡无味的"硬骨头"。有很长一段时间，这些名家名作成了我入睡的"催眠曲"。无奈之下，我决定用最笨的办法做最难的事儿——学习古人，用抄书来强迫自己学习！我在书的空白处抄，在笔记本上抄；只言片语地抄，整篇整篇地抄；一笔一画地抄，龙飞凤舞地抄；备课、上课之余抄，入夜倚在床上抄……记得王荣生教授《语文科课程论基础》的某些章节，《孙绍振如是解读作品》《月迷津渡》的序言，王尚文教授《走进语文教育之门》的绪论、结语，我前后抄了好几遍。几年间，我购置了四个大书橱，里面塞满了不计其数的书，我也抄了不计其数的书。抄书抄上了瘾，难啃的理论著作也慢慢读出了趣味，我的语文教学也开始逐渐由"歧路"进入"正途"。

爬坡十年，从细读文本到"发现"学生

有人说，越努力越幸运。我认为，这句话必须加一个前提，那就是要找对方向。

有了专家的理论引领，我开始领悟，当年王玉强老师之所以夸我那一点设计好，是因为我误打误撞教到了散文的"点"上——散文中的写实不是纯粹的、客观的写实，散文中呈现的是"作者极具个人特性的感官过滤后的人、事、景、物"；同样，朱自清笔下的春天不是客观的春天，而是经过了朱自清"心眼"过滤的春天。

开始觉醒"'教什么'比'怎么教'更重要"。拿到一篇课文，不能从"怎么教"做起，而要前移。先研究这篇文章里有什么，哪些内容最独特、最有意味、最有教学价值，进而确定"教什么"。设计教学方案时，要留意"想教的"是不是"应教的"。实施教学后，要反思自己"想教的"和自己"实际在教的"是否一致，为什么不一致，哪里出了问题，解读、设计还是操作……

开始发掘不同文类的体式特性，自觉地"依体而教""适类而教"。比如：散文的关键点不是所记叙、描述的客体，而是记叙、描述中所灌注的作

者主体的情感、情思、情怀、情趣、情理；阅读散文，我就带领学生通过作者笔下的人、事、景、物，去触摸这些人、事、景、物背后的作者心眼、心肠、心境、心灵、心怀，去体认作者对社会、对人生的思考和感悟。小说的本质是虚构，小说的基本层面是故事，而体现短篇小说魅力的是内含因果逻辑的情节艺术；阅读小说，我就指导学生从故事到情节，梳理小说的因果链条，体会小说的虚构艺术。诗歌的基本元素是意象、意境，除此之外，精致的诗歌结构、因"跳跃"形成的空白、因讲求韵律而设置的"复沓"性语言以及古诗中的典故，也是进入诗歌的钥匙；阅读诗歌，我就紧扣这些元素，让学生左右勾连、前后贯通，想象补白、描述画面，由浅入深，感受意境，体验诗人的情感。

开始顿悟"解读文本要具体问题具体分析"，不仅要看到文类的共性，更要着眼于文本的特殊性、具体性、个别性。比如：小说有情节小说、对话小说、诗性小说、节选小说之分；散文亦有叙事散文、写景散文、议论性散文、回忆性散文、传记性散文，以及情感散文、情趣散文、情理散文之别。再如：教苏轼作品，要纵观《苏东坡诗词评注》《东坡志林》等苏轼不同时代的作品，联读《苏轼评传》《苏轼传》《苏东坡传》《走进苏东坡》等不同作家的传记，叶嘉莹《唐宋词十七讲》、孙绍振《月迷津渡》等不同评论家的鉴评作品，乃至余秋雨、刘艳琴等散文作家的感发作品，还要比照阅读柳宗元、范仲淹、欧阳修的系列作品。这样，我们才能发现相似处境下不同作者、同类文本不同意图的明显区别，辨识出《记承天寺夜游》与《江城子·密州出猎》《水调歌头·明月几时有》等同一作者不同时期作品言语、情感、思想方面的细微差别。

开始意识到语文教师不仅要掌握语文学科的相关理论，了解文本细读的方法，还要具备一些哲学和美学方面的知识，读一读朱光潜的《谈美》《文艺心理学》、宗白华的《美学漫步》、李泽厚的《美的历程》《华夏美学》、叶朗的《中国美学大纲》等美学名著以及中国古代、近现代哲学家的著作。这样，才能把"这一篇"和"这一作者"还原到它和他所产生的艺术谱系中，找到它和他的准确坐标，品出言语形式背后的思想文化精髓。

就这样，我一方面埋首于典籍，努力转化专家的文本解读成果；一方面大胆"试水"，尝试"素读"课文，仔细探寻属于"这一篇""这一刻""这一作者""这一情感"的独特之处，提升独立解读与原创设计的能力。

2011年11月，我再一次参加全市优质课评选。这次评选由单纯听一节课改为初赛和复赛两轮比赛，初赛分笔试和面试两关。笔试考文本解读和写作，要现场"素读"一篇作品写出解读论文，还要根据给定的题目写一篇作文；面试随机抽题，限时说课。初赛过关，才可以参加上课比赛。最终，我以初赛、复赛、总分均列第一的成绩获得了2012年山东省初中语文优质课比赛的参赛资格。十个月后，我又以《记承天寺夜游》一课获得省优质课一等奖第四名。而且，我的解读、设计以及"走进文本""在文本里细读、品读、诵读"的做法得到了省教研员张伟忠老师的肯定和鼓励，我撰写的课堂实录和教学反思被张老师推荐发表在2013年的《语文教学通讯》上，我也获得了在全省古诗文教学研讨会上执教公开课的机会。

2014年4月，烟台龙口，我执教张岱的《湖心亭看雪》。为了上好这节课，我反复阅读张岱的《陶庵梦忆》《西湖梦寻》，重读了宗白华、李泽厚、叶朗的美学作品，胡益民的《张岱评传》，史景迁的《前朝梦忆》，以及陈平原、夏咸淳、方克立、张则桐等专家的鉴评文章，努力从文字、文学、文化以及美学的视角审视文本和作者张岱，力求读出属于自己的理解和见解。果然，我对文本的解读和朗读设计引发了与会老师的关注，课后的讨论评课环节，我成了会场的焦点——有的老师不吝赞美，夸我"解读细腻新颖""教学有创意"，有的争相举手与我探讨、商榷。还未来得及陶醉，市教研员崔雪梅老师指出了我存在的问题——45分钟的课为什么上了50分钟？课堂推进为什么这么艰难？是不是过于强调解读的深度和新度，忽略了学生的实际？这一堂课上完，学生懂了多少？除了追问、追问，还有没有其他的手段？能不能深入浅出，让学生在轻松的氛围中快乐地学习体验？一连串的问题，让我刚刚要飘飘然的心瞬间坠落大地。

我重新审视自己的课堂，并且调出名家的视频、实录反复比对。我终于发现，我是在努力将我解读的成果、我理解的文学和美学"奉送"给学生，而名家是贴着学生、领着学生不断生成、生长、自我超越的。真正优秀的教师不仅要细读文本、精研作者，养成纯正的趣味，"擦亮自己的眼"，更要俯下身子，倾听学生的声音，了解学生的需求，让学生"站在课堂的中央"。

俯身三载，关注学生演绎无限精彩

怎么倾听学生的声音，了解学生的需求呢？我采取的办法是"两条腿走路"：一是埋头研读有关学习心理学方面的理论，寻求学理支撑；二是俯身调查研究，让学生写感受、提问题，然后以学生的感受、质疑和发现为教学起点，解决真实的阅读困惑，生成真实的阅读体验。

不"提"不知道，一"提"真奇妙！学生的问题真是五花八门，让人忍俊不禁；又如散金碎玉，散发着智慧的光芒，令人击节赞叹。（这些问题在本书中都以原貌呈现，大家可以仔细研读）这些问题，有的拓展了我的教学视野，让我不断获得新知，如"李白姓啥子嘛？""为什么《江城子》《破阵子》题目中都有一个'子'？"；有的激发了我的教学灵感，让我重新审视文本的教学价值，如"为什么人群对着赫留金哈哈大笑，不是应该嘲笑丑陋变态的警官吗？""独眼鬼是在告密吗？"；有的让我找到了教学的切入点和生长点，如"作者小时候就会德语吗？""竺可桢是著名的气象学家、地理学家，为什么写这样的文章？""为什么我从《岳阳楼记》《渔家傲·秋思》里读到了两个不一样的范仲淹？"最重要的是，当我把学生的问题拍成照片，投到屏幕上的时候，学生的眼睛瞬间亮了，一个个屏气凝神，全神贯注。尤其是当我遵循语文学习的规律、文本内在的逻辑，把学生的问题转化为一个个充满语文味儿的体验活动或学习情境时，学生的思维更加活跃了，他们争先恐后地投入到语文学习中，比较还原，想象补白，诵读吟哦……不知不觉地走进了言语深处、细微处。

渐渐地，我找准了自己的教学定位：教师是文本和学生之间的摆渡者——要基于学生主动表达的感受、质疑、发现，确定教学内容，找准教学起点和落点；还要从学生的回答、评价以及学生的表情等渠道辨别学生的经验状况和学习需求，主动调整教学的方向。教师是学生思维的"点火人"——要创设合宜的情境，激发学生的思维，捕捉"火花"；还要在思维受阻时，挑拨"火苗"，搭建支架，推动学生充分思考，抵达要到的地方。教师是学生学习的陪伴者——和学生一起感受、质疑、发现，和学生一起寻觅、思索、成长，和学生一起领略言语的秘妙、思想的魅力和生活的花团锦簇，一起体验曲径通幽、豁然开朗的愉悦和快乐。

通透了万卷书的要言，找准了自己的教学定位，再走上讲台，便胸中有丘壑，眼中有学生，一举一动、一言一行也便少了些紧迫慌张，多了些从容自如。课堂上时不时出现会心的微笑，发自内心的掌声。短短几年间，我先后在淄博市内、山东省内执教数十节公开课。每一节课，都会因学生或稚拙或灵动或深刻的问题而演绎出各种不同的精彩，打动听课老师的心扉，引发大家的共鸣。我把这些迸射着智慧火苗的新发现及时整理出来，投给《语文建设》《语文教学通讯》《中学语文教学参考》《中学语文教学》《中学语文》等各大语文报刊，很快便发表了二十余篇。

我的尝试又一次得到了张伟忠老师的肯定和鼓励。2017年5月，我有幸作为山东省唯一选手参加第十一届"语文报杯"全国中青年教师课堂教学大赛。备战全国大赛的日子里，我的心始终是忐忑的，因为"语文报杯"不是自选课题，而是现场抽课，48小时备课，我担心万一抽到自己没教过或不拿手的课题，辜负了张老师的信任和一直陪伴我成长的郭莉莉、崔雪梅老师的厚爱。去枣庄"实战演练"的路上，张老师看出了我的顾虑，他云淡风轻地对我说："不要担心，凭你目前的功底，只要你心里装着学生，眼里有学生，拿个一等奖绝对没有问题。"张老师的话给我打了一剂强心针，也再次帮我明晰了教学方向。

7月26日中午，最后一次抽签，我抽到了岑参的边塞诗《白雪歌送武判官归京》。远在山东的张伟忠老师又再次发来短信，指导我一定要从学生的问题和感受出发，鼓励我让学生当堂提问。我是那届大赛中唯一让学生当堂提问的选手，而我俯下身子与学生真实对话的做法，也得到了大赛评委褚树荣老师的高度评价——课堂对话和回应最能见出一个教师的功力。教学是什么？是教师和学生朝着一定的目标，完成学习任务的过程。课堂不是演讲台，教学不是教师个人的抒情，教师和学生的即时对话才是课堂流动的美丽风景。往浅处说，这是教学机智；往深处讲，这是"以生为本"的思想。当我获得专家评委和大众评委的一致认可，两次站上高高的领奖台上，接受"初中组一等奖第一名"和"最佳朗诵奖"的荣誉、鲜花和掌声时，我知道这不是我个人的成功，而是"基于学生的感受、质疑、发现"课堂理念的成功，是学生和我共同演绎的精彩。

为让更多和我一样曾经徘徊或正在徘徊的语文老师找到方向，让更多的学生享受语文学习的快乐，张伟忠老师决定把新课堂理念向全省以及全国推广，我有幸成为张老师教学改革项目组、课题组的核心成员。张老师告诉我，所谓新课堂就是以学生的"学"为核心的课堂。它并非全新的理念，而是为了"纠偏"，与教师的"教"相对而言。做研究要系统，要找到研究的源与流，要在前人的理论与实践中找到我们的定位。张老师给我发来他近年在全国各地所做的报告，指导我整理有关新课堂理念的国内外文献，撰写研究综述；同时鼓励我梳理自己的教学思考和实践案例，公开出版和大家分享。

就这样，我一头扎进孔子、陶行知、叶圣陶、于漪、钱梦龙、洪镇涛、陈隆升和道尔顿、夸美纽斯、布鲁纳、杜威、维果茨基、古德莱德、佐藤学等古今中外教育家的典籍中。如果说，初登讲坛的我当时关注的是于漪、钱梦龙等名家的教学之"技"，而今我着眼的则是他们的教育之"道"。精于技艺，自然可以"进乎道""通乎神"；反过来，"道"通则"技"融，无招也能胜有招。这"道"就是教育的本质，就是语文新课堂的核心理念——珍视学生的感受、质疑和发现，着眼于学生的生成、生长与发展。有此"道"在心，我们的课堂才会少一些喧嚣和劳苦，多一些闲暇、快乐和坚实的进步。

梳理自己教学经验和实践案例的过程，也是一个再次浸润、充实、提升的过程。一年来，我不断回望、盘点，重新审视、思考；同时，赴省内济宁、德州、潍坊、临沂和河北、辽宁等地播撒新课堂理念的种子。时而有新发现，欢欣鼓舞；时而窥见缺漏，逡巡汗颜；时而有师长关心，让我振作奋起；时而有小友询问，让我载欣载奔……就在我校对书稿的间隙，蒙阴的冉冉老师发来捷报："段老师，您好！昨天我们县里的讲课比赛结束了，我得了第一名，非常感谢您对我的指导。"其实，我哪里算得上指导，只是提醒了一下新课堂理念，提供了一点备教资料。归根结底，这应是新课堂理念在蒙山沂水开出的又一株灿烂花朵。

张伟忠老师曾说我是"大器晚成"。其实我自己知道，我一是在"歧路"耽搁太久，二是资质本就平庸。我自忖不是灵感迸发型的语文老师，从黄河边僻远的小乡村一步步走上全国的大讲台，成长路上历经了许多曲折。每一堂还算精彩的课都是在海量阅读、反复揣摩、仔细推敲中诞生的，今天的"举重若轻"亦都是"山重水复"之后的"柳暗花明"。就像我每次给学生自我介绍时所说的，我就是山脚下那块拙朴的岩石，凭着日积月累的锻炼、不惧风吹日晒的打磨，才逐渐幻化、映射出属于自己的一段霞光。而恰恰如此，我才感觉自己的成长之路可供来者借鉴。希望大家通过这本小书，能够尽量避免我曾走过的弯路，尽早走进语文教学的正道，找到属于自己的语文新课堂。

段岩霞

2020年10月6日

01

第一章
短篇小说的读与教

第一讲　小说阅读教学的多重视角

——《我的叔叔于勒》解读与思考

在初中语文教材中，小说占比第三，仅次于古诗文和现代散文。以统编初中语文教材为例，九年级上下两册便专门设置了3个小说单元，计11篇小说，加上散见于其他册的《植树的牧羊人》《猫》《台阶》《驿路梨花》《带上她的眼睛》，共16篇。因此，根据小说的文学和文本特质进行阅读教学，对提高学生的理解与表达能力、审美与鉴赏能力至关重要。接下来，我以九上第15课《我的叔叔于勒》为例，具体谈谈小说阅读教学的多重视角。

一、常规视角

选入初中语文教材的短篇小说（包括长篇小说节选）多是写实主义小说，这类小说的最大特点是"通过人物、情节和场景的具体描写来反映社会生活"[①]。因而，小说阅读教学的常规视角就是人物与情节。

（一）人物

英国小说家、评论家E.M.福斯特在《小说面面观》一书中将小说人物分为扁平人物和圆形人物两类。扁平人物又称类型人物、漫画人物，是基于某种单一观念或品质塑造而成的人物，可以用一句话概括出人物形象，极易被读者辨认与记忆。比如，契诃夫短篇小说中的"变色龙""套中人"，已成为一种符号恒久不变地留在读者的记忆中。而圆形人物则"像月亮那样盈亏

---

① 倪文尖、朱羽：《重塑小说观　建构新图式》，载《语文学习》2005 年第 3 期。

互易，宛如真人那般复杂多面"，不能用一句话来概括，尤其不能用好或坏来简单区分，其性格是随着经历的扩展而不断"发育"的。扁平人物一般诉诸人们的幽默感，所以讨巧的、典型的扁平人物多出自喜剧（尤其是讽刺喜剧）。圆形人物激发的是我们拥有的所有情感，所以"只有圆形人物堪当悲剧性表演的重任"[①]。

不过，福斯特是针对五万字以上的小说而言的，短篇小说要在区区几千字的篇幅中完成人物的"性格发育"，是非常困难的；所以近代以来享誉世界文坛的中长篇小说家数以百计，而大师级的短篇小说家却凤毛麟角。[②]莫泊桑是无可争议的短篇小说大师。他的短篇小说大多以日常生活故事为内容，按照生活的本来面目去摹写人情世态，刻画人物形象，揭示人性的复杂与丰富。所以，他笔下塑造的多是自然化的"圆形人物"，比如《我的叔叔于勒》中的于勒和菲利普夫妇。

小说标题是"我的叔叔于勒"，我们就先从于勒开始说起。于勒是一个什么样的人呢？

在原文"据说"引起的插叙之前有这样一段话：

> 我从小就听家里人谈论这位叔叔，我对他已是那样熟悉，大概一见面就能立刻认出他来。他动身到美洲去以前的生活，连细枝末节我都完全知道，虽然家里人谈起他这一段生活总是压低了声音。

"细枝末节""完全"说明"我"对于勒的所有恶行全部知悉。也就是说，家里人口中的于勒，在动身去美洲前，除"把自己应得的部分遗产吃得一干二净""大大占用了我父亲应得的那一部分"外，并无更大恶行；而被送往美洲的于勒，刚赚了点钱，就写信来表示"希望能够赔偿我父亲的损失"，还希望"发了财"回哈佛尔和哥哥嫂子"一起快活地过日子"。船长口中的于勒，再次破产后也始终记着自己还欠哥哥的钱，不愿回到他们身边，即便已经来到离家不远的地方。显然，于勒并非一个单向度的人，并非

---

①［英］E.M. 福斯特著，冯涛译：《小说面面观》，上海译文出版社 2016 年版，第 61—72 页。

②［法］莫泊桑著，李玉民译：《莫泊桑中短篇小说选·中译本序》，商务印书馆 2016 年版，第 1—2 页。

只知道物质享受，挥霍家人财产，他也有精神方面的追求，他惦念家人，有温情、良知、自尊和做人的底线，只是没有实现这一精神追求的能力。他是一个可气之人、历尽磨难与沧桑的可怜之人，从他最后的自食其力来看，他还有一些可赞之处。

另外，"发了财"的于勒未出场时虽然在"我"父母的心中至高无上，但真实的于勒在众人眼里却渺小得几至视而不见。父亲起初看到了先生太太们及其"高贵的吃法"，并未留意卖牡蛎的年老水手。船长对于勒更是漠不关心，根本不知道在自己船上谋生的这个法国水手真实的名字，就连姓什么也是模糊的。从这个角度来看，莫泊桑笔下的于勒就像鲁迅先生笔下的孔乙己一样，都是可有可无的人，有他没他，人们都是这样过。不同的是孔乙己不肯脱下象征读书人身份的长衫，最终在众人的哄笑声中走向了毁灭，而渺小可怜的于勒从吃父母"老本"到自食其力，从"大大占用了我父亲应得的那一部分"到不愿再拖累家人，最终实现了人生的蜕变。

文中的线索人物尚且如此复杂，主要人物菲利普夫妇就更是"一言难尽"了。

开头三段对菲利普夫妇的描写很有意思。一方面作者交代这个家庭很拮据。父亲"很晚"才从办公室回来，挣的钱"刚刚够生活"，"家里样样都要节省"；母亲对此"感到非常痛苦"；姐姐"买十五个铜子一米的花边，常常要在价钱上计较半天"。另一方面，这拮据的一家每到星期日却"都要衣冠整齐地到海边栈桥上去散步"。原文在这"衣冠整齐"后还有三段具体的描写：

　　我的父亲穿着礼服，戴着礼帽，套着手套，让我母亲挽着胳膊。我的母亲打扮得五颜六色，好像节日悬挂万国旗的海船。姐姐们总是最先打扮整齐，等待着出发的命令，可是到了最后一刻，总会在一家之主的礼服上发现一块忘记擦掉的污迹，于是赶快用旧布蘸了汽油来把它擦掉。

　　我的父亲于是头上依旧顶着大礼帽，只穿着背心，露着两只衬衫袖管，等着这道手续做完；在这时候，我的母亲架上了她的近视眼镜，脱下了手套免得弄脏，忙得个不亦乐乎。

　　全家很隆重地上路了。姐姐们挽着胳膊走在最前面。她们已经到了出嫁的年龄，所以常带她们出来叫城里人看看……我现在还记得我可怜的双亲在星期日散步时候那种正言厉色、举止庄重、郑重其事的神气。他们挺直了腰，伸直了腿，迈着沉着的步伐向前行走，就仿佛他们的态度举止关系着一桩极其重要的大事。[①]

这"隆重"的阵势、"郑重其事"的神气，让人倍感滑稽可笑。同样可笑的还有父亲被"高贵的吃法"打动、请家人吃牡蛎的描写，全家人借二姐结婚的机会"快活而骄傲"地前往哲尔赛岛旅行的描写。这些有点前后矛盾的可笑细节，揭示了菲利普夫妇的日常生活与心理状况：他们生活在社会底层，是无奈的、精于金钱算计的小人物；他们爱慕虚荣，渴望体面而高贵的生活。当然，这种虚荣和欲望并非菲利普夫妇所独有。

再看菲利普夫妇是怎样对待于勒的。

从菲利普夫妇热切盼望发财的于勒、见到贫穷的于勒却避之不及的言行，我们（包括学生）一眼便能看到其唯利是图、冷酷无情的一面。不过，小说中还有一个细节：人们按照当时的惯例，把他送上从哈佛尔到纽约的商船，打发他到美洲去。这处细节在另外的三个译本中是这样表述的：

> 按照当时的惯例，他被送上一只从勒阿弗尔开往纽约的商船，到美洲去了。（人民文学出版社赵少侯译本）

> 按照当时的惯例，他被送上一艘从勒阿弗尔驶向纽约的商船，被打发到美洲去了。（北京联合出版公司柳鸣九译本）

> 按照当时惩罚的惯例，他被送上一艘去美洲的商船，离开勒阿弗尔去纽约了。（商务印书馆李玉民译本）

细读"惯例""送""打发""纽约""商船"等关键词，再联系美国西部大开发的历史背景，我们会发现菲利普夫妇并非绝情的哥嫂，送走弟弟是当时人们的正常选择，也是无奈之举。

从为人父母的角度来看，菲利普夫妇的躲避也是出于无奈。"我大姐那时28岁，二姐26岁。她们老找不着对象，这是全家都十分发愁的事。终

---

① [法]莫泊桑著，赵少侯译：《莫泊桑短篇小说精选》，人民文学出版社2002年版，第117页。

于有一个看中二姐的人上门来了。他是公务员，没有什么钱，但是诚实可靠。我总认为这个青年之所以不再迟疑而下决心求婚，是因为有一天晚上我们给他看了于勒叔叔的信。"所以，当确定卖牡蛎的是于勒后，母亲才反复强调"别叫他们看出来""最要留心的是别叫咱们女婿起疑心""要是被那个讨饭的认出来，这船上可就热闹了"。"热闹"不仅是指自己的体面尽失，更指女儿的幸福可能会化为泡影。联系散步时让女儿们"盛装"走在前面的细节，我们可以说，菲利普夫妇算得是一对处处为儿女打算的父母，他们对于勒的无情恰恰是对儿女的有情。这种"自私自利"正是人性中普遍存在的弱点。

此外，菲利普夫妇充满心理色彩的动作、神态细节也暴露了他们内心的无奈与无助。父亲先是"不安"，而后"脸色苍白""煞白""神色张皇""狼狈"，母亲从"吞吞吐吐"到"哆嗦"，再到"突然暴怒起来"……他们何尝看不出于勒的书信有问题，只是对"高贵体面生活"的强烈渴望使他们始终不愿面对现实。而且随着时间的推移，他们就像《渔夫和金鱼》中的老太婆一样"希望与日俱增"——欲望的肥皂泡不断膨胀。于勒的出现戳破了这些绚丽的肥皂泡，他们的心理也就随即崩溃，潜藏心底的、压抑已久的满腔委屈、怨恨、绝望，还有深深的不安与恐惧顿时全部倾泻而出，"贼""讨饭的"这些冷酷得有些恶毒的话语脱口而出。真是可恨又可怜——显性的是可恨，隐性的是可怜、无奈与无助！[①]

趋利避害是动物的本能，泯灭亲情则是人性的扭曲。如果说于勒是从悲剧性的人物走向了自我的救赎，那么菲利普夫妇就是从平凡的人物滑向了人性悲剧的深渊。莫泊桑特意安排于勒以穷困潦倒的水手身份出现在全家人面前，出现在菲利普夫妇面前，就是要通过这一个家庭、这一对小人物集中透视出人生的百态、人性的复杂，以及隐藏在人们温情面纱下的"小"，让我们审视并警醒金钱或曰欲望对人性的异化。但是，聪明的读者却很难嘲笑菲利普夫妇，他们甚至会禁不住扪心自问："如果我也处于这样的境地，我与

---

① 王君：《灰色小人物的灰色理想的幻灭——〈我的叔叔于勒〉的另外一种读法》，载《中学语文教学》2008 年第 12 期。

菲利普夫妇会有什么不同？"

圆形人物之"圆"，就在于充分展现了人性所具有的深度和复杂性。小说的主要功能，就是表现"那些纯粹的激情，亦即梦想、欢愉、哀伤以及不便或羞于启齿的内省"；小说家的职能，就是从根源上揭示人们内心"隐匿的生活"。[①]所以，经典小说能充分调动读者的阅读能动性，将我们也变成小说的第二作者，引领我们反思自我的生活，拷问自己的灵魂。

（二）情节

小说阅读教学，我们最经常做的就是"梳理故事情节"。然而"故事"与"情节"其实是两个概念。

"小说的基本层面是讲故事的层面"，这个观点自E.M.福斯特提出后，已成为小说创作的公理。所以，莫言说自己是一个"讲故事的人"。所谓故事，就是"对一系列按时序排列的事件的叙述"，如"国王死了，后来王后也死了"。情节则是对一组具有因果关系的事件的叙述，如"国王死了，王后因为心碎而死"。对于"王后的死"，我们听的如果是一个故事，我们就会像《从百草园到三味书屋》中听长妈妈讲故事的小鲁迅一样追问："然后呢？"如果这是个情节，我们则会探询："为什么？"[②]

对于《我的叔叔于勒》而言，如果仅仅是按照时间顺序梳理事件，则不过是在概括故事：于勒败家，菲利普夫妇送他去美洲；于勒发财，写信表示补偿菲利普夫妇；菲利普夫妇盼于勒归来十年之久，并拟定了上千种计划；菲利普夫妇在二女儿婚礼后带全家到哲尔赛岛游玩，在船上发现于勒沦为贫穷的水手，设法躲避于勒。这样只是搞清楚了小说的基本层面——"先发生了什么""然后如何""后来怎样"，并没有触及小说的深层，而且这也不是这篇小说的原貌。

莫泊桑是怎样编织小说情节的呢？

首先，莫泊桑从菲利普一家拮据的生活切入，再写全家衣冠整齐地到

① ［英］E.M.福斯特著，冯涛译：《小说面面观》，上海译文出版社2016年版，第41页。
② ［英］E.M.福斯特著，冯涛译：《小说面面观》，上海译文出版社2016年版，第79—81页。

海边栈桥散步的情景。这样不仅制造了谜团，吸引读者追问"为什么会这样"，而且这一部分也是后面情节的"因"——正是因为菲利普一家生活拮据，所以才那么渴望得到于勒的补偿；正是因为菲利普夫妇如此渴慕体面而高贵的生活，才不愿怀疑于勒真的发了财，才会历经十年之久希望不减反增；正是因为菲利普如此爱慕虚荣，所以才会被先生太太们"高贵的吃法"打动；正是因为菲利普请女儿女婿吃牡蛎，才会发现穷水手就是于勒。

其次，莫泊桑在小说的前半部分一直不让于勒登场，仅通过父母的诉说、于勒的两封信和一位船长的话展现于勒的部分片段。这样，不仅瞒住了读者，让情节变得更加扑朔迷离，而且这也成为后续情节的"因"——正是因为按照"惯例"送于勒踏上驶向纽约的商船，所以菲利普一家才会相信于勒会发财；正是船长的描述，让菲利普夫妇笃信于勒信中的话，萌生了上千种计划和"梦想"；正是于勒的信，让公务员下定决心向"二姐"求婚；正是"二姐"结婚，才会有前往哲尔赛岛的旅行；正是这次旅行戳破了菲利普夫妇心中的梦想，让"平静得好似绿色大理石桌面的海上"出现"一片紫色的阴影"。

再次，情节与细节互相穿插照应，针脚绵密。当代著名小说家毕飞宇认为：读小说时如果只盯着大处，将失去生动、深入和最能体现小说魅力的部分；如果只盯着小处，又会失去小说的涵盖、格局、辐射以及小说最本质的功能。因此，好的读者要有两只眼睛：一只眼看大局，要能看到小说内部的大；一只眼盯局部，要同时能读到小说内部的小。[1]在《我的叔叔于勒》中，核心情节是菲利普夫妇与于勒相遇。而于勒在国外，不愿回来；菲利普夫妇在国内，若非极特殊的缘由，生活拮据的他们不可能出国旅游。所以莫泊桑精心设计了"二姐"的婚事，特意选择了哲尔赛岛，并插入一段有关哲尔赛岛的介绍：

哲尔赛岛是穷人们最理想的游玩的地方，这个小岛是属英国管的。

路并不远，乘小轮船渡过海，便到了。因此，一个法国人只要航行两个

---

[1] 毕飞宇：《小说课》，人民文学出版社2017年版，第11页。

小时，就可以到一个邻国，看看这个国家的民族，并且研究一下这个不列颠国旗覆盖着的岛上的风俗习惯。（不过，据那些直言不讳的人说，岛上的民风实在是没法恭维）

这几句交代看似无关紧要，其实十分关键。正是因为哲尔赛岛乘小轮船只要两个小时就可抵达，所以十分经济实惠，生活拮据的菲利普一家也能负担；因为哲尔赛岛属英国管辖，所以算得上出国旅游，"研究一下这个不列颠国旗覆盖着的岛上的风俗习惯"也不失风光体面。[1]而且，这里的"研究"一词用得特别传神，和被删去的后一句互相映衬，再现了菲利普故作派头、郑重其事的神态；同时，此处的"小轮船"和前面的"大轮船"（有的版本译为"巨轮"）形成鲜明的对比，别有一种讽刺的意味。

这样的细节文中有许多。比如，父亲那句永不变更的话："唉！如果于勒竟在这只船上，那会叫人多么惊喜呀！"按语法讲，去掉"竟"字更通顺，也更合情理。作者偏偏加了这个"竟"字，这说明于勒的财富只是一个渺茫的影子，说这话的父亲潜意识里是不相信于勒会衣锦还乡的。再如，"我这位于勒叔叔一到那里就做上了不知什么买卖"和"有一位船长又告诉我们，说于勒已经租了一所大店铺，做着一桩很大的买卖"两句。于勒叔叔做的是什么买卖，其实是很好打听到的，可是作者偏要语焉不详。还有，于勒叔叔的两封信。既然已经赚了钱，想赔偿"我"父亲的损失，为什么不趁现在，而是要等到"发了财""那时"才可以一起快活地过日子？既然"买卖也好"，为什么又说"我发了财就会回哈佛尔"，还说"希望为期不远"？另外，按照常规，如果一个商人生意真的很好的话，他怎么会丢下生意去做长期旅行？即便是长期旅行，为什么不能回哈佛尔甚至不能写信？第四处是"果然，十年之久，于勒叔叔没再来信"。通常来讲，时间越久，越没有音信，人的希望应该是越渺茫，但是"父亲的希望却与日俱增"。这种种反常的、不合情理的细节都是作者埋下的伏笔，预示了于勒叔叔破产的事实，加强了见到穷困于勒的必然性。

---

① 钱理群、孙绍振、王富仁：《解读语文》，福建人民出版社 2010 年版，第 420 页。

这些在十几年漫长时空中裁剪出的情节与细节，在莫泊桑的妙手编织下，成为一个既包含谜团又紧凑简洁、前后呼应的有机体，让读者时时感觉意外，又觉事事尽在情理之中。而且，情节是表现人物的，好的情节就是"把人物打出常轨，让人物的深层心理、非常规心态暴露出来"[①]。莫泊桑精心设置的船上相遇这一情节，便做到了这一点，并巧妙实现了极短篇幅内人物性格的"发育"，让菲利普夫妇和于勒的形象更加饱满细腻、丰富立体。

所以，阅读莫泊桑的小说，只停留在表层概括故事或分析人物是远远不够的，要透过人物的言行举止，由表及里，探究发生于人物内心的隐秘生活，还要由整体到局部，探究情节设计的巧妙、作者的艺术匠心。

对此，程红兵老师从文中人物对于勒的称呼入手，然后根据称呼分类概括故事情节，抓住"盼于勒""骂于勒"的典型情节与细节分析人物、讨论主题。[②]王君老师则从读标题切入，找出对于勒的多种称呼，进而寻解"于勒之谜"，还原于勒的人生轨迹，然后解开"菲利普夫妇之谜"，挖掘菲利普夫妇的深层心理。[③]程红兵老师着眼于小说的讽刺与批判，重点探讨菲利普夫妇性格中最鲜明的那一面；王君老师则侧重走进人物的心灵，探询人性的秘密，还原出了于勒和菲利普夫妇这两组圆形人物的丰富性与复杂性。

此外，我们也可以聚焦细节，梳理人物的心路历程，通过审视菲利普夫妇的行为心理实现对自我的反思。

1. 细读

勾画文中菲利普夫妇的独白或对话，品味说话人的话语方式有什么特别之处，并展开想象，补出这些话语潜在的含义。比如：

（1）唉！如果于勒竟在这只船上，那会叫人多么惊喜呀！

（"唉""竟"和"会"暴露了人物内心怎样的秘密？）

---

① 孙绍振：《名作细读：微观分析个案研究》，上海教育出版社 2009 年版，第 285 页。
② 程红兵、钱伟康：《〈我的叔叔于勒〉教学实录》，载《中学语文教学》1998 年第 3 期。
③ 王君：《拨开重重迷雾，走进人物心灵——〈我的叔叔于勒〉课堂教学实录》，载《语文学习》2009 年第 3 期。

（2）他低声对我母亲说："真奇怪！这个卖牡蛎的怎么这样像于勒？"

母亲有点莫名其妙，就问："哪个于勒？"

父亲说："就……就是我的弟弟呀。……如果我不知道他现在是在美洲，有很好的地位，我真会以为就是他哩。"

我母亲也怕起来了，吞吞吐吐地说："你疯了！既然你知道不是他，为什么这样胡说八道？"

（菲利普夫妇心中有几个于勒？既然他们认为卖牡蛎的不是自己的弟弟于勒，为什么还"吞吞吐吐""也怕起来"？）

2. 建构

把文中描写菲利普夫妇言行的细节按时间脉络连接起来，仔细推敲，并以表格（或曲线图）的形式梳理出二人的心路历程。

行动、举止	心理状态
按照当时的惯例，把他送上从哈佛尔到纽约的商船，打发他到美洲去	宽容、无奈
接到信、福音书	惊喜、欣慰、萌生希望
每星期日，我们都要衣冠整齐地到海边栈桥散步……"唉！如果于勒竟在这只船上……"	期待（隐隐的失望）
拟定上千种计划……	幻想与日俱增
不安、脸色十分苍白、煞白、两眼呆直、神色张皇……莫名其妙、吞吞吐吐、哆嗦……	恐惧、不愿面对现实、不敢面对现实
突然暴怒、"我就知道这个贼是……"	幻想破灭的怨恨、绝望
不再说话、改乘圣玛洛船	悲凉

3. 追问

（1）找出描写若瑟夫行为举止和心理的语句，比较：若瑟夫与菲利普夫妇的心理有何不同？作者为什么在结尾特别描写若瑟夫的举动与心理？

（2）如果我们也处于菲利普夫妇的境地，我们会做出怎样的选择？是倾向于若瑟夫，还是菲利普夫妇，还是……

先品味人物的言行细节，揭示人物内心深处甚至说话者自己未曾察觉的秘密。再借助表格连点成线，把教学引向纵深，全面勾勒出菲利普夫妇动态、立体的心理结构。然后比较阅读，探询存在于人类内心的种种可能，体察作者的心理。最后，将对小说人物的体验、思考引向自我反思——反思我们的生活、我们的人生，反思是金钱还是贪欲异化了我们的人性……进而通过阅读小说提升我们的人文境界，促进学生的心灵成长。①

至于情节，我们可以通过"正是因为……，所以……"的学习支架，引导学生探究情节之间、情节与细节之间的因果联系，体会作者编织情节经纬的匠心。这一设计同样适用于契诃夫《变色龙》的教学，或者说适用于所有以情节取胜、讲求因果逻辑的小说教学。

二、其他视角

随着小说叙事学、小说心理学等学科的兴起，小说知识也在不断发展、更新，小说阅读教学的视角也在不断丰富。

（一）结构与视角

叙事学理论认为，人物、故事、主题属于叙事的内容要素，而结构属于叙事的形式要素。内容要素着眼于"说什么"，而结构考虑的是"怎么说"，着眼于对前述内容要素的安排与设计。具体说来，叙事的结构关系主要体现在顺序、反差、间隔与比例四个方面。顺序，是指事件之间位置的前后；反差，是指两个相邻事件或场景在情感色调、意味指向等方面的融洽度和一致性；间隔，是指同一故事链中各个事件相衔接的距离；比例，是指不同事件在小说叙述时空中的比重。短篇小说的主要任务就是"对本事进行形式加工"。莫泊桑、契诃夫和欧·亨利的经典短篇小说，几乎可以说完全是结构的魔术表演——就像舞台魔术师成功的秘诀在于骗过观众的眼睛那样，

---

① 崔雪梅、段岩霞：《浅谈小说阅读教学的"另类"视角——以〈我的叔叔于勒〉为例》，载《中学语文教学》2014 年第 3 期。

小说结构的技巧就在于对读者阅读心理的有效把握。①

莫泊桑从十几年的时空中截取了若干情节与细节，按什么顺序、多大间隔、怎样的比例安排这些情节与细节，就属于小说的结构问题。对此，前面分析情节时我们已有所涉及。

首先，从顺序角度看，《我的叔叔于勒》采用了插叙的手法，将菲利普夫妇全家盼望于勒的情节提前，紧接着插入对于勒的回忆，再回到盼于勒的轨道。将盼于勒的情节提前，能有效激发读者的探询心理，迫不及待地想知道"于勒是谁""为何如此"。没有删节的原文则是采用嵌套式结构，从"我"给一个白胡子穷老头五法郎银币开始写起，然后倒叙整个故事，最后用"今后您还会看见我有时候要拿一个五法郎银币给要饭的，其缘故就在此"呼应开头。全文故事套故事，倒叙中含有插叙，结构十分精巧。

其次，将盼望于勒、送于勒去美洲和赞美于勒三个对比鲜明的情节紧紧衔接在一起，不仅使情节跌宕起伏，更让读者忍俊不禁，进而催生新的期待——于勒到底有没有发财？他什么时候回来？兄弟相见会是怎样的场面？……然而莫泊桑并不急于揭开谜底，而是轻轻宕开笔墨，慢慢叙写二姐的婚事，交代哲尔赛岛，描绘出游的快活心情和吃牡蛎的情节，时不时穿插几句"我"幽默的调侃或嘀咕。这样的间隔让读者心情适度舒缓，又时不时哑然一笑。就在这看似最平静的时刻，作者突然让于勒以贫穷水手的模样出现在菲利普面前，菲利普夫妇的不安、克拉丽丝的害怕瞬间让小说的气氛紧张起来：这个衣衫褴褛的年老水手到底是不是于勒？他不是在美洲吗？怎么会沦落到这步田地？为什么在这艘船上？菲利普夫妇会怎么办？他们的女儿女婿又会怎样？……就这样，读者被一步步卷入文本，小说结束了，思考却还在继续：返回勒阿弗尔的菲利普全家如何继续将来的生活？……

最后，从小说比例来看，莫泊桑先详写菲利普夫妇生活的拮据、衣冠整齐盼于勒归来的滑稽，再略写十年间于勒的经历、二姐的婚事，然后详尽描述菲利普一家盛装出游、吃牡蛎的细节，以及发现于勒是贫穷水手后的慌

---

① 徐岱：《小说叙事学》，商务印书馆 2010 年版，第 198—207 页。

乱、狼狈与沮丧。这样的详略安排，既增加了小说的纵深度，让菲利普夫妇的言行心理纤毫毕露，也让小说从喜剧变成了悲剧，让读者从轻松的微笑转向深入的思考。同时，两处自然环境的描写前后呼应，巧妙地实现了时空的转换，调整了叙事的节奏。其中或许还有更深的隐喻：菲利普夫妇的"人性之船""人生之路"是否也正由"平静的此岸"驶向了"紫色的阴影"？

小说叙事结构的实现与叙事视角的选择密不可分。在《我的叔叔于勒》中，莫泊桑选择了若瑟夫——于勒的侄子、菲利普夫妇的儿子、一个未成年人作为叙述者，用第一人称"我"来讲这个故事，用意颇深。

其一，"我"是他们最亲近的人，叔叔于勒的所有情况、父母的一举一动等都能落进"我"的耳里、眼里和心里，包括父母的神态、举止和极力想掩饰的不想为人知的心理，"我"都能近距离地捕捉到。

其二，一个孩子的视角是有限的，恰恰是这种有限省略了许多直接的、正面的场景描写，而这些自由合理的省略使作品更为精练，并产生悬念，体现出小说的剪裁艺术和写作意图。

其三，钱理群教授认为这也营造了一种复杂的情致：由于这一叙述者的选择，整个故事形成了多重"看"与"被看"的关系——"我"的父亲、母亲这样的成年人怎样看于勒叔叔，"我"怎样"看"父母这样"看"于勒叔叔，"我"怎样看于勒叔叔，成年后的"我"怎样看待像于勒叔叔这样的穷人。莫泊桑正是透过叙述者若瑟夫表达了自己的人道主义情怀。[1]

很多老师讲这一课时，喜欢问学生："假如你是菲利普夫妇，你是否会接于勒回家？"希望借此探讨小说的主题。然而当学生在成人视角和儿童视角两个层面各说各话、观点无法产生交集时，教师往往无所适从。如果我们能洞悉这多重的"看"与"被看"，引导学生感受其中隐含的作者态度，就能更好地实现讨论的价值。

我们阅读这篇小说时，又会出现新的"看"与"被看"：我们教育者怎么看于勒、菲利普夫妇、若瑟夫、莫泊桑？我们引领学生感受什么？怎么感受？

---

① 钱理群：《〈我的叔叔于勒〉略说》，载《语文建设》2008 年第 1 期。

怎样跳出"资本主义社会赤裸裸的金钱关系"这一模式化的解读，在更深广的角度引领学生思考人物的多重性格和深层心理，深入理解作者的情怀？

因此，我们可以基于本文结构与视角的特质展开阅读。江苏李旭东老师曾让学生分别从于勒、菲利普、克拉丽丝三人的视角重新讲述故事，体验小说人物的内心情感，发展学生的思维能力。我也曾以叙述视角为切入点，运用比较法展开阅读教学。

方案一：

1. 以文中不同人物的口吻或第三人称视角概述主要情节。

2. 与原文比较：为什么作者选择"我"——若瑟夫，菲利普夫妇的小儿子，于勒的侄子，一个十几岁的孩子来叙述这个故事？这为小说情节的安排、人物的塑造、主题的表达以及作者意图的呈现带来哪些好处？

3. 梳理多重"看"与"被看"的关系，并在具体语段的品读和比较中分析人物性格，探究小说主题、作者情怀。

方案二：

1. 使用与原文不同的视角改写全文或一段原文。

2. 对两个版本进行比较：在你的版本中取得了什么效果？失去了什么？

3. 再读课文和原文版本，获得更深入的理解。

采用文本重写和比较的方法，将学生置于创作者的地位，不仅有助于凸显原作的特色、作者的叙事艺术，还能使学生在读写实践中习得语言运用的规律，获得新的领悟和发现。比如，小说家毕飞宇便在重写《项链》的过程中有了前所未有的发现——当时法国社会的契约精神，玛蒂尔德虚荣之外的担当和负责任，《项链》不是"文明"的悲剧而是"文明的"悲剧，等等。[1]这种教法同样适用于其他采用第一人称视角讲故事的小说，如鲁迅的《社戏》《故乡》《孔乙己》、都德的《最后一课》等。

（二）虚构与真实

虚构是小说区别于散文、传记等其他叙事文体的本质特征，也是小说创

---

[1] 毕飞宇：《小说课》，人民文学出版社 2017 年版，第 51—66 页。

作的核心技法。小说家可以凭空虚构出人物和情节，也可以杂取种种合成一个，还可以在现实生活的基础上稍作加工。不过，小说虽然是虚构的，其表现或映射的生活、情感或心理却永远是植根于现实的。所以，尽管我们知道小说中的人和事都是虚构的，阅读时却又常常深陷其中，感觉其中的人物似曾相识，那些事情仿佛在我们身边发生过。

小说的魅力就在于这"亦真亦幻"之间，看似不合常理的人物和情节，却是最大的常理——小说中的普遍常识源自生活，而那些出乎意料的灵感、非理性状态的冲动和直觉，也往往是生活中普通人难以察觉而小说家却能捕捉到的微妙思绪，是我们潜在的、极端状况下才会暴露的意识、情感或心理。[1]因而，小说具有如下功能：

（1）丰富生活经历，补充感情体验，在潜移默化中学习为人处世的道理，提高认识社会和人生的能力。

（2）借助阅读活动，实现与另一个"我"的对话，确立自己精神世界的独特存在。

（3）提供示范与反省样本，通过审视他人的行为实现对自我的反思。

（4）体验虚拟世界的奇妙，参与人物故事的塑造，体验想象世界的各种可能。

（5）学习语言，获得语感，保持通过文字认知的能力。[2]

因此，我们还可以从"虚构与真实"的角度去阅读《我的叔叔于勒》。比如，我们可以设计如下活动：

（1）还原。有人说："小说是生活的镜子。"时至今日，《我的叔叔于勒》中的某些故事情节或细节依旧存在或发生着。请你到生活中去寻找类似的故事原型，然后简要写出原型故事大纲。

（2）比较。同学们找到的原型故事和莫泊桑的小说给我们带来的阅

---

① ［美］艾丽斯·马蒂森著，王美芳、李杨、傅瑶译：《写作课：何为好，为何写不好，如何能写好》，北京联合出版公司2017年版，第25—31页。

② 郑桂华：《语文教学的反思与建构》，商务印书馆2012年版，第215—218页。

读体验有何不同？作者在现实基础上做了哪些虚构、加工或变形？你觉得哪处虚构、加工或变形最妙？这样的虚构、加工或变形增加了哪些丰富的意味？你从中获得了怎样的感悟和思考？

在学生尝试还原、比较讨论的过程中，择机讲解"本事""故事""虚构""艺术真实""审美价值"等小说知识，让学生从感性到理性，形成对小说文体特质的正确认知。同时，这样能拉近小说与生活的距离，唤醒学生"被现实功利所遮蔽的生命感悟"，使其获得丰富的审美体验，提升文学鉴赏能力和语言表达能力。

（三）作家与风格

毕飞宇主张，短篇小说一定要放在短篇小说集中去读，因为优秀短篇小说集的内容是千姿百态的，但单篇与单篇之间又有着"内在的、近乎死心眼一般的逻辑"，沿着作者的创作谱系一路读下去，我们更容易发现这位作家的基本套路、模式或腔调。[1]翻阅莫泊桑的短篇小说选集，我们会发现莫泊桑的短篇小说确乎存在一定的规律。

首先，莫泊桑最钟情、最擅长的三个主题正是他最熟悉的生活：普法战争、小职员的辛酸和诺曼底风情。[2]1850年8月5日，莫泊桑出生于诺曼底地区的一个没落贵族家庭：其祖父是复辟时期的税务官，他的父亲游手好闲，把家产挥霍一空后去巴黎的一家银行工作。莫泊桑在诺曼底的乡间度过了他的童年，9岁随父母到巴黎小住，就读于拿破仑中学。因父亲无行，父母分居，他又随母亲回到了家乡。13岁时，到一所教会学校读书。18岁时，因写了一首爱情诗被学校开除，于是转到勒阿弗尔公立学校学习，得到了法国帕尔斯派诗人路易·布耶和小说家福楼拜的指导。19岁时，莫泊桑中学毕业，前往巴黎攻读法律。第二年普法战争爆发，他应征入伍，担任文书和通讯工作。22岁时，战后退伍，开始在海军部任小职员。7年之后，转入公共教育部。长期的小职员生活，让他极度熟悉这个阶层的生活状况、思想感情

---

① 毕飞宇：《小说课》，人民文学出版社 2017 年版，第 88—89 页。

② ［法］莫泊桑著，赵少侯译：《莫泊桑短篇小说精选》，人民文学出版社 2002 年版，第 2—4 页。

和精神状态；所以他的许多短篇小说都以小公务员作为塑造的对象，而且"几乎无一例外地为虚荣心所困"①。比如，《我的叔叔于勒》中的小职员菲利普、《项链》中的教育部小科员路瓦栽、《珠宝》中的内政部主任科员朗丹、《保护人》中的行政法院参事玛兰、《骑马》中的海军部科员海克托等，都是形形色色、爱慕虚荣的小公务员形象。

其次，莫泊桑是站在人道主义立场、生活的立场上写作的。他坚持从正常生活的观念出发，选择平凡而真实的生活故事、场面、图景、片段或细节，描写处于常态的感情、灵魂和理智的发展。他笔下的小公务员生动地呈现了人性的复杂与丰富——他们有各种毛病甚至罪恶，但并不是所谓的"坏人"，他们非常可笑、可鄙又可怜，都可以宽恕，值得同情。而他笔下的英雄人物，如米隆老爹、莫里索先生、索瓦日先生与索瓦热老婆婆等，莫泊桑也努力把他们描绘得像普通人一样平凡自然，从不回避他们身上的缺点、过错和可笑之处。

尽管莫泊桑对人始终抱有悲悯的态度，但在小说关键时刻他从不会"手软"。用毕飞宇的话说，莫泊桑是一个"心慈手狠"的作家。换言之，莫泊桑虽是一个人道主义作家，但他从未因此放弃批判、讽喻、劝诫和警示；他笔下的短篇小说既是惹人发笑、令人会心的喜剧，也是发人深省、令人心酸的悲剧，是一扇扇"令人顿觉醒豁的生活的窗口"。而且，莫泊桑善于借助"假定性的道具"、精心安排的场景或细节，"把人物打出常规环境"，逼出日常生活面具下的深层心理奥秘。比如，他通过两封信让菲利普夫妇萌生无尽的"幻梦"，又借一个吃牡蛎的场景让菲利普夫妇在全家最快乐的时候目睹渴盼十年之久的弟弟不过是一个衣衫褴褛、又穷又老的水手，刹那间梦想幻灭，满心欢喜变成绝望与痛苦。同样，在《项链》中，他借一串钻石项链让天生丽质的马蒂尔德出尽风头；转而又让光彩照人的她辛苦十年，目睹自己妩媚娇柔的容颜慢慢"老"去，"玫瑰色的指甲被磨损"，双手慢慢"发红"；让她在付出如此代价后发现"项链是假的"。在《珠宝》中，他

---

① [法] 莫泊桑著，赵少侯译：《莫泊桑短篇小说精选》，人民文学出版社2002年版，第4页。

则是让假珠宝变成真珠宝，让"贞节的女人变成了感情的骗子"，让"幸福""深情"的丈夫变成金钱的俘虏。他让我们在笑过、哭过之后审视生活的现实模样，思考我们应该如何去做才能还生活应有的面貌。

基于这样的视角，《我的叔叔于勒》一文还可以"信"作为切入点展开阅读：

（1）梳理：请以"信"为关键词列出故事大纲，并结合具体情节阐释这两封信在小说中的重要作用。

（2）分析：认真研读两封信，你能从中发现什么破绽或奥秘？找出下文与信中破绽相呼应的语句或段落仔细品读，并从情节安排、人物塑造、主题表达等方面写出你的理解。

（3）迁移：尝试从文中找出类似的、意味深长的关键物象，做一下简要点评。

（4）拓展：运用你学到的方法阅读《项链》《珠宝》，探究莫泊桑的创作风格；或者选择课本中你感兴趣的其他小说，比较异同。

第一个活动，用"信"感知小说情节，理解其在情节发展中的特殊作用，感受莫泊桑"针脚绵密"的情节设计艺术。第二个活动，旨在梳理于勒和菲利普夫妇的人生轨迹，撬动对人物心理的深度剖析，探究于勒说谎背后既心疼家人又想维护自尊的复杂心理，菲利普夫妇自欺欺人、不敢正视现实、不敢面对自己内心的无奈与痛苦，从不同角度和层面发掘小说的丰富意蕴。第三个活动，教学生举一反三，学会迁移鉴赏。比如，引导学生发现"船"——"大海船""商船""大轮船""小轮船""圣玛洛船"在文中的巧妙变换，理解社会底层小人物的辛酸与无奈、憧憬与梦想、梦想破灭的痛苦与残酷，以及作者的匠心和悲天悯人的叹息。最后一个活动，通过与《项链》《珠宝》的"互文性阅读"，发现莫泊桑小说创作的风格所在——运用假定性的"道具"（书信、项链、珠宝）催逼出人物心理深层次的奥秘。而对初中其他相关小说的拓展阅读，如抓住《变色龙》中的"法律""手指头""军大衣"、《孔乙己》中的"长衫""铜钱"、《社戏》中的"月夜""豆"、《故乡》中的"神奇图画"，在对比或类比中探索不同作家的风格特性或小说表达的共性特征，获得小说阅读的图式。

（四）读者与感受

教学《我的叔叔于勒》还有一个极为有效的角度——学生的角度。就像王富仁先生所说，让学生自己去感受，用少年自己的眼睛、心灵观察和感受"我"的叔叔于勒、"我"的父母和"我"，以及塑造这一切的作者。学生对这篇小说又有哪些独特的感受？对此，我们分别对八年级和九年级94名学生展开了学情调查。以下是学生最为突出的感受和比较关注的问题：

（1）阅读感受

这是一篇与金钱有关的小说。

这是一个关于小市民日常生活的故事。

这是一个多么现实的故事啊！

这是一个不断变化的故事。

这是一个黑暗的故事。

这是一个令人悲伤的故事。

这是一个让人感觉悲哀的故事。

这是一个很"冷"的故事。

这是一个跌宕起伏的故事，让我跟着若瑟夫一家的脚步沉浸于人心的变化之中。

这是一个结局尴尬的故事。

这是一篇有趣的小说。

这是一篇读后令人心情复杂的小说。

这是一篇具有讽刺意味、批判意味的小说。

这是一篇用第一人称写的回忆性小说。

（2）阅读质疑

①关于于勒的问题

为什么把于勒打发到美洲而不是别的地方？

为什么于勒到了美洲很快像变了一个人似的？

于勒既然不想再见菲利普一家，为什么还要写这样一封信让他们心存希望呢？

"我"的叔叔于勒为什么谎称自己赚了大钱，欺骗菲利普夫妇一家？

为什么于勒告诉"我们"他生活得很好？他不怕谎言被揭穿吗？

于勒已经知道以前的过错，现在过着这样艰苦的生活，他的家人为什么不原谅他，与他团聚呢？

小说说之前的于勒"行为不正"，为何他在最后落魄时没回来找他大哥过原来的生活？

既然于勒能被家人认出来，那于勒为什么没认出自己的家人？于勒当时真没有认出菲利普全家人吗？

于勒最后怎么样了？菲利普夫妇为什么不愿把于勒带回勒阿弗尔？

② 关于菲利普夫妇的问题

"拮据"指手头不宽裕，生活贫困，但前文说家里的钱刚好够生活，是不是矛盾？菲利普一家的生活到底怎么样？

为什么每个星期日都要衣冠整齐地到海边栈桥上散步？是期盼于勒回来还他们钱吗？

为什么菲利普认为两位先生请两位太太吃牡蛎"非常优雅高贵"？

母亲明知家里非常贫穷，在父亲提出买牡蛎时为什么没有阻止，而是只给两个姐姐买？

为什么母亲不让"我"吃牡蛎，只是怕"我"会被惯坏吗？

在船上见到了于勒，父亲多年夙愿得以实现，不应该高兴吗？为什么第一反应是惊恐？还有，母亲听到多年念叨的名字时，为什么会"莫名其妙"？

菲利普夫妇看到于勒时，为什么不去问个清楚？

当菲利普向船长询问于勒的情况时，为什么要说那么多无关主题的话？

"我"父亲认出于勒后为什么神色慌张？找到10年没见的亲人不应该高兴吗？

多给了于勒叔叔10个铜子，母亲为什么"吓了一跳"？

为什么最后父亲指着女婿给母亲使了个眼色，大家都沉默了？

文中船长说于勒因为欠了钱不愿意见亲属，那为什么"我们"还要躲他？

为什么父母不把于勒叔叔接回去？他也并不会拖累他们啊，他自己也可以挣钱，并且他已经改正错误了。

菲利普一家回到勒阿弗尔后又是怎样生活的？是放下了对于勒的嫌弃努力过更好的生活，还是一直对于勒心怀讨厌？

假如菲利普夫妇在船上遇到了一位长得像于勒的百万富翁，他们会怎样？

③关于"我"的问题

为什么"我"不与于勒相认？"我"心中的天平是倾向于亲情还是金钱？

为什么"我"在心里默念"我的叔叔"，而没有大声说出来？

"我"为什么会给于勒叔叔10个铜子的小费？

"我"在此之后会不会与于勒叔叔再次相遇？结果如何？

在这篇小说中，"我"占据了一个怎样的地位？

④其他问题

船长为什么说于勒是一个"老流氓"？他不是去美洲改过自新，创业了吗？

那个公务员没什么钱，又是因为看了于勒的信才要娶二姐，为什么说他诚实可靠？假如他知道了这一事实，会发生怎样的情况？

这篇小说的主人公是谁？

为什么小说以"我的叔叔于勒"为题？有什么特殊的含意？

当时的社会环境怎样？

哲尔赛岛为什么被比喻成"紫色的阴影"？

从上述结果来看，学生的感受非常丰富，他们对小说内容、情节发展、人物性格、主题意蕴和写作方法都有了初步的认知。提出的问题一方面切中了小说的关键情节和细节，抓住了主要矛盾；另一方面暴露了学生小说阅读经验的不足、生活阅历与小说内容之间的距离。而学生对小说结局的不满，对于勒、菲利普和若瑟夫"后来如何"的关切，则说明小说被删改的部分具有极大的教学价值。"好小说的价值在于激励想象，激励认知。"[1]只要我们以学生的感受、质疑和发现为起点，精心设计主问题和主活动，引导学生由表及里，层层深入贴近文本，观察、感受、理解人物的多种性格与心理，探究小说的多重奥秘，体会作者的匠心与情怀，则学生不仅能感受到小说的

---

① 毕飞宇：《小说课》，人民文学出版社2017年版，第55页。

无穷魅力，还会习得阅读小说的方法。更重要的是，教师对学生人生体验的重视，会作用于学生的心灵，激励他们对阅读产生更大的兴趣，使他们自觉思考生活，主动提升对人的关注、关爱与同情。

下面呈现的便是基于此种理念开展的一次阅读教学实录。

横看成岭侧成峰

——《我的叔叔于勒》教学实录

一、初读，交流心得感受

师：大家已经读完《我的叔叔于勒》，也已提交了阅读后的感受和疑问。我把同学们的感受简要梳理了出来，请大家根据提示，分享阅读感受。

（屏显）

这是一篇与金钱有关的小说。

这是一个关于小市民日常生活的故事。

这是一篇读后令人心情复杂的小说。

这是一个多么现实的故事啊！

这是一个不断变化的故事。

这是一个跌宕起伏的故事。

这是一篇具有讽刺、批判意味的小说。

这是一篇有趣的小说。

这是一个黑暗的故事。

……………

生：这是一篇与金钱有关的小说。读完这篇小说，可以用一句话来概括，那就是"都是金钱惹的祸"。年轻时的于勒行为不正，糟蹋钱，被称为"全家的恐怖"；而当他做了买卖，赚了钱，又被称为"全家唯一的希望"。菲利普夫妇看到他又穷又老，在卖牡蛎，生怕被认出来，再回来"吃"他们。原来亲情在金钱面前是那么不值一提。还有向二姐求婚的青年，依我看来，他并不那么诚实可靠，要不是看到于勒的信他不会果断求婚。

师：你侧重内容方面，发现了小说的一个关键点——金钱，可以说作者就是透过金钱看亲情、透过金钱看人心的。

生：这是一篇关于小市民日常生活的小说。通过这篇小说，我看到了法国小市民菲利普夫妇的自私贪婪、爱慕虚荣。我想补充一下，菲利普夫妇最终为了金钱舍弃了亲情，但起初他们并非见利忘义，而是为生活所迫，窘迫的生活让他们忘记了初心。

师：你用发展的眼光评价人物，读出了菲利普夫妇性格的多个侧面。英国小说家福斯特曾经把小说人物分为扁平人物和圆形人物两类。菲利普夫妇这样性格复杂的人物以及闰土和杨二嫂那样性格随情节不断发展、发育的人物就是圆形人物；将来我们要学习《变色龙》，里面的警官奥楚蔑洛夫就是扁平人物，又叫类型人物或者漫画型人物。

生：这是一篇读后令人心情复杂的小说。从小说中我看到了贫穷人家的艰难，而菲利普一家不好评价，一方面感觉他们挺不好，自私冷酷，另一方面又很同情他们。

师：对，圆形人物的特点是无法用一句话来概括评价的，尤其不能用好或坏来简单区分，他们的性格是随着经历的扩展而不断"发育"的。

生：读完这篇小说，我忍不住感叹：这是一个多么现实的故事啊！于勒没钱就赶出家门，听说于勒事业成功又将全部希望寄托在他身上，但看到于勒处境艰难，又马上翻脸不认，装作不认识他。菲利普夫妇真是势利眼，而且生活中有很多这样的人和事。

师：有人说，小说是生活的镜子。你从小说中看到了生活的影子，通过审视他人的行为实现了对生活的反思，非常值得学习！

生：这是一个不断变化的故事。于勒从穷到富再到穷，菲利普夫妇对于勒的态度也就不停地变来变去。我读出了菲利普夫妇的自私、虚荣、冷酷，还有作者对穷人的同情。

师：你抓住了这篇小说情节变化的特点。

生：这是一个跌宕起伏的故事。情节跌宕起伏，尤其是心理落差上的巨变，让我跟着若瑟夫一家人的脚步沉迷于人心的变幻之中。

师：你前面用的是"故事"，后面说的是"情节"。大家注意，故事和情节是不一样的。故事，是"对一系列按时序排列的事件的叙述"，比如说，"国王死了，后来王后也死了"。而情节同样是对事件的叙述，但强调的是事件之间的因果关系，比如，"国王死了，王后因为心碎而死"。过会儿大家梳理情节结构时要特别留意这一点。

生：我感觉这是一篇具有批判、讽刺意味的小说。从对于勒叔叔的言行中我看出了菲利普夫妇的势利虚伪。"我"给于勒叔叔小费，被母亲埋怨，说明他们的心灵已变得冷酷。中间还掺杂了几位富人太太吃牡蛎的描写，同处一艘船生活状况却完全不同，可以看出当时社会的对立。小说讽刺了人与人之间因为金钱和地位而疏远的情形。

师：莫泊桑是一位批判现实主义作家，你从小说中读出了作者对菲利普夫妇的批判态度。其实不止于此，小说中很多语言也颇有讽刺意味，细读的时候可以留意。

生：这是一篇有趣的小说。有趣之一是菲利普夫妇对于勒的态度变来变去，很滑稽。因为于勒写信说要补偿他们，那信也便成了"福音书"。有趣之二是菲利普夫妇的一些做法和想法很好笑，他们竟然"拟定了上千种计划，甚至要置一所别墅"。

师：你的感受和评论家们的评价英雄所见略同。评论家们都盛赞莫泊桑是讲故事的高手，每一篇作品都是一个生动有趣的故事，都是一出小小的喜剧，细细品味，滋味万千，让人笑，让人哭，发人深思。

生：这是一个黑暗的故事。读完整个故事后，我想到的第一个词是"黑暗"。作者写的是个"钱在亲情在，钱去亲情去"的社会，文中的人物把感情都建立在金钱的基础上。菲利普夫妇因为弟弟于勒能带给他们金钱才对他充满希望与尊敬，当他们看到于勒生活很落魄时，就鄙夷和嫌弃他，以前充满希望与渴盼的语言也全变成了愤怒的唾骂，前后形成了鲜明的对比。为什么上层社会人们的生活看起来那么优雅高贵，而底层社会的人们心灵被金钱蒙蔽，在金钱面前连自己的亲人都不敢认，连给自己亲人10个铜子都感到生气？所以，我感觉到故事很黑暗。

师：故事让你心情沉重，有黑色的压抑感？（生点头）那么，小说中有没有亮色存在？请大家再读课文，寻找圈画一下。

生：文中的"我"，就是若瑟夫，在最后时刻给了于勒10个铜子的小费，可以看出"我"极有善心，对血脉至亲抱有怜悯之心。这是小说中的一抹亮色。

师：在这里老师特别强调一下，有的同学在写感受和疑问时，混淆了小说的作者和小说中的"我"。其实，小说中的"我"并非小说作者，这篇小说中的"我"是文中的一个人物——若瑟夫，菲利普夫妇的儿子，于勒的侄子。

生：我感觉于勒叔叔虽然当初行为不正，但他挣钱后写信回家，希望补偿哥哥嫂嫂，这说明他良心未泯，知错能改。并且他再次贫穷后没再回家，不想拖累他们，而是自力更生卖起了牡蛎。这也应该是文中的亮色。

师：你读书很细致！从于勒的角度来看，这篇小说写的未尝不是于勒从依赖家人到奋起努力再到破产及最终独立的人生蜕变之路。

生：还有，菲利普夫妇虽然看到于勒贫穷了，怕他拖累家里，没有伸出援助之手，表现得很冷血，但之前他们比较富裕时曾借钱给于勒，可以说还是有亲情有善心的。这也是一处亮色。

师：关于"菲利普比较富裕时""借钱给于勒"，文中是怎么写的？

生：于勒叔叔把自己应得的部分遗产吃得一干二净之后，还大大占用了我父亲应得的那一部分。

师：你特意突出了这个"大大占用"，大家圈出来。在这种情况下，菲利普夫妇是怎么做的，大家找原文。

生：人们按照当时的惯例，把他送上从勒阿弗尔到纽约的商船，打发他到美洲去。

师：我注意到前面有些同学用的是"赶走"于勒，而这里写的是"人们""送""打发"于勒。课下注释说，这篇小说是根据几种译本改写的。而且，我们班有十二位同学问：为什么把于勒打发到美洲而不是别的地方呢？于是我查阅了三个译本和相关资料，大家看屏幕，看看又有哪些新的发现。

（屏显）

按照当时的惯例，他被送上一艘从勒阿弗尔开往纽约的商船，到美

洲去了。（人民文学出版社赵少侯译本）

按照当时的惯例，他被送上一艘从勒阿弗尔驶向纽约的商船，被打发到美洲去了。（北京联合出版公司柳鸣九译本）

按照当时惩罚的惯例，他被送上一艘去美洲的商船，离开勒阿弗尔去纽约了。（商务印书馆李玉民译本）

1783年前后，美国西部地区不过几千法国人。1810年，移民增加到27万。与此同时，美国用购买和战争手段兼并了法国、西班牙、英国的殖民地和墨西哥的大片国土。1848年，加利福尼亚发现金矿，更是吸引了数以万计怀揣"掘金梦"的外国移民。1861年至1913年，外国移民已达2700万之多。

据柳鸣九考证，《我的叔叔于勒》发表于1883年。

生：菲利普夫妇把于勒送到美洲而不是别的地方，是希望他能够到美国去"掘金"，希望他能够发大财。

生：这说明这不是菲利普夫妇独有的选择，当时人们都这么做，这是惩罚改造浪荡子的一个共同做法，去了说不定还能发财，过上好生活。这说明菲利普夫妇不是很绝情。

师：故事前半部分的菲利普夫妇确实也有温情与亮色，只是后来因为种种原因变化了。

二、再读，梳理情节结构

师：请同学们再读课文，然后根据我们的理解、情节发展的特点、人物的称呼以及性格变化等，选用直观形象的图表、图形或图示，绘制文章的结构图，可以附加文字说明或备注。个人设计好后，组内四人可以交流，互提建议使之完善。

（生再读课文，自主绘制，组内完善）

师：现在我们来交流一下。请几名同学到黑板上画出自己的成果，其他同学认真看，认真听，点评亮点。

（生板书情节结构图，依次交流）

生：我画的是一枚铜钱，铜钱周围标注的是家人对于勒的称呼和态度。

当于勒有钱时，他是"全家唯一的希望"，全家都盼望他归来；当年于勒占了父亲的钱，他是"全家的恐怖"，被打发去了美洲；当于勒来信要补偿"我们"时，就赞美于勒是正直、有良心的人；最后发现于勒破产，成了一名穷苦水手，就说他是"贼""讨饭的"，悄悄躲开他。这些旋转的虚线形成了一个旋涡，象征菲利普夫妇被裹进了金钱的旋涡，越陷越深，无法挣脱。

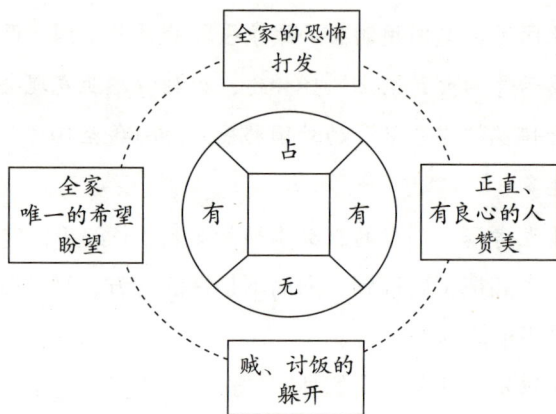

师：谁来点评这个结构图的亮点？

生：我感觉这个结构图简明扼要，抓住了文章的主要内容，点出了菲利普夫妇对于勒态度的变化特点与变化原因。

生：我非常欣赏他的解说，他说那些旋转的虚线就像金钱的旋涡，特别形象，菲利普夫妇就是深陷金钱的旋涡中，连亲情都不顾了。

师：对，他画得好，讲得更好，对虚线的说明可以说是点睛之笔。我觉得还有一点非常好，他是从于勒有钱、菲利普夫妇盼于勒归来开始阐述的，而不是从于勒占了父亲的钱开始。我们前面讲过"故事"与"情节"的不同，这一点谁看出来了？

生：故事是按时间顺序发展的一组事件，可是这篇小说的情节并不是按照时间顺序来安排的。他是按照小说情节穿插进行的顺序来设计、讲解的，而不是故事的发生顺序。

师：我们要求大家设计的是情节结构图，所以我们要关注小说情节的先后顺序。从课文来看，小说用的是插叙手法。继续交流。

生：我画的是一个曲线图。按照小说情节发展的脉络，一开始作者先写的是菲利普一家拮据的生活，还算比较平静，所以用直线表示；再写全家衣冠整齐去海边栈桥盼于勒归来，情节开始上扬；紧接着回忆以前的于勒占了父亲的钱，是"全家的恐怖"，这和"全家唯一的希望"形成鲜明的对比，所以情节趋势陡然下落；然后写于勒从美洲写信回来，回到盼望于勒的情节上，而且父亲的希望与日俱增，家人为此拟定了上千种计划，甚至要用于勒的钱置一所别墅，二姐也因此找着了对象，情节发展一路上升，越来越高，超过了最初的盼望，到一家人快活地出游上升到顶点；然而在船上，"我们"遇到了破产的于勒，希望落空，情节再次陡然下落。

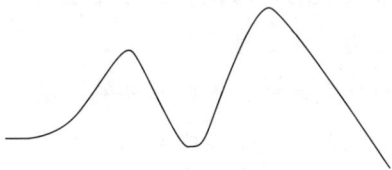

师：你的设计再现了小说情节的跌宕起伏，就像刚才同学说的，情节跌宕起伏，心理落差巨大，让人沉迷于这无穷的变幻中。这个"X"是谁设计的？谁来讲解一下？

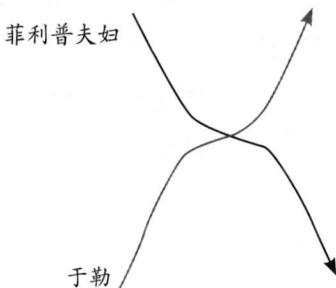

生：这不是"X"，这是小说人物的人生走向图，我是根据人物的命运走向设计的。这条上升的曲线代表的是于勒，他从"啃老"的"花花公子"到自食其力，中间虽然经历了发财、破产的起伏，但总体来说是越来越正能量的。就像老师您刚才说的，这篇小说可以说是于勒从"依赖"到"独立"的人生蜕变之路。这条下降的曲线是菲利普夫妇，他们一开始是有温情和亮色的，但最后选择了金钱，抛弃了亲情，从充满希望到希望破灭，所以是一路下滑，滑入了绝望的深渊。

师：你非常有创意，而且你这个图也点出了这篇小说结构的另一个特点——双线索。谁还有新的创意？

生：这篇小说有两条线索，明线是菲利普夫妇对于勒的态度变化，暗线是于勒的贫富变化。我们只能看见菲利普夫妇如何，却不知道于勒到底有没有发财，这就吸引我们往下阅读，寻找答案。

师：对！一明一暗，一主一副，形成了丰富而独特的情致。而且故意把读者蒙在鼓里，激发了读者探究的兴趣。

生：我画的是一幅变形的太极图。我感觉这篇小说是黑暗的，所以左边代表的是菲利普夫妇，用的是黑色；这个白圆点代表菲利普夫妇起初的温情和亮色。总体来看，菲利普夫妇是黑中有白。右边代表的是于勒，黑色圆点代表开始的于勒，因为于勒慢慢成长，所以从小黑点慢慢发展成白色。这个太极图还说明，人其实没有绝对的好，也没有绝对的坏，是互相交融、一直变化的，主要看关键时刻的选择。

师：你的设计富含哲理！人是有无限可能的，关键时刻我们要做出正确的选择，不丧失人性的良知与底线。

生：我是根据文中的自然环境描写画的这幅图。于勒的人生之船从波翻浪涌驶向风平浪静，而菲利普夫妇的人生之船则从风平浪静、绿色的大理石海面驶入紫色的阴影。

师：好的小说都是有无限理解空间的。我们班有十几位同学还关注到了"我"，他们想知道"我"在这篇小说中有怎样的地位。通过刚才和设计者的交流，我感觉最后这幅结构图可以为大家做出解答。有请这位同学。

生：我设计的是一个倒着的三角形。这个三角形分为三层：前面的第一层是于勒，主要写于勒的贫富变化；第二层是菲利普夫妇，主要写"我"的父母菲利普夫妇对于勒的态度变化；第三层是"我"——若瑟夫，小说就是以第一人称"我"来回忆这个故事的，而"我"主要是通过父母了解于勒的过去的，所以"我"就放在最后一层。

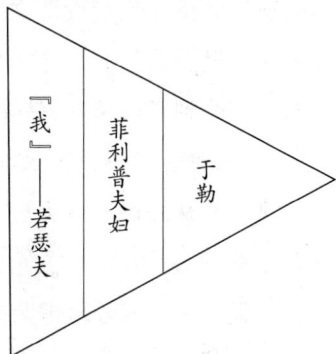

师：你的理解和北大钱理群教授的观点很相似。北大钱理群教授认为，因为莫泊桑精心选择了"我"——若瑟夫作为叙述者来讲述"我的叔叔于勒"这个故事，所以整个故事形成了多重"看"与"被看"的关系。首先，是"我"的父母这样的成年人怎样看于勒；其次，是"我"这个孩子怎样看"我"的父母；第三，就是"我"怎样看于勒叔叔。当然，这个三角形不是封闭的，还有无限的延展空间。比如，作者怎样看文中的人物，我们又是如何看作者和小说中的人物以及整篇小说。优秀的小说家，能用极短的篇幅制造极大的纵深，让我们"横看成岭侧成峰"，获得丰富的阅读体验。所以，莫泊桑被誉为世界"短篇小说之王"。（教师完善学生板书）

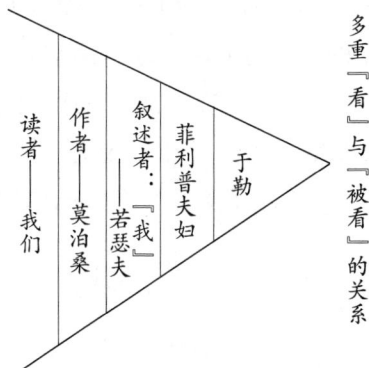

三、聚焦，体会作者立场

师：接下来，我们聚焦若瑟夫的视角，研读这多重"看"与"被看"背后的奥秘。请大家跳读课文第21—31、34—38、42—46段，圈画描写菲利普夫妇和于勒的语句，思考、想象并批注，看你从中读出了人物怎样的心理或状态，感受到了若瑟夫怎样的心情或目光。

（生自读，圈画，批注）

生：我从22段"毫无疑义，父亲是被这种高贵的吃法打动了"读出了菲利普爱慕虚荣。而且，"毫无疑义"说明父亲的这种爱慕很明显很强烈。在"我"眼里，父亲爱慕虚荣的样子很好笑。

师：父亲真的想吃牡蛎吗？

生：不是。他不是想吃牡蛎，他是感觉那两位打扮漂亮的太太吃牡蛎的样子很文雅，非常心动，也想效仿。

师：按你和文中所说，应该是"父亲被这种文雅的吃法打动了"。不过，父亲是邀请妻子和女儿——"你们要不要我请你们吃牡蛎"，他自己并不能真正体验这种文雅的吃法。而且，"高贵"一般用来形容人的身份地位，怎么能形容吃法呢？

生：用"高贵"来形容吃法，说明让菲利普心动的不是吃牡蛎，而是这种吃法所代表的高贵的生活。他爱慕的是那种有钱人的生活，他想过一把那两位先生"高贵"的瘾。

师：所谓虚荣，就是表面上的、虚幻的、不属于自己的风光和荣耀。菲利普爱慕的就是这种虚幻的、不属于自己的所谓高贵生活。

生：我从23段"迟疑不决""很不痛快"读出了母亲的言行不一，也很好笑。其实，母亲也想和那两位漂亮太太一样，她之所以说"怕伤胃""吃多了要生病""若瑟夫用不着吃""不要把男孩子惯坏了"，都是因为怕花钱。

师：若瑟夫心里怎样想的？

生：若瑟夫不高兴，觉得这种待遇不公道，他也想吃，他毕竟是一个孩子，所以视线一直盯着父亲。

师：这里的"盯"用得特别生动，而且这个设定非常符合孩子的心理。正因如此，父母的举动才都落在了"我"——若瑟夫这个孩子的眼里。所以，作者特意选择若瑟夫讲述这个故事。继续交流，看哪个词还体现了菲利普的可笑。

生：我感觉"郑重其事"也表现了菲利普的可笑。不就是吃个牡蛎吗？还搞得这么隆重！

师：你感觉"郑重其事"在这里大词小用。（生点头）其实，原文在"海边栈桥散步"和"吃牡蛎"处还有几处类似的描写，我们来看。

（屏显前文所述"我的父亲穿着礼服，戴着礼帽……仿佛他们的态度举止关系着一桩极其重要的大事"三段和下文）

我的父亲高高挺着藏在礼服里面的肚子。这件礼服，家里人在当天早上仔细地擦掉了所有的污迹，此刻在他四周散发着出门日子里必有的汽油味；我一闻到这股气味，就知道星期日到了。

（生边读边笑）

师：你为什么笑？

生：太好玩了。一般人出门散步都是穿得轻便舒适一些，可是他们一家却这样隆重，实在是太滑稽太讽刺了。

师：他们不知道穿得轻便些更舒适吗？为什么偏要穿隆重的礼服，而且还是散发着汽油味的礼服？

生：我认为这更说明他们家生活拮据，菲利普只有这么一件像样的礼服，所以发现了污迹，一家人等着，现用汽油去擦。他们穿得这么隆重就是怕别人看不起他们，想告诉别人我们有钱，是体面人家。

生：他们穿上最好的礼服应该是为了炫耀，是为了告诉人们"我们家有钱的于勒就要回来了，我们去迎接他，我们马上就要过上有钱人的生活了"。

师：越缺什么，就越炫耀什么。这反常的举止着实具有讽刺意味。除了讽刺，还有什么在里面？

生：我感觉还有一种辛酸在里面。他们让女儿"走在最前面"，我感觉他们这么做，是想让大家看看他们的女儿多么漂亮体面，希望她们能够嫁出去，父母也是用心良苦。所以若瑟夫称呼父母为"我可怜的双亲"，他虽然觉得这种做派很好笑，却也十分理解他们的行为。

师：有同学问"为什么大姐、二姐老找不着对象"。其实这也和"我"家的经济状况密切相关。当时欧洲的婚嫁传统是男方可以贫穷，但女方一定要有丰厚的嫁妆；否则，等待女子的命运就是孤独终老。这在简·奥斯汀的《傲慢与偏见》等小说中都有所体现。这和我们本地的习俗正好相反。所以，这讽刺中还隐含着"我"对父母的理解。表现菲利普夫妇良苦用心的语句文中还有没有？

生：还有第25段，"我父亲突然好像不安起来，他向旁边走了几步，瞪着眼看了看挤在卖牡蛎的身边的女儿女婿"。第36段，"最要留心的是别叫咱们女婿起疑心"。第46段，"她没再往下说，因为父亲指着女婿对她使了个眼色"。这些都说明菲利普夫妇一直小心翼翼，不让女婿知道真相。

师：可怜天下父母心。继续交流。

生：我从第25段父亲"突然好像不安起来""脸色十分苍白""低声对母亲说：'真奇怪！这个卖牡蛎的怎么这么像于勒！'"，母亲"有点莫名其妙""也怕起来""吞吞吐吐地说：'你疯了！既然你知道不是他，为什么这样胡说八道？'"中，还有第31段"母亲回来了。我看出她在哆嗦"中，读出了菲利普夫妇遇见于勒、认出于勒时的惊慌、害怕。

师：在船上遇见于勒，多年夙愿得以实现，不应该高兴吗？父母为什么第一反应是惊恐？还有，母亲听到多年念叨的"于勒"名字时，为什么莫名其妙，问是"哪个于勒"？这是我们班九名同学的困惑。

生：父亲想见到的是发财的于勒，不是穷水手于勒，所以他当然惊恐了。

生：在母亲心目中有两个于勒：一个是没钱的、全家的累赘；一个是发财的、全家唯一的希望。其实，母亲念叨的不是真正的于勒，而是于勒的钱。我认为她对于勒这个"人"并没有多少感情。

师：在他们心目中，作为亲人的于勒消失了，只剩下一个与钱挂钩的符号。父母已经认出于勒，为什么还要找船长打听？

生：我感觉他们不愿意相信这个穷水手就是于勒，因为他们本来已经打算好了，拟定了上千种计划，所以不愿意接受现实。

生：我感觉他们还抱有侥幸心理，万一看错了呢？！他们等了十年之久，怎么会轻易死心呢？！

师：对，于勒是他们"唯一"的希望，不到最后一刻他们是不肯接受这一切的。真是可恨、可怜又可悲。大家认为导致他们悲剧命运的根本原因是什么？

生：我认为他们太爱慕虚荣，太看重金钱，金钱让他们丧失了正常的情感和判断力。

生：我认为他们不该把对生活的期待、希望全都寄托在别人身上，失去了奋斗的动力。

师：把金钱当作美好生活的全部，把全部希望都寄托在他人身上，希望破灭之时就是"世界崩塌"之日。那么，菲利普夫妇认出了于勒，于勒为什么没有认出菲利普夫妇？于勒真的没有认出他们吗？这也是我们班同学存疑的地方。

生：我感觉应该是没有认出菲利普夫妇，因为菲利普夫妇一直防备着，不让于勒看到他们。

生：我感觉于勒应该认出了他们，但因为他本来就不想回到他们身边，不想拖累他们，所以他也假装没有认出他们。

师：于勒已经自食其力，而且不想拖累他们，为什么菲利普夫妇还要躲着他，不把他接回去？

生：于勒的确不想拖累他们，但菲利普夫妇不知道啊，他们又没有机会见面说话。

生：第38段，母亲突然暴怒起来："要是被那个讨饭的认出来，这船上可就热闹了。"在父母心中，要是"讨饭的"于勒认出菲利普夫妇，不仅二女婿会和她二女儿离婚，所有人都会知道于勒破产了，没有发财，他们的大女儿恐怕也嫁不出去了。他们很爱自己的女儿，他们为了两个女儿的婚姻幸福，不敢认于勒，这也是出于无奈。

师：一个心存善念，不愿拖累，不想认；一个出于无奈，害怕拖累，不敢认。他们各自想着各自的心事，渐行渐远。小说的艺术就是"错位"的艺术。因为人物心理、情感的错位，小说才有了复杂的情致和无穷的魅力。请同学们继续交流描写于勒的语句。

生：我从"看了看他的手，那是一只满是皱痕的水手的手。我又看了看他的脸，那是一张又老又穷苦的脸"中感受到了若瑟夫对于勒叔叔的同情。"满是皱痕""又老又穷苦"说明于勒叔叔工作很辛苦，"我"对于勒叔叔很同情。

师：父母只关心于勒的钱，"我"却看到了于勒这个人。这两个对称句、这四个"看"，传达了"我"与父母不同的价值判断。

生：我从"我给了他10个铜子的小费"中感受到了若瑟夫的善良和对亲情的重视。在父母眼中，金钱大于亲情；但在"我"心中，亲情比金钱更重要。

生：我从"我心里默念：'这是我的叔叔，父亲的弟弟，我的亲叔叔。'"中读出了若瑟夫对父母的不满。"我"和父母对于勒的称呼形成了鲜明的对比，这说明"我"对父母只认钱不认亲人的做法很不满意。尤其是这个"亲叔叔"，就是对父母的批评。

生：我感觉若瑟夫想认于勒叔叔，因为这三个称呼其实只用一个就够了，但"我"默念了三遍。

师：原文这里确实有一句："我真想喊他：'我的叔叔。'"但为什么"我"最终没有喊出来，而只在心里默念？

生：我感觉若瑟夫内心很无奈。"我"毕竟是一个孩子，父亲不认叔叔，所以"我"不能违背父母的意愿。

生：我感觉若瑟夫内心很矛盾。叔叔是"我"的亲人，父母也是"我"的亲人，所以父母虽然做得不对，"我"也只能通过自己有限的行为来表达不满。

生：我认为是出于同情。"我"只在心里默念，没有大声喊出来，说明我不仅同情叔叔，也同情父母。如果"我"大声喊出来，就毁了姐姐的婚事、家庭的安宁。

师："真想"和"默念"就是理想和现实的矛盾。关于这个结局，其实我们班同学有很多自己的想法，我们来听一听。

生：小说以菲利普夫妇带着全家人避开于勒乘坐另一条船偷偷走了来结

束，我感觉这个结局很尴尬，不大好，没有正能量。

生：我感觉好像故事没有讲完。于勒和菲利普夫妇后来怎么样了？他的女婿知道真相后又会怎么样？"我"和于勒叔叔有没有再次见面？什么都没有交代就没有了。

生：是不是作者故意这样设计，让我们感觉意犹未尽，正好引发我们的遐想？

师：言有尽而意无穷。小说家毕飞宇曾说，好小说的价值就在于激励想象。看来这篇小说已经激发了我们的想象。大家的质疑非常合理，也非常有价值，因为这篇小说在选入课本时做了删节。我们看屏幕，这是被删掉的开头和结尾。

（屏显，指名读）

一个白胡子穷老头向我们讨钱。我的同伴约瑟夫·达夫朗什竟给了他一个五法郎的银币。我感到惊奇。他于是对我说："这个穷汉使我想起了一件事，这件事我一直记在心上，念念不忘，我这就讲给您听。事情是这样的……"

当船驶到防波堤附近的时候，我心里产生了一种强烈的愿望：我想再看一次我的叔叔于勒，想到他身旁，对他说几句温暖的安慰话。可是他已经不见了，因为没有人再吃牡蛎；毫无疑问，他已回到他所住的那龌龊的舱底了，这个可怜的人啊！

我再也没有见过我父亲的弟弟！

今后您还会看见我有时候要拿一个五法郎的银币给要饭的，其缘故就在此。

（赵少侯译，人民文学出版社2002年版）

师：读了原文开头和结尾，你对这篇小说又有哪些新的理解和发现？

生：这样叙述顺序就不是插叙了，变成倒叙了。而且"我"不是若瑟夫，讲故事的人是若瑟夫，故事里的那个"我"是若瑟夫。（众生笑）

师（笑）：有点像绕口令，这种叙事结构叫嵌套式结构，也就是故事套故事，每一层故事都有自己的叙述者。

生：我觉得故事套故事，小说结构更巧妙，内容也更完整，更加吸引人了。

师：对，悬念迭起。

生：我感觉小说不再黑暗了，而是温暖光明的。成年后的若瑟夫没有变成父母那样自私冷酷、可怜可恨又可悲的人，他还是像小时候那样充满同情心和爱心。

师：仔细读，成年若瑟夫还是有一点变化的：以前他只是给于勒叔叔10个铜子的小费，成年后呢？

生：成年后的约瑟夫开始关心更多的人，他对所有像于勒叔叔一样的穷苦人都抱有同情心和爱心。

师：成年若瑟夫把亲情之爱上升到了对所有不幸者的爱，这是一种真正的人道主义情怀。莫泊桑是一位批判现实主义作家，也是一位人道主义作家，他通过叙述者的精心选择，表达了自己的立场——提醒我们反思生活与人生，警惕金钱对亲情的破坏与人性的扭曲，启示我们不要失去对人的真诚之爱与深切同情。唯此，我们才能拥有最健全的心灵、最美好的生活。

四、回读，探究表达艺术

师：其实不只是叙述者的选择，莫泊桑还在叙述顺序、情节安排、前后衔接、次要人物和细节设置等方面做了许多精心的设计，让生活中兄弟因金钱而成为陌路的寻常故事变得跌宕起伏、耐人寻味却又合情合理。接下来，我们回读课文，仔细查看，并仿照示例做批注。

（屏显）

正是因为莫泊桑精心选择了"我"——若瑟夫作为叙述者来讲述"我的叔叔于勒"的故事，所以整篇小说形成了多重"看"与"被看"的关系，让我们领略到了人物复杂的心理、作者特殊的情怀。

（生自读，探究，批注）

生：小说开头最先描写的是"我"家生活拮据的状况，父亲工作很晚才回来，姐姐买一米花边还要在价钱上计较半天，母亲为此很痛苦。正是因为如此，"我们"才那么盼望于勒发财，盼望他回来改善我们的生活，以至于后来发现于勒是卖牡蛎的穷水手时才会不认他。

师：你留意到了小细节与大情节之间的关系，阐述非常到位。

生：莫泊桑特意从全家衣冠整齐前往海边栈桥盼望于勒的镜头写起，所以读者就会忍不住想知道于勒到底是什么人，为什么这一家人"总"这么盼望他回来。

师：从刚才补出的开头来看，莫泊桑先写若瑟夫给一个白胡子穷老头五法郎的银币，也是为了制造悬念，激发读者的阅读兴趣，自然引出对于勒的回忆。

生：我认为正是因为莫泊桑采用先倒叙再插叙的顺序，所以盼望于勒、打发于勒、赞美于勒的情节和对于勒迥然不同的称呼才会紧挨在一起，才让人感觉特别好笑。

师：对，两个衔接的事件或场景情感色彩反差越大，对比越鲜明，情节就越跌宕起伏，效果就越明显。这里强化的是喜剧效果、讽刺效果。有时这样的安排也会凸显一种悲剧效果，比如我们在高中将要学习的鲁迅的《祝福》，到时候大家要特别留意。

生：我找的是关于哲尔赛岛和船上先生太太们的描写。因为哲尔赛岛路不远，乘小轮船渡过海就到了，关键是它属于英国管辖，不用花太多钱就能出国，所以菲利普才选择乘船去哲尔赛岛游玩，这正好满足他的虚荣心。正是因为菲利普的虚荣心，所以船上先生太太们"高贵的吃法"才会打动他，他才会邀请妻子和女儿吃牡蛎，带领女儿女婿走近卖牡蛎的人，才发现那个又穷又老的水手是于勒。

师：虚荣是灾祸的根源，你的发现很独特！而且，你和大学教授孙绍振先生所见略同，关键地点的选择和次要人物的设置体现了莫泊桑"针脚绵密"的写作技巧。

生：我圈画的是第4段父亲的那句话："唉！如果于勒竟在这只船上，那会叫人多么惊喜呀！"我感觉这句盼望的话里有一种说不出的失望。"竟"是表示出乎意料，"唉"是表示失望叹息，这说明父亲应该知道于勒不会在这只船上。父亲等了十年，心里应该能预感到于勒没有发财。正是父亲这句看似充满渴望实则充满失望的话，使得后面的相遇变得合情合理。

师：这就叫"草蛇灰线，伏脉千里"。文中还有类似的伏笔。继续交流。

生：我认为于勒的信也是这样的伏笔。大家看第10段第二封信，前面说"我身体很好，买卖也好"，后面却说"我发了财就会回哈佛尔的。我希望为期不远"，前后矛盾。因为只有没发财的人，才会说我发了财如何如何。联系第一封信和前后两位船长的话，我认为第二封信应该是于勒发财又破产后写的。正是因为有这封前后矛盾的信，所以后面于勒的破产变得合情合理。

师：信是这篇小说的关键点、转折点。这封信还有其他的功能。谁来补充？

生：正是因为有一天晚上"我们"给那个公务员看了这封信，他才会下定决心向二姐求婚；正是因为二姐结婚，"我们"全家才决定在举行婚礼之后去哲尔赛岛游玩；正是这次游玩，"我们"才会在船上遇见于勒。

师：在情节设计方面，这封信可以说是最重要的机关。在于勒、菲利普夫妇性格的发展方面，它也至关重要。比如，不少同学问："于勒为什么谎称自己赚了大钱，欺骗菲利普夫妇一家？""于勒既然不想再见菲利普一家，为什么还要写信给他们？"谁来谈谈？

生：我认为，于勒第一封信没有撒谎，于勒应该是真的想补偿他们，只不过还没有来得及就再次破产了。第二封信之所以撒谎，我感觉他还是不甘心，认为自己有机会再次发财。

生：我认为于勒是想回勒阿弗尔的，但是他没有发财，"无颜见江东父老"，所以才写信编织了一个谎言。透过这封信，我看到了一个想家却难回、想补偿家人却无能为力的于勒。

师：这两封信对菲利普夫妇而言呢？

生：正是因为这两封信，菲利普夫妇才会改变对于勒的态度，才会萌生那么多的幻想。

生：正是因为这两封信，菲利普夫妇平静的生活才掀起了波澜，这对为生活所迫的可怜夫妇才深陷欲望的旋涡。因为他们本来就很痛苦，很渴望过上有钱人的生活，所以一听说于勒发了财，要补偿他们，他们当然会紧抓不放，于勒就成为他们"唯一的希望"。"唯一"说明他们除此之外没有其他致富的途径和办法，所以就相信了信里的话。

师：这两封信打开了"潘多拉的盒子"。莫泊桑用小小的信连起了所有的情节，撬动了主要人物性格的发展。这也是莫泊桑一贯的手法，借用信、项链、珠宝、伞等特定的道具，将人物打出常轨，逼出人物内心深处的秘密。请大家课后阅读莫泊桑的《项链》《珠宝》《伞》，比较它们与《我的叔叔于勒》在内容题材、情节结构、主题意蕴、表现手法方面的异同，继续探究总结莫泊桑小说的风格。

第二讲　寻找最贴近学情的小说"教学知识"

——《变色龙》解读与思考

有调查研究显示，小说是学生最喜欢的一种文学样式，它为学生提供了一个丰富多彩的想象世界，帮助学生增长知识、增进智慧、净化心灵，在学生语文学习和成长过程中起着极其重要的作用。围绕小说的独特性开展有针对性的教学，对培养学生想象力、感受力和提高语文教学成效意义重大。因此，我们有必要寻求和吸纳更多有价值的学科教学知识，并立足学生的经验和需求，"把知识转化和表征为有意义的教学形式，切实帮助学生提高解读小说的能力，增进学生文学审美的素养"[①]。

下面，我就以《变色龙》的解读与教学为例来具体说明。

《变色龙》是契诃夫早期（1884年）创作的小说，是讽刺性小说的经典。阅读这篇小说，我们除了会为警官反反复复自我否定、不能自圆其说、前后矛盾的语言捧腹，也常常会关注到文中存在的大量前后矛盾的细节。譬如警官穿着"新的军大衣"，一会儿脱一会儿穿，最后却"裹紧大衣"灰溜溜地"穿过市场的广场径自走了"；面对人群是"严厉地说，咳了一声，拧紧眉头"，面对将军家的厨师却是"整个脸上洋溢着含笑的温情"；猜测狗是野狗时，多用"我绝不""我要"这样强硬的命令句式，标点多是表示声色俱厉的叹号，得知狗是将军家的，就语无伦次，断断续续，标点多是省略号和表示讨好谄媚的问号；还有孙绍振教授发现的警官对将军哥哥己名和父

---

① 李卫东：《今天怎样教小说》，载《语文教学通讯》2010 年第 6 期。

名一起称呼以示特别敬意的细节。再如赫留金"穿着浆硬的花布衬衫"却"扑倒在地下",伸着"血淋淋的手指头"却"像是胜利的旗帜",自称"做的是细致的活儿"却又不急于救治,口口声声"法律""平等"却又搬出当宪兵的兄弟……这些细节简洁凝练,"渗透着显而易见的矛盾,充满了不和谐","这种不和谐、不统一,则构成反讽或幽默"。[①]此外,文中还隐含着两个重要的细节,标明小狗"毛色既不好,模样也不中看"的外貌细节,以及将军的哥哥"前几天才到这儿来的"语言细节。这两个细节既合理解释了小狗的不常见和归属的不确定,是奥楚蔑洛夫态度戏剧性逆转的关键,同时与厨师的回答、巡警的判断相呼应,显示了契诃夫构思小说情节的缜密性。[②]这也正是契诃夫小说的显著特色——"凭借精巧的艺术细节描绘和刻画人物,从最平常的现象中揭示出生活的本质"[③]。

于是,第一次执教,我便基于小说"艺术细节"及"反讽"手法的运用确定了两个教学落点:品读细节探究人物心理,体会反讽意味;借助细节探询人性可能,习得小说阅读的图式。我设计了如下教学环节:

一、设疑激趣猜作者

二、绘声绘色讲故事

三、声情并茂品细节

1.教读"新的军大衣"这一细节

（1）提问:"新的军大衣"说明什么?明确:这说明是新的制服,警官可能刚刚升任此职,所以有些志得意满,洋洋得意。

（2）归类:奥楚蔑洛夫穿脱军大衣的时间节点有什么巧合之处?明确:总是和"有人说狗是将军家的"巧合,恰好他又刚刚训斥并表示要教训狗主人。奥楚蔑洛夫身体的冷热,其实是心理恐慌、害怕的一种表现,也是他拖延时间改变态度、寻找理由的借口。

（3）补白:联系上下文,在第10段和20段有省略号的地方,补出奥

---

① 孙绍振:《〈变色龙〉:喜剧性五次递增》,载《语文建设》2014 年第 5 期。

② 詹丹:《重读〈变色龙〉》,载《语文学习》2016 年第 3 期。

③ [俄] 契诃夫著,汝龙译:《契诃夫短篇小说选·前言》,人民文学出版社 1992 年版,第 3 页。

楚�洛夫的心里话。

（4）分角色朗读8—10段和14—20段，读出人物的神态、语气、心理，体会契诃夫小说细节的魅力。

（5）小结：从最平常的现象中揭示出生活的本质，凭借精巧的艺术细节描绘和刻画人物，这就是契诃夫小说的显著特色。所以，我们要抓住看似不合理甚至前后矛盾的细节阅读小说，揣摩人物性格和心理。

2. 自读并找出奥楚蔑洛夫的语言、动作中丰富的细节，揣摩人物性格和心理。

（1）关于"法律"的几处细节；

（2）关于小猎狗和将军哥哥的描写；

（3）"微微一转"和"裹紧大衣""径自走了"的动作细节；

（4）面对众人时"咳了一声，拧起眉头"和面对将军家的厨师时"整个脸上洋溢着含笑的温情"的神态细节；

（5）对将军哥哥己名和父名一起称呼的细节。

3. 设想：如果让赫留金和奥楚蔑洛夫换位，让赫留金来断案，或者让巡警叶尔德林、"独眼鬼"和人群中的人来断案，结果又会怎样？从文中寻找依据。

四、拓展延伸悟主题

你感觉"变色龙"是指谁？契诃夫想借"变色龙"表达什么？

第一个环节希望通过托尔斯泰、曼斯菲尔德等名家对契诃夫的高度评价激发学生阅读的兴趣，并以此为契机告知学生契诃夫小说幽默和讽刺相交织的特点，为后面的品读做铺垫。第二个环节想借助"讲故事"向学生渗透：不同的转述者关注的细节可能不同，呈现的故事样貌也就会发生偏移或改变。由造成偏移或改变的细节切入第三环节的品读。这一环节分为三个教学层次。层次一，以提问、补白的方式还原警官内心隐秘的活动，揭示警官心口不和谐、不统一的喜剧性和讽刺性，再分角色朗读并深度体验；层次二，教师教读后学生自主演练，以学生自读寻找、教师适当点拨的形式，探究这些矛盾看似不合理的细节背后的反讽意味；层次三则是一种变式训练，让学生依据文中有关赫留金、"独眼鬼"和叶尔德林的细节，以换位设想的方式推测人性的种种可能性，进而过渡到第四个环节，理解"变色龙"不是确指某一个具体的人，每一个人在某种情境下都有可能成为"变色龙"，以实现读者与文本的对话，将学生对小说人物的体验、思考引向对生活、人生和自我的反思。

然而在实际教学中，推进得异常艰难。猜读作者环节并未激起学生的兴趣，反而有用教师解读代替学生体验的嫌疑。讲故事环节费时很长，且没有起到预设的作用，虽有个别学生发现了"狗咬赫留金""赫留金诬告小狗"两种案因转述的细微不同，但多数同学很难在同伴的大段讲述中发现问题。寻找细节时，学生多是东一榔头西一棒槌，不得要领，且语言表述零碎、断裂。

究其原因，主要是我所依据的"艺术细节"和"反讽"是这篇小说的重要表征，而非本质特征，尤其不是最具教学价值的最贴近学生的特征。小说的根本特征是叙述和虚构，就《变色龙》而言，本文故事简单，但情节五次突转，采用的是戏剧式的叙述结构，这样的突转结构适宜诉诸视觉的图解方式，而不是听觉的转述方式；而文中大量看似反常甚至矛盾的"艺术细节"正是作者虚构艺术的充分体现，用于分析人物不如体会作者匠心。而且从学生的角度而言，警官奥楚蔑洛夫的势利、虚伪、见风使舵和媚上欺下，大多一望而知，过多的讲析反而冲淡了小说本身的喜剧色彩，把原本好玩有趣的小说教得沉重无趣了。关键是跳过学生的感性体验过程，直接进行理性探究，有违"教学需要着眼最近发展区"原则，也有违文学阅读的理念——读小说，是读"文学"，应该先"读"，着眼读的"过程"，"把自己摆进去，带着自己的人生经验去遭遇小说的世界、小说里的人生"①。

基于此，第二次执教，我便以"突转""戏剧结构""虚构"为核心知识，贴近学生的经验和体验，重新调整了教学思路。

一、梳理故事情节

1. 用表格或曲线自由梳理故事情节，然后一句话概括明白。

---

① 倪文尖、朱羽：《重塑小说观 建构新图式》，载《语文学习》2005年第3期。

2. 概括情节特征，聚焦"变"字，强调情节的突转。

二、品读人物形象

细读批注：在奥楚蔑洛夫态度变来变去的过程中，你感觉他是一个怎样的人？选择最能体现这个特点的语段，小组分角色自由演读课文，再现人物性格、心理。

三、体会巧妙构思

1. 再读课文，寻找作者精心设计了哪些巧妙的"机关"，使奥楚蔑洛夫态度的这些变化看起来合情合理？

2. 预设

（1）设计了一只毛色也不好、模样也不中看的小猎狗。

（2）把狗的主人设计成"前几天刚到这儿的将军的哥哥"。

（3）设计了一个广场、木柴厂及一个人群。这些公共场合和围观的人群，让他有表演的欲望。

（4）设计了一个独眼龙、巡警，让人群的人不断插话。一次次的插话，让奥楚蔑洛夫一次次否定自己，颠覆自己，推动故事情节发展，剧情不断翻转。

（5）设计了一件新的军大衣，让他脱衣穿衣，成为转变态度、寻找借口、拖延时间的道具。

（6）设计将军家的厨师正好路过这个木柴厂，故意让厨师不一次把话说完，让奥楚蔑洛夫的丑陋表演达到高潮。

…………

3. 小结

小说源于生活却又超越生活，作者精心设计的这些"机关"、描写的这些细节，就体现了小说的虚构艺术、作者的巧妙构思。与此同时，屏显名家对契诃夫的评价，印证加深印象。

四、探究小说主题

作者为什么要精心刻画这个丑陋、虚伪、势利的"变色龙"和他周围的人群和环境？这是一群怎样的看客、一个怎样的社会？

这次设计，以"变"为线索串起情节、人物、构思和主题，由浅入深，符合学生的认知逻辑。对契诃夫小说的评价，后移到学生充分地体味、感受和"移情"后，产生了水到渠成之效。实际教学效果更是有了很大提升，学生读得兴致盎然，不时发出会心的笑声；而且延长学生自主阅读、朗读的时间，大部分学生找到了体现作者巧妙构思的"机关"。

存在的问题：一是梳理情节部分，表格梳理不如曲线图解清晰条理、直观形象，而且多种方式杂糅，分散了学生的注意力，以至于他们不能发现警官态度五次变化的细微差别、小说叙述节奏的变化。二是学生的演读比较杂乱无序，部分学生浮在表面，读得不够深入，体验不够深刻。除去朗读技巧上的因素，更多的是学生对含有反讽意味的部分对话细节还存在理解盲点，对人物对话中的相关内容缺乏梳理建构。三是学生对作者的巧妙构思虽然大都察觉，但还停留在比较朦胧、混沌的感觉层面，不能用完整连贯的语言表述自己的发现，需要教师提供思考的"抓手"，帮助学生将发现显性化、条理化。此外，探究小说主题环节存在贴标签的嫌疑，需要改变提问的方式。

基于此，我在第二次执教的基础上，又添加"摇摆""颠覆"①为背景知识，并提前下发学习单，找到了学生最感兴趣、最有困惑的句段，收集到了很多颇有价值的问题。比如有学生问：

1. 为什么警官当时不直接处死这条狗，还要当众审问狗的主人？
2. 为什么标题是《变色龙》而非《多变的奥楚蔑洛夫》？
3. 这篇文章中的"独眼鬼"是正义的吗？
4. 为什么"独眼鬼"不在警官问赫留金"发生了什么事"时把真相说出来，而等警官训斥赫留金时才说？
5. "独眼鬼"是在告密吗？
6. 文中的赫留金是一个怎样的人？
7. 结尾的群众在嘲笑谁？
8. 为什么人群对着赫留金哈哈大笑？不是应该嘲笑丑陋变态的警官吗？

通过这些问题，引导学生不仅关注到警官奥楚蔑洛夫，还注意到"独眼

---

① 曹文轩：《小说门》，人民文学出版社 2011 年版，第 238—245 页。

鬼"、赫留金和群众等次要人物。这些问题也打开了我的教学思维，再次思考这篇小说到底是应该探究"主题"还是"意蕴"。而学生留意到的"独眼鬼"讲述"真相"的时间节点启示我，也许可以逆向思考"如果作者不这么写又会怎样"。基于学生的兴趣点和问题，我再次优化了教学设计。

一、闲话小说印象

大家喜欢阅读小说吗？你读过哪些小说？小说留给你的印象是什么？

二、图解"变色"情节

1. 一句话概括：这篇小说讲了一个什么故事？

2. 概括情节特征，梳理变化内容。

3. 用线条表示情节的运行变化。

4. 小结：这篇小说之所以好看，是因为它特别讲究情节的波折、摇摆。越是吸引人的小说，它的情节越是波折、摇摆。

三、还原"变色"人物

1. 找出奥楚蔑洛夫对狗、赫留金和狗主人对比最鲜明、反差最大的对话，然后小组分角色演读，还原各自理解的警官模样。

2. 小组展示演读，师生点评交流。

3. 总结。

四、探究"变色"匠心

1. 细读课文，看作者在场景、道具、人物角色（尤其是配角）、对话细节等方面做了哪些精心的设计，才成全了奥楚蔑洛夫的这些变化。可从以下角度去思考、表述自己的发现：

如果没有（不是）＿＿＿＿＿＿＿＿＿，就＿＿＿＿＿＿＿＿＿。

正因为＿＿＿＿＿＿＿＿＿，所以＿＿＿＿＿＿＿＿＿。

五、感悟"变色"意蕴

1. "变色龙"仅仅只是指警官奥楚蔑洛夫一个人吗？

2. 总结："变色龙"不是指某一个人，而是一类人，一种扭曲变态的奴性人格。它已经成为一个典型形象，和一切不朽的文学典型一样，不同时代、不同民族、不同层次的读者从不同角度、侧面去接近它，都会有自己的发现，这个发现过程没有也不会终结。

这就是小说的感化作用——通过虚构传达艺术真实，以唤醒我们被现实功利所遮蔽的生命感悟。

3. 推荐阅读。

闲话小说的阅读印象，旨在增加学生的阅读积累，引导学生关注"小说是虚构的""故事讲究跌宕起伏""人物特别鲜明"等较为显性的特点，为后面的学习张本。图解"变色"情节，让学生自己在尝试画图的过程中，发现警官的态度围绕狗主人的身份五次"突转"的规律：警官奥楚蔑洛夫变化的是态度，不变的是媚上欺下的本性；而且他自始至终只有两种态度，五次变化就是在两种态度之间来回摇摆的，小说的叙述节奏就体现在这摇摆的幅度和频率中。还原"变色"人物，在对比朗读中体会警官态度"突转"的喜剧效果，感受警官一次次颠覆自我的讽刺意味。为探究"变色"匠心，增加了提示语和思考问题，引导学生"正向思考"或"反向求证"。探究小说"主题"变成感悟"变色"意蕴，所提问题从对看客、社会的讽刺和批判回归对人性的探询，其指向更为开放。

优化后的教学效果有了进一步的提升。学生对情节特征曲线图的理解精彩纷呈，分角色朗读更为精彩，每个小组都进行了精心的设计和演绎，对比愈加鲜明。而且对人物对话的反复揣摩、演练使学生关注到了文本的细微处，进入到了人物的内心世界，生成了很多有创意的朗读和理解。比如，"嗯……不错"中的"嗯"应该是拧起眉头故意咳嗽的伴声，"呜呜……呜呜……"是警官逗狗、模仿狗生气低吼的声音。这谄媚的声音让我们看到了警官的厚颜无耻，他为了讨好上级，公然放弃了做人的尊严，对一只狗点头哈腰、低声下气。学习支架优化了学生的思维品质，学生能够较为完整流畅地表达自己的发现和理解。课堂里有了会意的笑声、赞赏的掌声，有了热腾腾的温度。当然，此次执教仍有改进的空间，比如可抓住小说的"戏剧性"优化演读体验的形式，如准备好仿真道具"军大衣"，呈现出广场这个公众舞台的实效等。这样，学生对文本的理解体验可能会更到位，生成的内容也会更丰富。

《变色龙》三次教学改进的实践探索，让我深切地感受到：想教出小说的文学特质，一定要全面系统地阅读吸纳最新、最全面的小说文艺理论和教学理论，精选最符合"这一篇"小说个性、最贴近学生经验和体验、最具教学价值的知识，将其转化为有意义的、可具操作性的教学策略。这个寻找、探索、转化的过程没有止境。

谁是变色龙

——《变色龙》教学实录

一、闲话小说印象

师：上课前，我们来聊一聊小说。同学们喜欢读小说吗？

生（齐）：喜欢。

师：你读过哪些小说？你认为小说最突出的特点是什么？

生：我读过沈从文的《边城》，里面塑造的人物性格非常鲜明。

师（微笑）：《边城》里有一个美丽的女孩子叫翠翠，就像你一样。

生：我读过《钢铁是怎样炼成的》，一读它的名字，我就被带到了故事里。

师：这篇小说深深地吸引了你。

生：我读的小说比较杂，像《海底两万里》《三国演义》《水浒传》，还有很多。我觉得小说的故事情节都比较跌宕起伏。有些小说让人看了开头，却猜不中结尾。

生：我也喜欢科幻小说。读科幻小说能让我们的想象力更丰富一些。

师：可能越是虚构的越能开发人的想象力。今天，我们一起来学习契诃夫的短篇小说《变色龙》，希望今天的学习能够加深你对小说的理解。

二、图解"变色"情节

师：谁能用一句话概括这篇小说讲了一个什么故事？

生：这篇小说讲的是警官奥楚蔑洛夫在广场上解决了狗咬赫留金的案子。

师：你的概括非常简洁。不过"解决"一般和"问题"搭配，能换一个词吗？

生：警官奥楚蔑洛夫在广场上处理了狗咬赫留金的案子。

师：故事很简单，但它情节的内部却有着丰富的层次。如果用一个字来形容，应该是哪个字？

生：变。

师：是谁因何而变？变化了哪些内容？

生：是警官奥楚蔑洛夫因为狗主人的身份不同在变。

师：变化了哪些内容？

生：原先他对狗不屑一顾，不断贬低它，称呼狗为"贱畜生"。当他得知是席加洛夫将军家的狗时，就称呼狗为"娇贵的动物"。

师：这是他变化了对狗的称呼。还有哪些变化？

生：对赫留金和对狗主人的态度有了很大的变化。一开始为赫留金鸣不平，后来怪赫留金自己不好。对狗主人一开始要教训他一顿，后来得知狗主人是将军就来了一番称赞，最后得知狗的主人是将军的哥哥，就非常讨好。前后对比非常鲜明，可以看出警官是一个阿谀奉承的人。

师：看得出来你课文读得很熟，理解也很深刻。如果用线条来表示情节的变化，大家会选择怎样的线条？我请同学到黑板上画出来，并说明理由。

（四名同学先后到黑板上画出情节运行线条）

生：我用的是变化幅度越来越大的曲线，因为奥楚蔑洛夫对狗主人的态度是起伏的，变化越来越强烈，线条应该越走越高。

师：你想凸显警官态度变化的幅度。

生：我是根据警官奥楚蔑洛夫对狗的称呼的变化来画的，因为他一开始称呼狗为"贱畜生"，下一次更加不屑一顾，最后称它为"好一条小狗"，到这里线条达到最高。

师：你的线条呈现了这种由小到大的变化趋势。

生：这里是警官态度的变化，从一开始的严厉到后来的尴尬，再到对狗主人毕恭毕敬，变化次数就是波峰与波谷的数量，变化的幅度越来越大，频率也越来越快。

师：这位同学表述得很严谨。乍一看，你们三个用的线条很相似，但你用的是尖锐的折线。你最想强调什么？

生：这里折线就像心电图一样，因为人很多，警官越来越尴尬，所以心跳越来越快。

师：我以为你只是想强调对比的程度，但你的回答比我的理解更好，你想到了警官由从容到慌乱的心理。这里有两条平行的直线，有点出乎我的意料，请解释一下。

生：虽然奥楚蔑洛夫的态度一直在变化，但其实他一直只有两种态度：一种是同情赫留金，一种是反对赫留金。

师：在什么时候看似同情赫留金，什么时候斥责赫留金？

生：在不知道是谁家的狗时看似同情赫留金，想把这只狗处死；在知道狗主人是将军家的时候，斥责赫留金。

师：那老师觉得这线条画得有点窄。警官的态度应该是围绕着狗主人的身份在变，幅度先是较小，后来渐渐变大。他对赫留金和小狗的态度恰好相对。

（教师板书整理情节运行图）

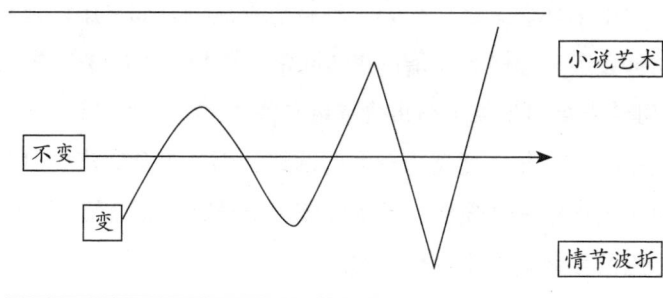

师：现在你满意吗？

生：满意。

师：其实，你还发现了警官"变色"的规律，他在这两种态度之间摇摆不定，摇摆幅度越来越大，叙事节奏越来越快。刚才同学们提到过，小说很好看。小说之所以好看，就是因为它的情节波折、摇摆。同学们课下可以研究一下，越是吸引人的小说，它的情节越是波折、摇摆。接下来，就让我们聚焦人物变化最明显的语段。

三、还原"变色"人物

师：请同学们再读课文，根据表格提示，找出奥楚蔑洛夫对狗、赫留金和狗主人对比最鲜明、反差最大的对话。然后小组分角色出声朗读，还原你所理解的警官模样。要求：全员参与，可根据成员的声音特点分配角色。

变化内容	对话A	对话B
对小狗		第20段："说不定这是条名贵的狗；可要是……狗是娇贵的动物……"
对赫留金	第17段："你呢，赫留金，受了害，我们绝不能不管。得好好教训他们一下！是时候了。"	
对狗主人	第8段："嗯！不错……"	

（学生自读练习）

师：现在，我们来展示我们的学习成果。其他同学要认真倾听，记录点评。

（第一组六位同学分角色朗读第14—20段中警官对狗态度变化最明显的对话）

生：我觉得扮演警官的A同学读得很好，读出了警官傲慢的语气，但扮演巡警的读得不够好，太平淡了。

师：你认为应该怎么读巡警的话？

生：应该……哦……（学生用犹疑的语气读）不对，这不是将军家的狗……将军家里没有这样的狗。他家的狗，全是大猎狗。

师：你为什么这么读？

生：巡警当时不确定是不是将军家的狗，所以有点犹豫。

师：很好。你读出了这种犹疑不决的语气。

生：我觉得扮演警官的A同学读得很好，他读出了警官的威严和神气，但扮演警官的B同学读得应该再慢一点，因为此时他很尴尬。

师：你从哪里看出了警官的尴尬？

生：哦！……叶尔德林老弟，给我穿上大衣吧……好像起风了，挺冷……这里有省略号。说话断断续续。

师：有请刚才这位同学再读一下这里。

（学生按提示再读）

师：我想采访一下刚才扮演警官的同学。（对刚才扮演警官的学生）警官大人，我查阅了一下资料，您生活的时代正是民主党人刺杀亚历山大二世之后，亚历山大三世一上台就颁布了很多法令。这一点赫留金也提到过——"法律上说得明白，现在大家都平等啦"，为什么彼得堡或者莫斯科的人却"不管什么法律不法律"？

生：因为这是发生在木柴厂门口的事儿——这个……（语塞）

生：彼得堡和莫斯科那儿的人不一定管什么法律不法律的，警官这是用这两个有名的城市里发生的事儿掩盖自己的尴尬。

师：刚才这位同学提到两个有名的城市，其实当时彼得堡是沙皇俄国的首都，那是沙皇和大臣们居住的城市，警官怎么会说那儿的人不管什么法律不法律的？

生：我觉得这正说明当时的社会是不平等的，是黑暗的，沙皇和大臣们并不遵守法律。

师：法律只是统治者用来吓唬老百姓的把戏。（笑对警官扮演者）那你就是装腔作势了。还有一点：警官为什么特意嘱咐巡警给将军说"这狗是我找着，派人送上去的"？

生：讨好将军，向将军献点殷勤，希望得到将军的赏识、提拔之类。

师（向扮演警官的同学）：你们是这样想的吗？

生（点头笑）：是。

师：警官这是打着遵纪守法的官腔，干着邀功献媚的勾当啊！谢谢刚才同学的演绎。

（第二组六位同学分角色朗读第10、17—20段中警官对赫留金态度变化最明显的对话，读完学生鼓掌）

师：同学们的掌声是对你们小组最好的肯定。听听大家的点评。

生：我觉得读人群说话的同学读得很好。因为他们几个人一起读，读出了这种墙头草的感觉，而且说话是七嘴八舌的。

师：刚才你们小组一直在纠结怎么读人群的话，现在有所收获。而且你的点评很到位，发现也很独特。

生：我觉得读警官对话的男同学读得很好，读出了态度的强硬，还有对狗主人的痛斥。（生模仿）好好教训他们！

师：我觉得扮演警官的另一位女同学也读得很好，巾帼不让须眉。尤其是"不要把你那蠢手指头伸出来"，读出了气愤。据说当年姜文因为朗读了一段《变色龙》，考取了中央戏剧学院。我感觉我们小组将来也能诞生明星。你们把警官声色俱厉、媚上欺下的嘴脸演绎得淋漓尽致。

（第三组六位同学分角色朗读第8、21—27段中对狗主人态度变化最明显的对话）

师：这一组有点出乎我的预料，是三位美女厨师，我还以为将军家的厨师应该脑袋大脖子粗，谁料你们给了大家别样的演绎。我想问大家：你们对第一位警官拧起眉头咳一声的行为怎么理解？

生：咳一声是为了吸引人们的注意，让人们感觉他很高大，很威严，给自己树立高大威严的形象。

师：故作威严，装腔作势。另一位警官同学，老师有一点不明白："呜呜……呜呜……"是谁发出的什么声音？

生：应该是警官奥楚蔑洛夫在逗小狗。

师：逗狗的声音。你感觉应该是怎样的一种情形？

生：应该是警官弯下腰想摸一下小狗，结果这小狗生气了。

师：怎么模拟这种小狗的声音？

生（模拟）：呜——呜——呜呜——

（学生会意地笑，鼓掌）

师：你学得很像，太棒了！但你有没有想过，作为警官，像你这样人高马大，这么庄重威严，怎么竟然会在公共场合学狗叫呢？

生：他逗狗是因为将军家的厨师在那儿，想通过这样的行为来向将军讨好献媚。

师：做给将军的厨师看，为讨好将军而放弃了做人的尊严。不仅如此，大家看，他竟然称呼小狗为"你"，还亲热地昵称小狗"这坏蛋"。这说明什么？

生：当警官知道这是将军哥哥的狗时，他要做出一种姿态表示他对狗很好。

师：对狗示好的方式有很多。为什么称呼狗为"你"和"这坏蛋"？我们一般在什么时候这样称呼？

生：对关系比较好的人、很亲近的人这么称呼。

师：对，"这坏蛋"是昵称。

生：他知道那是将军哥哥的狗时，就称"他"为"好一条小狗"，以掩盖他以前对小狗不好的称呼。

生：他把自己和小狗放到了平等的地位。当他知道这是将军哥哥的狗时，他把小狗的地位抬得和自己一样高。

师：不止如此，他对一只狗低声下气、称兄道弟，让小狗享受将军的尊荣。他已经把自己降格了。

生：把自己降为小狗的下属。

师：这是一场走狗和狗的亲热对话。[①]通过刚才的体验，我们来说说这是一个怎样的警官。

生：这是一个势利善变、见风使舵的警官。

生：这是一个欺软怕硬的警官。

生：这是一个趋炎附势的警官。

生：这是一个欺下媚上的警官。

师：大家描述出了警官的性格，也可以描述自己的阅读感受。

生：这是一个让我想起来就觉得可恨的警官。

生：这是一个丑陋可恶的警官。

---

① 李卫东：《朗读前的讨论》，载《语文学习》1994 年第 11 期。

师：就像漫画中的小丑一样丑陋变态，滑稽可笑。就像同学们开始时说的那样，小说中的人物形象异常鲜明。然而这样鲜明的人物形象、这样巨大的变化空间是如何生成的呢？接下来让我们探寻警官五次"变色"背后作者的匠心。

四、探究"变色"匠心

师：请同学们细读课文，看作者在场景、道具、人物角色（尤其是配角）、对话、细节等方面做了哪些精心的设计，才成全了警官态度的这些变化。比如我们班的赵艺斌、冯英伦同学关注到了木柴厂这个场景，常钰汶同学关注到了"新的军大衣"，李瑞璇同学关注到了"大衣"和"厨师"。同学们可以从以下角度展开思考：如果不是在"广场旁的木柴厂"这个公共场合，会怎样？如果没有那件"新的军大衣"，又会怎样？正是由于厨师这个角色的存在，所以才会如何？大家任选下面的一个句式表述自己的发现和思考。

（屏显）

如果不是（或没有）＿＿＿＿＿＿＿＿＿＿，就＿＿＿＿＿＿＿＿＿。

正因为＿＿＿＿＿＿＿＿＿，所以＿＿＿＿＿＿＿＿＿。

（学生自读寻找，思考）

生：如果不是在木柴厂里开始这个故事，就不会有那么多的群众围观，也就不会把故事推展到高潮。

生：如果没有那件军大衣，警官就无法掩饰尴尬，也无法表现他的内心世界。

生：知道是将军家的狗时，奥楚蔑洛夫感到很尴尬。正因为有了这件军大衣，警官就可以转移话题。

生：这件军大衣还可以掩饰他恐慌、故作镇定的神情。

生：我觉得这件军大衣起到了一个让警官想方设法拖延时间的作用。正是因为这件军大衣，警官才能够掩饰尴尬和恐慌，拖延时间，成功转移话题。

师：你丰富了他们的答案，总结得很到位。

生：我感觉这篇小说中配角是非常重要的。如果没有这些配角，就不会有奥楚蔑洛夫警官的几次"变色"。

师：你是想说，如果没有这些配角的一次次插话，就不会引发警官的"变色"。

生：如果不是一只小猎狗，而是一只血统纯正的大猎狗的话，那么警官就不会出现这么多次"变色"，不会先表示同情赫留金。

师：你提到了小猎狗。我们一起来看文中是怎样描写小猎狗的。

生：原来是一条白毛的小猎狗，脸尖尖的，背上有块黄斑，它那含泪的眼睛流露出悲苦和恐怖的神情。

师：这是契诃夫精心描述的小猎狗形象。我在杰克·伦敦《野性的呼唤》一书中读到过关于一条大猎狗的描写——那是一条体格矫健、有着贵族的气质和尊严的大猎狗，光荣的皮毛比任何其他东西都更光荣，它的肌肉上、眼眉上飘逸着美丽的棕色色彩。如果我们把文中关于小猎狗的描写换成这样一条大猎狗的描写，会怎样？

生：如果不是在广场，就不能看出这个国家、这个社会愚昧的社会风气。

师：你从哪里读出的这些理解。

生：四下里一片沉静。广场上一个人也没有。商店和饭馆的门无精打采的敞着，面对着这个上帝创造的社会，就跟许多饥饿的嘴巴……从这里可以看出当时的社会风气。

师：正因为社会这样萧条冷漠，所以才产生了这样变态扭曲的警官。你的发现很独特！继续刚才的问题：如果把小猎狗换成大猎狗会怎样？

生：如果不是这样的小猎狗，而是杰克·伦敦笔下的大猎狗，警官就会一眼看出这是有钱人家的狗，就不会同情赫留金，就不会有多次夸张的"变色"。

师：那这样就只是一个故事，而不会成为一篇小说，因为小说情节是特别讲究因果关系的。而且大家有没有注意到，小猎狗的主人是将军的哥哥？为什么作者要将狗的主人特别设定为将军的哥哥，而不是将军？还特别加了一句话，谁发现了？

生：将军的哥哥是前几天刚到这儿的。

师：契诃夫的小说非常简洁，他追求的是"一点多余的东西也不应有"。为什么特别提到这一点？

生：这是要跟前面巡警说过的"前几天我在将军家院子里看见过这样的一条狗"相呼应。

师：前后呼应，滴水不漏。但还有别的用意。

生：我觉得还有一处也是前后呼应的——厨师说"将军不喜欢这种小猎狗，他哥哥却喜欢"，和前面小猎狗的描写相呼应。

师：你读书读得真仔细。为什么把狗的主人设定为"刚到这儿来"的将军的哥哥？

生：因为将军的哥哥刚到这儿来，人们还不熟悉这条小猎狗，不会把这条狗当成有权有势的富贵人家的狗，所以才会有后文警官几次态度的变化。

师：以人群对将军家里情况的熟知程度来看，不会不知道将军家里的狗。正是因为刚到这儿的将军哥哥的这只毛色不好、模样也不中看的小猎狗，才把警官打出"常规"，暴露其内心的丑陋。

生：正因为"独眼鬼"的告状，才暴露了赫留金的荒唐。

师：你注意到了"独眼鬼"这个小配角。从哪里能读出赫留金的荒唐？

生：赫留金咳了一声，这说明他说话是很心虚的。

师：这印证了"独眼鬼"说的是真话。

生：有可能是真话。但是"独眼鬼"并不是在警官一开始问的时候说的，而是在有人说"这狗好像是将军家的"之后才说的，这可以看出"独眼鬼"有点起哄的意思。

师：看热闹？

生（笑）：对！看热闹不怕事儿多。

师：我们班郝鋆泽、刘子杨和孙泽鑫同学都提到过"独眼鬼"。我们来看，"独眼鬼"应该在哪里插话。

生：应该在一开始警官询问发生了什么事的时候插话，而不应该是在后面。

师：尤其是应当在警官斥责赫留金的时候插话，这说明什么？

生：说明"独眼鬼"也是一个见风使舵的家伙。

生："独眼鬼"在警官数落赫留金的时候说这些话，有点添油加醋的感觉。

师：还有一个非常隐秘又至关重要的"机关"，大家没有发现。请看屏幕。

（屏显）

第8段："去调查一下，这是谁的狗，打个报告上来！这条狗呢，把它弄死好了。马上去办，别拖！这多半是条疯狗……请问，这到底是谁家的狗？"

其实，到"马上去办，别拖！"为止，警官已经处理完了这桩案件。可是，作者却让警官犹豫了一下："请问，这到底是谁家的狗？"这看似多余的一问，打开了奥楚蔑洛夫五次"变色"的机关。老师梳理了一下，请女生读前半句，男生读后半句，我们再次体会作者的匠心。

（屏显）

如果不是这只毛色不好、模样不中看的小猎狗，就不会把警官打出常规，暴露出其奴颜婢膝的奴才相。

如果不是"前几天刚到这儿"的将军的哥哥，就不难确定狗主人的身份，警官就不会反复无常。

如果不是广场、木柴厂这些公共场合，就不会聚来如此多围观的人群，警官就没有如此强烈的表演欲望。

如果没有公共场合人群一次次的插话，警官就不会一次次否定自己，剧情也不会一次次反转。

如果没有这件"新的军大衣"，警官就无法掩饰尴尬，无法为转变态度拖延时间。

如果没有"独眼鬼"的"告密"，就无法暴露赫留金荒唐无聊的一面。

正因为赫留金这个荒唐无聊的举动，才有了这件充满戏剧色彩的案件。

正因为将军家的厨师正好路过这个木柴厂，才有了警官最后一次厚颜无耻的表演。

正因为作者故意不让厨师一次把话说完，才彻底暴露了警官走狗奴才的嘴脸。

正因为有了警官那多余的一问，才打开了警官态度五次变化的机关，诞生了这篇经典讽刺小说。

师：小说是讲故事的艺术。这些精心设计的地方，就体现了小说的虚构艺术和作者的匠心。契诃夫就是这样——

（屏显，齐读）

著名翻译家朱逸森说，契诃夫善于以精巧的艺术细节，从最平常的现象中揭示出生活的本质。

俄国著名文学家列夫·托尔斯泰说，契诃夫是一个"无与伦比的艺术家"。

新西兰短篇小说家凯瑟琳·曼斯菲尔德曾说："我愿意将莫泊桑的全部作品换取契诃夫的一个短篇小说。"

五、感悟"变色"意蕴

师："变色龙"仅仅指警官奥楚蔑洛夫一个人吗？

生：不是，是指像奥楚蔑洛夫一样的所有的警察。

生："独眼鬼"也是变色龙，这一点我们前面提到了。

生：赫留金也可能是变色龙。他一边说"法律上说得明白，现在大家都平等啦"，一边又搬出自己当宪兵的兄弟吓唬人，也是欺软怕硬的人。

师：也是媚上欺下。在这里我们班穆泽宇同学提了一个非常有价值的问题：为什么那群人对着赫留金哈哈大笑，不是应该嘲笑丑陋变态的警官吗？

生：人群也都欺软怕硬，他们不敢嘲笑警官，只会嘲笑和他们一样没有权势的赫留金。

师：也就是说，在一定的情境下人群中的每一个人都有可能成为变色龙。变色龙不是指某一个人，而是一类人，是一种扭曲变态的奴性人格。它已经成为一个典型形象，和一切不朽的文学典型一样。不同时代、不同民族、不同层次的读者从不同角度、侧面去接近它，都会有自己的发现，这个发现过程没有也不会终结。经典之所以成为经典，就是因为它有多种读解的角度，有多重阐释的空间。

（屏显）

> 小说通过虚构传达另一种真实——艺术真实，以此唤醒我们被现实功利所遮蔽的生命感悟。

（李卫东）

> 经典之所以成为经典，就是因为它有多种读解的角度，有多重阐释的空间。

（张伟忠）

让我们继续阅读经典小说吧，它能让我们窥见世界，看见人生，反思自我。推荐大家阅读契诃夫的《苦恼》《一个文官之死》《胖子和瘦子》《套中人》《普里希别耶夫军士》《万卡》《歌女》《不平的镜子》。

第三讲 "另类"小说的"另类"读法

——《植树的牧羊人》解读与思考

　　初中语文统编教材编选了三篇外国短篇小说，分别是法国让·乔诺的《植树的牧羊人》、法国莫泊桑的《我的叔叔于勒》和俄国契诃夫的《变色龙》。《植树的牧羊人》是七年级上册第四单元第17课，按照教材顺序，我们应该先读这篇小说。然而，当我们把它和另外两篇小说放在一起时，我们会发现它是那样的"另类"。它不同于《我的叔叔于勒》，没有跌宕起伏的情节，可以说没有什么情节；也不同于《变色龙》，没有激烈的矛盾冲突，也没有戏剧性的对话。该小说主角——这个植树的男人"不太爱讲话"，生活平淡寡味；人物所处的环境是无边无际的荒野，仿佛与现实世界脱轨。面对这样"另类"的小说，我们应该如何"应对"呢？我认为，我们有必要从以下角度重新认识小说，发现小说。

一、从"什么是小说"看"这是一篇什么小说"

　　关于"什么是小说"，我们以前在教材上获得的定义为：小说是一种以刻画人物形象为中心，通过完整的故事情节和具体的环境描写来反映社会生活的文学体裁。历代小说家、小说评论家还给出如下不同的回答：

　　　　法国文学批评家谢沃利：小说是用散文（与韵文相对而言）写成的具有某种长度的虚构故事。①

---

　　① 转引自［英］福斯特著，苏炳文译：《小说面面观》，花城出版社1994年版，第3页。

英国女作家伊·鲍温：小说是一篇臆造的故事。①

捷克斯洛伐克小说家米兰·昆德拉：小说是对陷于尘世陷阱的人生的探索。它受到"认知激情"的驱使，探索人的具体生活，保护这一具体生活逃过"对存在的遗忘"，永恒地照亮"生活世界"。它审视的不是现实，而是存在。存在属于人类可能性的领域，所有人类可能成为的，所有人类做得出来的。②

英国小说家弗吉尼亚·伍尔夫：小说是记录生命的艺术形式。小说人物就是我们赖以生存的精神，就是生命本身，有无限能力和无穷多样性。③

中国当代小说家阎连科：小说就是内心世界情感化的艺术表达。④

中国当代小说家曹文轩：小说是书写个人经验的最佳文体，它无所不能。⑤

"每个民族都有自己的小说史"，不同的时代"缔造"不同的小说家。如果说小说是为了满足人类的好奇心，打发人类拥有的大把时间，早期小说家创作时更讲究故事层面的虚构的话，那么近现代小说家则更关注"陷于尘世陷阱"中"生命存在"的各种可能性、无穷多样性，更强调作家内心的情感和个人的经验。这"尘世陷阱"可能是源于科学技术的飞速发展，也可能是来自人类无法把握的政治、经济、军事战争，还可能是因为人无休止的欲望带来的各种社会危机。这些力量使人由"大自然的主人和所有者"，成了"超越他、赛过他、占有他的各种力量的掌中物"、失去个人价值和意义的"被遗忘的存在"。⑥于是，敏感的小说家便用自己的方式表达自己的忧

---

① 黄景忠：《什么是小说》，载《名作欣赏》2014 年第 34 期。

② ［法］米兰·昆德拉著，董强译：《小说的艺术》，上海译文出版社 2012 年版，第 2—4 页。

③ 转引自高奋：《小说：记录生命的艺术形式——论弗吉尼亚·伍尔夫的小说理论》，载《外国文学评论》2008 年第 2 期。

④ 阎连科、刘汀：《"神"的桥梁 "实"的彼岸——阎连科访谈录》，载《中国图书评论》2012 年第 9 期。

⑤ 曹文轩：《小说门》，人民文学出版社 2009 年版，第 32 页。

⑥ ［法］米兰·昆德拉著，董强译：《小说的艺术》，上海译文出版社 2012 年版，第 2 页。

虑、思考与探询。让·乔诺的《植树的牧羊人》应该属于后者。

《植树的牧羊人》作者让·乔诺，1895年出生于法国普罗旺斯地区马斯诺克市。1914年，第一次世界大战爆发后，年轻的他入伍成了一名步兵。在战争中，他目睹了战争的惨烈与残酷。战争结束后，他成了一名坚定的和平主义者、小说作家、电影编辑。就像前面我们讲的莫泊桑一样，让·乔诺的大多数作品也多以自己熟悉的家乡为背景，《植树的牧羊人》便是其中的一篇。1953年，让·乔诺应美国一本杂志专题"你曾经见过的最非凡、最难忘的人是谁"之约写了这篇稿子。原稿名为《植树的男人》，结尾是"1947年，植树的老人艾力泽·布菲在巴农养老院，安静地离开了这个世界"。收到稿件后，编辑部调查得知普罗旺斯山区小镇巴农养老院并没有一个名叫布菲的人，于是退回了稿件。1954年，这篇小说在美国另一杂志上发表，很快得到了读者的喜爱。

这篇小说为何深受读者欢迎？它到底是一篇怎样的小说？

首先，这是一篇高度"写实"的小说。小说借助"我"的视角写出了1913年法国普罗旺斯地区的现实状况："光秃秃的山""稀稀拉拉的野生薰衣草""废弃的村庄""坍塌的房屋""马蜂窝一样的废墟""干涸的泉眼"……这些触目惊心的词语显示了当地环境的恶劣，而"坍塌"的教堂钟楼喻示着人们信仰的坍塌。而且，这样糟糕的状况不独1913年的普罗旺斯所有，也并没有随着小说的结束而消失，而是日益成为人类共同面临的生存危机、生存困境——人口愈来愈多，资源日益匮乏，人们的物质欲望却没完没了，我们对自然的索取正在超出自然所能承受的极限。就像日本动画导演宫崎骏所说，故事中的普罗旺斯爷爷是个虚构的人物，但类似的故事世界各地都有，日本也常常见到。我们的先人在土地上种满了树，而我们却因私欲或短视砍掉了这些美丽的树。当土壤渐渐流失、淳朴自然的村庄不断消逝时，我们才越发思慕那曾经充满生命活力的大地和其中的一草一木。所以，每个敏感的读者都可以从中读出自己生活的影子，并不由自主地审视自我，思考如何才能避免悲剧的重演。

同时，这又是一篇极度"抽象"的小说。从内容层面来看，这篇小说主要写了两个方面的内容：艾力泽·布菲老人种树，"我"看老人种树。整个过程既不曲折，也不荒诞，甚至可以说有些简单，简单得仿佛没有一丝涟漪。有关人物的描写也非常简洁，外貌仅限于"他刚刚刮过胡子。他的衣服扣子缝得结结实实，补丁的针脚也很细"；神态描写不够细腻生动，翻来覆去只有"平和""安静""平静"这几个单调的词语；没有直接对话，全是"我"的转述。从语言角度来看，作者使用的都是语言中最基本的成分，动词最多，也都是最常见、最普通、最不时髦的词汇。景物描写非常克制，没有华丽繁复的形容词。极少使用修辞，仅有的几个比喻，如"狂风呼啸着穿过破房子的缝隙，像一只饥饿的野兽发出吼叫"，"一片灰灰的薄雾，像地毯一样，铺在高原上"，"这些白桦树棵棵鲜嫩、挺拔，像笔直站立的少年"，也非常朴素，十分常见。如果说"动词是语言的骨头"（张炜语），那么《植树的牧羊人》就是用"骨头"搭起来的骨架。让·乔诺的另一身份是电影编剧，因此我们也可以说这篇小说是一个"故事大纲"一样的存在。总而言之，在这篇小说中，复杂的生活被简单化了，人物形象也高度概括，整篇小说呈现一种抽象的色彩。

高度"写实"与极度"抽象"融合在同一篇小说中，便形成了一种真实又迷幻的独特效果。一方面我们感觉这好像就是我们身边的生活，故事中的每一类人物、每一种情景我们都似曾相识；另一方面我们又感觉不可思议，尤其是故事的结局太超现实——艾力泽·布菲，这个五十二岁的男人，没有受过什么教育的农民，竟然三十七年如一日，凭一己之力种下数以十万计的橡树、山毛榉、白桦树，把荒漠变成了绿洲。一个"人"怎么能创造出上天才能创造的"奇迹"？这种感觉吸引着我们不断阅读思考，思绪在小说与生活间来回穿梭，并主动填补小说的空白，自动补充作者的想象。经历了与小说及作者的多次"对话"后，我们才恍然大悟，原来这是一篇意蕴丰富的寓言化小说，作者是通过牧羊人等各种人物的生存状态与不同选择来探询"生命存在"的各种可能性。

除牧羊人和"我"以外，小说还写到了很多其他人物，比如深山村子中的男人和女人们、"天真"的护林员、林业部的"大人物"、"我"的护林员朋友、伐木公司、以狩猎为生的三户人家、年轻的夫妇等。可能囿于篇幅，选入教材时都删去了。现在我们补出删去的一些内容。

他好像早就知道我会在他家里过夜，因为，最近的村子离这儿也有一天半的路程。我了解这一带，仅有的四五个村子都远离公路，散布在深山里。村子里，住的大多是伐木工和烧炭工，日子过得很艰苦。这里，一年到头，气候都很恶劣。村里的房子，一家挨着一家，人们却只顾自己，从不关心别人。这里的人们只有一个念头——赶快想办法，逃离这个鬼地方。

男人们把烧好的木炭送到城里，然后再回来。重复这种没有尽头的枯燥生活，再坚强的人，也会被折磨得发疯。女人们互相怨恨，无论什么事都要争个高低：争木炭卖得多少，争教堂里的座位……争来争去，没完没了。

再加上这刮不完的风，吹得人发狂，自杀和精神病夺去了很多人的生命。

风也帮助了种子的传播。伴着溪水一起回来的，还有柳树、花园、草场、野花，以及被美景吸引来的人们。不过，这些变化来得十分缓慢……没有人注意到老人做的事，也没有人来打扰他。要不然，他的工作一定会受到阻挠。在这些村子里，在那些官员中，谁会相信，有人这样无私地为别人奉献呢？

1933年，有一个护林员来过，告诉他，不许在野外生火，以免影响这片"天然"树林的生长。这位天真的护林员说，他从没见过一片树林会"自然"形成。

1935年，一个规模不小的政府代表团来视察这片"天然"树林。他们中有一个林业部的大人物、一个政府官员，还有一些技术人员。他们说了很多废话，决定要做些什么。不过，幸亏他们只是说说，实际上什么也没做。做了唯一有用的事，就是把这片树林划为国家保护区，禁止人们在林区内砍伐。这些小树充满了活力，深深打动了人们的心，就连政府议员也被感动了。

我有一个做护林员的朋友，也在这个代表团里。我把老人种树的秘密告诉了他。代表团访问一周后，我们一起去见了植树的老人。在离代表团视察过的树林大约二十公里以外的地方，老人正在专心地种树。这位护林员不愧是我的朋友，他懂得珍贵东西的价值，也懂得沉默。……临行前，我的朋友给老人提了一个小小的建议，告诉他，什么树适合在这里生长。不过，他并不坚持。他后来跟我说："这位老人比我懂得怎样种树。"……"老人家比谁知道的都多，他知道如何找到幸福！"多亏了这位朋友，这片树林和老人的幸福才能延续下去。他派了三个护林员，保护这片树林。不知道他用了什么方法，让这三个护林员对伐木工的任何贿赂都不动心。

只有1939年的战争，曾经威胁到这片树林。当时，汽车靠燃气运转，需要用不完的木炭，人们开始砍伐1910年种的橡树。幸亏，这里离公路太远，伐木公司赚不到钱，只好停止了砍伐。不过，植树的老人并没有察觉，他在三十公里以外，专心地种树。

我在一个叫维容的地方下了车。1913年的时候，这里的十几栋房子里只住了三户人家。他们以狩猎为生，性格孤僻，互相仇视，身体和精神状态与原始人差不多。房子四周，是被野草占据的废墟。对他们来说，生活就是等死，没有一点希望。在这种恶劣的环境中，很难培养出宽厚、善良的美德。现在，一起都变了，连空气都不一样了。……人们清理了废墟，拆掉了旧墙，盖了五座新房子。小村子里，现在住着二十八口人。其中有四对年轻的夫妇。房子的油漆还很新，周围是花园和菜园，种着白菜、玫瑰、大葱、金鱼草、芹菜，还有银莲花。花草和蔬菜混种在一起，却井井有条。这里变成了一个让人流连忘返的地方。①

他们与植树的老人形成鲜明的对照。比如：伐木工、烧炭工砍伐树木，把绿洲变成荒漠，拼命想"逃离这个鬼地方"；老人却从山下的农场来到这里，种下数不尽的橡树、山毛榉、白桦，把荒漠变成绿洲。战争毁灭生命，老人创造生命。人们废弃了失去生机的村庄，而老人坚守并重建了幸福的家园。人们只顾自己，从不关心别人；而老人在意这块土地，认为"没有树，

---

① ［法］让·乔诺著，武娟译，崔维燕校译：《植树的男人》，二十一世纪出版社2011年版，第11—13、24—26、29—38页。

就没有生命"，他无私奉献，不图回报。男人们感觉生活没有尽头，没有一点希望，女人们互相怨恨，争来争去；而老人虽然失去了独子和妻子，却始终自信、平和、平静、专注，知道如何寻找幸福。伐木公司只管赚钱，而老人不管这是"谁的地"，只管"一心一意"地种树。政府代表团的大人物说了很多废话，却什么也没有做；而老人——这个几乎被人遗忘的小人物却懂得"语言并没有那么重要"，他用实际行动创造出了最珍贵、最有价值的东西。他们中的一些人在老人的影响下发生了巨大的变化。比如：起初，"我只当他是一个狂人"；后来，我"从心底里"认为他是"不寻常的老人"，对他"感到无限的敬佩"。人们从"互相仇视"到"拆掉了旧墙"，从感觉"生活就是等死"到"复活了希望"，从"一点儿生气也没有"到"充满青春和活力"。

这些鲜明的对比和巨大的变化，不仅让"人类除了毁灭，还可以像上帝一样创造"这句话有了丰富的支撑，落到了实处，更充分调动读者反思自我存在的价值、意义，并由此延伸开去，思考"植树"背后还有哪些丰富的隐喻、人应该以怎样的方式或状态存在。

二、从"叙述者""作者""读者"看"这篇小说还可以教什么"

在讲"叙述者"之前，我们先厘清三个概念：作者、隐含作者、叙述者。叙事学理论认为，作者是指叙述作品的署名者，生活中真实的小说家存在于作品之外。隐含作者则存在于作品之内，是小说家的创造物，"他自己的隐含的替身"，或者说是作者在作品中的"另一自我"。叙述者同样存在于作品之内，是故事的直接讲述者，我们依赖他的叙述而听到故事。在古典小说中，叙述者往往全知全能；而在现代小说中，他们往往是事件的旁观者或者其中的某个角色，可以始终隐身，也可以参与其中。叙述者有"可靠叙述者"与"不可靠叙述者"之分。"可靠叙述者"能够代表隐含作者发言，他对故事所做的描述与评论、他信仰的价值体系同隐含作者重合；而"不可靠叙述者"则相反，他的所思所言所为不代表隐含作者和作者的真实想法。

以《孔乙己》和《我的叔叔于勒》为例。《孔乙己》的作者是鲁迅先生，叙述者是咸亨酒店的小伙计，一个未成年的孩子。酒客嘲笑孔乙己时，他会附和着"笑几声"；孔乙己与他攀谈，教他写字，他会不耐烦，"努着嘴走远"。很显然他冷漠的语调与隐含作者同情孔乙己的态度相悖，是一个"不可靠叙述者"。而《我的叔叔于勒》的叙述者有两个：第一层故事的叙述者是没有姓名的"我"，第二层故事（即课文部分）的叙述者是若瑟夫。若瑟夫对父母委婉的嘲笑与同情、对于勒以及所有穷苦人的怜悯，都与隐含作者的批判主义思想和人道主义情怀高度重合，所以若瑟夫可以算是一个"可靠叙述者"。

在《植树的牧羊人》这篇小说中，我们一眼就能看出叙述者"我"与作者在某些方面是高度重合的，比如年龄、出生地、经历等。让·乔诺1895年生于法国普罗旺斯地区，第一次世界大战爆发时正好20岁；小说中的"我"1913年前往法国普罗旺斯地区的阿尔卑斯高地旅行，对这个地区的河流、山脉、村落非常熟悉，而且也是20岁。让·乔诺参加了第一次世界大战，曾当过步兵，目睹了惨烈的战争场面；小说中的"我"在第一次世界大战爆发后"应征入伍，在军队待了五年"，而且也是"步兵团的士兵"。这都在原文中有明确交代：

　　那时，虽然我还年轻，但也过着单身的生活，多少懂得怎样去接近那些孤独的灵魂。可时，二十岁的年轻人，很容易用自己的标准去看未来，只看重成就。

　　五年来，我见过太多的人死去。所以，忍不住想，那个植树的牧羊人可能已经不在人世了。在二十几岁的年轻人眼里，五十多岁的人已经是只有等死的老人了。可是牧羊人没有死。而且，身体还很硬朗。

作者将自己的生活经历投进了小说中，让小说显得异常逼真。而且，叙述者"我"的描述、评价、感叹，也与隐含作者的价值观念高度重合，进一步增加了读者对叙述者"我"的信任感。同时，与"平地起波澜""以情节取胜"的其他作者不同，让·乔诺故意让"我"把叙述节奏放缓，尽量淡化牧羊人遇到的麻烦，调低人物之间的矛盾和冲突比例，并"折叠"进小说的罅隙，以制造一种"顺遂"的幻觉，形成一种散文般的生活真实感。这种特殊的安排形成了一种奇特的张力——越没有什么情节，越发耐人寻味，读者也越发好奇。同时，选入教材时编者所做的删减又进一步放大了这种效果。这从学生初读此文时提出的问题中也可以得到印证。以下便是我所教的两个班级91名学生最集中的感受和最感疑惑的问题。

（一）阅读感受

1. 我感受到了牧羊人的慷慨无私、不图回报。他很有毅力，一直在坚持种树。他还是一个善良、自信、平和、乐于助人的好人，而且牧羊人的狗也像主人一样安静、忠厚、不张扬。这些都值得我们去学习。

2. 我非常敬佩牧羊人，因为他无私奉献，默默无闻。他用一个人的体力和毅力把荒漠变成了绿洲，他没有争名夺利，而是一直埋头苦干。他让我明白，只要无私奉献，改善环境，大自然就一定会给予我们回报。

3. 即使是一片不毛之地，只要有一个人坚持不懈地改造它，不毛之地也可能变为美丽的风景线。牧羊人真的了不起！

4. 牧羊人的品德是高尚的，他这种默默奉献的精神使人敬佩，让人感叹。正是因为他的辛勤工作，才有了后来人们安居乐业的幸福生活。

5. 牧羊人有无比坚强的毅力，他很无私，做到了只有上天能做到的事。真的很厉害！

6. 这个故事让我很感动。作者赞美了以艾力泽·布菲为代表的那些为社会默默奉献的人。

7. 牧羊人是一个细心、一丝不苟的人，他热爱大自然，为后人做贡献。

8. 牧羊人不爱说话，坚强，自信，平和，宁静。

9. 在世界大战中，入侵者疯狂地毁灭、掠夺，牧羊人却将荒漠变成了绿洲。这说明"人类除了毁灭，还可以像上天一样创造"，人的力量是无限的。创造奇迹，需要无私与毅力，艾力泽·布菲就是这样可敬的人。

10. 牧羊人靠自己的努力把荒漠变为绿洲，多么不容易啊！

11. 人的力量是无穷的，关键在于怎么用。我们要像那位植树老人一样去创造，造福人类。只要有毅力，困难再大也能克服。

12. 我读懂了牧羊人的初心，不是牧羊而是种树。

13. 我懂得了"人类除了毁灭，还可以像上天一样创造"，我们要坚持做自己想做的事。

（二）阅读疑惑

1. 这个老人为什么要种树，而不种别的？

2. 他为什么要种树，而不经营自己的农场？

3. 既然村庄已经荒废，为什么他还要在这里种树？

4. 他为什么要坚持种树，执着地种树，一种就这么多年？

5. 他为什么要种橡树、山毛榉、白桦树？为什么要将树种在沿山路向上200米处？

6. 为什么别的地方没有水，而他却能从一口深井里找来水？荒地哪来的泉水？哪里来的水渠？

7. 为什么这里只有植树的牧羊人，其他的人呢？他常年住在山上，他孤独吗？

8. 为什么牧羊人不住帐篷，而是住石屋子？为什么他不吸烟？"我"吸烟，他为什么不阻止？

9. "我"为什么说"人类除了毁灭，还可以像上天一样创造"？

10. 为什么战争没有干扰到植树的牧羊人？世界大战爆发了，法国是战争的中心，为什么老人种的那些树竟然没有被毁掉？

11. 老人后来怎么样了？他还会继续种树吗？他之后有没有更多的人在山上种树？

12. 他怎样看待他的成就？树林里的人们怎样看待他和他创造的绿洲？

13. 他为什么要这么积极地无私奉献？是什么让他在这片不属于自己且缺水的土地上种树？

14. 他这么做值得吗？他会有怎样的回报呢？

15. 为什么牧羊人不选择过幸福生活，而是选择种树呢？

16. 为什么"我"要在阿尔卑斯山地旅行？

17. "我"为什么高度评价牧羊人？

18. 为什么要把牧羊人的样子比作"枯树"？为什么要写"我把烟袋递给他""他回答说不吸烟""他的那条大狗也像主人一样，安静，忠厚，不张扬"？可不可以删掉这几处细节？

19. 为什么写"在我眼里他就像这块不毛之地上涌出的神秘泉水"？"神秘泉水"是什么意思？

20. 为什么特别写"他没有带木棍，而是拿了一根一米半长、大拇指粗的铁棍"？

21. 为什么"我"问了老人很多问题，老人却没有一句直接的回答？

22. "连锁反应"是什么意思？

23. 为什么要以"植树的牧羊人"为题，他已经不养羊，改养蜜蜂了啊？

24. 为什么文中反复说"这个男人不太爱说话""他很安静""他还是那么沉默寡言"？

从学生的阅读感受中可以看出，学生已经能够独立读出牧羊人身上较为显性的美好品行，也能够结合文中的具体内容或词句，用自己的语言说出对牧羊人的基本认识。学生不明白的问题则集中指向作者的隐喻，或者源自作者故意隐藏、折叠、省略的内容以及编者删节的部分。因此，教学时可以把隐藏的内容凸显出来，把删节的内容补充出来，或者让学生想象填补作者留下的空白，并在比较、还原等阅读活动中，揭示小说的丰富寓意，探究作者的写作意图和叙事艺术。

此外，这篇小说后来由同样出生于法国的绘画大师弗瑞德里克·拜克配图，改编为绘本故事和电影短片，并于1987年获得奥斯卡最佳短片奖。课文也是根据该绘本故事改编而来的。拜克先生和小说中的艾力泽·布菲老人一样，一直热爱大自然，热爱绿色，长期在自己家乡种树。在2011年《植树的男人》绘本故事引入中国之前，他已在家乡种了三万棵树；到2018年，他栽种的树已超过十万棵。更让人意外并由衷敬佩的是，拜克先生是一个右眼失明的人。可以说，拜克不仅用画家的笔二度创作了这个故事，给小说中原本抽象、没有个性特征的词句添加了丰富的动作、表情和色彩，而且用自己的生命再次诠释了什么是"最了不起的奇迹"。所以，我们还可以把拜克创作的绘本故事及人生故事引入教学，让学生体会"种树"的丰富内涵，思考生命存在的美好方式；或者图文对照，为作者润色语言，体验"三度创作"的乐趣。

从"人的各种可能性"到"生命存在的价值"
——《植树的牧羊人》教学实录

一、读课文，分享"我"读出的内容

师：同学们，今天我们来学习一篇外国小说——让·乔诺的《植树的牧羊人》。小说的基本层面是故事。这篇小说是按照时间顺序来叙述故事的。请大家默读课文，勾画出与时间有关的语句，然后按照时间顺序简要概括这篇小说讲了一个怎样的故事。

（生默读，勾画，概括，交流）

生：这篇小说讲的是一个牧羊人种树的故事。牧羊人叫艾力泽·布菲，他55岁开始种树，一直种到87岁，整整32年，把昔日的荒地变成了生机勃勃的沃土。

师：你是从牧羊人的角度，抓住了人物的年龄来概括故事的，语言很简洁。不过，牧羊人是从55岁开始种树的吗？谁有不同的发现？

生：文章第2段开头说"那是在1913年，我走进法国普罗旺斯地区"，这说明"我"是1913年遇见牧羊人的，这时候老人55岁。第11段又说"三年来，他一直这样，一个人种着树"，这说明他是从1910年开始种树的，到1945年6月，应该是35年。

师：你读书很仔细。其实，小说的最后一段是这样的。

（屏显）

1947年，植树的老人艾力泽·布菲在巴农养老院，安静地离开了这个世界。

师：因为篇幅限制，选入课文时，原文结尾和文中一些段落做了删减。另外，这篇小说是用第一人称"我"来讲故事的。不过，小说和散文不同。散文中的"我"是作者，比如《秋天的怀念》中的"我"就是史铁生，《从百草园到三味书屋》中的"我"是鲁迅。而小说中的"我"并不是作者，而是一个虚构的人物。这一点大家要特别注意。现在，谁从"我"的视角，按照"我"和牧羊人见面的顺序，抓住文中关键词句，再来概括这个故事？

生：1913年，"我"去阿尔卑斯山地旅行，走进了法国普罗旺斯地区的荒野，在极度缺水的时候，第一次遇见了牧羊人艾力泽·布菲。牧羊人让"我"喝了水壶里的水，还带"我"去他山上的小屋。"我"目睹了牧羊人挑橡子、种橡子的过程，了解到他已经在这里种了三年树。"我"第二次见牧羊人是在六年后，这时废弃的村庄已经变成了"灰灰的薄雾"，1910年种下的橡树已经长得比"我"还高，这个干旱无比的地方开始有了溪水。从1920年开始，"我"几乎每年都去看望植树的牧羊人。"我"最后一次见牧羊人是在1945年6月，昔日的荒原成了生机勃勃的沃土，废墟上也建起了干净的农舍，荒漠变成了绿洲。

师：你按时间顺序概括得非常准确。读完小说，你内心是一种怎样的感受？小说中最触动你的是哪些词句？

生：最触动我的是最后一段"他靠一个人的体力与毅力，把这片荒漠变成了绿洲"。我感觉牧羊人实在太伟大了，一个人竟然能够做成只有上天才能做得到的了不起的事情！不过，我还有一些疑惑："一个人"真的有这么大的力量吗？

师：你用了"竟然"这个词，我听出了你的惊讶。你的怀疑说明你的感觉很敏锐。小说是虚构的，目的不在于写实，而是借助高度提炼或者夸张的现实，引发大家的思考。本文是作者应美国一本杂志专题"你曾经见过的最非凡、最难忘的人是谁"之约而写的，原稿名为《植树的男人》。编辑部收到稿件后，调查得知普罗旺斯山区小镇巴农养老院并没有一个名叫布菲的人，于是退回了稿件。

生：最触动我的是第17段"我在这个曾经干旱无比的地方，看到了溪水。这是老人种树带来的连锁反应，是我见过的最了不起的奇迹"。"我"

第一次来的时候，"从前一天晚上起，就没有水喝了"，"走了五个小时，还是没有找到水"，泉眼都干涸了。可是经过老人的努力，这里发生了巨大的变化，竟然有了溪水。第20段"树林留住了雨水和雪水，干涸已久的地里又冒出了泉水"，到处"流淌着源源不断的泉水"，这真是一个奇迹！

师：除了水外，还有哪些景、物、人也发生了这样奇迹般的巨大变化？大家对照前后文，一起找找看。

生：原先到处是荒地，光秃秃的山上稀稀拉拉地长着一些野生的薰衣草。现在这里长着一眼望不到边的山毛榉林、茂盛的橡树林和白桦林，谷底的白桦树棵棵鲜嫩、挺拔，就像笔直站立的少年一样，还有枫树林、鲜嫩的薄荷。

生：原先毫无遮拦的高地上，风吹得人东倒西歪，狂风呼啸着穿过破房子的缝隙，像一只饥饿的野兽发出吼叫。后来这种猛烈而干燥的风都变成了飘着香气的微风；高处传来流水般的声音，那是风穿过树林的响声。

生：原先房屋是倒塌的，教堂的钟楼都坍塌了，一点儿生气都没有。后来这里建起了干净的农舍，人们从地价昂贵的城市搬到这里来安家，也带来了青春和活力，还有探索生活的勇气，孩子们的笑声又开始在热闹的乡村聚会上飘荡。

师：我们把这些变化都罗列出来，大家看屏幕，请按提示随音乐朗读体会这奇迹般的变化，同时思考"奇迹"是怎样发生的，"连锁反应"是什么意思。这是我们班7位同学提出的问题。

（屏显）

男：无边无际的荒野，

光秃秃的山，

稀稀拉拉长着野生的薰衣草。

废弃的村庄，

倒塌的房屋，

没了屋顶的房子任由风吹雨打。

坍塌的钟楼，

干涸的泉眼，

没有一点生气。

毫无遮拦的高地，

空气干燥，

太阳要把人烤焦，

风吹得人东倒西歪。

狂风呼啸着穿过破房子的缝隙，

像一只饥饿的野兽发出吼叫。

女：一望无际的山毛榉林、橡树林和白桦林，

白桦棵棵鲜嫩、挺拔，

像笔直站立的少年。

空气中飘着香气，

高处传来流水般的声音，

那是风穿过树林的响声。

农场边上，枫树林里，

到处流淌着源源不断的泉水，

浇灌着长在周围的鲜嫩薄荷。

这里成了一片生机勃勃的沃土，

人们建起干净的农舍。

健康的男男女女，

带来青春、活力、探索生活的勇气。

孩子们的笑声，

在热闹的乡村聚会上飘荡。

合：一万多人的幸福生活，都源于这位叫艾力泽·布菲的老人！

师：看到这对比鲜明的变化，此时此刻你内心的感受如何？

生：我感觉更加震撼了。牧羊人创造了奇迹，他自己也是奇迹。

生：我感觉更加不可思议了，一个“人”竟然有如此巨大的力量！

生：我和他的感觉有些相反，我反而觉得更加真实了。因为老人一直在种树，而且坚持了37年。有了树，就留住了雨水、雪水，锁住了水分，然后就有了源源不断的溪水、泉水，空气、土地也都发生了变化，人们于是都搬

了回来，这片土地就重新恢复了生机活力，带来了青春和生活的勇气、孩子们的笑声。有了树，这一切就这么自然而然地发生了。

师：奇迹就是这么不可思议！然而奇迹却又常常有迹可循。你把由老人种树带来的链条一样的变化过程讲得非常清楚。现在，请提问题的同学，根据她的表述说说"连锁反应"的意思。

生：老人坚持种树，逐渐引发了水、空气、土地和人们的各种变化，就像链条一样，一环扣一环。

师：对。连锁反应就是比喻相关的事物发生相应的变化。小说是虚构的，但细节是真实的，小说的魅力就在于能够引发读者"亦真亦幻"的感觉。继续交流最触动你的词句。

生：最触动我的地方在第10段："我问他，这块地是你的吗？他摇摇头说，不是。那是谁的地？是公家的，还是私人的？他说不知道。看起来他并不在意。他只是一心一意地把一百颗橡子都种了下去。"我从这里读出了牧羊人的无私、不图回报。

师：对。无私就是没有个人私心，不为个人私利，不贪图回报。然而他为什么选择种树，而不经营自己的农场？是什么让他在不属于自己的、缺水的土地上种树，而且一种就是这么多年？他这么做值得吗？这是我们班24位同学的困惑。请大家细读第10、11段相关内容，运用老师提供的句式，探究牧羊人的内心世界。

（屏显）

我问他，这块地是你的吗？他摇摇头说，不是。那是谁的地？是公家的，还是私人的？他说不知道。看起来他并不在意。他只是一心一意地把一百颗橡子都种了下去。

他说，他五十五岁，叫艾力泽·布菲，原来生活在山下，有自己的农场。可是，他先是失去了独子，接着，妻子也去世了。他选择了一个人生活，与羊群和狗做伴，平静地看着日子一天天地流走。他说，这地方缺少树，没有树就不会有生命。他决定，既然没有重要的事情做，就动手种树吧。

思考：对于牧羊人来说，……不重要，最重要的是……

（学生自读，思考，然后交流）

生：对于牧羊人来说，农场不重要，最重要的是树。我感觉是因为他失去了独子和妻子，再也没有其他的亲人，这让他感觉到钱没处用，有钱也买不来亲人的生命，生命是最重要的。所以他不经营农场，改种树了。有了树，就有了生命。

师：你是说，种树是牧羊人心灵的寄托，妻儿去世后，种树成了他生命存在的最重要的价值。

（生点头）

生：对于牧羊人来说，回报不重要，最重要的是生命。他在不属于自己的土地上种树，不会有金钱的回报，但一片片茂盛的橡树、山毛榉、白桦树长起来，这里变得美好了，我感觉这也是回报，是一种生命的回报。如果他只经营自己的农场，便只能在自己的土地上有收获；而他在不属于自己的、更大更广阔的土地上种树，环境就会有更多的变化。这比农场带来的金钱方面的回报更大、更美、更好，所以也更重要。

师：回报有很多种，有人重视给自己带来多少金钱利益，有人重视给别人、给世界留下多少美好。眼光不同，境界也就有所不同。

生：对于牧羊人来说，是谁的地不重要，最重要的每天要种下这一百颗橡子。要是天天考虑这是谁的地，就没法好好种树了。他每天种下一百颗，一年就是三万六千五百颗，三年就是十万余颗，这样才能实现他想要的成片树林、大片生命。

师：你的算术很好。牧羊人最可贵的地方在于，他知道自己最想要的是生命，也知道如何去创造生命，更知道实现这一切必须排除私心杂念，踏实专注做好每一天。

生：最触动我的是第18段的"我从来没有见过他有任何动摇或怀疑，只有天知道这有多难"。因为我也常常下定决心，要实现什么目标，比如我想好好学习，进入班级前十，但是常常会因为自己贪玩，或者有同学喊我去打游戏，我就动摇了；所以我非常敬佩植树的牧羊人。不过，我想知道牧羊人还经历了什么。为什么第15段说"人类除了毁灭，还可以像上天一样创造"？

生：我也有同感，我感觉牧羊人种树的过程实在太顺利、太平淡了，两次世界大战竟然都没有扰乱他的生活。

生：为什么牧羊人"不太爱说话"？他一直很"安静""平静""沉默寡言"，我感觉这也很难。班主任天天让我们安静，我们都做不到。（众生笑）

师：十几岁的你们正是叽叽喳喳的年龄。你的发现和另外5位同学的问题不谋而合："为什么'我'问了老人很多问题，老人却没有一句直接的回答？"不仅如此，课前还有许多同学提问："为什么这里只有植树的牧羊人，其他人呢？""老人后来怎么样了？""树林里的人们怎样看待牧羊人和牧羊人创造的生活？"大家心中的这些困惑，都很有价值。这篇课文是一篇删改后的文章。下面，我们就补出原文删去的一些内容，去揭开这些谜团。

二、读原文，感受多重对比的背后

师：请同学们对比阅读课文中描写艾力泽·布菲老人的句段和原文中描写其他人的相关句段，圈画关键词，梳理他们的行为、心理、生活状态，并用"当……时，布菲老人（却）在……"或"当老人……后，……也开始……"表述自己的发现。

（以学案形式补出原文删掉的有关附近村子伐木工和烧炭工、男人们和女人们、政府代表团、"我"的护林员朋友、伐木公司等内容。学生对比阅读，梳理比较，相互交流）

生：当伐木工、烧炭工们不断地砍伐树木，把绿树变成黑色的焦炭时，布菲老人在种树，每天种下一百颗橡子，努力把荒漠变回绿洲。

生：当人们只顾自己、从不关心别人、只想逃离这个鬼地方的时候，布菲老人却放弃山下的农场来到这里，为这个干旱无比的地方带来生命的溪水。

生：当男人们在枯燥的生活中被折磨得发疯、女人们互相怨恨且争来争去时，布菲老人却自信平和，静静地种树。

师：还有一处也提到了人们和老人精神状态上的不同。谁来补充?

生：当维容以狩猎为生的三户人家互相仇视、对生活丧失希望、房子被野草占据的时候，布菲老人却对生活充满了希望。他的房子结结实实，房间里收拾得整整齐齐，餐具洗得干干净净，地板上没有一点灰尘，衣服扣子缝得结结实实；六十多岁了，身体还很硬朗。

师：他们都生活在恶劣的环境中，为什么这些人的身体和精神状态与老人反差如此巨大?

生：因为他们是在毁灭生命，他们所在的地方应该越来越差；而布菲老人是在种树，创造生命，所以老人所在的地方越来越好。一个逐渐走向毁灭，一个慢慢重建新生，自然心态不一样；心态不一样，身体也就不一样。

生：我感觉他们只顾自己，太计较个人利益，可环境越来越恶劣，他们的收入越来越少，生活越来越艰苦，所以他们内心就越来越痛苦。布菲老人不图回报，不在乎个人得失，也不在意生活的艰苦，他只想种树，他坚持做的就是自己想做的事；所以他的内心特别平静，身体很硬朗。

师：痛苦往往源自贪婪，而幸福源自内心的满足。外在的欲望越少，越容易找到幸福。继续交流。

生：当伐木公司只管赚钱的时候，布菲老人只管在三十公里外一心一意地种树，不管这是谁的土地。不过，幸好老人把树都种在离公路很远的地方，所以伐木公司赚不到钱，只好停止了砍伐。

师：这是作者精心设置的一处细节。正因如此，1939年的战争才没有毁掉老人种下的树林，这表现了小说细节的严密。

生：当政府代表团的大人物滔滔不绝、说了很多废话却什么也没有做的时候，老人却什么也没说，一个人默默地、专心地种下了无数颗种子，种出了一望无际的广袤树林。

师：现在谁来说说"为什么作者不直接描写老人的语言"?

生：因为滔滔不绝的废话不如专注的行动更有价值。

生：作者想暗示，有时候语言并没有那么重要，重要的是我们做了什么。

生：作者这样写，是故意用没有受过什么教育的农民和林业部的大人物对比，讽刺那些爱说废话的大人物。

师：这个世界上自以为是、自吹自擂、喋喋不休的人太多，而踏踏实实、专心做事、默默行动的人太少。所以，我们成年后尤其要时常想一想《植树的牧羊人》，不要成为那些可笑的大人物。继续交流老人种树后人们精神状态转变和生活状况改善的情况。

生：当老人种下大片的树木后，人们也开始清理废墟，拆掉旧墙，盖起了新房子。

生：当老人种树带来清澈的溪水、源源不断的泉水后，年轻的夫妇开始种下白菜、玫瑰、大葱，还有各种美丽的花。

师：政府议员和护林员有了怎样的变化？

生：老人种出充满活力的树林后，政府议员也被感动了，他们把这片树林划为国家保护区。

生：老人和"我"的朋友见面后，"我"的朋友开始派了三个护林员，他们对伐木工的任何贿赂都不动心。

师：这句话背后有丰富的内涵，这之前的护林员是怎样的？

生：在老人之前，护林员对伐木工的贿赂是动心的。那些护林员纵容伐木工砍树，所以这个地方才会变成荒漠。

师：的确，原文中还有一段话："很久以前，溪水也曾这样哗哗地流淌吧！这些废弃的村庄中，有一些是在古代高卢罗马人村落的基础上，建立起来的。考古学家曾经在这儿挖出过鱼钩。可是进入二十世纪，这里的人们却不得不求助于储水罐。"所以小说中的"我"感慨地说："人类除了毁灭，还可以像上天一样创造。"人是有各种可能性的。请大家根据刚刚读过的内容，联系生活实际说说自己的感慨。

生：人除了砍伐，还可以种植。

师：好的小说是能够启迪人的精神的，这篇小说其实是借"植树"来表达对人生的探索与思考。大家不要拘泥于"植树"，要揭示出作者隐藏在"植树"背后的丰富寓意。

生：人除了赚钱，还可以有更高的追求。

生：人除了喋喋不休，还可以选择沉默，专注于行动。

生：人除了索取，还可以无私奉献。一味地索取会让人痛苦，而无私奉献内心才会更快乐。

生：人除了逃离、放弃，还可以选择坚守，勇敢面对，用努力、毅力战胜困难、挫折与逆境。

生：人除了沉浸在痛苦中，还可以选择从容向前。我感觉老人失去妻子、儿子应该是痛苦的，但是他没有沉浸在失去的痛苦中，而是通过种树来创造生命，获得新生。

生：人除了种下树的种子，还可以种下希望的种子。只有心中充满希望，才会获得快乐和幸福。

师：只要心中充满希望，没有什么可以打垮我们。

生：人除了仇视、怨恨，还可以团结、宽容、理解、关爱。

师：仇恨会扭曲我们的情感和生活，理解和爱才能让我们的生活充满阳光。

生：人除了关心自己的利益，还可以关心他人，关心社会，关心自然环境。只有整个环境改善了，我们自己的生活才会更美好。

生：人除了被感动，还可接着做下去，把这种精神传递下去，就像"我"的护林员朋友和那些年轻的夫妇们。

三、读绘本，体验三度创作的乐趣

师：你说得真好！我们除了被感动，还可以继续创造。1953年，让·乔诺的这篇小说虽然被杂志社退了稿，然而一年后，这篇小说在美国另外一家杂志上发表，很快得到了读者的喜爱，陆续在十多个国家翻译发表。后来，同样出生于法国的绘画大师弗瑞德里克·拜克读到了这篇小说，他被故事中的布菲老人深深感动，他亲自为这篇小说配了插图，将其改编为绘本故事和电影短片。我们的课文就是根据该绘本故事改编而来的。接下来，我们自选一张绘本图片，对故事进行润色。大家可以为景物添加表明色彩、形状、质感的形容词，也可以为文中人物添加神态、动作、心理等细节。

（屏显）

（生对照图片，自主创作）

师：现在我们交流。大家认真倾听，准备点评。

生：我选择的是第一幅图片，课文第5段。他不住简陋的帐篷，而是住在一座结实的灰色石头房子里。看得出，他是一点一点地把一座破旧的房子修整成了现在的样子。山脊似的屋顶很严实，一滴雨水也不漏。猛烈而干燥的风吹在褐色的瓦上，发出海浪拍打沙滩的"唰唰"的声音。

师：谁来点评？

生：我感觉他添加得都很好。特别是帐篷前添加的"简陋"一词最精彩。因为我一开始不太明白"为什么牧羊人不住帐篷，而是住石屋子"，他这么一添加，我明白了——帐篷是简陋的，只能临时居住；结实的石头房子，说明他要长期住在这儿，种树不是他一时的冲动，而是深思熟虑的结果。

师：你的回答解答了他的疑惑，真好！

生：我也感觉他添加得非常好，不过我更喜欢原文。我感觉原文更简洁，没有这些修饰词，也把牧羊人认真的生活态度写明白了。

师：简洁就是一种美，就像牧羊人的生活一样。

生：我选择的是第二幅图片，课文第10段。"我们"沿着弯弯曲曲的山路，又艰难地往上爬了大约二百米。他忽然停了下来，用那根大拇指粗的铁棍在干旱的土地上用力戳了一个又深又细的坑。然后，他慢慢弯下腰，轻轻地往坑里放进一颗饱满的橡子，再仔细地盖上黄褐色的泥土。哦，原来他是在种橡树！我好奇地问他：这块地是你的吗？他笑着摇摇头说，不是。那是谁的地？公家的，还是私人的？我有些诧异。他再次笑着说他不知道。他竟然在不知道是谁的土地上种树？他为什么这么做？他这样做有回报吗？我的脑中画满了问号。不过，看他的神色还是那么平静，看来他并不在意，他只是一心一意地把一百颗又大又好又饱满的橡子都种了下去。

生：我认为她添加得细节非常丰富，把"我"好奇、疑惑的心理写出来了，使故事显得更曲折。

师：你非常有好奇心，喜欢故事性强的小说。

生：我承认有了这些内容，故事更曲折了。但是我感觉怪怪的，因为小说中的牧羊人不爱说话，沉默寡言，始终很平静，脸上不应该有过多的表情，一会儿笑一会儿什么的，波澜不惊更符合人物的性格。

师：只有符合人物形象、凸显人物性格的修饰才是好的修饰，你的这一观点我非常赞同。

生：我觉得文中的"我"是一个配角，不应该给"我"添加太多内容，这样就"抢戏"了，抢了主角的风头。（众生笑）

师：你打的这个比方非常恰当。"我"是小说中的次要人物，是小说的叙述者——讲故事的人，所以要分清主次。我觉得课文第13段中"战争结束了，我只得到一笔微薄的酬劳。好想去呼吸一下纯净的空气啊！"这一处细节非常好。我们一起看这一句好在哪里。

生：我认为这个"只""微薄"用得特别好，说明"我"对自己得到的酬劳非常不满意，心情很郁闷，所以才想去呼吸一下纯净的空气。可是牧羊人这么多年了还在坚持种树，什么酬劳都没有，也没有怨言。

师：你从"只""微薄"这两个修饰词中读出了人物的心理。这篇小说的最大特点就是不直接写人的心理，而是把人的心理藏在人物的行动和看似平淡的修饰词中。

生：作者通过这一处细节，把"我"对酬劳的态度和牧羊人"不图回报"的态度做了对比，更能突出牧羊人无私的精神。

师：这篇小说写出了人的各种生活状态、人的各种可能性，并或明或暗地进行了多重对比。所谓经典小说，不是我们正在读的小说，而是我们正在重读的小说。经典常读常新，每一次阅读都会有新的发现。

生：我选择的是第三、四幅图片，课文第15段。1910年种的橡树，已经长得比"我"都高，真让人不敢相信。一棵棵挺拔的橡树笔直地站立着，树上的枝叶鲜嫩碧绿，它们手牵着手，遮住曾经干旱贫瘠的土地，给大地染上一片淡淡的绿色。我吃惊得说不出话来，他还是那么沉默寡言。

（众生鼓掌）

师：掌声说明大家非常认可你的创作。

生：我认为他的补写非常精彩，写出了土地的变化，也写出了树的生机勃勃，又没有喧宾夺主。

师：你的点评也非常到位，"没有喧宾夺主"用得极为准确。这说明前面讨论的内容已经内化到了你的心里。

生：我觉得他观察得非常仔细，他把绘本图片中的色彩抓得很准，颜色淡淡的，很美。

师：应该说拜克先生的绘本抓住了这篇小说的精髓，他同时抓住了绘本与小说的精髓。这篇小说就像一幅幅淡淡的水彩画，朴素而不乏优美，简洁又内蕴丰富，让人越品越有味。

生：我选择的是第四幅图片，课文第20段，我是跳着写的。昔日的荒地如今生机勃勃、五彩斑斓，成为一片充满希望的沃土。1913年"我"来时见到的荒凉废墟上，已经建起了整齐干净的农舍，看得出人们生活得非常幸福、舒适，脸上都荡漾着灿烂的笑容。茂密的树林留住了大量的雨水和雪水，干涸已久的地里又冒出了清亮亮的泉水。泉水汩汩地冒着泡泡，流入饥渴的大地，也流进了人们曾经痛苦的心里。重新开始新生活的人们挖了水渠，农场边上，枫树林里，到处流淌着源源不断的清澈泉水，浇灌着长在周围的鲜嫩薄荷，薄荷碧绿碧绿的，散发着无尽的生机和活力。一路上，我碰到许多健康的男男女女，孩子们清脆的笑声又开始在热闹的乡村聚会上飘荡，人们穿着鲜艳美丽的衣服载歌载舞。（生笑）我感觉我好像是喧宾夺主了。

师（笑）：同学们还没有评价，你就给自己宣判了。听听大家的意见。

生：我感觉没有喧宾夺主，因为这一段写布菲老人种树带来的变化，写人们的幸福生活。人们越幸福，越能显出老人的伟大。

师：他肯定了你的创作。

生：我觉得她不是喧宾夺主，而是修饰过多，修饰语太多了好像有些啰唆。我也说不好，就是感觉可以加一点修饰语，但是太多了就感觉……（语塞）

师：可以举例说明，哪里太多，效果如何。

生：比如说孩子们的笑声，有的是清脆的，有的可能不是清脆的；还有热闹的乡村聚会上，可能有人穿着鲜艳美丽的衣服载歌载舞，也可能是别的样子，不一定非得这样。

师：你是说，适当的修饰会让文章更生动，而过多的修饰则会限制读者的想象。（生点头）的确，不同的作者有不同的风格，不同的小说也有不同的特色。这篇小说的特色就是简约，作者没有使用大量的修饰语，而是选择了简简单单、平平淡淡的叙述，只在必要的地方稍加修饰，其余地方留有大量空白。这样平静的风格既符合小说主要人物朴素、沉默、安静、专注的性格特点，又激发了读者的想象，让人回味无穷。同学们的三度创作就是这种想象的个性化呈现。其实，重写和改写也是阅读小说的重要手段。在重写和改写中，我们能够亲身体会写作的甘苦，提升写作的能力；同时还可以在与原文的比较中，领悟原文的特点和作者的风格。最后，我们来了解一下绘本故事的配图作者弗瑞德瑞克·拜克先生。

（屏显）

弗瑞德里克·拜克，1924年出生于法国。

13岁，学习绘画；16岁，学习插图和壁画。

28岁，进入加拿大广播公司，负责动画片绘画。

他，凭借《摇椅》《植树的男人》两次获奥斯卡最佳短片奖。

他，多次获得渥太华国际动画节大奖、世界动画大奖、戛纳国际电影节金棕榈奖等。

他，在世界动画电影界备受推崇，被称为"大师中的大师"。

他，热爱大自然，热爱绿色，热爱种树。

他，曾自豪地说，他已经种了十万棵树，那些树木已经长成了茂密的森林。

最重要的是，种下这些树、创造出这么多经典作品的他，是一位右眼失明的人。

师：种下一颗种子，收获一片葱茏。我相信，布菲老人、乔诺先生、拜克先生，他们都在我们心中种下了一颗种子。希望我们能够用心呵护，用笔创造，让这颗种子萌生新芽，绽放属于我们自己的精彩！下课！

第二章
现代散文的读与教

02

第一讲　回忆性散文的秘妙

——《从百草园到三味书屋》解读与思考

　　《从百草园到三味书屋》是七年级上册第三单元第九课，是鲁迅回忆性散文的典型代表。回忆性散文体式的独特之处在于双重叙述视角的运用，即文中存在两个"我"——一是往事中的"我"，一是写作时的"我"。具体到"这一篇"散文，一个是儿时活泼可爱、尽情玩耍的"我"，一个是成年后历经人世波折的"我"。

　　用"我"童稚的眼光去看百草园，处处尽是美丽而充满情趣的"伙伴儿"：碧绿的菜畦、紫红的桑葚，光滑的石井栏、高大的皂荚树，在树叶里长吟的鸣蝉、肥胖的黄蜂、轻捷的叫天子、吃了可以成仙的何首乌、又酸又甜的覆盆子……"我"做过好多有趣的事儿：翻开断砖找油蛉和蟋蟀却遇见了蜈蚣，按住斑蝥的脊梁它却从后窍喷出一阵烟雾，为成仙不停地拔何首乌而弄坏了泥墙。即便在三味书屋，"我"也常常在后园爬上花坛折蜡梅花，在地上或桂花树上寻蝉蜕，捉了苍蝇喂蚂蚁，用纸糊的盔甲套在指甲上做戏，用荆川纸蒙在小说上描绣像。此外，还有温暖"我"童年的一个个可爱、可亲、可敬的人儿——给"我"讲美女蛇故事的长妈妈，教"我"捕鸟的闰土的父亲，方正、质朴、博学、喜欢摇着头读书的老先生。

　　记忆里满是无尽的童真、童趣与美好，而现实生活中这些东西是"早已没有了"的。不仅如此，本文写于1926年9月18日，45岁的鲁迅正受到反动政府通缉，远走厦门却又遭受学者们的排挤，正处于"纷扰"之中。因而在这一特殊背景、特定心境下回视童年往事，既有对美好过往的深切怀念，也有往事不再的淡淡惆怅，还有忍俊不禁的调侃与感慨。这些对往事的深刻感受散见于文章的开头、结尾和字里行间。譬如文章开头，钱理群先生认为"相见"一词通常指人和人之间的交往，而作者用于"我"和"百草园"之间，"言辞中充满了对一位多年不见的'老朋友'的怀念之情"①；而"似乎确凿只有一些野草""但那时却是我的乐园"这相互矛盾的判断并置，实则是成年人视角和儿童视角、写实与写意视角的并置，别有一种独特的意味。第4段，回忆长妈妈给"我"讲美女蛇的故事，两个"我"同时现身——儿时的"我"按捺不住插话追问"后来呢"，成年的"我"情不自禁幽默调侃故事中的读书人"当然睡不着的"。第6段，"这故事很使我觉得做人之险"，表面是感叹做"人"之危险，内里是感喟现实生活中"做人"之艰难。第9段，汉语中夹杂着德文，既有儿时"我"对百草园的依恋、不舍，也有成年后"我"对童年生活的深情与幽默。而对先生的描写，则既含有欣赏、感激，也隐含着委婉的批评和调侃。

"这一篇"散文的笔调也与鲁迅先生冷峻深刻的小说、"披甲上阵的杂文"迥然不同，洋溢着鲜见的明亮色彩，别有一种娓娓道来的柔和与亲切感。譬如"碧绿""紫红"等色彩鲜明的形容词，"伏""直窜"以及"长吟""低唱""弹琴"等大量贴切又充满温度的动词。对人物的描写以白描为主，简洁的描写中依然流露出脉脉温情。"似乎""确凿""但是""也""总不过"等鲁迅先生惯用的虚词、不合常规的矛盾用法依然存在，但矛盾背后流露的也是融融的暖意。偶有对当时教育理念的批评，也是借儿童的口吻幽默隐晦地传达出来，体现了作者的包容。此外，句式错落有致，标点匠心独运，形成一种独特的韵致。

阅读这样一篇回忆性散文，学生的关注点和困惑点是什么呢？为此，我让学生朗读课文两遍后，书写自己的感受，提出自己的困惑或最感兴趣、最想探究的问题。

现将我所教两个班91名同学的感受、发现和质疑梳理如下。

学生最强烈而普遍的感受是：鲁迅小时候天真可爱，是个好奇心重的

---

① 钱理群、孙绍振、王富仁：《解读语文》，福建人民出版社2010年版，第58页。

孩子；他和我们一样淘气，特别爱闹，还因拔何首乌的根弄坏了泥墙；百草园景色优美，他非常喜欢百草园；他热爱自然，观察特别仔细；他的童年非常有趣，生活丰富多彩；他很快乐，可以拍雪人，捉麻雀；他是一个善于观察、勤于思考的人；他喜欢画画，画得很好；他喜欢发问，性子有点急。

当然也存在分歧。一部分同学认为，鲁迅小时候并不喜欢读书，不好好听讲，上课画小人儿；另一部分同学认为，鲁迅小时候特别爱学，好奇心非常强，爱听故事，懂得很多，是个很有知识的人。有的同学认为先生很严厉；有的同学则认为先生严而不厉，很"心慈"。有的同学认为鲁迅很敬重自己的先生；有的同学认为鲁迅不想上书塾，害怕自己的先生，先生太古板。有的同学认为三味书屋里生活很枯燥；有的同学认为三味书屋里很有趣，小鲁迅结交了好多朋友，一起玩耍。

学生提出了大量的问题，其中比较集中的有：

1. "怪哉"这虫是怎么回事？（35人）"我"问"怪哉"这虫，先生为什么"很不高兴，脸上还有怒色了"？是不知道，还是没有意义不愿说？（40人）

2. 为什么先生有戒尺却不常用，有罚跪的规矩也不常用？先生学问渊博，却不予回答？为什么先生开始对"我"很严厉，后来却好起来了？先生为什么有这么多矛盾的表现？（13人）

3. 为什么要写先生读书的片段？先生读的什么书？先生读书时为什么会笑起来？为什么写大家读书不加标点，写先生读书时却加了标点？为什么用符号"～～～"？（12人）

4. 长妈妈为什么给"我"讲美女蛇的故事？长妈妈是怎么知道美女蛇的故事的？"我"为什么对长妈妈讲的这个故事印象这么清楚？（11人）

5. 为什么"我"不能常去百草园了？为什么"我"会被家人送到书塾里去？真的是因为那些原因吗？（4人）为什么"我"和百草园告别时用德语Ade？"我"小时候就会德语吗？（7人）

6. 为什么匾下面画着梅花鹿，而不是孔子画像？为什么没有孔子牌位，却算是拜了孔子？（6人）

7. 为什么飞蜈蚣可以吸蛇的脑髓？那个小盒子真有那么神奇吗？为什么"我"极想得到一盒老和尚那样的飞蜈蚣？"直到现在，总还是没有得到"，现在作者还想要吗？（5人）

8. 百草园里只有一些野草，为什么"却是我的乐园"？（4人）

也有许多充满个性而富有价值的问题，比如：

1. 为什么要把园子卖给朱文公的子孙？（4人）

2. 为什么鲁迅只写了这一个老师？（1人）什么是"塑雪罗汉"？（1人）

3. 为什么拜梅花鹿就是拜孔子？为什么没有孔子的牌位？（2人）

4. 为什么同学们不一同回去？一个个回去不也照样挨打吗？（3人）

5. 为什么最后要写9月18日？这是鲁迅先生的日记吗？（1人）

6. 三味书屋中的先生是谁？（2人）闰土是谁？（1人）

7. 为什么作者对百草园和三味书屋的事记得那么详细、清楚？（3人）

8. 第21段"仁远乎哉……""笑人齿缺……""上九潜龙勿用""厥土下上上错……""铁如意……金叵罗……"是什么意思？（4人）

9. 为什么"我"不偷偷地向草中探索一番？（1人）

10. 文章题目"从百草园到三味书屋"有什么特殊含义？（2人）

从上述初感来看，鲁迅先生对儿时生活的描述引发了学生的共鸣，使学生产生了强烈的代入感。很多人常说学生有"三怕"：一怕周树人，二怕文言文，三怕写作文。其实，从现行统编教材鲁迅先生作品的呈现顺序来看，已经较好地规避了上述现象的产生，尤其是对鲁迅先生畏惧感的问题。与其说学生畏惧鲁迅作品，毋宁说是教师的"定式思维"在作怪，甚至很多教师从未"素读"过鲁迅先生的作品（尤其是他的回忆性散文），自然从未真正走进鲁迅先生的作品和心灵，更没有倾听过学生的心声。

从学生提出的"五花八门"的问题来看，尽管有着年代、地域的间隔（身在班级授课制时代，不知私塾只有一位塾师；北方的学生知道堆雪人，却不知道"塑雪罗汉"为何物），七年级的学生依然对鲁迅先生笔下多姿多彩的"乐园"充满了盎然的兴致，也对陪伴鲁迅成长的长妈妈、闰土的父亲、三味书屋的先生以及鲁迅生活的那个年代有着强烈的探究欲望。譬如学生最关注"怪哉"这虫是怎么回事，其实，学生并非不明白"怪哉"是什么（课本对"怪哉"已有较为详尽的注释），而是读不懂先生对这个传说的态度，读不懂鲁迅对先生以及当时那种教育理念的调侃。而对文中一系列看似矛盾现象的质疑，则说明学生不仅关注到了鲁迅先生个性化的语言表达，而且对此产生了浓厚的好奇心。我们需要做的就是顺着学生的感受、质疑和发现开展阅读，在阅读的过程中不断满足学生的好奇心。

因此，基于"这一篇"的独特性和"这一班"学生的需求，我将教学内容确定为：还原并体验作者个性化表达中蕴含的童真、童趣以及双重叙述视角带来的独特情味；体会作者对童年生活、记忆中那些事儿、那些人的怀想之情以及往昔不再的淡淡惆怅。

教学实施方面，则是顺应学生的问题和感受，推动学生的体验走向细腻、丰满和深刻。具体说来，主要采取了以下策略：

首先，从学生的问题切入，抓住文章中的"神来之笔"。

钱理群先生认为，鲁迅的散文里常有"神来之笔"①。《从百草园到三味书屋》的"神来之笔"就出现在文章的过渡段（第9段），对蟋蟀、覆盆子、木莲称之为"们"，中间还突然冒出了德语单词Ade。这种特殊的表达恰是作者情感的喷发，神妙之至。而学生也恰好对此疑惑不已。从文本特质和学生问题的最佳结合点出发，我直接用学生的问题切入，不仅解答了学生的疑惑，而且在释疑的过程中激发学生产生了更强烈的好奇心：百草园里到底有什么，让儿时的"我"如此舍不得离开，让成年后的我念念不忘？一下子拎起了整堂课的教学。

其次，主问题的设计紧贴学生的语文经验和生活经验。

本课设计了两个主问题。第一个主问题是：百草园里到底有什么好玩儿、有趣儿的景儿、物儿、事儿或人儿，竟让我如此不舍？这个主问题是由

---

① 钱理群、孙绍振、王富仁：《解读语文》，福建人民出版社2010年版，第2页。

学生"为什么'我'对长妈妈讲的故事印象这么清楚""百草园里只有一些野草,为什么却是'我'的乐园""为什么作者对百草园和三味书屋的事记得那么详细"等问题转化而来的,也是对本文"百草园""乐园""荒园"等看似矛盾表述的具体化探究。不过,我既没有照搬学生的问题,也没有采用过于严谨的术语,而是采用生活化的表达,激发学生的阅读兴趣;并且用几个儿化词细化问题,为学生指明了思考的方向。同时,参考示例既紧扣文中关键词句,又紧贴学生的语文经验和生活经验,为学生如何阅读、思考、批注提供了可操作的抓手。

第二个主问题则是借用鲁迅先生的经典句式,选用"不必说……;也不必说……。单是……"或者"……比较的无味;……可就两样了……",书写自己对三味书屋生活的理解、感悟。写作是最彻底的内化,从经典原文中抽取提炼易于学生学习仿效的表达范式,用写作的形式促进阅读理解,及时将阅读转化为写作成果。这个"读写融合"的活动,可算是本课的"神来之笔"。

第三,遵循知识的逻辑,设计有层次的学习活动。

课程的基础是知识。语文知识和承载它的内容是水乳交融的、隐形的,这样的知识单凭讲授学生是很难深刻理解的。我们要精研语文知识及其依存的文本之间的内部逻辑,立足学生的经验和体验,努力将静态的陈述性知识转化为有意义、可操作的教学活动,并用有层次的追问、辅助性的学习支架缀连活动,用活动促进思考,让学生在不知不觉中领悟所学内容,获得深度的体验,进而掌握相关知识。譬如,本课先后设计了多个学习活动来引导学生体会回忆性散文的双重视角,其中一处是学习长妈妈讲述的美女蛇故事。这几段文字中,同时含有儿时听故事的鲁迅和成年后写故事的鲁迅两重视角:儿时鲁迅感受到的是美女蛇故事的神秘,内心涌动的是莫名的紧张和兴奋,而成年鲁迅回想起的还有长妈妈温暖的心肠。据此逻辑,本课设计了两个活动:活动一区分人物的声音,并分角色讲述故事,感受趣味和神秘;活动二追问长妈妈讲故事的本意,然后适时链接有关作者写作境况的资料,追问成年鲁迅忆及此事时的心理感受。这样,学生不仅自然而然地加深了对课文的理解,对回忆性散文的叙述视角有了感性的认识,还为以后学习《阿长与〈山海经〉》《背影》等回忆性散文奠定了基础。

第四，精心设计多种形式的朗读，内化学生的理解，深化学生的体验。

朗读作为一种有声的语言艺术，是促进理解、发展语言、陶冶情操的有效教学手段。同时，培养和提高学生的朗读能力也是语文教学的基本任务。本节课，我设计了多种形式的朗读：指名读，分角色演读，齐读，对比读，拓展读，配乐读；在读中质疑，在读中解惑，在读中悟情，在读中积累；读品结合，读思结合，读写贯通……在朗朗的读书声中，努力实现浸润语言，培养语感和体悟情感、趣味的目的。

困惑的·有趣的·难忘的

——《从百草园到三味书屋》教学实录

一、基于学生的问题导入

师：课前我收到了同学们认真书写的感受、质疑和发现。其中，有11位同学关注到了第9段，有7位同学问"作者小时候就会德语吗"。

生：我们上学期学过《好的故事》《我的伯父鲁迅先生》和《有的人》①，我知道鲁迅先生俄语水平很高，翻译了很多俄文书。但他出生在清朝末年，小时候应该不会德语。

师：你善于根据旧知识进行推断。

生：我提前读了《朝花夕拾》，知道鲁迅先生后来去日本留学，会日语，没听说他留学德国。

师：《朝花夕拾》是我们这学期需要精读的书籍，你提前阅读了，大家要向你学习！

生：鲁迅小时候不会德语，这篇课文是他后来写的，写文章时应该接触

①执教班级使用统编五·四学制教材，六年级下册有一个"鲁迅单元"。

到了德语。

师：的确。这是一篇回忆性散文。回忆性散文里常常会有两个"我"：一个是往事中的"我"，一个是写作时的"我"。大家看屏幕上的资料，谁能迅速推断出鲁迅先生是多大时接触的德语？

（屏显）

关于研究文学的事，真是头绪纷繁，无从说起；外国文却非精通不可，至少一国，英法德日都可，俄更好。这并不难，青年记性好，日记生字数个，常常看书，不要间断，积四五年，一定能到看书的程度的。

（鲁迅：《书信·致夏传经》）

鲁迅除精通日语外，对德语也有深邃的造诣。他的译作不少都是根据或参照德文本译出的。1914年他就翻译过海涅的诗……鲁迅学德语，是1899年在南京江南陆师学堂附设矿路学堂上学时开始的。

（高年生：《鲁迅和德语》）

生：是他18岁时。鲁迅先生出生于1881年，1899年时正好18岁。

师（笑）：你的算术很好。的确，鲁迅先生18岁时开始学习德语。他的德语造诣很高，还曾翻译过德国诗人海涅的诗。那为什么作者写"我"和百草园告别时要夹用德语单词呢？

生：因为他不愿离开百草园。

师：如果只是如此，我们换用中文"再见"不也可以吗？大家抬头看屏幕，大家出声读读看，"Ade"换成"再见"，情感味道是否依旧？

（屏显）

原文：

我不知道为什么家里的人要将我送进书塾里去了，而且还是全城中称为最严厉的书塾。也许是因为拔何首乌毁了泥墙罢，也许是因为将砖头抛到间壁的梁家去了吧，也许是因为站在石井栏上跳了下来吧……都无从知道。总而言之：我将不能常到百草园了。Ade，我的蟋蟀们！Ade，我的覆盆子们和木莲们！

改文：

我不知道为什么家里的人要将我送进书塾里去了，而且还是全城中称为最严厉的书塾。也许是因为拔何首乌毁了泥墙罢，也许是因为将砖头抛到间壁的梁家去了吧，也许是因为站在石井栏上跳了下来吧……都无从知道。总而言之：我将不能常到百草园了。再见，我的蟋蟀们！再见，我的覆盆子们和木莲们！

生：我感觉用"再见"情感变淡了，很普通，没有"Ade"那样深情。

生：我感觉用"Ade"更有意思，就像我们同学们写日记经常出现英文单词一样。

师：你一般在什么时候夹用英文单词？

生：情感很强烈，汉语无法表达的时候。比如惊叹的时候，感觉用"Oh，My God！"比"我的老天"更有意思，特别有趣。

师：你的举例让我想起了一部印度电影 Oh My God，它有一个特别传神的汉语译法《偶滴个神啊》。"Ade"体现的就是鲁迅先生的这种俏皮、幽默，其实鲁迅先生是个很幽默可爱的人，有好多幽默趣事，大家感兴趣的话课下可以去搜集一下。另外，我们前面提到过，鲁迅先生是18岁之后才开始学习德语的，这是一篇回忆性散文。

生："Ade"是鲁迅18岁时才接触到的词汇，说明不仅小时候的"我"对百草园依依不舍，成年后也对百草园有着深深的怀念和眷恋。

师：为什么时隔三十多年"我"对百草园依旧深情眷恋呢？接下来就让我们潜入文本，寻找其中的奥秘。

二、入乐园寻趣

师：请同学们默读2—8段，圈点勾画关键词句。思考：百草园里到底有什么好玩儿、有趣儿的景儿、物儿、事儿或人儿，竟让"我"如此不舍？大家可以仿照老师的示例，代入自己的体验，在课文相应空白处批写自己的理解和感悟，然后绘声绘色地讲给或读给大家听。

（屏显）

示例：

百草园里碧绿的菜畦、紫红的桑葚很好玩儿，我特别喜欢。我小时候常常在我家菜园里玩耍嬉戏，我想鲁迅也一定会在那菜地里蹦来蹦去，摘那鲜亮的菜叶子吃，甚至用那宽大的叶子做草帽；还有那紫红的桑葚，酸酸甜甜，他一定吃得满手满嘴都是，可能还会酸倒了牙。

（生自读批注，然后班内交流）

生：我感觉"碧绿的菜畦，光滑的石井栏，高大的皂荚树，紫红的桑葚，鸣蝉在树叶里长吟，肥胖的黄蜂伏在菜花上，轻捷的叫天子忽然从草间直窜向云霄里去了"这里很好玩儿。你看，菜畦是碧绿的，桑葚是紫红的，菜花是金黄的。我感觉百草园里五颜六色，生机勃勃，很美！小鲁迅很喜欢。

师：的确！很多同学都发现小鲁迅"观察仔细，热爱自然"，你看这些色彩他观察得多么仔细，写得又是多么真切。这一处，谁还来补充？

生：从这里我仿佛看到小鲁迅玩得很开心！石井栏应该是比较粗糙的，我想他应该经常在上面滑来滑去，所以才变得这么光滑。他应该也经常跑来跑去，所以云雀才会突然从草间直窜向云霄里去了。甚至他也经常爬那棵高大的皂荚树，跑到树上去寻蝉蜕，捉鸣蝉。

师（笑）：你的生活经验很丰富啊！看来这一句引发了你的共鸣。你有没有寻过蝉蜕，捉过鸣蝉？蝉我们这里叫"知了"。

生（得意地笑）：当然！我还摸过知了猴，也叫"肉蛋"，炸了吃特别香。

师：你是个小美食家哦！炸金蝉是我们这里的一道名菜，炸的其实不是蝉，而是你说的"肉蛋"。

生：我觉得"肥胖的黄蜂伏在菜花上"也很有意思。我们都知道，蜂子是会蜇人的，但是它肥肥的，常常撅着屁股在花上采蜜，很好玩儿，我们想戳它但又不敢。

师：所以只有静静地、紧张地注视着它"伏"在菜花上，这个"伏"字用得真好！你说黄蜂撅着屁股也很生动形象！

生：我感觉"油蛉在这里低唱，蟋蟀们在这里弹琴。翻开断砖来，有时会遇见蜈蚣；还有斑蝥，倘若用手指按住它的脊梁，便会啪的一声，从后窍喷出一阵烟雾"一处特别好玩。我听过这些小虫子的叫声，挺好听的。小鲁迅把这些小虫子们当作了朋友、玩伴儿，玩得特别开心。

师：所以，作者用"们"这个本来形容人的词语形容这些蟋蟀们、小动物们，特别有童心。大家一定要记住，我们会慢慢长大，但无论长多大，都不要失掉这份美妙的童心。这样，我们才不会错失人生的美好！

生：我感觉小鲁迅拔何首乌的根很好玩。他很天真，相信吃了人形的何首乌根会成仙。我小时候吃西瓜，有一次把西瓜籽吃到了肚子里。我以前就听人说，西瓜籽吃进肚子里，如果再喝水，它就会在肚子里生长，从肚脐眼里长出小苗苗来。所以吓得一整天没敢喝水，后来实在渴得受不了了，就喝了两口水。喝下去就一直紧张，担心西瓜在我肚子里长起来。不过一直也没有长出小苗苗来。（众生笑）人小时候就是特别天真的。

师：不过，应该感谢你的天真。正是这份天真，才让你，还有我们，感受到了这段文字中的趣味。现在我们大家一起看这一处，请大家用第一人称，试着补出"我"此时此刻的心里话！

（屏显）

油蛉在这里低唱，蟋蟀们在这里弹琴。（　　　　）翻开断砖来，有时会遇见蜈蚣；还有斑蝥，倘若用手指按住它的脊梁，便会啪的一声，从后窍喷出一阵烟雾。（　　　　）何首乌藤和木莲藤缠络着，木莲有莲房一般的果实，何首乌有臃肿的根。有人说，何首乌根是有像人形的，吃了便可以成仙，我于是常常拔它起来，（　　　　）牵连不断地拔起来，（　　　　）也曾因此弄坏了泥墙，却从来没有见过有一块根像人样。（　　　　）

生（两个学生合作）：油蛉在这里低唱，蟋蟀们在这里弹琴。（哇！真好听！）翻开断砖来，有时会遇见蜈蚣；还有斑蝥，倘若用手指按住它的脊梁，便会啪的一声，从后窍喷出一阵烟雾。（太好玩了！）何首乌藤和木莲藤缠络着，木莲有莲房一般的果实，何首乌有臃肿的根。有人说，何首乌根是有像人形的，吃了便可以成仙，我于是常常拔它起来，（怎么没有呢！）

牵连不断地拔起来，（还是没有！）也曾因此弄坏了泥墙，却从来没有见过有一块根像人样。（唉！我好倒霉！一块也没有遇到！）

师：你俩还原的是简洁版！还有谁想来？

生（两个学生合作）：油蛉在这里低唱，蟋蟀们在这里弹琴。（什么声音这么好听！在哪里？在哪里？我来找找！）翻开断砖来，有时会遇见蜈蚣；还有斑蝥，倘若用手指按住它的脊梁，便会啪的一声，从后窍喷出一阵烟雾。（啊！这是什么？好臭好臭啊！）何首乌藤和木莲藤缠络着，木莲有莲房一般的果实，何首乌有臃肿的根。有人说，何首乌根是有像人形的，吃了便可以成仙，我于是常常拔它起来，（我要成仙！我要成仙！咦，怎么没有？）牵连不断地拔起来，（还是没有！不行，我一定要找到一块像人形的！我一定要成仙！再拔！）也曾因此弄坏了泥墙，却从来没有见过一块根像人样。（为什么找一块像人形的根这么不容易……）

（生齐笑）

师：这真是一个天真、忙碌的小家伙！作者回忆起这一切时，应该是用怎样的语气向读者介绍他这好玩儿、有趣儿的乐园的？

生：他用了一个"不必说……也不必说……单是……"的句式，好多句子排列在一起。我感觉他很快乐、很激动，回忆起来是很甜蜜、很幸福的。

生：我感觉他的心情应该是自豪、得意的，因为"短短的"泥墙根一带就有如此的趣味，就别说其他的地方了。

师：这是一个特殊的、经典的句式，有点以一概全的意思。因此我们要用自豪、得意的语气，微笑着来读，后面写得特别有趣儿的地方可以读得俏皮一点儿，有些个别的地方还可以故意顿一顿或者拖一拖音儿。

（自由练习，指名读，然后齐读）

生：我觉得长妈妈讲的美女蛇的传说很有趣，很神秘，让作者念念不忘。

师：这个故事里除了有长妈妈的声音，还有谁的声音？

生：小时候的鲁迅、成年的鲁迅。

师：那我们分角色讲一讲这个故事，全体男生读成年鲁迅的话，全体女生读童年鲁迅的话。谁来扮演长妈妈？（一女生举手担任）老师给大家起个头，大家一定要读出鲁迅听故事和写作时的不同感觉。（压低声音，神秘地）先前，有一个读书人住在古庙里用功——

（生分角色演读课文第4段）

师：长妈妈为什么给"我"讲这样一个神秘而恐怖的故事？

生：不让"我"去草丛里，怕"我"被蛇虫咬到。

生：用这样一个迷人的故事来教育小鲁迅，不要和陌生人说话。

生：怕"我"被人拐了去，让"我"明白人心险恶。

师：尤其是多年后，作者被军阀政府通缉离开北京，远走厦门大学却又被人孤立的时候，想起这个故事，又会感受到什么？

生：感受到长妈妈对自己的好，对"我"的关心。

生：作者回想，小时候有长妈妈好心的提醒，可是现在呢，却只有反动政府的通缉、他人的孤立。

师：是啊！美女蛇故事的背后站着一个虽然迷信却慈爱的长妈妈，她给童年时的鲁迅带来快乐，她提醒、呵护小时候的"我"得以远离"做人之险"，也让远走厦门又被人孤立的鲁迅感受到温暖。这也正是鲁迅对百草园生活念念不忘、恋恋不舍的原因之一。

生：我认为捕鸟的游戏也挺有乐趣。冬天，没有那么多景物，作者很无聊，用捕鸟来打发时间。

师：谁能看图给大家讲述一下捕鸟的过程？其他同学认真听，看他哪里讲得好，哪里又漏掉了不该漏掉的关键词。

（屏显图片，一生讲解捕鸟过程，其他学生边听边记录）

生："走到竹筛底下的时候才将绳子一拉"这里不该漏掉；因为如果拉得早的话，鸟还没有走到竹筛底下，就罩不住它，捕不到鸟了。

生：他漏掉了"用一支短棒"，如果没有短棒就支不起竹筛来。

师：你觉得这一句应该重读哪个词？

生：应该重读"短棒"的"短"。

师：为什么作者特别强调用"短"棒？

生：因为棒子太长了，拉的时候用的时间就长，说不定鸟儿就趁机飞了。

师：你很细心！这里还有一个修饰语很重要，谁发现了？

生（重读"大"）：是一面"大"的竹筛，大的竹筛覆盖的面积也就大，逮住鸟儿的机会就更大了。

生：我觉得"远远地"牵着，这个"远远地"也不该漏掉。人只有隔得远一点儿，鸟儿看不到了，才会放心地来啄食。

师：我们朗读感受作者用词的准确，想象"我"捕鸟时是怎样的心态或神情。

（屏显）

薄薄的雪，是不行的；总须积雪盖了地面一两天，鸟雀们久已无处觅食的时候才好。（　　）开一块雪，（　　）出地面，用一支（　　）棒（　　）起一面大的竹筛来，下面（　　）些秕谷，棒上（　　）一条（　　）绳，人远远地（　　）着，（　　）鸟雀下来啄食，走到竹筛底下的时候，将绳子一（　　），便（　　）住了。但所得的是麻雀居多，也有白颊的"张飞鸟"，性子很躁，养不过夜的。

生：捕到鸟前，"我"特别兴奋、期待，心里想"一定要捕到鸟，一定要捕到鸟"。

生：我觉得他牵着长绳远远等着的时候很紧张，瞪大了眼睛，皱着眉头，手里很用力，有些颤抖。

生：我感觉他连眼都不敢眨，小心翼翼，生怕一眨眼，鸟儿就飞了。因为一只鸟受到惊吓，所有鸟儿"呼啦"一下全都会飞走的。

师：非常专注，屏气凝神。

生：捕到鸟时很激动，这里作者用了一个短句子——"便罩住了"，我感觉小鲁迅特别高兴。

师：你的语感很敏锐！鲁迅捕到鸟了吗？

生：有时候能捕到，"但所得的是麻雀居多，也有白颊的'张飞鸟'，性子很躁，养不过夜的"。

师：这时又是怎样的心情？

生：捕到鸟很高兴，可是"养不过夜"，鸟死了就很伤心。

师：还有些时候怎样呢？

生："明明见它们进去了，拉了绳，跑去一看，却什么都没有，费了半天力，捉住的不过三两只。"有时候捕不到鸟，很失落，很失望。捕不到鸟的时候很多，因为作者说"捉住的不过三两只"。

师：捕不到鸟为什么还要捕？

生：不一定捕到鸟，关键是享受捕鸟的过程。

师：有时候过程比结果更重要，比如大家要学会享受学习的过程。你能帮鲁迅捕到更多的鸟吗？

生：一定要静静地等，等它走到竹筛中间的时候再一拉绳，千万不要着急。

生：拉绳子的时候手要迅速，不要犹豫，不能拖拖拉拉的。

师：闰土的父亲怎么说的？

生：他只静静地笑道："你太性急，来不及等它走到中间去。"

师：请一名同学来读这一句。注意读出闰土父亲说话的语气、语速，其他同学认真听。

（生读，有些急促）

生：我感觉他读得太快了，文中是"只静静地笑道"，应该再慢一点，从容一些，不能着急。

师：你说得真好！请你"静静地笑"着来读。

（生从容微笑读）

师：原来这捕鸟的游戏里还藏着一个和蔼、有见识的老农。现在，大家有没有解开谜底——为什么"我"这么舍不得离开百草园，多少年后还如此眷恋？

生：因为百草园生机勃勃，色彩斑斓，特别美丽，作者感受到了无尽的乐趣。

生：他在百草园里和小伙伴尽情地玩耍，感受到了各种游戏的快乐。

生：因为百草园里还有一个好心的长妈妈和闰土的父亲，"我"感到很温暖幸福。

师：是啊！在成年人看来，百草园里只有一些野草，是个人迹罕至的荒园。可是在儿时的"我"、热爱自然和自由的"我"的眼里，它却有着鲜活的生命、斑斓的色彩、有趣的玩伴儿、神秘的传说、捕鸟的游戏，还有慈爱的长妈妈和一个和蔼、有见识的长者。让我们再次深情朗读第9段，体会百草园的有声有色、有味有趣和作者怀念、眷恋的心情。

（生随音乐深情朗读第9段）

三、品书屋三味

师：三味书屋里又是一种怎样的生活呢？请同学们借用鲁迅先生的经典句式"不必说……也不必说……单是……"或者"……比较的无味；……可就两样了……"，书写对三味书屋生活的理解、感悟。

（生自读，书写，然后交流）

生：不必说爬上花坛去折蜡梅花；也不必说在地上或桂花树上寻蝉蜕，捉了苍蝇喂蚂蚁。单是用纸糊的盔甲套在指甲上做戏，用"荆川纸"蒙在小说绣像上描画，就有无限快乐的滋味。

师：静悄悄地玩儿，没有声音，他们可真狡黠！

生：不必说黝黑光亮的竹门，古朴典雅的书房；也不必说端正质朴的长方形匾道，肥大滑稽的梅花鹿。单是那庄严的行礼仪式，高瘦严厉的先生，虽不常用却也吓人的戒尺，就有一种凝重的滋味。

师：为什么先生有戒尺却不常用，有罚跪的规矩也不常用？这是我们班13位同学不明白的地方。

生：我感觉先生是严而不厉，他只不过吓唬一下他们而已。

生：我赞成他的观点。大家都知道我们学生要是不管的话，会无法无天的，就像我妈说的"三天不打，上房揭瓦"，所以先生的戒尺就是让他们懂一些规矩，其实他的心是软的。（生笑）

师（笑）：虽然手拿戒尺，但是心中有爱，眼中有光。作者笔下的这位先生叫寿镜吾，寿老先生在当时算是一位思想开明的先生。我们班有一半多的同学问：这样一位渊博、开明的先生，在"我"问"怪哉"虫是怎么回事时，为什么很不高兴，脸上还有怒色了？是不知道还是不愿意说？

生：我认为先生应该是知道的，但是他认为做学生是不应该问这些事的，所以故意说不知道。

师：为什么知道却不说？

生：他可能认为这不是考试要考的内容。

生：这些知识不重要，没有意义。

师：这是大家的推断。我们看作者是怎么说的。

（屏显）

不知从那里听来的，东方朔也很渊博，他认识一种虫，名曰"怪哉"……

我才知道做学生是不应该问这些事的，只要读书，因为他是渊博的宿儒，决不至于不知道，所谓不知道者，乃是不愿意说。年级比我大的人，往往如此，我遇见好几回了。

我就只读书……

生："从那里听来的"说明这个传说没有根据，先生不希望"我"关心这些东西。

师：道听途说之言、无稽之谈不算"正书"，所以"不该问"！先生希望"我"做什么？

生：只要读书。

师：仅仅只有先生这样认为吗？

生：不是。作者说"年纪比我大的人，往往如此"，说明大人们往往都这样。

师：的确！与《五猖会》中"我"的父亲相比，你又有了怎样的发现？

（屏显）

要到东关看五猖会去了。这是我儿时所罕逢的一件盛事，因为那会是全县中最盛的会……我笑着跳着……忽然，工人的脸色很谨肃了，我知道有些蹊跷，四面一看，父亲就站在我背后。

"去拿你的书来。"他慢慢地说。

"给我读熟。背不出，就不准去看会。"

（鲁迅《五猖会》）

生：都很严格。

生：我感觉父亲比先生还要严厉，"给我读熟""不准"语气强硬，没有

106

一点儿商量的余地。

师：本来要去看五猖会，父亲为什么要这样做？

生：大人们都是这样，我爸妈也是，只有考好了，才会带我出去玩儿。

师：看来时至今日，仍有这样的思想存在，何况当时。这是鲁迅先生对当时落后的教育理念的调侃，也值得今天的教育者警醒。

生：不必说读书，习字，折蜡梅花，寻蝉蜕，捉苍蝇喂蚂蚁；也不必说先生给我读的书渐渐加多，我画的画儿越来越多。单是对课从三言、五言到七言，就有无限有趣的滋味。我觉得"从三言到五言，终于到七言"这个作者学习、成长的过程也非常有趣。

师：你的发现很独特，正好回答了我们班好几位同学的困惑：为什么先生最初对"我"很严厉，后来却好起来了？其实，这里还有一个故事。鲁迅幼年时一次对课，寿镜吾先生出上联"独角兽"，让同学们对下联。同学们有的对"双头蛇"，有的对"三脚蟾"，有的对"六耳猴"，先生都不满意。这时，鲁迅站起来，对了一个"比目鱼"，先生拍案叫绝。因为"比"与"独"都不是数字但又都有数字之意，"独角兽"是麒麟，天庭祥物，而"比目鱼"是海中珍品，珠联璧合，绝妙无双。所以先生起初对"我"严厉，而我的聪慧和勤奋赢得了先生的青睐，所以后来对"我"好起来了。这是一份成长的喜悦、甜蜜！

生：上生书、习字、对课比较地无味，一读起书来可就两样了。大家放开喉咙，人声鼎沸地读。先生大声朗读，微笑着将头仰起，摇着，向后面拗过去，拗过去……真是趣味无穷。

师：你提到了学生和先生读书的情景。我们班有12位同学问：为什么写大家读书不加标点，写先生读书却加了标点？

生：我看课下注释说有一些句子是念错的，大家那时候应该不理解句子的意思，而先生读懂了语句的意思，所以加了标点。

生：大家半懂不懂，七嘴八舌地读一阵，作者就是想写这种好玩的情景。

师：古代是没有今天这样的标点符号的，所以学生上学要先"明句读"，就是先学断句。当时的"我们"不会断句，胡乱读一气，所以作者用一组排比句还原了大家读书的有趣情景。不过，先生读书时也没有完全按原文来。先生读的这段文字出自清代刘翰《李克用置酒三垂冈赋》，句末三个语气词是寿老先生自己加的。请一名同学和老师对比朗读，大家思考：能不能去掉先生添加的这些标点和语气词？

（屏显）

    刘翰：铁如意／指挥倜傥／一座皆惊／金叵罗／颠倒淋漓／千杯未醉……

    先生：铁如意，指挥倜傥，一座皆惊（呢～～～）；金叵罗，颠倒淋漓（噫），千杯未醉（嗬～～～）……

（生读刘翰原文，师读先生改文）

生：不能。我感觉加了这些标点和语气词，能看出先生不仅读懂了意思，而且读出了自己的感受，读得很沉醉，很投入。

师：先生是在怎样的情境下加这三个语气词的？

生：在读书陶醉的情况下，情不自禁地加了这几个词。

师：说得真好！情之所至，自然抒发。那怎么理解"我疑心这是极好的文章"一句中"疑心"这个词？

生："疑心"是怀疑的意思，说明先生读的书"我"当时并不太懂，"我"不知道这是不是极好的文章。但从先生的微笑、动作来看，"我"感觉这应该是极好的文章。

生：先生陶醉的朗读，尤其是"将头仰起，摇着，拗过去，拗过去"的动作感染了"我"，让"我"感觉这文章一定很好，很有意思。

师：仅仅只是先生陶醉了吗？

生：不是。我感觉小时候的"我"也陶醉在先生的朗读中了。

师：先生陶醉在刘翰的书里，"我"陶醉在先生的朗读里。这读书瞬间也便成了"我"记忆中最动人的画面，几十年来依旧历历在目。让我们也拉长声音，将头仰起，摇着，微笑着齐读，体会先生的陶醉与"我"的回味。

（屏显）

    （女生齐读）后来，我们的声音便低下去，静下去了，只有他还大声朗读着：

（男生大声读）"铁如意，指挥倜傥，一座皆惊呢～～～；金叵罗，颠倒淋漓噫，千杯未醉嗬～～～……"

（全体轻声齐读）我疑心这是极好的文章，因为读到这里，他总是微笑起来，而且将头仰起，摇着，向后面拗过去，拗过去。

（师生微笑着，仰头，摇着头朗读，体会先生的陶醉与"我"的回味）

四、悟作者心味

师：然而几十年过去了，当作者"旧事重提""朝花夕拾"时，又是怎样的心情？

（屏显，配乐呈现）

我家的后面有一个很大的园，相传叫作百草园。现在是早已并屋子一起卖给朱文公的子孙了，连那最末次的相见也已经隔了七八年，其中似乎确凿只有一些野草；但那时却是我的乐园。

Ade，我的蟋蟀们！

Ade，我的覆盆子们和木莲们！

这东西早已没有了吧。

生：我感觉是一种深深的怀念。

生：还有一种淡淡的惆怅和遗憾，因为这些东西再也没有了，作者回不去了。

师：是啊！逝去的，再也回不来了！本文写于他因为支持进步学生、抗议北洋政府而遭受迫害，一个人远走厦门的日子里。阅读这些材料，你又读出了什么？

（屏显）

1925年，鲁迅在北京担任大学讲师期间，因支持学生运动而受到攻击和排挤。1926年，北洋军阀政府枪杀进步学生，制造"三一八"惨案。作者写下《记念刘和珍君》等系列文章，热情支持学生的正义斗争，遭到当局通缉而远走厦门大学任教。在厦门，又受到守旧势力的排挤。

曾经屡次忆起儿时在故乡所吃的蔬果：菱角、罗汉豆、茭白、香瓜。凡这些，都是极其鲜美可口的；都曾是使我思乡的蛊惑。后来，我在久别之后尝到了，也不过如此；惟独在记忆上，还有旧来的意味存留。他们也许要哄骗我一生，使我时时反顾。

（《朝花夕拾·小引》）

直到一九二六年的秋天，一个人住在厦门的石屋里，对着大海，翻着古书，四近无生人气，心里空空洞洞。而北京的未名社，却不绝的来信，催促杂志的文章。这时我不愿意想到目前；于是回忆在心里出土了，写了十篇《朝花夕拾》；并且仍旧拾取古代的传说之类，预备足成八则《故事新编》。

（《故事新编·序言》）

生：他更加想念儿时的一切。

生：让"我"产生了思乡的愁绪。

生：尤其是他一个人住在厦门的石屋里的时候，儿时的回忆让他感到无比温暖。

生：他不愿意想到目前，他更愿意回到记忆的过去。

师：或者说，是记忆中那些鲜美的景、物，那些有趣的事儿，那些可亲、可敬、可爱的人，让身处孤独现实中的"我"感受到了温暖和甜蜜，获得了心灵的慰藉和继续前行的力量。写作是对时光最好的挽留。所以，作者写下了这些动人的文字。课下，请大家继续阅读鲁迅先生的《朝花夕拾》和《故事新编》。

第二讲　传记性散文的"人"与"情"

——《邓稼先》解读与思考

统编初中语文教材教师教学用书在"编写说明"部分特别指出，在语文能力培养方面，六至九年级的学习与训练重点有所不同，六、七年级关注朗读和默读、精读和略读等具有普遍意义的阅读方法和策略，八、九年级以文体阅读为核心，培养学生依据文体阅读、欣赏文学作品的能力。这一说明对一线教师把握教材编写精神、循序渐进培养学生的语文能力具有重要的指导意义。然而，"不同的文体有不同的读法，不同读法决定不同的教学内容"①，这并不意味着我们在六、七年级可以不顾文体，随意解读。

以七下第一单元第1课《邓稼先》为例。如果我们按照一般的人物传记来读，便应着眼于"人"——被立传者邓稼先，重点了解人物事迹、贡献，感受人物品格、精神。如按抒情散文来读，则应着眼于作者的"情"，重在体会杨振宁对朋友、对民族、对中国文化的情感、情怀和情结。

历年来，不同版本的教材对这篇文章的处理也不尽相同。譬如，北师大版视其为传记，选入教材时删掉了第一部分和第四部分前三段。人教社新旧两版则全文选入，而且从课文导语"边读边体会作者对亡友的深情"来看，人教版更倾向于视其为散文。这恰恰说明了这篇文章的独特性——它并非某种单纯的文体，而是一种兼具传记和散文特性的复合文体。换言之，它是国际闻名的科学家为另一位伟大科学家写的评传，也是一位老人

---

① 王荣生：《散文教学教什么》，华东师范大学出版社 2014 年版，第 17 页。

111

深情缅怀亡友的散文。一方面它像传记一样遵循真实性原则，叙行录言，对人物生平、生活经历、精神风貌等进行介绍、描述；另一方面它又像回忆性散文一样，从两人数载同窗、50年漫长的友谊中，选择、剪辑、组接最难忘的记忆，倾注了作者独特而复杂的情感；同时，又和历史文化散文一样，"将文化性和历史性有机融合"①，"从科技发展史的高度，将同他有长期交往、所知甚深的中美两国原子弹设计的领导人做了对比评述"②，给出了高屋建瓴的评价。对此，我们暂且可以称之为"传记性散文"。这类散文最突出的特性就是特别讲求历史性、文化性和情感性。

《邓稼先》一文的历史性主要体现在第一、二部分。一是在宏大而特殊的历史背景中推出邓稼先。第一部分，作者先列举中国近百年被列强瓜分的屈辱历史，然后郑重叙述"中国人民站起来了"，继而引出这一"伟大胜利""巨大转变"背后是"许许多多可歌可泣的英雄人物"，最后点明为此"做出了巨大贡献的""有一位长期以来鲜为人知的科学家——邓稼先"。二是把重大历史事件写进了邓稼先的人生简历。第二部分，作者依时间为序简述邓稼先的生平经历，特别插入中国爆炸第一颗原子弹、第一颗氢弹以及临终前联合署名撰写核武器发展建议书等重要事件，并用"这些日子是中华民族完全摆脱任人宰割危机的新生日子"呼应第一部分"那是中华民族任人宰割的时代"。这样前后对举，既强调了邓稼先作为历史性人物的巨大贡献，又突出了邓稼先作为"奠基人和开拓者"的重要作用，同时凸显了邓稼先"鞠躬尽瘁，死而后已"的感人精神。

文化性主要体现在第三部分邓稼先和奥本海默的对比中。作者生于中国，长于中国，23岁时赴美留学，长期旅居海外。用他自己的话说，他"读书经验大部分在中国，研究经验大部分在美国，汲取了两种不同教育方式的好的地方"。他切身感受到了中西文化的不同，所以才能从文化的高度捕捉到了邓稼先身上普通中国人看不到或者不关注的"很东方""最中国"的美——忠厚平实、真诚坦白、谦逊含蓄、纯粹朴实、纯正无私……并用美国

① 张爱民：《传记散文：当代传记出版的新形式》，载《中国出版传媒商报》2014年3月9日。
②《人民日报·编者按》1993年8月21日。

"原子弹之父"奥本海默的"锋芒毕露"与其内敛低调进行对比，用"文革"期间别人的"不能"衬托邓稼先的"竟能"。

作为一种复合性的文体，"这一篇"传记散文的情感也是"复合"的。

首先是传记人物邓稼先本人的情感。

邓稼先"获得博士学位后立即乘船回国"，"立即"更准确地说是在取得博士学位后第九天，这一词准确传达出了青年邓稼先渴望立即报效祖国的坚决态度和迫切心情，坚决到没有一丝犹豫，没有半点彷徨。第一部分最后一句"对这一转变做出了巨大贡献的，有一位长期以来鲜为人知的科学家"，这其中的"长期以来""鲜为人知"是邓稼先放弃名利或者说从来没有想过名利的纯粹，更是隐姓埋名、默默无闻、长达28年的坚守。他"始终站在中国原子武器设计制造和研究的第一线"，即便在病床上，依旧心系共和国核武器发展，还和于敏联合署名为中华人民共和国核武器的发展建言献策。这个"始终"和后面的简洁叙述相呼应，准确还原了邓稼先"鞠躬尽瘁，死而后已"的一生，以及他对祖国终生不渝的挚爱与忠诚。

其次是作者杨振宁的多重情感。

真正的情感是建立在理解基础上的，越深挚的情感越能见出理解。杨振宁和邓稼先二人半个世纪的友情更是如此。前面提及第一、二部分中的"长期以来""立即""始终"等词，"把中华民族国防自卫武器引导到了世界先进水平"一句中对原子弹、氢弹等武器的定位——"国防自卫"，还有最后"永恒的骄傲"部分对邓稼先的评价和猜想，均蕴含着杨振宁对邓稼先的深刻理解和高度赞美。

第三部分开头，作者特意提及二人不仅两番"同学"，留美期间更是"曾住同屋"，"50年的友谊，亲如兄弟"，可谓是世交至谊、挚友情深。查阅相关资料可知，两人的父亲杨武之、邓以蛰都曾留学美国，亦都任教于清华大学，既是同乡又是同事，经历大致相同，志趣相投，交情甚笃。父辈的友谊自然延续到了下一代人身上。杨振宁和邓稼先两人从北京崇德中学起，就接受一样的教育，是要好的同学和朋友。日本侵华战争爆发后，杨振宁一家随校远赴西南大后方，随后邓稼先也和家人历经千辛万苦，长途跋涉，抵达昆明。二人先后考取国立西南联合大学，经常在一起切磋学业，交流学习心得。邓稼先曾对其姐说，振宁兄是我的课外老师。在赴美国留学的具体事宜上，邓稼先也征求过杨振宁的意见。邓稼先回国后，二人才天各一方，失去联系。所以杨振宁在文中多次运用"最""从不""竟"等看似平实、实则浓烈的词语，写出了他对邓稼先的由衷欣赏和对中国传统文化的高度认同。

第四部分特写作者在上海读到邓稼先的信后感情的震荡，含蓄表明作者长期以来一直心系民族命运。杨振宁当时虽然因为种种原因没有在学业有成后返回祖国，但一直密切关注着中国的发展，这从"美国报章上就已经再三提到稼先是这项事业的重要领导人""与此同时，还有一些谣言"等表述中可以看出。随后作者说"事后我追想为什么会有那么大的感情震荡：是为了民族而自豪，还是为了稼先而感到骄傲？——我始终想不清楚"。其实揣测当时杨振宁的处境，他应该是清楚的，这只不过是一种文学性的表达而已。

第五部分引用《吊古战场文》和《中国男儿》，并特别标明这是"我们在昆明时一起背诵的""我儿时从父亲口中学到的""我父亲诞生于1896年，那是中华民族任人宰割的时代。他一生都喜欢这首歌曲"。这些看似寻常的词句，尤其是"一起""儿时""一生"等词语，都蕴含着作者对朋友、对青春、对父亲、对民族的无尽深情。作者古稀之年回望往昔，自然情感深沉，感慨万千。

学生课前提出的问题，也指向了传记散文的这些特性。10位同学问"杨振宁为什么用奥本海默与邓稼先做对比""用一大段写奥本海默的事迹是为了什么"；19名同学认为"民族感情？友情？"这一部分最难懂，不明白"为什么这给了'我'极大的感情震荡""这到底是一种怎样的情感"。此外，北师大版的删减也引发了许多问题。有7名同学问"为什么把原子弹、氢弹的爆炸写进邓稼先的介绍中"；"邓稼先与奥本海默"部分第5段第一句话比人教版少了一个字，"邓稼先则是一个最不要引人注目的人物"变成了"邓稼先则是一个最不引人注目的人物"，有5名学生问"为什么邓稼先'则是一个最不引人注目的人物'，前文明明说他是中国的原子弹制造者"。

综上所述，在六、七年级我们仍然需要"依体而读""依体而教"，教出"这一篇"文本的特质。不同的是我们不需要将文体知识（尤其是知识术语）显性化，而要将其内化到"具有普遍意义的阅读方法和策略"的培养过程中。基于上述认识，本课我确定了"品读邓稼先事迹、品格与精神，体验杨振宁复杂情感与情怀"的教学内容，并以"中国男儿"为关键词展开教学，设计精读活动，培养学生的精读能力。

首先，精心设计适宜的语文活动，力求把"历史性"教得扎实深入。

这一板块我主要设计了两个活动：

　　1. 根据"'两弹'元勋"部分，按表格提示向大家介绍邓稼先的人生简历。

　　2. 用杨振宁推荐的《中国男儿》歌中的一个短语来形容邓稼先并简述理由。

第一个活动用籍贯、学位、职务、经历、荣誉等条目指引学生阅读课文，筛选提取信息，完成对邓稼先这一人物形象的初步感知。这样的设计既符合传记的特点，又能培养学生通览全篇、把握关键句段的能力。交流过程中，紧扣学生的疑惑追问："为什么把原子弹和氢弹爆炸成功的日子写进邓稼先的人生经历？这两个日子对中华民族意味着什么？"并出示中国一百年以前的屈辱历史，使学生对"任人宰割""新生"等词语有了具体而深刻的感受，自然了悟邓稼先所做贡献的巨大。简历中特别补充了邓稼先的家庭成员信息，既丰满了人物形象，也为后面体会邓稼先"从不骄人"的品格做好铺垫——因为从课前的学情调查、学生提出来的问题来看，学生对文中"立即""始终""从不骄人"等简洁、凝练、朴素语言背后的丰富内涵和高尚品格还缺乏深切的感受，需要提供必要的资料支撑。第二个活动趣味性较强，能激发学生的表达欲望。《中国男儿》最初载于1906年上海普及出版社出版的《唱歌教科书》，是"学堂乐歌"的代表作，在当时广为传唱。中国作曲家赵桂芳、王岩考证，《中国男儿》是1898年大清帝国陆军军歌。可以说，这首特殊历史情境下诞生的歌曲，与邓稼先这一历史性人物的经历、精神最相吻合。（2011年，这首歌被选为电视剧《五星红旗迎风飘扬》片尾曲，这部电视剧再现了邓稼先传奇的一生）而且选择推荐语的方式，不仅能强化理解邓稼先所做贡献的历史性作用，"中国男儿"之"中国"二字沉甸甸的分量也为后面体会作者情感奠定了坚实的基础。

其次，用好批注法、还原法和比较法，品读邓稼先独特的人格魅力，努力把"文化性"教得自然灵动。

圈点批注法是凝聚学生阅读注意力、"把思考引向精深境地"的重要方法，也是本册能力训练的重点。同时，本文语言简洁朴素，也需要用还原法分化出其中丰富的内涵。具体实施中，主要运用的是词语的还原和情境的还原。如抓住"从不"一词，还原出邓稼先在任何时候（包括取得卓越成绩、做出巨大贡献、担任重要职位时）、在任何人（包括领导、朋友、同事和下属）面前，都谦逊低调的可贵品质。在阅读"民族感情？友情？"这一学生最不理解的部分时，集中精力引导学生解决"为什么这封短信激发了作者极大的感情震荡，乃至情绪失控"这一难点问题，让学生联系杨振宁生活的时代背景、在美国听到的谣言，想象归国发问的期待及得到证实的刹那心情等方面进行情境还原。

"文化性"对生活阅历不足、阅读视野狭窄的七年级学生而言是较难理解的，这从"为什么邓稼先是最不引人注目的人物，他明明是'两弹'元勋？""为什么特别提到奥本海默的善于辞令？"等学生提出的问题中也可以看出。对此，我们紧贴学生的阅读感受和困惑，相机插入比较。比如，在还原"从不骄人"后，插入"最不要引人注目"和"最不引人注目"的版本比较，让学生在咬文嚼字中明白邓稼先的谦逊是发自内心的主动选择，是中国几千年传统文化孕育的必然结果。在品读两个"竟"字后，追问"作者为什么特别提到奥本海默的善于辞令"，引导学生思考、了悟：邓稼先能够在"文革"初期说服两派群众和工宣队、军宣队队员，说明他有言辞的能力，但他并不着眼表现，这就是中国儒家讲究的"讷言敏行"的君子风范。

另外，教师由学生问题单上的书写错误切入，借"嫁"与"稼"的比较，既识记了"稼先"的字形和内涵，又不着痕迹地渗透了中国的耕读文化，为后续环节巧妙张本。

第三，精心选择朗读的内容、时机和形式，尽量把"情感性"教得细腻饱满。

朗读是进入语言内部世界、体验情感的最好手段。对于《邓稼先》这样篇幅较长的传记散文来说，只有精选朗读的内容、时机和形式，才能在有效的时间里达到预想的效果。本节课我精心设计了三次朗读：第一次是齐读《中国男儿》歌，目的是聚焦学生的注意力，给予学生较为深刻的初感；第二次是品读"我不能走"，在理解的基础上让学生个人读，当学生读得铿锵有力时，巧妙提醒学生"你把句号读成了叹号，可事实上作者用的是句号"，继而追问"为什么危急关头他只说这么一句话"，学生顿时恍然大悟，调整了自己的读法；第三次，教师先配乐范读《吊古战场文》，引领学生感受邓稼先的爱国情怀和杨振宁对朋友、对青春的缅怀，感悟深入后再让学生齐读体会。每次朗读各有其教学功能，下一次朗读均基于学情需要来进行，是对前面理解的内化和上次朗读的深化。这样由浅入深，层层深入，学生对邓稼先和杨振宁两位"中国男儿"的情感体验也由粗浅模糊逐渐走向细腻饱满，学生的朗读能力、精读能力也得到了提升。

下面呈现的是2017年我在山东枣庄舜耕中学的教学实录。

走进《邓稼先》，体悟"男儿"情

——《邓稼先》教学实录

一、基于学生问题导入

师：课前老师收集大家的问题时，发现有同学把"邓稼先"的"稼"写成了"嫁女儿"的"嫁"。其实，"邓稼先"的名字是有深意的。谁来说说"邓稼先"的"稼"为什么是"庄稼"的"稼"？

生：我认为邓稼先是农民，因为作者说"他是最有中国农民的朴实气质的人"，所以他的名字是"庄稼"的"稼"，不是"嫁女儿"的"嫁"。

师：你的推断有道理。但邓稼先不是农民，他出身书香门第，他的六世祖邓石如就是清代著名书法家、篆刻家，祖父是教育家邓艺孙，父亲是著名美学家。

生：他父亲希望他像农民一样朴实。

师：对，每一个人的名字里都寄予着父母殷切的希望。我们学校是"舜耕中学"，大家更要记住，自尧舜以来，中国一直注重"耕读文化"；而且越是书香门第，越讲究"耕读传家"，警醒后人"不忘稼穑之艰辛"。所以邓稼先的父亲希望儿子以稼为先，根植中华大地，成为造福民众的沧海一粟。这节课，我们就来学习杨振宁先生的这篇传记散文《邓稼先》。

二、初读《邓稼先》，识"中国男儿"

师：谁能根据课文"两弹元勋"部分，按表格提示向大家介绍一下邓稼先的简历。

（屏显）

姓名	邓稼先	籍贯	
家庭成员	父亲，邓以蛰，美学家，清华大学教授。 妻子，许鹿希，北大博士，医学教授。 岳父，许德珩，全国人大常务委员会副委员长。		
学位		职务	
人生主要经历	1924年， 1945年， 1948年到1950年， 1950年获得普渡大学博士学位后， 1950年10月，在中国科学院工作。 1958年8月， 1964年10月16日， 1967年6月17日， 1985年8月， 1986年3月， 1986年7月29日，		
荣誉			

生：邓稼先，祖籍安徽省怀宁县；学位，博士；职务，原子武器研究院院长。1924年，出生在安徽怀宁县；1945年，自西南联大毕业；1948年到

1950年，赴美国普渡大学读理论物理；1950年，获得普渡大学博士学位后立即乘船回国；1964年10月16日，领导爆炸原子弹；1967年6月17日，领导爆炸氢弹。所获荣誉："两弹一星"功勋勋章。他是中华民族核武器事业的奠基人。

师：这里的"立即"准确地说是获得博士学位后第9天，他就登上了回国的轮船，可以说是毅然回国；因此后面作者评价"邓稼先的一生是有方向、有意识地前进的。没有彷徨，没有矛盾"。这一点很难做到，很可贵！继续，还有一部分。

生：家庭成员：父亲，邓以蛰，美学家，清华大学教授；妻子，许鹿希，北大博士，医学教授；岳父，许德珩，全国人大常委会副委员长。

生：人生经历：1950年10月，在中国科学院工作；1958年8月，开始研究原子弹制造理论；1964年10月16日，爆炸第一颗原子弹；1967年6月17日，爆炸第一颗氢弹；1985年3月，和于敏联合署名写了一份关于中华人民共和国核武器发展的建议书；1985年3月，1986年3月……（学生发现自己的错误）

师（微笑）：你发现了自己的错误，刚才可能有点紧张。1985年8月发生了什么事儿？

生：他做了切除直肠癌的手术。

师：他研究的领域是原子武器，所以长期的辐射导致癌变。刚才你提到他和于敏联合署名写了一份建议书，是在什么时候？

生：1986年3月。

师：对，是他在去世前四个月躺在病床上写的。所以杨振宁反复说邓稼先"始终"站在原子武器设计制造和研究的第一线，"'鞠躬尽瘁，死而后已'正好准确地描述了他的一生"。刚才两位同学都提到了两个重要的日子。为什么杨振宁把原子弹和氢弹爆炸的日子写进邓稼先的传记？

生：因为第一颗原子弹和氢弹的爆炸都融进了邓稼先的心血。

师：对。那大家知道这两个日子，对我们中华民族意味着什么吗？这是文章被删掉的第一部分内容。

（学生使用北师大版教材，该版本删去了原文第一部分和第四部分前三

119

段，另有个别词句表述略有不同。屏显第一部分内容，此处略）

生：这是中华民族历史上的重要日子，是中华民族完全摆脱了任人宰割的新生日子。

师：不仅如此。

生：它还意味着中华民族不再有亡国灭种的危险。

生：意味着中华民族五千年历史上最黑暗最悲惨的时代结束了，中国人民站起来了。

师：现在，如果让你用杨振宁推荐的这首歌中一个短语来形容邓稼先，你认为哪个短语最贴切？为什么？

（屏显并齐读《中国男儿》）

生：我觉得是"中国男儿"，因为中国男儿有一种不怕牺牲、身先士卒的精神，高度符合邓稼先。

师：从历史贡献上看，邓稼先也是改变了中国命运的关键人物。

生：我认为是"燕然勒功"，因为邓稼先是中华民族核武器的开拓者和奠基人，邓稼先设计原子弹制造方案，和窦宪燕然勒功一样。

师：同样功勋卓著。其实大家也可关注"燕然"这个词，东汉大将窦宪追击匈奴三千里，邓稼先隐姓埋名28年，何其相似！

生：我选择"奇丈夫"，因为邓稼先做出了很多别人做不到的事情，领导人们设计爆炸了原子弹和氢弹，让中国人民站起来了，完全摆脱了任人宰割的命运，就像奇丈夫一样伟大。

师："奇丈夫"就是不同寻常的伟大男子，有这样的奇丈夫"只手撑天空"，中国人民才能站起来。这首歌就是邓稼先一生的写照。本文原本就是在这样的历史背景下推出邓稼先的。接下来，我们走近杨振宁笔下这位"只手撑天空"的中国男儿。

三、细读邓稼先，品"男儿"魅力

师：请同学们默读课文，寻找、圈画直接或间接叙写邓稼先的关键词句，细细品味并进行批注：我从中读到了一个怎样的邓稼先？

（小组分工，学生自读，圈画，批注）

生："邓稼先与奥本海默"部分第5段，他真诚坦白，从不傲人。他没有小心眼儿，一生喜欢"纯"字所代表的品格。这是对邓稼先的直接描写。我从中读到了一个具有朴实气质的邓稼先。

师：哪个词语让你联想到了朴实或平实？

生：这个"纯"字。

师：纯朴，朴实。还有一个同学和你勾画的一样，我们听听他的理解。

生：我从"真诚坦白，从不骄人"读到了一个谦虚、谦逊的邓稼先。

师：哪个词最能体现他的谦逊？

生：从不骄人。

师：大家发现了吗？这两位同学找的是同样的语句，但一个同学读成了"从不傲人"。"骄"和"傲"是姊妹花，但"骄"不但有骄傲的意思，还有骄纵、放纵、恣意、任性的意思。这里"从不"强调了什么？

生：强调他一直都不骄傲，不骄纵。

师：对，无论任何时候，在任何人面前，他都不骄人。意味着他不仅在领导面前不骄人——

生：在做出巨大贡献的时候不骄人，在他的朋友、同事和下属面前也不骄人。

生：在获得荣誉时、做研究院院长时也不骄人。

师：终生谦逊低调，这不是一般人能做到的。昨天跟大家见面的时候，有个同学问了一个问题：为什么邓稼先是最不引人注目的人物，他明明是"两弹"元勋？这可能是版本问题引发的困惑。人教版比我们的课本多了一个字。大家读读看，这一字之差，表达效果发生了怎样的变化。

（屏显）

北师大版：邓稼先则是一个最不引人注目的人物。

人教版：邓稼先则是一个最不要引人注目的人物。

生："最不要引人注目"强调了邓稼先不是普通平凡的，不是没有引人注目的资本，是他自己不愿意引起人们的注意，是他自己要淹没在人群中。

师：前面我们梳理邓稼先简历的时候已经知道，邓稼先有引人注目的身世、学历、职位、功勋，但他主动选择了隐藏自己的光芒，选择谦逊、低调、朴实，融于大众，这是一种发自内心的谦逊。

生："人们知道他没有私心，人们绝对相信他"这一句话侧面反映了邓稼先一心一意、为人民无私奉献的精神。

师：你的理解非常好。为了印证这一点，文章还举了两个例子，用了两个"竟"。他为什么竟能说服失去理性的群众？

生：因为人们相信邓稼先的为人，因为邓稼先从来都是无私奉献、"以民为本"的一个人，人们相信他没有小心眼儿，那么纯真。

师：他依靠的就是这种纯真、纯正无私的人格力量。这一部分还有10个同学提问：为什么杨振宁要把邓稼先与奥本海默做对比？

生：两个人的对比，反衬出邓稼先截然不同的性格。邓稼先有农民一样朴实的气质，而奥本海默是拔尖的人物。

师：注意，"拔尖"有两层意思，在技术领域两个人都是"拔尖"的人物，但奥本海默在性格上也是"拔尖"的，文中用了一个成语。

生：锋芒毕露。

师：这一部分特别提到奥本海默善于辞令，有一个同学不明白作者为什么写这一点。

生：后面写到邓稼先能够在"文革"初期说服两派群众，说明邓稼先也有善于言辞的能力。

师：有言辞的能力却并不着意表现，特别符合中国儒家讲究的"讷于言而敏于行"的君子风范，这是一种"很东方""最中国"的美，也看得出作者很欣赏和认同这种美，所以杨振宁深情赞颂。下面我们齐读并体会：

邓稼先是中国几千年传统文化所孕育出来的有最高奉献精神的儿子。

邓稼先是中国共产党的理想党员。

生：在"民族感情？友情？"部分，从"他已证实了，中国原子武器中除了最早于1959年底以前曾得到苏联的极少'援助'以外，没有任何外国人参加"这句话中，我读到了一个严谨、求实、爱国、真诚、坦荡的邓稼先。

师：你一口气用了五个词语。你能具体说说从哪个词中读到了他的严谨、求实，又从哪个词中读到了他的爱国？

生：我从"已证实"读出了他的严谨。杨振宁问他有没有外国人参加，他先去证实，说明了他的严谨。"没有任何外国人"说明了他的爱国。

师：尤其是"任何"一词。"证实"是一种调查，也可能是"请示"。据我所掌握的资料，是请示了周总理。我看了电影《邓稼先》，发现电影里去掉了这一句话。好像去掉了更能显出邓稼先爱国，但我感觉编剧没有体会到两位科学家的求实态度，科学家写科学家，关注点和敏感点就在于这种实证的精神。

（屏显）

杨：寒春是不是参加了中国原子弹的研究工作？

原文	电影《邓稼先》
邓：我觉得没有，但是确切的情况我会再去证实一下，然后告诉你。	邓：你先上飞机，以后告诉你。
邓：我已证实了，中国原子武器工程中，除了最早于1959年底以前曾得到苏联的极少"援助"以外，没有任何外国人参加。	邓：我已证实了，中国原子武器工程中，没有任何外国人参加。

师：这封短信激发了作者极大的感情震荡，也引起了我们班同学的困惑。有19名同学问为什么这封信会激起作者如此大的感情震荡乃至情绪失控。（屏显学生问题）大家可以结合上下文，联系杨振宁生活的时代背景、在美国听到的谣言、归国发问的期待以及得到证实的心情等方面思考讨论。

（学生讨论）

生：有一些谣言说寒春参加了中国原子弹工程，寒春是一个外国人，参加了美国原子弹的制造，这表现了外国人对中国人的轻视。

师：言外之意是中国试爆成功原子弹和氢弹，不是靠中国人的努力。

生：是依靠外国人的帮助。

师：杨振宁听到这样的谣言，心里是什么感受？

生：心里会十分难过。而邓稼先证实了，中国原子武器工程中除了最早于1959年底以前曾得到苏联的极少"援助"以外，没有任何外国人参加。说明中国"两弹"的成功靠的是自己的努力。

师：这是中国人独立自主研究的成果，这是一个民族的尊严所在。

生：对，所以他热泪满眶。

生：杨振宁出生于1922年，那个时候中国还是任人宰割的时代。邓稼先为中国做出了这样突出的贡献，所以……（学生语塞）

师：你心里明白，但不知道如何表达。我们听听别的同学的意见好吗？

生：杨振宁出生的年代，中国还没有摆脱任人宰割的命运，科技很落后，他期待中国能够做出自己的原子弹。

师：在那个时代成长起来的杨振宁感受到了什么？

生：他感受到了中国的弱小和任人宰割的屈辱。所以当他听到是中国人自己造出原子弹的时候，他为民族而自豪，为在当时那样的条件下做出这样伟大的事业而感到骄傲。

师：尤其是这是他的挚友领导设计的，真是一洗内心的耻辱，可以挺直腰杆在国外生活了，所以情不能已，热泪满眶。既是为朋友感到骄傲，也是一种强烈的民族自豪。

生：1982年，邓稼先做了核武器研究院院长以后，有一次井下突然有一个信号测不到了，大家十分焦虑，人们劝他回去。他只说了一句话："我不能走。"这句话虽然简洁，但透露出了邓稼先恪尽职守的可贵精神以及对祖国的无私奉献精神。

师：我们都来看这一个事例。"突然有一个信号测不到了"意味着什么？

生：信号测不到了意味着可能会发生危险。

生：如果信号测不到的话，意味着核武器可能要爆炸，意味着随时可能有生命危险。

师：那大家劝他回去，他为什么不走？

生：因为邓稼先热爱祖国，有着身先士卒的精神，所以他不能离开他热爱的岗位。

生：这句话说明，邓稼先具有高度负责的事业心，他身先士卒，即使有危险，也要冲在第一线，为核武器事业闯出一片属于中国的天空，用自己的热血铸成"两弹一星"。

师：谁做什么才叫"身先士卒"？

生：是领导人物冲在第一线才叫"身先士卒"。

师：对。这个时候他是核武器研究院的院长，他不回避、不逃避、不害怕，身先士卒，是一种极高的境界。

生：我补充一点：他是中国核武器研究院的院长，信号测不到了，随时面对死亡，他并没有走，就激励着其他的工作人员，让其他的工作人员感受到领导对祖国的热爱和无私奉献。

师：你说得真好，榜样的力量是无穷的。

生：我觉得这一句字句铿锵，掷地有声，说明邓稼先已经把生死置之度外，甘愿把生命奉献给他热爱的事业、他无限忠诚的祖国。

师：请你朗读这一句。

生（掷地有声）：我不能走！

师：你读得铿锵有力，把句号读成了叹号，可事实上作者用的是句号。危急关头，他"只"说了这么一句话，为什么？

生：这体现了他的朴实精神。

师：这么朴实低调的人只说了一句话。想一下还有什么读法。

生（放低声音）：我不能走。

师：邓稼先最不同寻常的地方就在于这种置生死于度外的平常心。不仅这一次——

（屏显）

每次核武器插雷管、铀球加工等生死系于一发的危险时刻，他都站在操作人员身边，给作业者以极大的鼓励。

航投试验出现降落伞事故，原子弹坠地被摔裂。邓稼先深知危险，却一个人抢上前，把摔破的原子弹碎片拿到手里仔细检验。

步履维艰之时，他坚持自己去装雷管，并首次以院长的权威向周围人下命令:"你们还年轻,你们不能去!"

后来邓稼先病倒在床上,平静地说:"我知道这一天会来的,但没想到它来得这样快。"

四、诵读《吊古战场文》,悟"男儿"情怀

师:其实在原文中还有这样一段材料。听老师朗读,大家感受思考:这是怎样的试验环境?你从中感受到了什么?

(屏显"青海、新疆,神秘的古罗布泊"至"天阴则闻",配乐朗读)

生:我感受到了杨振宁对邓稼先的怀念,作者说《吊古战场文》是"他们在昆明时一起背诵的"。

师:的确。这篇古文承载了他们共同的青春记忆。

生:我感觉到这是一个非常恶劣的环境,感受到了一种悲壮的气氛。

师:这是一项伟大而悲壮的事业。

生:《吊古战场文》描写了这个地方恶劣的环境,邓稼先研制核武器就在这个地方附近,我体会到了邓稼先研究的艰辛和艰难,也体会到了邓稼先的无私奉献和爱国精神。

生:我还感受到了战争带给人们的残酷,只有民族强大起来了,别的民族就伤害不了她,这场战争就可以避免了。

师:就像邓稼先所说"我不爱武器,我爱和平",他研究原子弹不是为了战争而是"国防自卫",这一点杨振宁先生在第一部分就特别写明了。

生:这一段话把邓稼先的爱国情怀表现得淋漓尽致。在那么恶劣的环境,他也没有放弃核武器研究,没有放弃自己的事业。

师:在这个最荒凉最偏僻的地方,28年如一日,邓稼先和他的同事们隐姓埋名,把对祖国的忠诚和深爱埋在心底,坚守这伟大而悲壮的事业,这是多么崇高的人格!而且这诗文也承载着两位卓越科学家共同的青春记忆,共同的文化背景。我们齐读体会。

(学生齐读《吊古战场文》)

师:这不仅是一篇人物传记,更是一篇回忆性散文,是旅居海外、关注

民族命运的美籍华裔科学家，以文化的眼光、国际的视野，从历史的角度，来回忆相交五十年的挚友。所以，他推荐《中国男儿》作为《邓稼先传》的背景音乐。

让我们再次朗读这首《中国男儿》歌，感受邓稼先这位中国男儿不朽的历史贡献和人格魅力，体会作者的挚友情深、民族情怀和文化情结。

（学生齐读《中国男儿》，下课）

第三讲　不能简单自读的散文"特例"

——《昆明的雨》解读与思考

《昆明的雨》是统编教材八上第四单元的一篇自读课文。通常状况下，自读课应该把学习自主权交给学生，让学生把教读课上学到的方法运用到自读课中。然而，正如文后"阅读提示"所言，本文是"一篇充满美感和诗意的作品"，极具汪曾祺抒情散文的"独特韵味"。这样的散文"特例"自然不能简单自读了事，而应紧扣文本特质和学生需求，巧妙引导学生读出其中独有的情味。

一、文本解读

首先，我们来看文章的写作背景。《昆明的雨》写于1984年5月19日，首次发表于1984年第10期《滇池》。而汪曾祺1939年升入西南联大中国语文系，1946年离开昆明去上海。在昆明的七年里，他看到了独特的风物、风情，感受到了各种美好的滋味与人情；接受了良好的高等教育，结识了许多师长和朋友，走上了文学创作之路；还遇到了后来和他相知相爱的施松卿。换言之，写作此文时，汪曾祺已入花甲之年，他回忆的正是自己19岁至26岁最美好的青春岁月，深情所致，才会在文中反复咏叹"我想念昆明的雨""四十年后，我还忘不了那天的情味"。

其次，我们来看文章的内容构成。本文共11段（楷体引用部分不单独成段）。如果说全文是一幅画卷的话，开头两段就是精美的引子——用色彩最鲜明、最具画面感的仙人掌、青头菌和牛肝菌，引出"我"对"昆明的雨"的想念。第3—5段总写"我"印象中昆明雨季的特点——"明亮""丰满""使人动情"。第6—10段则紧扣这些特点，娓娓叙写那些明亮、饱满、生气盎然、韵味独具的景物、滋味、人情和氛围。最后一段再次抒发深情，回扣开头和标题。

再次，作者在表达这些"使人动情的""琐细事物"时，更是个性独具，情味悠长。

一是"的"字的叠用。譬如"昆明的雨季是明亮的、丰满的，使人动情的""穿着扳尖的绣了满帮花的鞋，坐在人家阶石的一角""密匝匝的细碎的绿叶，数不清的半开的白花和饱涨的花骨朵"等。为使语言表达更为简明，一般作家很少在一个句子中使用三个及以上的"的"字。汪老师却反其道而行之。这是因为，这些语句中"的"字连用，使语气变得舒缓悠长，这正是作者深情的最好表达方式，也是汪曾祺自由、散淡、闲适意境的形式化体现。

二是标点的妙用。以"昆明的雨季是明亮的、丰满的，使人动情的"为例，一般人可能是连用两个顿号，但作者却是一顿一逗。这样表达，层次就多了——"明亮"和"丰满"是实虚结合，暗含情感；而"使人动情"则全是主观感受。由实入虚，情感也就由明快、热烈变为舒缓、深沉，令人回味无穷。同样，"牛肝菌色如牛肝，滑，嫩，鲜，香，很好吃"，逗号的连用不仅突出了牛肝菌的"好吃"程度，更让我们眼前仿佛展现出作者正在享受美味或回味无穷的迷恋模样。而描写干巴菌时连用问号和逗号，把人们初见干巴菌和品尝后的巨大反差表现得淋漓尽致。另外，还有破折号和括弧的妙用。作者常常在叙述中插一句解释或评论，童心大发地和读者互动，既营造了行文的波澜，也让人如闻其声，如见其貌——汪老就是一个童心未泯的老少年！

"的"字长句，一唱三叹，恰如悠长的咏叹调；而特殊标点形成的短句，则充满口语色彩与生活气息：两者错落相间，形成一种特别的韵味。评论家凌宇曾经说过："汪曾祺的语言很奇怪，拆开来看，都很平常，放在一起，就有一种韵味。"本文就提供了一个恰切的例证。

三是用生活中常见的事物设色塑形。汪曾祺先生精通作文、写诗、画画，擅长做菜，有一片童心，所以他的眼睛很亮，什么东西都要仔细看一看，自然什么都写得鲜明透亮，充满生活气息。[①]比如，他写干巴菌"有点像半干的牛粪或被踩破了的马蜂窝"，对照图片，看见过半干牛粪和马蜂窝的人都会忍俊不禁——真的就是这个样子，太形象了！还有"滴溜儿圆，颜色浅黄，恰似鸡油""乒乓球那样大，颜色黑红黑红的""烧得炽红的火炭"等，都是用生活中熟悉的事物来比喻，而且"浓绿""金黄""浅黄""黑红黑红"设色鲜明，从不重样，让人过目不忘。

四是词语的妙用。比如，"种了仙人掌，猪羊便不敢进园吃菜了。仙人掌有刺，猪和羊怕扎"中的"不敢"一词，就写活了猪和羊的心理，让人仿佛看到猪羊被扎怕后想吃菜却不敢近前、只好眼巴巴瞅望的好玩模样，这是副词妙用。而青头菌"炒熟了也还是浅绿色的，格调比牛肝菌高"则是"词语挪用"——"格调"本用来形容艺术风格，汪曾祺先生却拿来品评菜品，体现了其独特的审美趣味。还有用写人的词语写动物，如"酒店中有几只鸡……在屋檐下站着"等。

此外，对苗族女孩子声音的描写，对火炭梅"情到深处不讲理"式的对比，"不是怀人，不是思乡"说一半留一半的含蓄，也都是看似平淡自然，其实饶有趣味，越品越感觉汪曾祺的可爱有趣以及他对生活的热爱、对昆明的情结。

二、教学实施

学生学过的大多是诸如《春》《白杨礼赞》等内容比较聚焦、结构比较明晰、作者情感比较强烈的抒情散文，所以面对本文"淡而有味"的语言，"信笔所至，无拘无束，看起来有点'散'"的结构、写法，以及深藏其中的独特情趣、情结、韵味，并没有多少现成的经验和方法可循，甚至可能会无从下手，感受不到其中的好，或者能够朦朦胧胧地感受到好，却不知好在哪里。

对此，最合宜的教学方式是采用"基于问题的学习"，"以学习者问题

---

① 舒明月：《大师们的写作课》，江苏文艺出版社2016年版，第10—11页。

的展示作为学习过程的开始，以发展学习者的问题解决能力为目标"，"通过其自主探究来培养学习者的自治学习能力"①，教师则"充当导师，扮演指导者或协调人的角色"，梳理整合问题，搭建学习支架，提供助读资源。

（一）进行学情调查，充分了解和展示学生的问题

在教学之初，我让全体同学自由朗读课文两遍，然后认真填写"阅读质疑单"，提出自己的问题。以下是收集并汇总出来的学生问题。

1. 内容情感类

（1）作者是江苏高邮人，他为什么那么想念昆明的雨？都过去四十年了，为什么还忘不了昆明的雨和那些事物？（26人）

（2）昆明的雨为什么会使人动情？作者描写的所有事物中最使他动情的是什么？（6人）

（3）写昆明的雨时，作者怀着怎样的情感？是喜爱雨，还是景、物，还是怀念家乡？（7人）

（4）作者说："带着雨珠的缅桂花使我的心软软的，不是怀人，不是思乡。"那是什么感情？（9人）

（5）作者为什么要画"一片倒挂着的浓绿的仙人掌"和"几朵青头菌和牛肝菌"，而不是其他的物品？（5人）

（6）为什么"炒牛肝菌须多放蒜"？它有什么刺鼻的味道吗？（4人）

（7）作者为什么"雨季逛菜市场"？（1人）

2. 语言写法类

（1）作者以《昆明的雨》为题目，为什么没有直接描写雨，而是用了大量的笔墨来描写雨季的风景和事物？（19人）

（2）本文题为《昆明的雨》，为何开头不写雨，却从一幅画写起？（11人）

（3）作者写了"昆明的雨"的哪些特点？是从哪几个方面来写

---

① 高文、徐斌艳、吴刚主编：《建构主义教育研究》，教育科学出版社2008年版，第137页。

的？（4人）

（4）写昆明的雨时，作者为什么特别写那么多雨季的菌子？（5人）

（5）作者说"昆明的雨季是明亮的、丰满的，使人动情的"，"明亮""丰满"不是分别写人的眼神、女人的身材吗？（3人）

（6）"扳尖"是什么意思？作者写雨季果子时为什么特别描写卖杨梅的苗族女孩子？卖杨梅的只有苗族女孩子吗？（3人）

（7）作者为什么要写酒店里的鸡呢？（3人）

（8）"这种菌子炒熟了也还是浅绿色的，格调比牛肝菌高"中的"格调"是什么意思？（2人）

（9）第7段中为什么插入"一个笑话"？（2人）

（10）作者在文末写了一首诗，这首诗有什么作用？（2人）

（11）文章末尾为什么写陈圆圆以及莲花池？（2人）

（12）第7段写牛肝菌时，为什么专门写西南联大食堂？（1人）

（13）课文第1段写昆明的仙人掌为何不一块儿写完，而是隔几段在第6段再写仙人掌？（1人）

（14）第8段为什么说"好像都"比不上昆明的火炭梅？到底是比得上还是比不上？（1人）

（15）课文最后写酒店里"我"与友人喝酒的事，有何用意？（1人）

从提问的频次来看，学生最关注的是作者的情感，这也是散文阅读的本质问题。从问题的表述来看，学生已经感受到作者"对昆明生活的喜爱与想念"，但对作者的"动情点"未形成情感共鸣。对本文题目与内容看似错位的质疑，对"画""仙人掌""西南联大食堂""炒牛肝菌多放蒜""苗族女孩子""好像都"等细节的困惑，印证了我对学生阅读经验的判断，同时说明学生的语感不错，发现了这些语言背后另有深意，只是不知其所以然。

（二）基于学生问题，设计层层递进的自读活动

基于上述问题，遵循文章内在的情感逻辑，我确定了"品味个性化的语言表达，体察作者蕴藏在其间的审美趣味和深挚情感，领悟作者的昆明情

结"这一教学目标，并设计了如下自读活动：

1. 描一幅《昆明的雨》：（1）文章题为《昆明的雨》，作者为什么从一幅画开始写起？除了仙人掌、青头菌和牛肝菌，文中还有哪些景、物、人和事可以入画？（2）作者为什么单单选这三种景物入画？

2. 品一段雨中情味：作者是江苏高邮人，为什么四十年后还对昆明的雨如此动情？你认为最使他动情的是什么？自读课文，圈画关键词句，思考批注：你从中读出了什么情感或趣味？

3. 悟一种"昆明情结"：作者怀念的仅仅是昆明的雨吗？

主活动中的这些问题都来自学生，可以说都触到了学生的兴奋点——自己的问题被老师认可，学生阅读兴趣浓厚，分享交流积极踊跃，参与度高。同时，这些问题又都经过了教师精心的整合建构。比如第一个活动的三个问题指引学生自读全文，感知全文的写作内容，落点是"昆明的雨季是明亮的、丰满的，使人动情的"，梳理出文章的结构脉络和情感逻辑。然后又以"使人动情"拎起对主体部分作者情味的探究，给予学生圈画、批注、朗读或诵读的实践机会。最后一个问题是学生所提"作者以《昆明的雨》为题目，为什么没有直接描写雨，而是用了大量的笔墨来描写雨季的风景和事物？"这一共性问题的变式，旨在引导学生在总结中领悟："汪曾祺在昆明住了七年，昆明就是作者的第二故乡。他想念的不仅仅是昆明的雨，更是昆明最美的景、最暖的人，那段散淡、诗意的青春岁月。雨其实是那美好回忆的淡淡底色、背景音乐。"

（三）搭建学习支架，体验作者独特的语言魅力

自读课的"主角"是学生，然而这"并不影响教师'教'的角色和价值的体现"[1]，教师应该密切关注学生的阅读进程，记录学生遇到的阅读障碍，并搭建合宜的学习支架以帮助学生跨越障碍、消除障碍。我执教本课时

---

[1] 段岩霞：《因体而教，教出文学性散文的情味——以〈云南的歌会〉为例》，载《中学语文》2017 年第 9 期。

便在师生分享交流阶段，相机插入以下学习支架，助推学生的理解和体验走向深处。

1. 比较还原："种了仙人掌，猪羊便不敢进园吃菜了"一句中"不敢"能否换用"不能"？请尝试还原猪羊的心理和作者写作时的心理或情态。

2. 现场采访：如果你到昆明旅游，你会买哪种菌子回家？为什么？

3. 改第8段文字为诗，师生分角色配乐朗读，思考：作者为什么要写苗族女孩子？

4. 联系生活，思考：要阻止房客们乱摘花，我们身边的人一般采用什么办法？再读文中第9段描写房东母女做法的语句，交流自己的感悟。

5. 随轻音乐轻声朗读第10段，感受想象画面，并为其取一个有情味的标题。

"运用比较法、还原法，可以剥离统一的对象、水乳交融的语言，分化出学生忽略的关键词，进入语言的内部世界。"[①]譬如在"不敢"与"不能"的比较中，引导学生明白"不敢"写出了猪和羊的"思想活动"（课上学生用语），体验到了汪曾祺先生敏锐的观察力和一片童心。而联系自己的生活见闻，比较一般人和房东母女的做法，则让学生在角色置换中领悟"房东母女并不小气，只是爱惜花树。在战乱的年代，在他乡，房东母女的做法让我很感动。所以让作者的心软软的，不是怀人，不是思乡，是昆明人的淳朴、善良，是一份暖暖的感动和幸福"。

"现场采访"的目的是搭建一个平台，让师生、生生之间展开多边对话，打开学生心灵，进而解锁语言密码，触摸作者的心灵，体验到文章的美和作者的情感趣味。配乐诵读、想象等情境性活动，则直接诉诸学生的感官，激起了学生强烈的情感共鸣。

课堂现场证明，这些指向文本细读的有趣活动，让学生一点点沉浸到文本的意境和作者的情感中，课堂也由此升温，在轻松愉悦、其乐融融的氛围

---

① 黄厚江：《"自读课"教学的几个"转向"》，载《语文教学通讯》2019年第6期。

中，学生感受体验到了作者的情味。

（四）引入优质资源，体会作者独有的风格、意图

经典作品或具有特殊背景、浓郁个人风格的作家作品，往往需要相关资源的支撑，以拉近学生与特殊年代及作家之间的距离。从学生提出的问题来看，学生普遍缺乏作者经历、写作背景等相关知识。为此，我在全面阅读了汪曾祺的《人间草木》《人间至味》《受戒》《大淖记事》等众多散文、小说及其生平资料，以及众多评说汪曾祺的文章后，提炼出了如下资源，插入相应段落的品读交流过程中，用以印证、加深或拓宽学生对文章内容、作者情感及语言风格的感受与理解。

第6段：汪曾祺的语言很奇怪，拆开来看，都很平常，放在一起，就有一种韵味。（凌宇）

第7段：（1）学生吃的饭是通红的糙米，装在几个大木桶里，盛饭的瓢也是木头的，因此饭有木头的气味。饭里什么都有：砂粒、耗子屎……被称为"八宝饭"。（汪曾祺《新校舍》）

（2）我不爱逛商店，爱逛菜市。看看那些碧绿生青、新鲜水灵的瓜菜，令人感到生的喜悦。（汪曾祺《写字·画画·做菜》）

第8段：我走的地方不少，所食鸭蛋多矣，但和我家乡的完全不能相比！曾经沧海难为水，他乡咸鸭蛋，我实在瞧不上。（汪曾祺《端午的鸭蛋》）

第9段：（1）云南人对联大学生很好，我们对云南、昆明也很有感情。（汪曾祺《七载云烟·水流云在》）

（2）我们交给房东的房租只是象征性的一点，而且常常拖欠。昆明有些人家也真是怪，愿意把闲房租给穷大学生，不计较房租。这似乎是出于对知识的怜惜心理。（汪曾祺《觅我游踪五十年》）

……………

当然，我们还可以紧贴学生的需求和兴趣点，提供更广泛、更丰富的阅读资源和更多的方法引领，由"这一篇"散文的自读拓展为汪曾祺"这一类"散文的专题阅读，甚至是整部作品的阅读。相信这种"基于问题""连

类而及"的阅读方式，更能读到"这一班"学生的心坎里，获得更好的阅读效益。①

品不尽的情味

——《昆明的雨》教学实录

一、描一幅《昆明的雨》

师：课前大家提出了很多问题，其中有11名同学问："本文题为《昆明的雨》，可作者为什么从一幅画写起？"这个问题很好，哪位同学帮忙解答？

生：我认为是引出下文，引出下面昆明雨季里的青头菌、牛肝菌、仙人掌什么的。

生：我觉得是为了引出下文"我"对昆明雨季的思念。

师：那么除仙人掌、青头菌和牛肝菌外，作者还写了哪些景、物、人和事呢？请大家找一找，圈一圈。

生：我圈的是干巴菌、鸡㙡，还有雨季的杨梅、缅桂花。

生：我圈的是雨中的莲花池、陈圆圆的石像、小酒馆、上了绿釉的土瓷杯、雨中檐下的几只鸡、大木香。

生：还有木香密匝匝的细碎的绿叶、数不清的半开的白花和饱涨的花骨朵。

师：你补充的这些就很有诗情画意。还有哪些人或事？

生：人物有卖杨梅的女孩子、房东母女、"我"和德熙；事情有房东母女给房客送缅桂花，"我"和德熙在小酒店喝酒。

师：送给"我"怎样的缅桂花？

---

① 王本华：《统编初中语文教材的阅读设计与教学实践》，载《语文建设》2018 年第 6 期。

生：送给"我"带着雨珠的缅桂花。

师：这一补充更完整，也更美了。但作者为什么不选这些，单单选青头菌、牛肝菌和仙人掌入画呢？

生：因为昆明仙人掌多，并且极肥大，昆明菌子多，最多、最便宜的是牛肝菌。

师：你读书很仔细。那鸡油菌呢？

生：鸡油菌颜色浅黄，恰似鸡油一样，比较好看。

师：用作者的话说是"中看"。那为什么昆明的仙人掌、菌子这么多，作者特别要画倒挂着的浓绿的仙人掌，末端开出一朵金黄色的花？

生：因为昆明的雨季很长，总是下下停停，停停下下，空气很湿润。

师：作者用的不是"很长"这个词，请大家找出作者的原话。

生：我不记得昆明的雨季有多长，从几月到几月，好像是相当长的。

生：昆明的雨季是明亮的、丰满的，使人动情的。

师：也就是说，画中的景物不仅自然引出下文的描写和"我"对昆明的怀想，而且它们色彩鲜明，最有画面感，最能体现昆明雨季的特点，一下子就印到了作者的脑海里。那怎么理解"明亮""丰满"和"使人动情"？

生："明亮"指的是昆明的草木非常茂盛；"丰满"是指菌子极多，还有很多缅桂花什么的植物；"使人动情"是指会引起人一点淡淡的乡愁。

师：你一下子就把自己读进了课文里！这是一篇回忆性散文，回忆性散文具有双重视角，你点出了当时的"我"在云南的淡淡思乡愁绪。除此之外，还有什么？

生：他看到这些丰富多彩的景物非常喜欢，尤其是下雨后就像洗过一样明亮照眼，让人心情明朗，多少年后还念念不忘。

师：的确，昆明的雨是下下停停，不是连绵不断，不让人烦闷。可是我们班刘依凡同学不明白——"丰满"不是用来形容人的眼和女子好看的身材吗？作者为什么用"丰满"来形容昆明的雨季？

生：作者在文中交代"草木的枝叶里的水分都到了饱和状态，显示出过分的、近于夸张的旺盛"，我觉得"丰满"就是一种饱和、旺盛的状态。

师：他非常善于抓文中的关键词。

生：我觉得在作者心目中，昆明的雨季就像丰满的女子一样好看，有生命力。

师：对！生机勃勃，丰姿绰约，别有一种韵味。所以年轻的汪曾祺油然而生爱慕之情，四十年后则是无尽的想念。请一名同学深情朗读第5段，体会作者的喜爱与想念之情。

（生读）

师：你有没有注意到，第一句作者用了三个"的"，而且先用顿号再用逗号？这提醒我们什么？

生：要读出停顿，顿号停的时间短，逗号停顿时间长一点。

师：读得深情一些，舒缓一些，"的"字里要带着回味、感慨的味道。

（生感慨地读，后齐读体会）

二、品一段雨中情味

师：就像程荣琪等26名同学所问的那样——汪曾祺是江苏高邮人，为什么四十年后还对昆明的雨如此动情呢？在这众多的景、物、人和事中，最使作者动情的是哪一种呢？请同学们跳读课文6—10自然段，选择一处，细细圈画、咀嚼，并简要批写自己的理解。

（屏显任务。学生自读，批注）

生：我认为最使作者动情的是昆明雨季的仙人掌。因为昆明雨季的仙人掌和一般的仙人掌不同，它不仅倒挂着还能开花，而且极肥大，极多，足见其生命力的顽强。我从"极肥大""确实亲眼见过"中读出了作者看到这仙人掌时的惊奇和赞叹。

师：最能体现作者惊讶、惊奇的是哪个词？

生：确实亲眼见过。

师：作者前面已经说过"我那张画是写实的"，为什么还要强调"确实亲眼见过"？

生：因为他怕没见过仙人掌开花的人不相信，仙人掌倒挂着开花让人很惊讶和惊奇，所以加以解释。

师：也就是说，在这两句之间还藏着一些作者的话。我们试着把它还原出来。

（屏显，师生还原对话）

我那张画是写实的。（？）我确实亲眼见过倒挂着还能开花的仙人掌。

师：我那张画是写实的。

生：哦！是吗？

师：你信吗？

生：不大相信呢！（众生笑）

师：如果我不是亲眼见过，我也不会相信，所以我再强调一遍——我确实亲眼见过倒挂着还能开花的仙人掌。这一段谁还有补充？

生：仙人掌不仅倒挂着能开花，还能辟邪。

师：这独特的民间习俗表现昆明人独特的审美趣味。

生：还可以用它围在篱笆周围，这样猪羊便不能进园吃菜了。

师：课文是这样写的吗？

生：有些人家在菜园的周围种一圈仙人掌以代替篱笆。——种了仙人掌，猪羊便不敢进园吃菜了。

师："不敢"和"不能"只有一字之差，能替换吗？

生：我感觉不能。"不敢"体现出猪羊也是有思想的。（众生笑）它不是不能进去，它是进去了就扎着了，所以就不敢了。

师（笑）：我非常欣赏她说的这句"猪羊也是有思想的"，猪羊不是不想进，而是——

生：它们想进但不敢靠近，因为怕扎。

生：它们可能靠近过，但被仙人掌的刺扎过，所以再也不敢靠近了。

师：的确，"不能"只是说它们进不去，没写出猪羊害怕的心理和敬而远之、眼巴巴瞅着的好玩模样。有人说："汪曾祺的语言拆开来看，都很平常，放在一起，就别有一种韵味。"原来是汪老爷子特别有童心，在字里行间悄悄藏了很多人甚至猪羊细腻的心理。请你来读这三句话。

生（读）：有些人家在菜园的周围种一圈仙人掌以代替篱笆。——种了

139

仙人掌，猪羊便不敢进园吃菜了。仙人掌有刺，猪羊怕扎——啊！

（读完，生会心地笑）

师：你末尾加的这个语气词真好，你真是汪老先生的知己！继续交流。

生：我认为最使作者动情的是昆明雨季的菌子。尤其是干巴菌，它虽然不中看，但是入口却使你张目结舌，让你感觉这么好吃！

师：老师带了几幅图片来，你能指出哪是干巴菌吗？

生：中间那一个！

师：你怎么知道的？

生：文中提到过干巴菌"不中看"，因为它最丑。（生笑）

生：因为作者说它"颜色深褐带绿，真像一堆半干的牛粪或一个被踩破了的马蜂窝"。

师：你见过半干的牛粪和被踩破了的马蜂窝吗？

生：很多次。（生笑）

师：从大家的反应中我们看出作者用词特别准确，最擅长用生活中熟悉的事物进行比喻，特别具有生活的趣味。你看到干巴菌的第一眼时是什么感觉？

生：感觉有点恶心。

师：作者的原话是什么？

生：非常喜欢。

师：逆转这么快！到底是怎么回事？

生（不好意思地笑）：看到第一眼是恶心，充满怀疑："这种东西也能吃?！"

师：哪个地方最能体现作者的怀疑？

生：真叫人怀疑。

师：这是直接表达的，还有！

生：作者连用了一个问号一个叹号！

师：这反常的标点符号背后藏着作者的怀疑。谁来读一下？

（生读，语调上扬）

师：你读出了怀疑。除了怀疑，还有什么情感夹杂在里面？还有一个叹号呢!

生:还有惊讶。

生:我感觉里面带着点嫌弃的意思。

师:请你再来读一遍这句话。

(生读)

师:吃过之后呢?

生:张目结舌:这东西这么好吃?!

师:"张目结舌"是什么意思,这又是一种怎样的情感?

生:"张目结舌",意思是瞪大了眼睛,说不出话来。这说明干巴菌好吃得让人惊奇。

师:现在,我们就分角色朗读,体会这一段文白夹杂的语言中波折的层次和趣味。

(屏显)

(领)有一种菌子,中吃不中看,叫干巴菌。乍一看那样子,真叫人怀疑:

(齐)这东西也能吃?!

(领)颜色深褐带绿,有点像一堆半干的牛粪或一个被踩破了的马蜂窝。里头还有许多草茎、松毛,

(齐)乱七八糟!

(领)可是下点功夫,把草茎松毛择净,撕成蟹腿肉粗细的丝,和青辣椒同炒,入口便会使你张目结舌:

(齐)这东西这么好吃?!

师:如果你去云南游玩,除了干巴菌,你还会买哪种菌子带回家?

生:我会带牛肝菌。因为这种菌子最多,最便宜。

师:哪里看出牛肝菌的便宜?

生:家家饭馆卖炒牛肝菌,连西南联大食堂的桌子上都可以有一碗。

师:我们班于一凡在这里就有一个疑问——为什么特别写西南联大食堂?

生:因为一想到食堂,饭菜就不好吃。

师：我们天天吃食堂，可以说深有体会。汪曾祺先生在《新校舍》中特别提到西南联大"学生吃的饭是通红的糙米，饭里什么都有：砂粒、耗子屎……"，可在这里作者是想强调它难吃吗？

生：不是，是想强调它便宜而且很好吃。

师：的确，食堂桌子上的菜一般都是很便宜的。请一名同学朗读这两句。

（生读）

师：你重读了"很好吃"，但我感觉你好像把文中的逗号给读丢了。作者为什么特意加这几个逗号？

（屏显）

　　　牛肝菌色如牛肝，滑，嫩，鲜，香，很好吃。

生：想强调一下它的味道特别好。

生：我感觉这里语速应该慢一点，拉长一点。

师：为什么要慢一点，拉长一点？

生：因为作者想强调它的味道不是一般的滑嫩鲜香，是非常滑，非常嫩，十分鲜，极其香。

师：你一连用了好几个表示程度的副词。请你拉长声音，把牛肝菌的美味和作者的享受读出来。

（生读）

师：我建议大家可以眯起眼睛，微晃着脑袋来读。大家试一试。

（生眯眼晃头朗读体会，一生读，大家微笑会意）

师：你把老师也带进那种美好的回味里了，我也想带牛肝菌回去。大家还想带什么菌子回去？

生：我想带菌中之王鸡枞，味极鲜浓，无可方比，而且这种菌子虽然很名贵，但不是十分贵。

师：你的表述中有一个小小的矛盾，既然味美又很名贵，为什么却又不十分贵呢？

生：因为这东西在云南并不难得，随处可见。

师：一般名贵的都是比较稀有的，它随处可见怎么还这么名贵呢？

生：这是从侧面写它的味道"味道鲜浓，无可方比"。

师：侧面凸显菌中之王的味道。而且作者插入了一个笑话，也可看出这一点，同时也能看出昆明人的悠闲有趣。我们齐读体会。

（生齐读）

师：为什么大家都不选鸡油菌呢？

生：因为鸡油菌中看不中吃，没甚味道。

师：没甚味道，作者为何还要写？

生：作者是想拿它和干巴菌做对比，凸显干巴菌虽然不中看但中吃。

师：其实鸡油菌还是有用处的，可以"配色用"。汪曾祺先生还是一位美食家，美食是讲究色、香、味俱全的。作者从学生时代起就爱逛菜市场，他说——

（屏显）

> 我不爱逛商店，爱逛菜市。看看那些碧绿生青、新鲜水灵的瓜菜，令人感到生的喜悦。
>
> （汪曾祺《文章杂事之写字·画画·做菜》）

师：这里流露出的是作者对生活和生命的热爱。继续往下交流。

生：我认为使作者最动情的还有雨季的杨梅。因为第8段末尾写道："我吃过苏州洞庭山的杨梅、井冈山的杨梅，好像都比不上昆明的火炭梅。"作者用这个"好像"写出了他大概已经忘记了前两种梅的滋味，因为前两种梅的滋味实在比不上昆明的火炭梅。

师：这个同学关注到了"好像"。她认为是前两种梅滋味淡忘了，只有昆明的火炭梅还记得，所以感觉"好像"昆明的火炭梅最好吃。这也是我们班两位同学的困惑。提醒大家：后面还有一个"都"呢，既然不记得了，怎么还这么肯定？

生：作者加"好像"并不是忘了，而是在回味当年吃昆明火炭梅的滋味。

生：我感觉并不是忘了，而是作者特别喜欢昆明的火炭梅，他不太喜欢前两种梅……（生语塞）

师：你的意思我懂了。你能用"正是因为……，所以……"或者"并不是……，而是……"来表达自己的意思吗？

生：正是因为作者喜欢昆明的火炭梅，所以用"好像""都"来特别强调。

生：正是因为作者太喜欢昆明了，而且昆明的火炭梅又大又黑红黑红的，特别好看，一点都不酸，所以谁也比不上。

师：作者爱屋及乌，还有特别的审美。

生：并不是前两种梅滋味不好，而是他太喜欢昆明的火炭梅了，所以故意这么说。

师：事实也许并非如此，但在他的情感上却全然如此。汪老就是这样，情到深处不讲理。他在《端午的鸭蛋》中也有这样的语句。我们看屏幕，齐读体会。

（屏显，齐读）

我吃过苏州洞庭山的杨梅、井冈山的杨梅，好像都比不上昆明的火炭梅。

我走的地方不少，所食鸭蛋多矣，但和我家乡的完全不能相比！曾经沧海难为水，他乡咸鸭蛋，我实在瞧不上。

（汪曾祺《端午的鸭蛋》）

师：作者难忘的仅仅是杨梅的滋味吗？为什么还要写卖杨梅的苗族女孩子呢？卖杨梅的有没有妇女、老太太？这是我们班好几位同学问的。我邀请一名同学和老师朗读这一部分，大家感受思考。

（屏显，师生配乐朗读）

师：雨季的果子，是杨梅。

生：卖杨梅的都是苗族女孩子，

师：戴一顶小花帽子，

生：穿着扳尖的绣了满帮花的鞋，

师：坐在人家阶石的一角，

生：不时吆喝一声：

齐："卖杨梅——"

师：声音娇娇的。

齐：她们的声音使得昆明雨季的空气更加柔和了。

生：我感觉杨梅不单好吃，还和苗族女孩子一样水灵灵的。

生：苗族女孩子特别娇美，柔美。

生：我感觉苗族女孩子豪放而不失情调。

师：你是一位男生，在你心目中女孩子的"豪放"是指什么？

生：因为她还"吆喝一声"，我感觉并不害羞，很开朗活泼。

师：也就是苗族女孩子虽然娇美但又活泼淳朴，别有一种青春气息、生命活力。作者为什么特别写"小花帽子""满帮花的鞋"呢？

生：我感觉苗族女孩子身上还有当地独特的民族风味、民族风情，很美。

师：是啊，苗族女孩子娇娇的声音、可爱的情态、优美的民族服饰都让作者动情。这是一种对美的欣赏和憧憬。

生：第9段说"带着雨珠的缅桂花使我的心软软的，不是怀人，不是思乡"，我仿佛看到缅桂花在茂密的枝丫间绽放，若隐若现，是那雨珠和香气使作者的心软软的。从这里我看到作者是动情的。

师：你认为让作者动情的是缅桂花的雨珠和清香。（生点头）可是房东为什么要送"我"缅桂花呢？

生：怕房客们摘她的花。

师：大家画出这个句子。其实如果防止房客们摘她的花，可以采取什么措施？

生：可以围上栅栏。

生：设置警示牌。

生：种上一堆仙人掌。（众生笑）

师（笑）：你活学活用了。

生：可以养一条狗。

师：好凶恶。

生：可以贴上告示牌，摘一朵罚十块钱。（众生笑）

师（笑）：我们身边确实有人这样做了。

生：还可以安上摄像头。

师（笑）：很多商店也这么做。

生：把花一下摘光。

师：斩草除根，真狠！可是房东呢，怎么做的？请大家再读这些加粗的词句，看看有没有新的理解。

（屏显，生自由读）

她大概是怕房客们**乱**摘她的花，**时常**给各家送去**一些**。有时送来一个七寸盘子，里面摆得**满满**的缅桂花！带着雨珠的缅桂花使我的心软软的，不是怀人，不是思乡。（而是……）

生：房东母女并不小气，只是爱惜花树。带着雨珠的缅桂花使我的心软软的，不是怀人，不是思乡，而是一种身在异乡的满满的感动。

生：他在异乡，没有自己的亲人，陌生的邻居给了这样的礼物，他感到的是人与人之间的温暖。

师：善良的昆明人用这样淳朴的做法，为我送来了满满的感动、暖暖的温情。正是这样淳朴、善良、可爱的昆明人才使西南联大得以延续，培养出了不计其数的人才。所以，作者离开昆明后，不止一次写到了昆明人的这种好。

（屏显）

云南人对联大学生很好，我们对云南、昆明也很有感情。

（汪曾祺《七载云烟·水流云在》）

我们交给房东的房租只是象征性的一点，而且常常拖欠。昆明有些人家也真是怪，愿意把闲房租给穷大学生，不计较房租。这似乎是出于对知识的怜惜心理。

（汪曾祺《觅我游踪五十年》）

师：我发现同学们基本都没有批写第10段。很多同学告诉我，这一段感觉挺美，却不知道怎么说。那接下来，请同学们倾听老师的朗读，努力把这段的内容想象、还原成一幅画，感受其中的情味，并给它取个合适的名字。

（师配乐朗读。生倾听，感受，想象）

生：我取的名字是"雨中的乡愁"。因为作者说"雨，有时是会引起人一点淡淡的乡愁的"。

师：的确，作者和德熙都是背井离乡、在外求学的。

生：我取的是"那年·那雨·那情味"。因为作者是在四十年前看到的这雨中的一幕。

师：一个"那"字，道出了时光的悠长，有一种感喟的味道，真好！

生：我取的是"那场氤氲着乡愁的雨"。因为当时下着小雨，听您刚才的朗读，我体会到了作者浓浓的怀念之情，仿佛回到了那情景。

师：这潺潺的雨声就是作者记忆的底色、淡淡的背景音乐。

三、悟一种"昆明情结"

师：为什么作者始终念念不忘昆明的雨，他回忆的仅仅是昆明的雨吗？
（滚屏配乐显示）

一九三九年我考入西南联大的中国文学系，成了沈从文先生的学生……二十岁开始发表作品……写作生涯整整经过了半个世纪。

（汪曾祺《我的创作生涯》）

我在云南住过七年，一九三九年——一九四六年。准确地说，只能说在昆明住了七年。

（汪曾祺《七载云烟·天地一瞬》）

昆明我还是要来的！
昆明是可依恋的！
昆明是我的第二故乡。

（汪曾祺《觅我游踪五十年》）

汪曾祺回忆昆明的相关文章：

《昆明的花》	《泡茶馆》
《昆明年俗》	《跑警报》
《昆明的吃食》	《西南联大中文系》
《昆明菜》	《新校舍》
《昆明食菌》	《沈从文先生在西南联大》
《菌小谱》	《闻一多先生上课》
《昆明的果品》	《金岳霖先生》

《米线和饵块》	《吴雨僧先生二三事》
《学人谈吃》	《唐立厂先生》
《炸弹和冰糖莲子》	《地质系同学》
《采薇》	《天地一瞬》
《食道旧寻》	《七载云烟》
《凤翥街》	《觅我游踪五十年》
《翠湖心影》	……

生：不是，还有对昆明和那些美好的景物、食物和人的怀念。

生：有对过去生活的怀念。

生：还有对美好青春、学生时代的回忆。

师：是啊！从19岁到26岁，汪曾祺在昆明度过了人生最青春、最美好、最诗意的七年。昆明独特的景致、习俗，美好的人情，都深深烙刻在他的脑海里，所以他才一次次拿起笔，写下这么多有滋有味的精美小品。汪曾祺和昆明解不开的情结，我们可以到汪曾祺的这些作品中继续寻找。下课！

03

第三章

实用文章的读与教

第一讲　科普作品教学的常规与突破

——《中国石拱桥》解读与思考

　　《中国石拱桥》是桥梁专家茅以升先生的一篇科普文章，原文发表于1962年3月4日的《人民日报》。发表之初，该文便被选入当时的初中语文课本。后来，该文收入茅以升先生的《桥梁史话》。现行统编教材八上第五单元第18课，便是依据《桥梁史话》中的选文删改而成的。

　　科普文章相较于小说、诗歌、散文等文学作品，有更为明确的实用目的，有特定的阅读人群，文本一般是"言—意"两层结构，是为解决实际问题而做的，主旨内涵鲜明、确定。①选入教材的科普文章一般都是从事科学技术工作的专家（甚至是"大家"）所写，为的是向非专业人士传播专业知识，介绍相关原理。《中国石拱桥》便是如此。因此，这类文章一般都会围绕以下内容展开教学：

　　　　1.筛选信息，概括说明内容。

　　　　2.辨识说明方法，体会作用。

　　　　3.品读语言，体会准确性或生动性。

　　　　4.梳理结构，理解说明顺序。

　　钱梦龙老师执教此课时，便是循着"品味精准语言—概括事物特点—体会举例精妙"的路径展开教学的，其中的品读语言部分最为人称道。在这一部分，钱老是这样设计的：

---

　　① 王荣生：《阅读教学设计的要诀》，中国轻工业出版社2014年版，第41页。

1. 出示赵州桥的教学挂图，让学生用自己的话说明大拱与小拱的位置关系。

2. 教师根据学生的表述，如大拱"两边""两端""顶部"和"桥身左右"，在黑板上逐一画图。

3. 聚焦"大拱的两肩上各有两个小拱"，体会"两肩""各"两词的精准。

4. 总结出"说明事物要用词准确"。

这一设计调动了学生学习的主动性，激活了学生的思维，而且引发了学生的认知冲突，让学生在主动探究、自我体验、不断纠错中，发现、归纳出了说明性文章语言表达方面的共性特点。

杭州师范大学邹辰睿、叶黎明教授则从专业术语"拱圈"入手，提出了如下教学设想：

1. 探究：赵州桥的28道拱圈在哪里？如何拼成弧形的桥洞？请自己动手画图，看谁画得对。

2. 比较："拼成"一词可否换成"组成"？"合拢在一起"的"合拢"可否换成"连接"？①

这两个教学设想与钱老的试错探究活动有异曲同工之妙，目的都是引导学生调动多种感官，完成对科学概念、说明性文章语言特点的科学认知与深度理解。

宁鸿彬老师也曾多次执教此课，并总结发表了四个不同的执教版本。其第一个版本内容为：

1. 常规训练。朗读，讲说、听记，字词训练。

2. 朗读课文，熟悉内容。

3. 再读课文，寻找中国石拱桥特点。

4. 分析理解：课文为什么用赵州桥和卢沟桥作为例子说明中国石拱桥？

5. 总结说明方法，复习生字新词。

---

① 邹辰睿、叶黎明：《说明文教学：从低阶阅读到高阶阅读》，载《中学语文》2019年第7期。

第四个版本除第一项内容外，其他环节调整为以下内容：

1. 读课文，在课文标题前添加修饰性词语（如成就辉煌的中国石拱桥、美丽坚固的中国石拱桥等），概括中国石拱桥特点。

2. 再读课文，在标题后添加词语，并引用课文内容解说添加原因（如中国石拱桥的两个例子），理解中国石拱桥的类型。

3. 讨论分析：作者为什么只举了两个例子来说明中国石拱桥的特点？理解分类说明的代表性、典型性。

4. 总结阅读方法——运用"普遍性存在于特殊性之中"这一规律解读事物。

5. 课堂训练：以"我家的笔"为题进行口头作文。①

上述两版教学内容的调整体现了宁老教学理念的变化，即从侧重知识教学到注重培养学生的语文素养，从"加强双基，培养能力"到"在语文教学中渗透世界观和方法论教育"，从单纯的获取、整理信息的低阶阅读转向质疑、探究的高阶阅读。宁老这种不断自我革新、自我突破、勇于实践的精神让我们后辈敬佩，也给我们突破"常规"、教出个性提供了很好的启示。

当然，也有很多名师先后执教此课，为我们呈现了具有个人风格的教学实践。比如，余映潮老师运用"求证"的方法，体会"全文构思严密、极有层次的布局"。

今天，我们面对《中国石拱桥》这篇经典课文，除了沿用前人的经典教学设计外，还有没有新的提升空间？譬如说，这篇课文（包括作者茅以升）还有哪些"秘妙"有待我们去开掘，以教出属于我们自己的精彩？

为此，我查阅了近四十年来关于本文及其作者的相关资料，研读了茅以升先生的《桥梁史话》等诸多科普著作。我发现，诚如北师大许嘉璐先生所言，本文不仅是科普文章，还是一篇艺术性颇高的学术散文，它不仅介绍了关于中国石拱桥的相关知识，还熔铸着一个知识分子对桥梁事业、对祖国的

---

① 宁鸿彬：《课堂教学跟着理念变》，载《语文教学通讯》2018 年第 1 期。

深挚热爱。茅以升先生不仅是中外著名的科学家、成就卓著的桥梁专家，更是学贯中西的爱国教育家。他自幼熟读中国传统文化典籍，20世纪20年代又负笈海外，学成归国。茅以升先生始终认为：一个国家的科学水平不能只看少数科学家，而要提高全民族的科学技术水平，便要十分重视科普工作；科学教育要从小开始，不但在课堂内，还要在课堂外，在日常生活中培养学生热爱科学，学习科学，应用科学。①这种情怀在"这一篇"课文中有非常明显的体现。比如，作者反复称述"我国的石拱桥有悠久的历史""有许多是惊人的杰作""充分显示出了我国劳动人民的智慧和力量""我国石拱桥的设计有优良传统""辉煌的成就"等等，赞美之情溢于言表。再如，作者大量援引了古今中外各种典籍，运用了许多看似朴素其实富含情感色彩的词语，如"雄跨""雄姿""恢复了青春"等。基于此，我们可以从"学术性"和"情感性"的角度开展阅读教学。

　　同时，这篇文章选进教材时作者采取"增、删、调、缩"四种手段对原文进行了多处修改；后来，教材编者又对课文进行了不少修改、补充。教学过程中，这些"修改的痕迹"都可以转化为教学资源。比如，对比阅读作者初稿、《桥梁史话》中的选文（下面简称为"《桥》文"）和统编教材中的课文，我们发现，除几处标点符号外，文字有如下改动。

　　1.《桥》文：全桥只有一个大拱，长达37.02米，在当时可算是世界上最长的石拱。

　　课文：全桥只有一个大拱，长达37.4米，在当时可算是世界上最长的石拱。

　　2.《桥》文：永定河上的卢沟桥，在北京附近，修建于公元1189—1192年间。

　　课文：永定河上的卢沟桥，修建于公元1189—1192年间。

　　3.《桥》文：永定河发水时，来势很猛，以前两岸河堤常被冲毁，但这座桥却从没出过事，足见它的坚固。

------

① 许嘉璐：《桥梁史话·前言》，北京出版社2012年版，第5页。

课文：永定河发水时，来势很猛，以前两岸河堤常被冲毁，但这座桥极少出事，足见它的坚固。

4.《桥》文：卢沟桥在我国人民反抗帝国主义侵略战争的历史上，也是值得纪念的。在那里，1937年日本帝国主义发动了对我国的侵略战争，全国人民在中国共产党领导下英勇抗战，终于彻底打败了日本帝国主义。

课文：卢沟桥在我国人民反抗帝国主义侵略战争的历史上，也是值得纪念的。1937年7月7日中国军队在此抗击日本帝国主义的侵略，揭开了中国人民全面抗战的序幕。

5.《桥》文：如福建漳州的江东桥，修建于800年前，那座桥有的石梁一块就有200吨重，究竟怎样安装上去的，至今还不完全知道。

课文：如福建漳州的江东桥，修建于800年前，那座桥有的石梁一块就有200来吨重，究竟怎样安装上去的，至今还不完全知道。

6.《桥》文：2000年来，我国修建了无数杰出的石拱桥。

课文：两千年来，我国修建了无数的石拱桥。

7.《桥》文：其中，双曲拱桥是我国劳动人民的新创造，我国桥梁事业的飞跃发展，表明了我国劳动人民的勤劳勇敢和卓越才能。

课文：其中，"双曲拱桥"是我国劳动人民的新创造，是世界上所仅有的。近几年来，全国造了总长20余万米的这种拱桥，其中最大的一孔，长达150米。我国桥梁事业的飞跃发展，表明了我国社会主义制度的无比优越。

8. 初稿：十三世纪时，意大利人马可·波罗在他的游记中提到卢沟桥时说："在这条河上，有一座很好看的石桥，在世界上也许是独一无二的……"经过他的宣传，卢沟桥早就世界闻名。①

课文：早在13世纪，卢沟桥就闻名世界。那时候有个意大利人马可·波罗……十分推崇这座桥，说它"是世界上独一无二的"……

---

① 张正耀、王书月：《分寸感："也许"不宜删去——刍议〈中国石拱桥〉文本表述的一个问题》，载《中学语文教学》2019年第4期。

第一处赵州桥大拱长度的变化应是测量技术改进所致，体现了科技的进步。第二处，删减了"在北京附近"，语言更简洁。第三、五处，改动使表述更加周密、严谨、有分寸。第四处，改动后强调了卢沟桥的历史意义，表述更为客观严谨，前后更加连贯，更贴合语境。第六处，"杰出"一般用来形容人物，不能修饰"石拱桥"，改动消除了语病。第七、八处改动至今存有争议，我们可以借此和学生一起探究编者如此修改的意图，作者、编者的表达哪个更具有科学严谨的精神。

前面都是从文本、作者以及教师的角度来研究教学内容的，而基于学生的感受、质疑和发现，我们又会获得哪些新的视角或灵感呢？为此，我在枣庄十五中执教本课前布置了如下预习任务：

1. 请朗读课文两遍，弄懂生字新词，然后边默读边圈画关键词，写下你读懂的内容大意。

2. 我们枣庄有哪些著名的石拱桥？请你上网搜索相关资料或周末实地考察，并与课文所写的桥梁比对理解，摘选相关信息做简要介绍。

3. 请再读课文，并结合"预习""课下注释""思考探究""积累拓展"写下你不理解的词句或不明白、想探究的问题。

枣庄地处京杭大运河中心点，濒临微山湖，河湖纵横，桥梁较多。枣庄十五中是枣庄市最好的初中。从这47位学生提交的学习任务单来看，绝大多数同学已能准确概括全文10个自然段的内容，对石拱桥和中国石拱桥的特征也基本掌握，能够识别出文章运用了举例子的说明方法，但是对缘何举这些例子以及为何运用这种顺序、结构和写法不甚明了。下面便是枣庄十五中学生关注比较集中的一些问题：

1. 作者为了说明我国石拱桥的共同特征，运用了举例子的方法。在举了赵州桥这一典型的石拱桥例子后，为什么又举卢沟桥的例子？如果把后者删去，文章是不是更简洁？

2. 作者为什么要举赵州桥和卢沟桥这两个例子，只介绍一个不行吗？

3. 赵州桥、卢沟桥能否换成别的桥，比如我们枣庄台儿庄古城的步云桥、西可风桥？

4. 作者为什么选了这么多桥梁？

5. 常用的说明方法有哪些？除了举例子、列数字外，本文还用了哪些说明方法？有何作用？

6. 本文是按怎样的说明顺序来介绍的？赵州桥和卢沟桥都是中国石拱桥的杰作，为什么要先说赵州桥再说卢沟桥？

7. 感觉作者分别介绍赵州桥、卢沟桥时的顺序基本相同，请具体说说是怎样安排顺序的。

8. 题目交代了哪些信息？文章共分为几部分？

9. 第1段为什么要描述"拱桥"与"虹"的关系？第3段为什么用《水经注》中的旅人桥开头？第4段中人民政府整修古桥的意义是什么？第8段为什么要介绍卢沟桥在我国反抗帝国主义侵略战争中的历史意义？最后一段有什么作用？

10. 文章写完我国石拱桥取得光辉成就的原因，就完全可以结束了，为什么还要写新中国成立后中国石拱桥的建设呢？为何文章末尾还要特别点出"社会主义制度"？

11. 在写卢沟桥时，为什么要描写石柱上雕刻的狮子？为什么写"全桥只有一个大拱，长达37.4米，在当时可算是世界上最长的石拱"？为什么要引用唐朝张嘉贞"制造奇特，人不知其所以为"这句话？

12. 第2段中的"形式优美"和"结构坚固"可以互换吗？

13. 在以前没有起重机等建筑设备的情况下，是怎么把上百吨重的石梁安装上去的？作者想通过中国石拱桥来表达什么？

14. 桥是什么？能用一句话说明白吗？

15. 说明文有什么特点？我们应该如何阅读说明文？

从提出的问题来看，学生对"文章是怎样写的""作者为什么这样写"以及这一类文章有什么共同特点、我们应该如何阅读这一类作品充满了探究的欲望。另外，学生还对"桥墩""起重吊装"等桥梁专业术语的意思、"初月出云""长虹卧波"巧妙绝伦""推崇""人不知其所以为""雄跨"的内涵以及"古朴"和"朴素"的区别存在浓厚的兴趣。

当然，地域不同，学生基础不同，提出的问题也有所不同。譬如我所在的山东省淄博市高青县地处鲁中平原，地势平坦，石拱桥较为罕见，仅有一座衮龙桥较为著名，也湮没于乡村一角，学生大多知其名却未见其形，又兼我所在的高青县第五中学是一所农村寄宿制学校，学生基础薄弱；因此，学生普遍存在不会概括要点或信息概括不全的问题，不理解课文标题与内容之间的关系。如上这一课时就有学生问："标题为什么是'中国石拱桥'而不是'桥'或者'石拱桥'？""我们的祖先为什么要造桥？造桥有什么用？""'卧虹'和'飞虹'有什么不同？"

因此，我们应该立足"这一班"学生的感受、质疑和发现，用个性化的问题作为切入点，把共性的问题整合为有层次、有梯度的问题链或转化为有趣味的语文活动，适时介入作者初稿、《桥梁史话》选文以及学生熟知的生活事例，建立学生与课文的连接，进而在比较、讨论、分析活动中，促进学生知识的深度整合、学生思维的纵深发展。而且，问题是学生自己提出的，将要学习的知识和自己的生活高度相关，自然容易引发兴趣，生成属于自己的精彩。

下面便是我2019年在山东枣庄十五中和2017年在山东淄博高青县第五中学两次执教的教学实录。

"实用性"与"情感性"的变奏

——《中国石拱桥》教学实录

第一部分　教出"实用性"[①]

一、对话，了解读法

师：同学们，虽然我们这是第二次见面，但是大家上一节课提出的问题让我特别惊喜。其中博文、睿妮同学问道："说明文有什么特点？如何阅读

---

① 根据 2019 年 11 月在枣庄十五中的教学实践整理而成。

说明文？"博文、睿妮来了吗？

（生起立，师拥抱学生）

师：知道老师为什么给你们一个拥抱吗？

生（摇头，微笑）：不知道。

师：因为你们提出了两个值得所有语文教师深思的好问题——说明文有什么特点？我们应该如何阅读说明文？这两个问题直指语文教学实质，即阅读是一种文体思维。老师为你们感到骄傲。然而"说明文"只是为了便于中学语文教学而起的一个名字。关于这篇文章的体裁，北师大许嘉璐教授在《桥梁史话》的前言中给了它一个更为准确的定位。我们齐读了解一下。

（屏显，生齐读，师板书"科普文章""学术性散文"）

本书收录的文章，既是科普文章，又是艺术性颇高的学术散文……大家写给大家看的书……

（许嘉璐《桥梁史话·前言》）

一个国家的科学水平不能只看少数科学家，而要提高全民族的科学技术水平，便要十分重视科普工作。

（茅以升）

师：茅以升先生特别重视科普工作，这篇文章就发表在1962年3月4日的《人民日报》上。怎么阅读科普文章呢？我们穿越到1962年3月4日——你悠闲地坐在沙发上，拿起当天"新鲜出炉"的《人民日报》，你一眼看到了《中国石拱桥》，你可能关注什么？

生：我感到很自豪，因为我们有这样的成就。

师：你是一个有民族自豪感的同学。"自豪"是你读完后的感受。在浏览的过程中，你又会关注什么？

生：我可能关注中国石拱桥的特点有哪些，作者写了哪些有代表性的石拱桥。

师：这是我们阅读科普文章首先关注到的科学知识。可是当它被选入语文教材时，从学习者的角度，我们还应该或更应该关注些什么？

生：我认为，阅读时我们应该关注文中比较优美的词句。

师：也就是要关注这篇文章语言的艺术性。

生：还可以关注作者为什么写这篇文章，写作的目的是什么。

师：对，弄清楚写作目的，找到写作的规律。此外我们还可以以篇达类，知道写作这样的文章需要怎样的储备。同学们提出的问题也是围绕这两大方面的。

（屏显学生问题）

1. 科学技术问题（8人）

古人是如何运送石块的？卢沟桥石料有什么特别之处？石拱桥为什么如此坚固？石拱桥的原理是什么？未来会出现什么样的桥？

2. 写作艺术的问题（47人）

（1）方法：为什么选用赵州桥、卢沟桥为例？能不能换用别的桥，比如我们枣庄台儿庄古城的步云桥、西可风桥？（20人）

（2）顺序：运用了什么说明顺序？为什么先介绍赵州桥？（12人）

（3）语言："长虹卧波""雄跨""恢复了青春"是什么意思？为什么引用张嘉贞、马可·波罗的话？（9人）

（4）结构：写到第9段就应该结束了，为何还要写新中国成立后的桥梁？（6人）

二、初读，感知内容

师：从这些问题可以看出，同学们很有好奇心，这一点非常好。建议关注科技问题的同学课下阅读茅以升先生的《桥梁史话》，相信你一定有不少收获。冠君、朝旭同学将语文与自己的生活联系了起来，很有创新思维。广阔、俊良等4位同学关心的"卢沟桥石柱上为什么雕刻不同姿态的狮子？""'形式优美''结构坚固'可以互换吗？"这两个问题可以结合起来思考。谁来说一说自己的理解？

（屏显）

卢沟桥石柱上为什么雕刻不同姿态的狮子？

石拱桥……不但形式优美，而且结构坚固……

生：我认为卢沟桥石柱上雕刻不同姿态的狮子，是古代辟邪的需要。"形式优美"和"结构坚固"是递进关系，不能互换。

生：我认为卢沟桥雕刻这些狮子是对美的追求，解决了结构坚固问题，当然还要追求美观。后一个问题我和前面同学的观点一致。

师：哪个更重要？

生：形式优美和结构坚固相较而言，结构坚固更重要，它是实用性上的要求，而形式优美是审美性的要求。

师：他讲得非常有条理。递进关联词引起的两个句子，后一个要比前一个更重要。就像我们班雯瑞、钰涵同学所问的"桥是什么"，我觉得可以借用桥梁专家茅以升先生《桥话》和《桥》中的语句来解释。请一名同学用一句话概括，这也是这两位同学的要求。

（屏显）

> 首先要说清楚：什么是桥。……桥总要是条路，它才能行车走人，不过它不是造在地上而是架在空中的，因而下面就能过水行船。
>
> （茅以升《桥话》）
>
> 它们解决了人与山河的矛盾，使车马行人畅通无阻……
>
> （茅以升《桥》）

生：桥应该是人们交通方面需要的一种设施。

师：这是你的理解。你可以借用茅以升先生的部分话语。

生：桥是架在空中、可以行车走人的……（生语塞）

师：有时候心里明白却不知道如何表达，所以科学准确地表达并非一件易事儿，我们真还得向茅以升先生好好学习。

生：桥应该是一条架在空中、下面能过水行船、上面能够行车走人、畅行无阻的路。

师：你的表述简洁准确！的确，无论是梁桥、悬桥还是拱桥都是这样，要确保安全，畅行无阻，所以"结构坚固"是对桥的第一要求。仔细审视屏幕上的这四幅图片，你认出了哪座桥梁？

（屏显不同形式的桥梁图片，加深学生印象）

生：上面第一幅是枣庄的步云桥，下面右边这幅是台儿庄的西可风桥，左边这幅是卢沟桥，上边第二幅我不认识。

师：我还以为你只认识咱们枣庄的这两座桥呢？枣庄人民爱枣庄啊！但你怎么判断出下面左边这幅是卢沟桥的？

生：因为它是一座联拱石桥，所以一下就判断出来了。

师：对，卢沟桥是联拱石桥。可是你刚才辨别出来的这三座桥都是联拱石桥，只有一座石桥有一个拱，是独拱石桥。

生：因为桥头石柱上面雕刻着很多形态各异的石狮子。

师：你观察得很细致！刚才我们还特别讨论了这一点。右上这座石拱桥的拱是蛋尖形，和桥面形成双向反曲线，特别小巧优美，它就是北京颐和园中的玉带桥，大家去旅游时可以特别留意下。中国石拱桥除了"形式优美""结构坚固"外，还有哪些特点？

生：还有"历史悠久"的特点。

师：书中怎么说的？

生：石拱桥在世界桥梁史上出现得比较早。

师：很好，圈出关键词"出现得比较早"。石拱桥最大的特点是什么？

生：石拱桥形式优美，形式多样。

师："形式多样"是第3段作者介绍的中国石拱桥的特点。石拱桥形式尽管多样，但有一个特点是始终不变的，谁发现了？

生：石拱桥的桥洞呈弧形，就像虹。

师：大家圈画出来。现在大家知道它为什么叫"拱桥"了吧。"就像虹"是作者怕我们不明白而打的比方。那中国石拱桥除了石拱桥共有的这些特点外，还有哪些独特的特点？

生：我觉得应该是"我国的石拱桥到处都有"。

师：是"到处都有"吗？你要看清楚。

生：是"几乎到处都有"。

师：一词之差，意思有什么不同。

生："到处都有"是无处不有，而"几乎到处都有"是很多地方有，但有的地方可能没有。

师：对，新疆塔克拉玛干沙漠就没有。你能用自己的话概括一下吗？

生：分布比较广泛，并非处处都有。

师：你的表达真严密。

生：还有刚才我说的"形式多样""有许多惊人的杰作"。

师：你在这儿等着老师呢。茅以升在文中提到了哪些惊人的杰作？

生：河北赵县的赵州桥和北京的卢沟桥。

生：还有福建漳州的江东桥，云南省的长虹大桥，双曲拱桥。

三、聚焦，理清顺序

师：作者从石拱桥写到中国石拱桥，然后又介绍赵州桥、卢沟桥等石拱桥，这是运用了怎样的说明顺序？我们进入初中后第一次学习说明性文章，我们先来了解常见的说明顺序。

（屏显，生读）

常见的说明顺序有：

时间顺序：一般按照事物发展的时间先后来介绍。如从古到今，从早到晚等。

空间顺序：一般按照事物空间存在的关系来介绍。如从上到下，从中间到四周等。

逻辑顺序：一般按照事物、事理的内在逻辑关系来介绍。如从主要到次要，从一般到特殊，从现象到本质，从原因到结果，从整体到局部，从局部到整体等。

生：我认为作者运用了逻辑顺序。

师：逻辑顺序中的哪一种呢？

生：是"从整体到局部"。

师：中国石拱桥是石拱桥的局部？（众生笑）

生：那就是"从局部到整体"。（众生笑）

生：我认为是"从一般到特殊"。

师：你解释一下，刚才这位同学可能不太明白。

生：因为先介绍的是一般的石拱桥，再介绍的是中国石拱桥，赵州桥、卢沟桥又是中国石拱桥中比较特殊的桥梁、惊人的杰作。

师："从一般到特殊"有人也称作"从一般到个别"。那我们来练一练，大家快速阅读第9自然段，看这一段运用了怎样的说明顺序？

生：我认为运用了逻辑顺序，因为我看到了段落中的"首先""其次""再其次"，这是逻辑顺序中的"从主要到次要"。

师：大家有没有注意，他是先判断大类，抓住关键性的标志词，然后再确定小类。大家可以学习他的这种思考方式。现在我们提升难度。我请一名同学朗读第5段写赵州桥四个特点的语句，其他同学听读并圈画关键词，思考句与句之间的关系，判断说明顺序。

（生读课文，思考）

师：你读得字正腔圆，真好！大家圈了哪些关键词？做出了怎样的判断？

生：我认为这一部分运用了逻辑顺序，逻辑顺序中的"从整体到局部"。因为第一点介绍的是全桥，全桥有一个大拱，然后依次介绍的是小拱、拱圈、石栏、石板。

师：从你画的关键词看好像是这样的顺序。但是值得推敲的是第一点讲的是全桥吗？最后一点是石栏石板吗？

生：我认为是逻辑顺序中的"从局部到整体"。因为第一点介绍的不是全桥，而是大拱，最后一点介绍的是全桥结构匀称。

师：对。第一点虽然出现了"全桥"一词，但从后面的语句来看主要介绍的是全桥独有的这一个大拱。而第四点中有一个标点符号，大家发现了吗？

生：是一个分号。这说明第四点介绍的是全桥的结构、与四周景色的配合以及整个桥上的石栏石板，所以是"从局部到整体"。

师：除了运用了"从局部到整体"的顺序外，还运用了哪种逻辑顺序？茅以升先生为何选择这样介绍？请同学们再读这四个特点，圈画关键词，从桥的基本功能、石拱桥主要特点、作者身份等方面深入思考，可以小组或同桌讨论。

（屏显，生讨论）

（一）全桥只有一个大拱，长达37.4米，在当时可算世界上最长的石拱。……桥洞不是普通半圆形，而是像一张弓，因而大拱上面的道路没有陡坡，便于车马上下。

（二）大拱的两肩上，各有两个小拱。这个创造性的设计……

（三）大拱由28道能独立承重的拱圈拼成。

（四）全桥结构匀称、美观。

注：37.4米约为四间教室的累计长度。如修成半圆形，则"拱高"将达19米（相当于六层楼高），行人过桥，犹如翻山，载重车辆如何上桥。

（茅以升《赵州桥与李春》）

生：我认为还运用了逻辑顺序中的"从主要到次要"。这个大拱是赵州桥最重要的部分，而小拱和拱圈是大拱的附属结构。这个桥最重要、最实用、最耐用的就是这个大拱，而其他的都是次要的，结构匀称、景致美观更是次要的。所以要先介绍这个特点，而不是第四点。

师：他把第一点和第四点做了一个比较，得出了自己的判断。比较法是一个很好用的分析方法，大家可以向他学习。这个大拱还非常特别，大家注意到了没有？

生：这个大拱长达37.4米，在当时可算是世界上最长的石拱。

师：当时世界之最，这个很厉害。在《没有不能造的桥》中，茅以升先生说，显示桥技术优点的不是长度，而是桥的跨度。还有，继续补充。

生：就像材料中写的，如果修成半圆形，"拱高"足有六层楼那么高，行人过桥，犹如翻山，载重车辆肯定上不去，这就失去了桥梁畅行无阻的功能。

师：而李春解决了这个难题，采用弓形设计使桥面上的道路没有陡坡，便于车马上下。因此这个非常有创造性，一定要先说。讲到这里，可能有同学疑惑：为什么赵州桥只修一孔，而不是像卢沟桥那样修好多孔呢？

生：这样应该更节省材料。

师：的确节省材料，但是我们刚才讲过，桥梁首先要确保绝对安全，这是桥的实用性决定的。茅以升先生考证过，远在战国时代，洨河上就有桥，隋代李春造的并非洨河上的第一座桥。以前的桥哪里去了？

生：以前的桥应该是被冲毁了，文章说过有"河水暴涨的时候"。

师：的确，洨河平时水小，但夏秋季节，有时山洪暴发，"惊涛拍岸，势不可当"，如果河中有石墩，年年受洪水冲击，最后势必坍塌，所以赵州桥修成独拱，就是为了避免水中筑墩。这也是出于桥梁的实用目的。科普文章是向大众普及科学知识的，所以必须把最突出的特点——实用性放在首位来介绍。继续交流：为什么作者接下来介绍的是大拱上的小拱，而不是大拱的28道拱圈？

生：大拱两肩上有两个小拱，减轻洪水对桥的冲击，从而使桥更加安全。

师：更加安全，这是桥梁学家最看重的。作者是怎样表述这个设计的？

生：这是个创造性的设计，不但节约了石料，减轻了桥身的重量，而且在河水暴涨的时候，还可以增加桥洞的过水量，减轻洪水对桥的冲击。同时拱上加拱，桥身也更加美观。

师："创造性"说明这是"原创"，体现了我国桥梁设计师和建造师们的智慧，非常厉害。"不但……而且……"表达的重点谁再来讲一遍？

生：这个句子的重点是结构坚固。减轻了桥身的重量，石桥会更加坚固耐用，还节约石料，更加美观。

生：大拱由很多拱圈拼成应该很多见，很多桥梁都这样设计，所以放在后面讲。

师：你和茅以升先生的观点很接近哦，你真是茅老的知己。我们看作者怎么阐述的。

（屏显）

> 大拱两肩上各有两个小拱，这是赵州桥首创敞肩拱的主要特点。而大拱由28道拱圈拼成，则其他拱桥，也有并列砌筑的，所以按其特点的大小，作为列举的顺序。
>
> （茅以升《关于〈中国石拱桥〉的创作》）

师：我们中国正在由制造大国向创造大国转变，就特别需要大家开动脑筋，有属于自己的创造性发现。这四个特点既是按"从局部到整体"的顺序，也是按照"从主要到次要"的顺序来介绍的。

四、探究，辨析方法

师：我们班同学最关注的是，既然运用了举例子的说明方法，为什么一定要选赵州桥呢？茅以升是江苏镇江人啊，那里是水乡，桥梁众多。如果让我来写，我就选家乡的桥梁，顺带为家乡做做广告，也算热爱家乡的表现吧。就像咱们班冠君和朝旭问的：换成我们台儿庄的西可风桥，行不行？为什么？

（屏显，生思考讨论）

> 能否把赵州桥换成台儿庄古城的西可风桥？为什么？（提示：从桥的历史、形式、结构等特点，结合资料和课文第3—8段内容展开讨论）

生：我认为西可风桥没有赵州桥那样广为人知，那么有名，不如赵州桥更有说服力。

师：你是不是枣庄人？

生：是枣庄人。

师：那你怎么说枣庄的桥不如赵州桥呢？

生：我虽然是枣庄人，也热爱枣庄，但西可风桥确实不如赵州桥有名。

师：吾爱枣庄，但吾更爱真理。事实是这个样子的，不能改，你有一种求实的科学精神。不过，老师告诉大家，我们的西可风桥也非常有名。在台儿庄大战中，西可风桥是中日双方争夺的焦点。而且，台儿庄大战打破了日本不可战胜的神话，打出了中国人的志气，打出了中国的国威。所以诗人桑恒昌说："也许，台儿庄没有看到全世界；但是，全世界都看到了台儿庄。"所以我们应该为此而感到骄傲和自豪。

生：因为西可风桥也是联拱石桥，这一点和后面介绍的卢沟桥相似，如果都举这样的桥，就不能凸显中国石拱桥的形式多样。

生：西可风桥在抗日战争中具有特殊的意义，卢沟桥也是抗日战争中具有纪念意义的桥，从历史意义的角度来看，也是重复的。

师：都是联拱石桥、具有历史意义的名桥，这就犯了写作的大忌——重复。举例要注意代表性，不能雷同。

生：不只是重复的问题。西可风桥在抗日战争中大部分被毁，只剩下一小部分，现在我们看到的是重修的，不像赵州桥那样保存完整，还保持着原来的雄姿。

生：我觉得赵州桥是造成后使用到现在的最古的石拱桥，西可风桥不像赵州桥那样历史悠久。

师：对，一个建于隋朝，一个建于清朝。

生：赵州桥体现了当时最先进的技术，完全合乎科学原理，有当时最长的拱，也有当时最有创造性的设计。

师：大家句句都说到了茅以升先生的心坎里。我们来看。

（屏显，齐读）

赵州桥，建成于1300多年前，从那时起，一直用到今天，可算是古桥今用的最突出的例子。更可贵的是，它今天还是原来老样子，并未经大改变。

（茅以升《桥话》）

首先要提到的是赵州桥，这是全世界桥梁史上的一座最突出的桥。它的技术是大大超过时代的。

（茅以升《名桥谈往·技术上的桥》）

一座古桥，能经得起天灾战祸的考验，历千百年不坏，不仅是作为古迹而被保存，而且保持其固有的功能不变，可以称作奇迹。

（茅以升《关于〈中国石拱桥〉的创作》）

师：茅以升先生最爱赵州桥，单是《桥梁史话》便多次提到。不仅如此，纵向观察作者选用的例子，你有什么发现？

（屏显）

名称	建造时间	特点
旅人桥	约 282 年	可能是有记载的最早石拱桥
赵州桥	约 605 年	当时世界最长的大拱，首创敞肩拱设计，造成后一直使用到现在的最古的石桥
卢沟桥	1189—1192 年	联拱石桥，在我国人民反抗帝国主义侵略战争的历史上值得纪念
江东桥	800 年前	在起重吊装的建筑技术方面有创造，有的石梁一块就有 200 吨重
长虹大桥	1961 年	当时世界上最长的独拱石桥
双曲拱桥	新中国成立后	我国劳动人民的新创造，世界上所仅有的

生：作者从最早的旅人桥开始介绍到新中国成立后的名桥，是按时间顺序来安排这些例子的。

生：而且这些桥都各有自己的特点，很有代表性。

生：从第一个到第六个越来越有创造性。

生：我感觉这六个例子各有侧重，旅人桥是有记载中最早的，赵州桥是一直使用到现在的最古石拱桥，卢沟桥是最有历史纪念意义的，江东桥起重吊装技术令人意想不到，长虹大桥、双曲拱桥是新技术、新创造。

师：作者选取的是从古至今在历史、桥梁结构、文化意义、新技术应用等方面最具代表性的桥。选取典型事例说明典型特征，选择合理顺序展开介绍，这是一切优秀科普文章的共同特征。而要做到这一点，必须有广博的科学知识，还要有深厚的写作功底。

第二部分　读出"情感性" [①]

师：现在我们来看几幅图片，这是我请美术老师专门画的。大家看：哪一幅更接近赵州桥的剖面图？

（屏显）

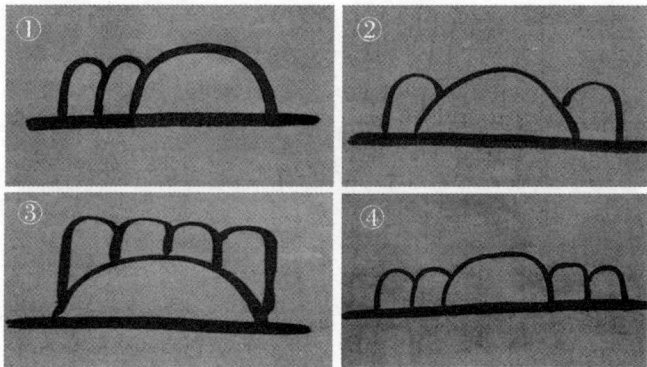

生：我认为是第二幅。

生：我觉得是第四幅，因为它有一个大拱，两边各有两个小拱。

生：我觉得应该是第三幅，因为应该是大拱的上面有两个小拱。

生：我认为这四幅都不准确。

师：出现了不同声音。你是说老师画得不像？

生（点头，笑）：嗯。

师：那我们来挑一挑刺儿，看哪里有问题。

生：课文说"大拱的两肩上各有两个小拱"。

师：各有两个小拱，一共几个？怎么分布？

生：一共4个，一边2个。

---

① 根据 2017 年 4 月在山东淄博高青县第五中学的教学实践整理而成。

师：作者选用哪个词表述它们的位置关系？

生（学生比画）：是"两肩"，不是上边，也不是两边。

生：我觉得桥面应该比较平缓。

生：桥洞不是半圆形，而是像一张弓，因而大拱上面的道路没有陡坡，便于车马上下。

师：我们来看实景图片。（屏显赵州桥图片）你看，茅以升先生用词多么准确生动，而且"两肩"这个拟人化的词语还藏着作者对桥的喜爱之情。接下来，请同学们细读课文，寻找"像一张弓""两肩""各"这样准确生动、富含作者情感的词句，圈画一两处，并进行批注。

生：第4段第3行"还保持原来的雄姿"一句中的"雄姿"，还有最后一句的"青春"，这两个词语互相呼应，既准确又生动。

师：请具体解释一下。

生："雄姿"应该有雄伟壮丽的意思，非常壮观，非常坚固。"青春"运用了拟人的修辞手法，说赵州桥像青年人一样朝气蓬勃。这说明在作者眼中，桥是有生命的。

师：对。"青春"本来是指春天草木茂盛呈青绿色，后来便成了青春时代、美好年华的代称。茅以升特别钟爱桥梁事业，这两个词不仅准确写出了赵州桥的结构坚固、雄伟气势，还传达出了作者的感叹和赞美之情。

生：我圈画的是第5段的"50.82米""37.4米"和第6段的"265米""16米到21.6米"，还有第10段的"112.5米"，大都精确到小数点后一位到两位数字，可以看出作者说明很准确，我从中读出了作者的一丝不苟。

师：大家知道这些精确的数字是怎么得来的吗？

生：应该是测量出来的。

师：在那个科技不发达的年代，像茅以升这样的桥梁学家，还有梁思成、林徽因等建筑学家，都是攀高爬低亲自测量的。正是科学家这种一丝不苟的实证精神，使得我们新中国在科学技术方面有了飞跃的发展。

生：第4段第2行"左右"用得非常准确。"左右"表示估计，体现了说明文的准确性、严密性。

师："左右"能不能去掉？

生：不能。"左右"说明有可能比公元605年早，也有可能晚，去掉了就与实际不符了。

师：刚才我们说，每一个确数都浸透着作者实地测量的汗水，而这每一个约数也都看出了作者认真考证、反复斟酌的严谨态度。前面同学提出的"几乎到处都是"的"几乎"也是这样。

生：我圈画的是第1段的"拱桥是'卧虹''飞虹'，把水上拱桥形容为'长虹卧波'"，还有第5段的"远望这座桥就像'初月出云，长虹饮涧'"，都运用了比喻手法，写出了石拱桥的优美。

师：作者为什么把桥比作"虹"，而不是"弓"呢？

生："虹"比"弓"更美。

生：虹有各种各样的形状，是雨后天空中出现的彩色圆弧，将石拱桥与之相比，更能突出石拱桥的美。

师：用彩虹比喻石拱桥不仅生动，更加准确。同时这也是引用修辞。下面作者在文中引用了大量的古诗文，有赋，有诗，有专著，有铭，还有游记。我们齐读体会。

（屏显，生齐读）

　　　　唐代李白《秋登宣城谢朓北楼》：两水夹明镜，双桥落彩虹。

　　　　南宋吴文英《暗香》：正雁水夜清，卧虹平帖（tiě）。

　　　　南宋李好古《菩萨蛮》：带烟穿径竹，步入飞虹曲（qū）。

　　　　北魏郦道元《水经注》：记述我国江河分布的专著。

　　　　唐代张嘉贞《安济桥铭》：制造奇特，人不知其所以为。

　　　　唐代张鷟《朝野佥载》：唐代笔记小说集。

　　　　意大利《马可·波罗行纪》：记录元代中国的政治事件、物产风俗的游记作品。

生：我发现第7段倒数第2行"历来"用得非常准确。首先，它对应了第1句"早在13世纪，卢沟桥就闻名世界"。其次，"历来"的意思是从古至今，说明卢沟桥不单是古代，在现代也被人们称赞，其魅力是永存的。

二、比较，探究发现

师：你分析得很有条理！不过，有人考证，这一句其实是被编者改动了的，初稿并非如此。而且，对照《桥梁史话》中的选文，老师发现也有许多改动。请大家细细比较揣摩，并用简洁的语言给编者建言献策：哪些地方改得好？哪些地方不应该改？应该怎么改？

（屏显）

1. 课文：早在13世纪，卢沟桥就闻名世界。那时候有个意大利人马可·波罗……十分推崇这座桥，说它"是世界上独一无二的"……

初稿：十三世纪时，意大利人马可·波罗在他的游记中提到卢沟桥时说："在这条河上，有一座很好看的石桥，在世界上也许是独一无二的……"经过他的宣传，卢沟桥早就世界闻名。

2. 课文：永定河发水时，来势很猛，以前两岸河堤常被冲毁，但这座桥极少出事，足见它的坚固。

《桥梁史话》：永定河发水时，来势很猛，以前两岸河堤常被冲毁，但这座桥却从没出过事，足见它的坚固。

3. 课文：卢沟桥在我国人民反抗帝国主义侵略战争的历史上，也是值得纪念的。1937年7月7日中国军队在此抗击日本帝国主义的侵略，揭开了中国人民全面抗战的序幕。

《桥梁史话》：卢沟桥在我国人民反抗帝国主义侵略战争的历史上，也是值得纪念的。在那里，1937年日本帝国主义发动了对我国的侵略战争，全国人民在中国共产党领导下英勇抗战，终于彻底打败了日本帝国主义。

4. 课文：其中，"双曲拱桥"是我国劳动人民的新创造，是世界上所仅有的。近几年来，全国造了总长20余万米的这种拱桥，其中最大的一孔，长达150米。我国桥梁事业的飞跃发展，表明了我国社会主义制度的无比优越。

《桥梁史话》：其中，双曲拱桥是我国劳动人民的新创造，我国桥梁事业的飞跃发展，表明了我国劳动人民的勤劳勇敢和卓越才能。

生：我认为第一处改得好，这样更能说明卢沟桥是"惊人的杰作"、中国石拱桥的辉煌成就，更能激励读者产生民族自豪感。

生：我有不同意见，我认为第一处改得不好。因为卢沟桥不一定是世界上独一无二的，只是在马可·波罗眼中，它是独一无二的。而初稿用了一个"也许"，更严谨，有分寸。这是一篇科普文章，事实是最重要的，要准确。

师：我赞同你的看法，科普文章可以有情感性，但要建立在科学性的基础上。你可以把你的意见表述出来，有机会我发给编者看哦！

生：我认为第二处改得很好。把"从没出过事"改成"极少出事"，这样说明更准确。

师：有人考证，马可·波罗看到的卢沟桥有24孔，而现在的卢沟桥却只有11孔。这说明卢沟桥是一座重建的桥，应该是出过事，所以说，"从没出过事"虽然显得卢沟桥更加坚固，我们的成就更辉煌，但是与事实不符，还是改为"极少出事"更具科学精神。

生：我认为第三处改得好，因为这一段主要是讲卢沟桥在反侵略历史上有纪念意义，而不是讲日本帝国主义如何侵略我们、我们怎么打败日本帝国主义的。

师：也就是说，改后更能体现卢沟桥的特殊历史意义，意思表达更集中、更聚焦，也更为客观。

生：我认为第四处还是《桥梁史话》中的好。前面我就有些困惑，这篇文章既然是介绍中国石拱桥的，为什么写到"社会主义制度的优越性"上去了，原来是被改了。

生：我也这么认为，赵州桥、卢沟桥等惊人的杰作都是新中国成立前造的，"表明了我国劳动人民的勤劳勇敢和卓越才能"更贴合事实，而且这样写前后呼应。

师：的确，这样写文章结构更完整紧凑。茅以升先生6岁时入私塾，23岁时获美国卡耐基理工学院博士学位，学贯中西，学识渊博，对祖国的桥梁事业充满热爱与深情。所以，他才能信笔写出事例典型、顺序合理、准确生动、布局合理的科普文章，让我们读来趣味盎然。希望同学们课下继续阅读茅以升先生的《桥梁史话》，开阔视听，积累语言，探究发现，用语文的方式写出科学的美丽！下课！

第二讲　美学小品的着力点

——《苏州园林》解读与思考

实用文章是一个相当大的类别，是"诗歌、小说、戏剧和散文之外的所有文章"的统称。现行初中语文教材中的实用文，主要包括科普文章、新闻、书信、传记、演讲稿、文艺随笔等。王荣生教授认为，阅读实用文章，需要先辨清"这一类"实用文的体式特征，再关注"这一篇"文本内容的独特性，然后探测"这一班"学生的阅读经验和生活经验，这样才能找到最有价值和学生最需要的那部分内容，确定"这一课"的教学目标。[①]接下来，我们就以八上第五单元第19课《苏州园林》为例具体阐述。

一、体式确认

与《中国石拱桥》《大自然的语言》等公认的科普文章相比，《苏州园林》一文的文体存在较大争议，历来众说纷纭。

杭州师范大学朱琳、叶黎明老师研究了26篇教学课例，梳理后发现，在这26篇课例中，有21篇当作说明文来教，有3篇淡化说明文文体，有1篇将其当作序文来教，还有一篇认为是鉴赏例说。[②]大多数老师之所以将其定位为一般的说明文，主要是受单元提示影响。该单元导语中明确规定："学习本单元，要把握说明对象的特征，了解文章是如何使用恰当的方法来说明的；

---

①王荣生：《阅读教学设计的要诀——王荣生给语文教师的建议》，中国轻工业出版社 2014 年版，第 219—227 页。

②朱琳、叶黎明：《〈苏州园林〉教学内容述评》，载《语文建设》2018 年第 11 期。

还要体会说明文语言严谨、准确的特点，增强思维的条理性和严密性。"其实，所谓的"说明文"是当代人专门为语文教学生造出来的一个词语，是现实生活中并不存在的一个文体称呼。按照单元提示，定位为一般的说明文，虽然比较容易教学，但很难出彩，学生也不感兴趣。最重要的是，这是一种"取形遗神买椟还珠的做法"①，"浪费"了本文丰厚的意蕴与价值。此外，也有老师基于《苏州园林》的语言表达风格，将其界定为一篇"散文小品与科普说明文杂交而生"的文艺性说明文；或因其带有的强烈的主观倾向，将其命名为"主观说明文"。②这些说法，恰恰说明《苏州园林》并非一篇普通的说明文。

溯本清源，本文是叶圣陶先生1979年初为一本名叫《苏州园林》的摄影集写的序文。据叶圣陶先生的儿子叶至善回忆，是一家香港出版社打算出一本摄影集，知晓叶圣陶先生生于苏州，长于苏州，便邀请85岁高龄的叶老为其作序。但那家香港出版社并未把摄影集编好，于是，叶老便参考陈从周教授编撰的《苏州园林》图册（同济大学1965年出版，内附195幅精美照片）写了这篇序文。叶老也把这些内容写在了原文第一段中：

> 1965年，同济大学出版陈从周教授编撰的《苏州园林》。园林的照片多到195张，全都是艺术的精品：这可以说是建筑界和摄影界的一个创举。我函购了这本图册，工作余闲翻开来看看，老觉得新鲜有味，看一回是一回愉快的享受。过了18年，我开始与陈从周教授相识，才知道他还擅长绘画。他赠我好多幅松兰菊，全是佳作，笔墨之间透出神韵。我曾经填一阕《洞仙歌》谢他，上半阕专就他的《苏州园林》着笔，现在抄在这儿："园林佳辑，已多年珍玩。拙政诸园寄深眷。想童时常与窗侣嬉游，踪迹遍山径楼廊汀岸。"这是说《苏州园林》让我回想起我的童年。

序文写好之后，叶老便交给了出版社，但由于种种原因，这本摄影集迟迟不见出版。而《百科知识》编辑部得知叶圣陶先生有这样一篇文章，于是

---

① 戴杨钒：《悟"文人园"一草一木　探说明文人文价值》，载《教学月刊》2018年第12期。
② 朱琳、叶黎明：《〈苏州园林〉教学内容述评》，载《语文建设》2018年第11期。

便"讨要"过去，并以《洞仙歌》中的"拙政诸园寄深眷"为题目，率先将它发表在《百科知识》1979年第4期上。发表时，经由叶圣陶先生同意，删去了最后几句话。后来，人民教育出版社将其选入语文教材，又征求叶圣陶先生同意，删去了原文第一段，改题目为《苏州园林》。

叶至善先生认为，删减之后读者便不知道这是一篇序文了。然而，仔细阅读仍能窥见序文的不少痕迹，譬如把本文的读者定位为图片的"鉴赏者"、园林的"游览者"，上来便开诚布公地建议"如果要鉴赏我国的园林，苏州园林就不该错过"，处处从游览者的角度或者说以"导游"的身份来介绍苏州园林的特点、亮点。还有看似仓促实则言简义丰的结尾更是明显地体现了序文的特点——"可以说的当然不止以上这些"，说明"苏州园林的美好之处还有很多"，作者意犹未尽；"不再多写了"是想请读者自己到摄影集中去细细鉴赏，起到了承接上文又开启摄影集欣赏之旅的作用。①因此，本文首先是一篇序文，教学过程中应该引导学生留意序文的相关特点。

从本文呈现的内容、蕴藏的内涵、作者情感以及写作手法多个角度综合来看，我更赞同洱泠先生的说法——本文是一篇寄情于漫谈的美学小品②。因为本文无论是从大处来看，还是从小处而言，都不是建筑学、工艺学的客观说明，而是一种主观的美学鉴赏；表现的不是客观事物的真，而是作者审美观点下事物的美；苏州园林的总体特征也非实用意义上的特征，而是美学意义上的特征——唯有有特殊生活阅历、文化底蕴、审美情趣的作者才能感受到并反映出的特征。叶圣陶先生在原文第一段特别提到了著名园林艺术家、书画家、散文家陈从周先生。查阅陈从周先生有关美学鉴赏的艺术随笔、小品，我们会发现叶圣陶的《苏州园林》和陈从周的《说园》《园林清议》《园日涉以成趣》等作品一脉相通，都是作者对园林共性美与个性美的概括与点评，并且内容、手法、语言等方面也有许多相似之处。

因此，我认为可以把《苏州园林》作为一篇说明性文章来教，但教学

---

① 刘秀银：《〈苏州园林〉的有"序"解读》，载《语文教学通讯》2016年第9期。

② 洱泠：《〈苏州园林〉——寄情于漫谈的美学小品》，载《语文学习》1981年第3期。

过程中必须体现序文和美学小品的特质，并基于这种特质引导学生寻找、鉴赏、体验其中蕴含的各种美。如此，才能更为接近作者的原意和文章的内涵。

二、文本解读

我们先来看文章的内容和结构。

因为本文是摄影集《苏州园林》的序文，其主要目的自然是介绍、引导、评点苏州园林，让读者更好地感受苏州园林及其摄影图片的美。又因摄影集的主体是一幅幅直观形象的图片，园林胜景读者自会欣赏，故而无须赘言，更不必详细描述。然而，苏州园林与普通自然景致又有所不同，它是"文人园"，"集建筑、绘画、文学、园艺等艺术的精华"[①]，体现的不仅是造园主人的经济状况、匠师的技术水平，更是设计者（包括造园主人）的文化修养、审美情趣。如果读者没有一定的中国传统文化积淀，很难看出其中美的精髓，或者说只能知园林景色之美，却不知其所以美。作为深受吴中文化熏染陶冶的语言艺术大师，叶圣陶先生自然深谙这一点。

于是，叶老便采取了一种娓娓道来的漫谈视角，从自己的经历写起，兴致勃勃地向读者交流自己的观览印象——先总说苏州园林的整体特点，然后按照从主到次的顺序，分说园林艺术的各个组成要素，细心引导读者品评"图画美"背后设计者和匠师们造园、布景的匠心。其中，第2段的总说领起后面3—9段的分说，第3—6段园林建筑、假山和池沼、栽种和修剪树木、花墙和廊子的设置又依次呼应了第2段中的四个"讲究"。可以说，全文内容布局条理，顺序严谨而有条理，前后呼应，结构精致，也如一幅"完美的图画"，没有一处"欠美伤美的败笔"，正是学生学习文章结构的绝佳范例。

不仅如此，各个小的段落也结构谨严，且富有变化，非常值得借鉴。譬如，第2段是"总—分—总"式结构，先点出苏州各个园林不同中的共同

[①] 陈从周：《陈从周园林随笔》，人民文学出版社 2008 年版，第 57—62 页。

点，即设计者和匠师们的一致追求，中间分述四个"讲究"，诠释如何实现这一目的，最后呼应开头，总结设计者和匠师们的追求和愿望得到了实现。第3段是"分—总"结构，先对比古代宫殿和苏州园林的不同，再打比方，追溯原因，点出苏州园林要求自然之趣，不讲究对称。第5、7、8、9段虽都是"总—分"结构，但提要钩玄之后，或分层印证，或举例佐证，或选点描述，不一而足，极尽变化之趣。而第4段和第6段则充分体现了漫谈的特点，边叙边议，夹以描述、说明，从假山的堆叠讲到池沼的设计，从花墙和廊子的作用讲到景致的层次和深度。

再看文章的语言。

《苏州园林》的语言特点是平实而精致、典雅而灵动、简洁而恳切。平实是叶圣陶作品的一贯风格，然而，平实只是一种表象，准确、精致才是其实质。①

譬如"苏州园林据说有一百多处""其他地方的园林我也到过一些""各地园林或多或少都受到苏州园林的影响"，"据说""一些""或多或少"这些词语看似浅显如话，仔细推敲却无不准确贴切。"据说"表明数据来源，唯有到过"一些"才足以比较。"或多或少"表明影响不一，极有分寸。

文中动词的选用更是匠心独运，颇有深意。"至于池沼，大多引用活水"，一个"引"字既贴切诠释出水的来源，又暗合河道、石岸的曲折之美，体现了汉字的形象之美。"如果开窗正对着白色墙壁，太单调了，给补上几竿竹子或几棵芭蕉"，这里的"补"是美术"补白"的"补"，它体现了作者对设计者和匠师们的理解——造园如作画，每一个角落都要注意图画美；而且它沟通了文学与绘画，引导读者进行丰富的想象。如果换成"栽"，就没有了这份诗情画意。

此外，文中多次运用表达数量范围的词语，也是字斟句酌。比如第3段的"我国的建筑，从古代的宫殿到近代的一般住房，绝大部分是对称的"，第6段的"至于池沼，大多引用活水""廊子大多是两边无所依傍的"。这两

---

① 吴格明：《典雅的〈苏州园林〉》，载《语文建设》2019年第11期。

段中，"绝大多数""大多"都是表示范围；然而一个比较绝对，一个相对宽泛，一个口语色彩浓烈，一个文雅简洁，无不与所述内容切合，与所在段落语体风格一致。

典雅，首先体现在大量四字词语的运用上。因地制宜、自出心裁、重峦叠嶂、高低屈曲、任其自然、俯仰生姿、盘曲嶙峋、珠光宝气、别具匠心、称心满意、安静闲适、明艳照眼……这些信手拈来的四字词语或言简意赅，或摹状绘形，或敷彩设色，或音韵和谐，无不生动凝练。同时，典雅的成语与平易的口语相间，别有一种文白夹杂、韵味悠长的感觉。其次，本文运用了大量对称的语句。有的独立存在，如第2段中的四个"讲究"，第5段中的两个"相间"、两个"没有"，第6段中的"有墙壁隔着，有廊子界着"；有的嵌在长句中，如"生平多阅历，胸中有丘壑""隔而未隔，界而未界""尽量工细而决不庸俗，即使简朴而别具匠心"。这些语句工整而不失灵动，长短错落，也极具典雅之美。

叶圣陶先生在苏州生活了20多年，对苏州的一草一木，尤其是对苏州园林一往情深。中学时代，他就和顾颉刚等同窗在拙政园、留园中举行文学活动，足迹踏遍楼廊山径；长期居住北京后，更是对苏州园林魂牵梦萦。据叶老自己说："拙政园、沧浪亭、怡园、留园、网师园，几乎可以说每棵树、每道廊、每座假山、每个亭子我都背得出来。"因此下笔为文，简洁恳切，深情流露。譬如课文第1段"我觉得苏州园林是我国各地园林的标本"，只用一个"标本"便写出了苏州园林是中国园林的杰出代表，写尽了苏州园林在"我"心中的重要地位，可谓言简而意丰。再如"没有一个不心里想着口头说着'如在画图中'的""苏州园林可绝不讲究对称""决不雷同""总是高低屈曲任其自然""每一个角落都注意图画美""谁都要赞叹这是高度的图案美""摄影家挺喜欢这些门和窗"，"没有一个不""绝不""决不""总是""每一个角落都""谁都要赞叹""挺喜欢"等词无不表意坚决，主观色彩浓烈，赞美与眷念之情溢于言表。

另外，要真正走近叶圣陶先生的《苏州园林》，不得不提陈从周先生的系列园林著作。其一就是叶老函购并反复翻看的《苏州园林》。这是陈从周先生的代表作，是第一本研究苏州园林的专著。在这本书中，陈从周先生首次提出了"江南园林甲天下，苏州园林甲江南"的论断，指出苏州园林的本质特征是诗情画意，总结归纳了引景、借景、对景等中国园林造园手法。可以说，除自身经历和文化熏陶外，叶圣陶先生对苏州园林的审美认识很大一部分来自陈从周先生的这本著作；而且，这本著作中的195张图片也是叶圣陶先生写作本文的灵感来源和基础素材。其二是陈从周先生陆续写就的《说园》《园林清议》《园日涉以成趣》《中国诗文与中国园林艺术》等园林随笔、美学小品。对照阅读陈从周先生的这些作品，可以帮助我们更好地理解《苏州园林》传达的审美情趣。

三、学情分析

从教20余年，我曾多次执教《苏州园林》，对其产生浓厚兴趣并开始研究始自2012年3月。2013年7月，我赴江苏徐州参加第十一届全国中小学信息技术创新与实践活动，凭此课例获得教学实践评优类一等奖。2016年，我开始从学情视角重新审视本课，并多次对所教班级进行学情调查。在调查和执教过程中，我发现：不同年级的学生阅读本文，困惑点和兴趣点差别不大；不同地域、阅历的学生阅读本文，困惑点和兴趣点却天差地别。具体来说，熟知园林艺术或通过不同途径游历过苏州园林的学生，大多关注文章写法或作者的语言、意图；从未见过苏州园林，尤其是生活在北方、经济条件差、信息闭塞的农村学生，则更为关注文章承载的内容以及有关园林艺术的词句内涵。以我校八年级668名农村学生为例，他们最为关注的问题如下：

1. 苏州园林的整体特点是什么？课文是从哪几个方面具体说明这个特点的？

2.《苏州园林》运用了逻辑顺序中的哪种顺序？由总到分是一种逻辑顺序吗？为什么用逻辑顺序而不用空间顺序？

3. 结尾说"可以写的当然不止以上这些，这里不再多写了"，为什么作者不再多写了？作者这样写有什么意图？

4. 苏州园林从"完美的图画"角度来写苏州园林，这样有什么好处？作者想要表达什么？

5. 既然苏州园林是我国园林的标本，那苏州园林的精髓是什么？

6. 第2段"为了达到这个目的，他们讲究亭台轩榭的布局，讲究假山池沼的配合，讲究花草树木的映衬，讲究近景远景的层次"这句话，四个"讲究"有没有重复？还有，苏州园林是不是真像叶先生说的"是一幅完美的图画"？

7. 为什么苏州园林设计者、匠师们的追求那么一致？它们的主人兴趣爱好和胸怀志向也都一样吗？我们怎么判断？

8. "图案画"与"美术画"的区别是什么？苏州园林为什么要求自然之趣，不讲究对称？

9. 作者说苏州园林是一幅完美的中国画，那中国画的特点是什么？

10. 第6段的"隔而未隔，界而未界"什么意思？既然"隔着""界着"景致就见得深了，为什么"隔而不隔，界而未界"更增加了景致的深度呢？这从中反映出了园林的哪些特点？

11. 苏州园林和其他国家的园林在布局等方面都有什么特点？哪里不同？

12. 苏州园林的建筑色彩有什么特点？这样的色彩在园内产生了什么效果？

从学生提出的问题可以看出，他们已经积累了关于说明性文章的部分知识，能够辨别出本文是先总说整体特点再分层阐述，运用了逻辑顺序这种基本的说明顺序，但对更为具体的顺序、缘何采用这样的顺序、由总到分是顺序还是结构等不甚明白。

阅读本文，学生遇到的障碍主要来自三个方面：一是生活阅历不足，对苏州园林十分陌生，想象不出作者所说的是怎样的景象，自然无法体会作者语言的精妙、结构的精巧；二是审美经验不足，对"中国画""图案画""美术画"没有足够的认知，感受不到苏州园林以及文中蕴含的诗情画意；三是文化积淀不足，不理解苏州园林与隐逸文化之间的关系、造园者的思想意趣与理想追求。

同时，这是学生接触到的第一篇序文，也是第一篇美学小品。或者说，学生并不知道这是一篇序文、一篇美学小品，所以也就不明白作者为何从赏画的角度来写，又为何仓促结尾，不理解作者的意图。

因此，根据本文的体式、内容特质以及上述学生的阅读经验，《苏州园林》的教学路径可以确定为：首先，整合各种相关资源，运用多媒体手段为学生提供丰富的学习支撑；其次，引导学生直观欣赏、感受苏州园林的景色之美，激发阅读兴趣，实现美的熏陶与感染；第三，借画（包括视频）入文，由文观画，以画证文，在文与画的比较还原中，推动学生的思考，引领学生走进文本内部，深度感受、体验、品鉴苏州园林的文化之美，以及文章的结构之美、语言之美和情感之美。

向"美"的更深处漫溯

——《苏州园林》教学实录

第一部分　美的欣赏与探究

一、视频欣赏，感受园林之美

师：我国著名园林艺术家、同济大学教授陈从周先生曾说："江南园林甲天下，苏州园林甲江南。"今天，老师就带大家到久负盛名的苏州园林去逛一逛，请大家认真欣赏美景。

（播放《苏园六纪》精彩片段或江苏卫视出品的《江南文脉》沧浪亭、留园、狮子林、拙政园、网师园、退思园、环秀山庄、耦园、怡园等园林视频，以及苏州园林名胜图片。每个园林视频5分钟，如有时间，可以播放1节课）

师：看完视频、图片，你内心有怎样的感受？

生：我感觉苏州园林实在是太美了！

生：真的是像图画一样美，让人心旷神怡。

生：原来苏州园林的设计者都是著名的文人、画家。

生：园林的名字都好有文化，比如"网师"竟然是渔翁的意思；而且每一座亭子的名字也那么有诗意，都是从诗文里得来的。

生：那些花墙、花窗和廊子都特别精美。

二、创意设计，探究结构之美

师：看来苏州园林的美景已经触动了大家的心扉。其实大家的这些感受也可以借用叶圣陶先生文中的语句来表达。请同学们打开课本，速读课文，看课文中的哪句话和你的感受特别吻合，请快速圈画出来，然后我们一起交流。（学生速读，圈画）

生：我觉得这句和我的感受比较吻合——倘若要我说说总的印象，我觉得苏州园林是我国各地园林的标本。

师：这是叶圣陶先生对苏州园林的总印象，也是你初见苏州园林的印象。

生：我画的是第2段的"似乎设计者和匠师们一致追求的是：务必使游览者无论站在哪个点上，眼前总是一幅完美的图画"，真的是这种感觉。

师：这句话前面还有半句，请你完整地读出来。大家思考这一句写的是什么。

生（读）：可是苏州各个园林在不同之中有个共同点……总是一幅完美的图画。

生：这是苏州园林的共同点。

师：对。我们班有同学问"苏州园林的整体特点是什么""苏州园林的精髓是什么"，我们就可以从这一句中提取。谁能用更为简洁的语言概括？

生：苏州园林的共同点是，设计者和匠师们一致追求，务必使游览者无论站在哪个点上，眼前总是一幅完美的图画。

师：在这篇文章中，叶圣陶先生就是从游览的角度入笔，教我们欣赏苏州园林的共性之美，理解设计者和匠师们的匠心的。大家继续交流。

生：我画的也是第2段的"一切都要为构成完美的图画而存在，决不容许有欠美伤美的败笔""如在画图中"，我的感觉就是"如在画图中"。

师：这里的"一切"指的是什么？

生：我觉得是所有的设计。

师：在这一段中具体是指哪些设计？

生：是指亭台轩榭的布局、假山池沼的配合、花草树木的映衬、近景远景的层次。

师：大家画下来，注意连上前面的"讲究"。正因为设计者在这些方面的讲究，才能构成完美的图画，使我们获得美的享受。

生：园林是美术画，要求自然之趣，不讲究对称。的确，刚才的视频中没有一座亭子是一样的。

师：我国古代的建筑形式多样，比如厅、堂、楼、阁、亭、榭、轩，单是名称就五花八门。苏州园林的这些建筑更是造型各异，姿态万千。你的观察很细致！原先的教材中有一篇郭黛姮的《我国古代的几种建筑》专门介绍这方面的知识，大家课下可以搜来读读。

生：苏州园林中假山的堆叠可以说是一项艺术而不仅是技术。

师："艺术"和"技术"最大的区别是什么？

生：我觉得"艺术"一定是美的，"技术"则不一定。

师：的确，苏州园林假山的堆叠，包括池沼的设计，是创造性的艺术活动，第一追求都是"美"，要求"方寸藏大美，须弥纳乾坤"，这一点在环秀山庄的视频中特别提到过。

生：苏州园林栽种和修剪树木也着眼于画意。

生：苏州园林的每一个角落都注意图画美，让游览者即使就极小范围的局部看，也能得到美的感受。

师：同样是对苏州园林"美"的印象，叶圣陶先生竟然有这么丰富的表达。而且，我们圈画的这些语句大都是每段的中心句，大家发现了吗？（生点头）只有第6、8、9段大家没有涉及，现在我们一起来看这几段。先说第8段的中心句。

生：第8段是"苏州园林里的门和窗，图案设计和雕镂琢磨功夫都是工艺美术的上品"。

师：找得很准确，注意"雕镂"的读音。继续第9段。

生：苏州园林极少使用彩绘。

师：很好，都是第一句。还剩第6段。

生：第6段我认为也是第一句"游览苏州园林必然会注意到花墙和廊子"。

师：为什么必然会注意到花墙和廊子？我倒认为其中的原因才是这段要讲的重点。

生：因为有花墙和廊子，层次就多了，景致也就见得深了。

师：很好。换一种方式表达花墙、廊子的作用或者设计者的意图。

生：设计者用花墙和廊子增加景致的层次和深度。

师：你的概括简洁又准确。其实文中还有一句也可以概括这段的中心。大家往前找。

生：我找到了，是第2段的"为了达到这个目的，他们讲究亭台轩榭的布局，讲究假山池沼的配合，讲究花草树木的映衬，讲究近景远景的层次"。应该是"讲究近景远景的层次"。

师：大家画一下这句话。不止第6段，它们还分别对应了其他几个段落。

生："讲究亭台轩榭的布局"对应的是第3段；"讲究假山池沼的配合"对应的是第4段；"讲究花草树木的映衬"对应的是第5段。

师：这篇文章的结构真是巧妙，好多段落都是前后呼应的。我们大家一起来看（屏显全文各段中心句，也可学生边说教师随堂板书）。请大家认真探究：作者采用什么结构安排全文的内容？在依次介绍苏州园林时又选用了什么顺序？请你选择一种图案来呈现你的思考和发现。

（生自主思考，三名学生板书图案）

师：我们来听听同学们为什么这么画，大家要做好记录。

（第一幅图，树形图案）

生：我画的是一棵树的形状。因为我觉得课文第3至9段是对文章第2段的详细解说，所以，第2自然段是树干，其他几个段落是树的分支。

师：第1自然段在哪里？

生（笑）：应该在这里，第1自然段是树根。我忘画了。

师：你认为这些段落之间是什么关系？

（生沉默）

师：回顾一下我们学过的结构形式有哪几种。

生：总分式、分总式、总分总式，还有并列式。

师：那这篇文章属于哪一种结构？

生（恍然大悟）：总分结构。

（第二幅图，大圆套小圆）

生：这个大圆圈指的是苏州园林的共同点，里面的小圆圈是作者列说的各个小方面。全文是从整体到部分。

师：刚才那位同学讲的是文章的结构，现在你讲的是本文的说明顺序。我们班有同学问"由总到分是一种说明顺序吗"，请大家一定要学会区分——文章结构是指文章（包括写人叙事的文章）各部分内容之间的构造和布局，相当于文章的骨架。而说明顺序是说明性文章介绍事物或事理时遵循的次序。昨天我们刚刚讲了《中国石拱桥》，同学们还记得说明顺序有哪几种吗？

生：时间顺序、空间顺序、逻辑顺序。

师：逻辑顺序具体又分为哪几种？

生：从整体到部分，由一般到特殊，由具体到抽象，由原因到结果，由概括到具体等。

师：这里是怎样的逻辑顺序？

生：从整体到部分。

师：对，作者先整体概说苏州园林的共同点，然后具体介绍各部分。也可以说是从概括到具体。不过，你这些圆圈好像是一样大的，看看其他同学能给你什么启发。

（第三幅图，倒三角形）

生：我觉得第1、2自然段说的是苏州园林的总印象、总特点，是整体，后面的段落是部分。所以前面的大，后面的小。

师：后面3—9段之间是什么关系？你为什么用渐变式的倒三角？

（画图同学不能解答，其他学生补充）

生：我觉得这些部分运用的是从主要到次要的顺序。亭台轩榭、假山池沼、花草树木、近景远景是苏州园林的重要组成部分，角落、门窗、颜色什么的是比较小、比较次要的部分。

师：同学们都有各自精彩的发现，其实老师也设计了一幅。

（屏显教师设计的图案）

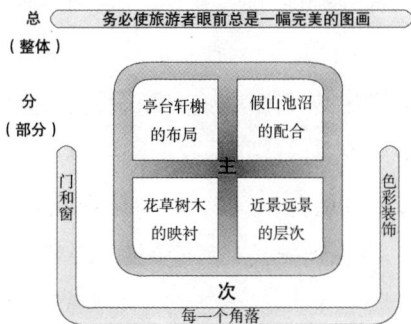

叶圣陶先生说，游览者游览苏州园林得到的是"如在画图中"的美感。我们阅读《苏州园林》得到的也是"如在画图中"的美感，这就是叶圣陶先生创造的文章结构之美、说明顺序之美。好的文章一定要有好的安排、好的顺序，叶圣陶先生给我们做了一个很好的示范。

第二部分 美的鉴赏与品味

一、细读鉴赏，还原画意诗情

师：接下来，我们跟随叶圣陶先生的脚步走进《苏州园林》，细细寻找并鉴赏其中蕴含的画意诗情。请同学们细读课文3—9段，回想看过的园林美景，在文中寻找、圈画一两处蕴含着园林画意的词句，标注自己的理解、感悟。大家可以借用下列句式组织自己的语言。

（屏显）

我发现……就是一幅完美的图画，这是一幅……的图画。

我发现……就是一幅完美的图画，这让我想起了……（诗或画）。

（生细读，圈画，思考，标注）

师：我看到大家已经圈画、标注了不少，下面我们来交流一下。先看第

187

三段。

生：我觉得第三段中的"苏州园林可绝不讲究对称，好像故意避免似的。东边有了一个亭子或者回廊，西边决不会来一个同样的亭子或者一道同样的回廊"就呈现了一幅完美的图画，而且不是图案画，是要求自然之趣的美术画。

师：为什么苏州园林故意避免对称，要求自然之趣？我们班有些同学不太明白。我们来看屏幕上的图片，联系我们刚刚看过的视频。谁能帮他们解释一下？

（屏显）

沈阳故宫

与谁同坐轩

生：我觉得对称的建筑太严肃庄重了，要是园林也对称了，就破坏了那种自然之趣。

生：对称的建筑很有气势，很壮观，但不如园林美。

生：对称的建筑让人感觉敬畏，太拘束了，而不对称的建筑会让人感觉自然、自由些。

生：视频中特别提到建造园林的人好像都是仕途失意的官吏，比如拙政园的主人王献臣。我记得沧浪亭、退思园、网师园的主人也是。他们把园子建成自然的样子，也算是寄情山水、排遣内心的抑郁吧。

师：的确。拙政园是明嘉靖御史王献臣仕途失意归隐苏州后，聘请著名画家文征明参与设计的；沧浪亭是宋代诗人苏舜钦罢官闲居苏州时修筑的。建造园林的主人多是告老还乡的官吏，"久在樊笼里，复得返自然"，他们更渴望自然真趣，所以绝不讲究对称。下面继续交流。

生："或者是重峦叠嶂，或者是几座小山配合着竹子花木"，呈现的也是一幅完美的图画——中国山水画，我在美术图册上见过。

师：对，中国有好多这样的山水画，郑板桥就画过《竹石图》。我们来欣赏一下。园林图片和中国画对照，给了你怎样的感受？

（屏显）

生：看了这幅中国画，才知道什么是"重峦叠嶂"。一般我们看到的都是雄伟的大山，而这缩小了的山重重叠叠的，才更有"重峦叠嶂"的味道。

师：对，这个"重峦叠嶂"用得简洁又形象。

生：我觉得苏州园林和这幅画实在是太像了，让人不知道这幅画是比着苏州园林画的，还是园林比着画修建的。

师：你的感觉很敏锐。不过，二者不是像，而是意境、情趣相同——都是"移天缩地"而来。而且园林的设计者很多就是画家，叠山如绘画，本就是参照画意而作。陈从周先生在《园林与山水画》一文中特别指出过这一点。

生："或者是重峦叠嶂，或者是几座小山配合着竹子花木，全在乎设计者和匠师们生平多阅历，胸中有丘壑，才能使游览者攀登的时候忘却苏州城市，只觉得身在山间。"这个句子让我想起了一句诗——"山重水复疑无路，柳暗花明又一村"。

师：呵呵，苏州园林里不但充满了画意还充满了诗情。请继续。

生：这一句让我想到的是"人道我居城市里，我疑身在万山中"。

师：人们以为我居住在城市里，其实我是栖居在山重水复、柳暗花明的自然中。这种"诗意的栖居"确实非常美。这一段还有要说的吗？

生："夏秋季节荷花或睡莲开放，游览者看'鱼戏莲叶间'，又是入画的一景。"这一句让我想起两句诗——"江南可采莲，莲叶何田田，鱼戏莲叶间。鱼戏莲叶东，鱼戏莲叶西，鱼戏莲叶南，鱼戏莲叶北。"

师：这是民歌《采莲曲》，很美的韵律。你还能想到哪些诗句？

生：我还联想到了"莲之出淤泥而不染，濯清涟而不妖"。

生：接天莲叶无穷碧，映日荷花别样红。

生："水面假如成河道模样，往往安排桥梁"也是一幅完美的图画，让人想起"小桥流水人家"。

生："池沼里养着金鱼或各色鲤鱼，夏秋季节荷花或睡莲开放"，既有画意，又有诗情。

生："池沼或河道的边沿很少砌齐整的石岸，总是高低屈曲任其自然。还在那儿布置几块玲珑的石头，或者种些花草"，是一幅曲径通幽的画面。

师："曲则全"，这是中国的一种文化。所以中国人往往以曲为美，"曲径""曲沼""曲栏"……不知道大家有没有注意到这个"引"字？苏州园林中的"池沼大多引用活水"，为什么这里用"引"字？这个"引"字有何妙处？

（屏显）

生："引"字的右半边是一个弯弯曲曲的"弓"，课文说"池沼或河道的边沿""总是高低屈曲任其自然"，这和园林池沼中高低屈曲的石岸很相似。右半边是一条长长的竖，应该就是池中流淌的水了。

生：图片中池沼中的桥梁也是曲曲折折的，很像"弓"的样子。

师：中国汉字很奇妙，这个"引"就极尽"高低屈曲"之妙——曲与直相对，线与面结合，真是一幅完美的图画。像这样极具匠心的用词文中还有，大家找找看。

生：我找到了！第七段"如果开窗正对着白色墙壁，太单调了，给补上几竿竹子或几棵芭蕉"中的'补'，就是'栽'或者'种'的意思，可是用'补'……（生卡壳）

师：我知道你心里明白，却不知如何表达。不着急，大家看屏幕，边欣赏边感受。

191

　　（屏显精美方窗，窗外是白色墙壁，再动态呈现绿色芭蕉，后出示多幅映有草木的花窗图画）

如果开窗正对着白色墙壁，太单调了，给补上几竿竹子或几棵芭蕉……

　　生：在设计师和作者眼中，那白色墙壁好像就是一张白纸，补上芭蕉和竹子就是完成了一幅画。

　　生："补"字暗含着绘画的意境。设计者在造园的时候，就是按绘画来造的。表面是种树，其实是补白。每一扇窗都是一幅精美的画，不同季节就有不同的画。

　　师：程荣琪同学不仅字写得好，也知道作画的讲究。就像明代李渔所说"尺幅窗，无心画"，这个'补'字让我们看到了作者对造园艺术家的理解——中国园林如画如诗，是集建筑、书画、文学、园艺等艺术于一体的精华，也让我们看到了叶圣陶先生对语言的讲究——准确而典雅。在第6段中，"隔而未隔，界而未界"中的"隔"和"界"用得也特别妙，这也是好多同学不理解的地方。我们一起来看："隔而未隔，界而未界"是什么意思？能不能将"隔"和"界"两字调换一下？

　　生：我觉得不能。墙壁是实心的，廊子是空的，所以用"隔""界"。

192

师：注意文中写的是"花墙"，下半段实心，上半段砌有镂空图案。

生：我也认为不能。因为花墙也是墙，有墙壁的作用，把园林给分隔开了，上面又有镂空的图案，没有完全隔开，所以叫"隔而未隔"。廊子是悬空的，只能起划分界线的作用，所以叫"界而未界"。

师：你的解释很全面。我们来看建筑学家贝聿铭先生是怎么说的。

（播放《苏园六纪》关于花墙、廊子以及贝聿铭先生解说苏州园林与欧洲园林特点的视频片段）

师：苏州园林的设计者和匠师们巧借花墙与廊子来分景、引景和借景，创造了曲径通幽、柳暗花明的美；而叶圣陶先生巧用朴素、简洁、准确、典雅的语言，为我们再现了苏州园林无尽的诗情画意。接下来，我们随音乐朗读体会这份诗情画意。

（屏显图片和"变形"的课文，师生、生生随音乐对读）

第一组：师生对读

　　师：苏州园林栽种和修剪树木也着眼在画意。

　　生：高树与低树俯仰生姿，

　　师：落叶树与常绿树相间。

　　生：花时不同的多种花树相间，

　　齐：这就一年四季不感到寂寞。

　　师：没有修剪得像宝塔那样的松柏，

　　生：没有阅兵式似的道旁：

　　齐：因为依据中国画的审美观点看，

　　　　这是不足取的。

　　师：有几个园里有古老的藤萝，

　　　　盘曲嶙峋的枝干就是一幅好画。

　　生：开花的时候满眼的珠光宝气，

　　齐：使游览者感到无限的繁华和欢悦，

　　　　可是没法说出来。

第二组：男女生对读

　　男：苏州园林在每一个角落都注意图画美。

女：阶砌旁边栽几丛书带草。

男：墙上蔓延着爬山虎或者蔷薇木香。

女：如果开窗正对着白色墙壁，太单调了，

给补上几竿竹子或几棵芭蕉。

男：墙壁白色……

屋瓦和檐漏一律淡灰色。

女：这些颜色与草木的绿色配合，

引起人们安静闲适的感觉。

齐：花开时节，更显得各种花明艳照眼。

二、拓展回读，感受深深眷念

师：作者把苏州园林写得清楚明白又充满画意诗情。我两次去苏州，反复欣赏观摩苏州园林的视频，自认做不到。为什么叶圣陶先生却能做到？

生：因为叶圣陶是作家，文笔好。

生：因为他生于苏州，长于苏州。

生（笑）：因为叶圣陶经常去苏州园林，其他地方的园林也去过一些，比您更熟悉，了解更多。

师：对。不但经常去，他还说过"拙政园、沧浪亭、怡园、留园、网师园，几乎可以说每棵树、每道廊、每座假山、每个亭子我都背得出来"。这篇文章最早发表在1979年的《百科知识》上，原题就叫《拙政诸园寄深眷》。请同学们回读课文，看哪些词句中蕴含着作者的深深眷念。

生："我觉得苏州园林是我国各地园林的标本"，"标本"这个词能看出他以苏州园林为傲。

师："标本"是什么意思？

生：代表、样本的意思。

师：不是普通的代表，而是杰出的代表，有示范性的作用，是一种典范，这是一个情感浓度很深的词语。

生：他说谁如果要鉴赏我国的园林，苏州园林就不该错过，他很希望我们能够去欣赏苏州园林。

师：这强烈的建议背后是作者对苏州园林的一往情深。

生：第2段"游览者来到园里，没有一个不心里想着口头说着'如在画图中'的"，"没有一个不"双重否定，语气很强烈。

师：这种语气坚决、主观色彩强烈的用语，在文中比比皆是。大家看看还有哪些。

生："一切都要为了构成完美的图画而存在，决不容许有欠美伤美的败笔"，我觉得"一切""完美""决不"都是。

生：还有第3段"可绝不讲究对称"中的"绝不"，"决不会来一个同样的亭子或回廊"中的"决不会"。

生：第4段还有一个"决不雷同"。

生：第6段"苏州园林每一个角落都注意图画美"中的"每一个角落"。

生：第8段"那些门和窗尽量工细而决不庸俗，即使简朴而别具匠心"，也有一个"决不"。

生：第8段"谁都要赞叹这是高度的图案美"，"谁都要"就是见过的每一个人都要。

师：一般说明性文章都特别注意分寸，很少把话说满、说死。而叶圣陶先生却反其道而行之，足见他对苏州园林确实情有独钟。不过，我发现文中有一些话有点啰唆。大家看屏幕。出声读一读，看能不能把括号中的词语删掉。

（屏显）

他们唯愿游览者得到"如在画图中"的美感，而他们的成绩实现了他们的愿望，游览者来到园里，没有一个不心里想着口头说着"如在画图中"（的）。

我想，用图画来比方，对称的建筑是图案画，不是美术画，而园林是美术画，美术画要求自然之趣，（是）不讲究对称（的）。

没有修建得像宝塔那样的松柏，没有阅兵式似的道旁树：因为依据中国画的审美观点看，这（是）不足取（的）。

可以说的当然不止以上这些，这里不再多写（了）。

195

生：我感觉意思好像变得更坚决，更简洁了，但是少了一种味道。

师：删了这些"是""的""了"，语气发生了哪些变化？

生：语气变得生硬，短促，不亲切了，没有了那种悠长的味道。

师：你的语感很敏锐。叶圣陶先生曾说，好文章一定要通体干净，即使一个"的"字，一个"了"字，也是必须用时才用。有了这些语气助词，便多了一种舒缓悠长的感叹，一份亲切自然的味道。这篇文章原是叶圣陶先生应出版社邀请，为一本画册而写的序，所以作者像一位贴心的导游，娓娓道来。而且，作者写这篇文章时已85岁高龄，忆及童年、故乡，自然真情流露，深情感喟。下面是被删节的原文开头和结尾，让我们随音乐一起欣赏，体会作者内心的浓浓热爱与深深眷念之情。

（滚屏显示，开头见前"体式确认"部分，此处略去）

可以说的当然不止以上写的这些，病后心思体力还差，因而不再多写。我还没有看见风光画报出版社的这册《苏州园林》，既承嘱我作序，我就简略地说说我所想到感到的。我想这一册的出版是陈从周教授《苏州园林》的继续，里边必然也有好些照片可以与我的话互相印证的。

师：同学们，我们做个约定吧：让我们好好读书，好好学习祖国的文化，将来也去苏州寻美，拍摄美丽的图片，斟酌着动人的文字，做成属于我们自己的电子相册。下课！

第三讲 "删改文"的切入点

——《大自然的语言》解读与思考

　　《大自然的语言》是统编语文教材八年级下册第二单元第5课，是由竺可桢先生发表于《科学大众》上的一篇科普文章删改而成的。竺可桢先生是"最早一代受过严格科学训练，进而以科学的眼光来看生活、看世界、看社会的中国人"[①]，是中国现代"第一代科学家"的杰出代表。特殊的经历、学养、精神以及写作目的决定了其作品的独特性。我们可从作者视角、编者意图和学生需要三个方面来探究《大自然的语言》一文的教学价值。

一、作者视角

　　中国现代"第一代科学家"大都出生于1890年至1910年，幼年学的是儒学经典，而整个高等教育则是在西方完成的。[②]他们不仅在科学研究方面取得了卓越的成就，而且都有很好的文史功底，写得一手漂亮的好文章，可以说"立德、立功、立言""三立"皆备。竺可桢先生便是如此。

　　1890年3月7日，竺可桢出生于浙江绍兴东关镇一个米商家庭，2岁时便开始识字，5岁时便已识得1000多汉字，幼年即熟读《三字经》《神童诗》《千字文》《百家姓》《唐诗三百首》《四书》《五经》《史记》《资治通鉴》。[③] 9岁时入"中学为体、西学为用"的"毓菁学堂"，15岁时以全

[①] 刘力源：《中国第一代科学家的故事》，载《解放日报》2016年第11期。

[②] 王扬宗：《两代科学家与新中国科技事业》，载《中国科学报》2019年9月12日。

[③] 王元红：《竺可桢的童年趣事》，载《中国气象报社》2017年6月6日。

优成绩小学毕业，升入上海澄衷学校、复旦公学，19岁时考入唐山路矿学堂（今西南交通大学）学习土木工程，成绩名列全班第一。1910年，20岁的竺可桢考取第二批留美"庚款生"，先入伊利诺伊大学农学院，后入哈佛大学研究院地学系，攻读气象学，1918年获得哈佛大学气象学博士学位。[1]因此，竺可桢先生不仅西学渊博，国学功底也极为深厚。这种"中西合璧"的知识结构、广博视野和思维方式，使他能用创造性的眼光看待自然现象，并借助现代科学思想，研究发掘中外科学与文化典籍乃至文学作品中的有用信息，提出新的见解。[2]而且，他有足够的语言能力化难为易，化繁为简——以通俗而又典雅生动的语言、引人入胜的笔法、清晰条理的结构、具体鲜活的实例、翔实准确的数据，把深奥难懂的科学知识介绍得浅显明了，使初中程度的读者读来毫不费劲。《大自然的语言》就是这样一篇充满文学趣味的科学论文。

竺可桢是卓越的科学家，毕生重视实地考察，以"实证""求是"的科学精神律己醒世。他亲入现场，考察自然资源，足迹遍及除西藏自治区和台湾省以外的全国各个省市区。71岁时，他还参加南水北调考察队，北登海拔4000米的阿坝高原，南下险峻的雅砻江峡谷，能在一天内步行攀越500米高的山岭，再下到深1000米的谷底；75岁高龄时，他依旧坚持去野外考察。[3]他数十年如一日，每天观测气压、气温，记录天气和各种物候现象，掌握第一手科学材料。其早年的弟子胡焕庸说，"竺老可能早在哈佛大学读书时已记日记"。至今存有的是他自1936年1月1日到1974年2月6日（竺可桢先生逝世前一天），共38年零37天、1000多万字的日记。因身体不能正常坐卧，无法亲自观测，临终前日记中的天气信息源自中央人民广播电台，为此他特别标明"局报"。这种精神在《大自然的语言》中也体现得淋漓尽致。可以说，文中的每一个地区、年份，每一种现象、花期，每一个数字和实例，都源自竺可桢先生的亲自观测、细心考证，都默默诠释着何为严谨细致的科学

---

①《竺可桢全集》编辑委员会编：《竺可桢全集·前言》，上海科技教育出版社2007年版，第3页。
②竺可桢著，施爱东编：《天道与人文·认识竺可桢·序言》，北京出版社2011年版，第6—9页。
③《竺可桢科普创作选集·生平简介》，中国大百科全书出版社2011年版，第2页。

态度、何为实事求是的科学精神。

竺可桢也是爱国教育家、热心从事科普创作的作家。他出生在"中华民族五千年历史上最黑暗最悲惨的时代",幼时就特别敬佩陆游、王阳明等人的学识和思想,早就萌生爱国、救国之志。他在澄衷学堂接触到了严复的《天演论》,出国后发现了中国与外国科技方面的巨大差距,更加坚定了"科学救国"的信念。1915年,中国留美学生创办《科学》杂志,成立中国科学社,"共图中国科学之发达",竺可桢便积极融入其中,向中国民众传播科学知识,弘扬科学精神。回国后,面对"几近空白"的科研现状,他先是在东南大学创建了中国大学中的第一个地学系,亲自主持营建南京北极阁气象学研究基地;后担任浙江大学校长,着力革除弊政,确立"求是"校训,推动科学研究,为中国培养了大批人才。20世纪50年代,担任全国科学技术普及协会副主席期间,他更是大力推动科学普及、科学教育工作,号召科学家从事科学演讲和撰写科普读物。《大自然的语言》原文便是竺可桢发表于《科学大众》、向"科学大众"阐释物候学价值、普及物候学知识的一篇科普作品。从源头上讲,本文的价值是呼吁各地加强物候观测以争取农业丰产,为人民谋福利,推动我国物候学的发展;就教学价值而言,本文则是学习语言,感受作者情怀,激励青少年关注科技应用,激发探究兴趣,培养科学精神、人文精神、爱国精神的良好素材。

二、编者意图

《大自然的语言》是一篇"删改文"。原文《一门丰产的科学——物候学》共27个自然段,4700多字,包括"大自然的语言""四个因素""在各国的发展""作用很大"四个部分。删改后变成了12个自然段,1600多字。所以这里的编者是指课文的编写者。我们先来比照阅读原文和改写后的课文。

先看标题。有人说,"一门丰产的科学——物候学"这个标题学术色彩更浓,而"大自然的语言"更生动,更能吸引读者。其实这话只说对了一半,因为评判一个标题能否吸引读者,必须综合考量读者群体的生活实际和内心需求。原文发表于1963年1月,"全国性粮食短缺和饥荒"的局面稍有好转,很多人还处于挨饿的边缘,粮食丰产增收还是当时最紧迫的需求。在那种特殊的情境下，"一门丰产的科学——物候学"这个标题远比"大自然的语言"更有吸引力，更能满足当时人们的心理需要。只有满足读者的实际需求，才能真正吸引读者的注意力。因此，我们只能说，编者改用"大自然的语言"作为课文的标题，是为了更加符合当今学生的猎奇心理，激发学生的阅读兴趣。

再看全文。原文是以"丰产的科学"为核心、分四个小标题展开介绍的，四个部分之间不分轻重，螺旋递进。而课文则以"大自然的语言"为关键词，选取"决定物候现象来临的四个因素"为核心知识，统领原文一、二、四部分内容，首尾呼应。总体看来，改写后的课文在有限的篇幅内容纳了最精要的内容，而且起承转合，衔接自然，算是成功之作。下面我们逐一对照，具体分析。

课文前五段对应原文第一部分六个段落。在这一部分，编者基本保留了作者对一年四季自然现象和"大自然语言"的描述。这一部分内容最能体现竺可桢科普作品的高度艺术性，语言准确生动而典雅，修辞运用恰切而富有趣味，是语言学习的典范。同时，在句式上稍作压缩调整，使原先长短错落、自然有致的语句变得更为简洁，整齐对称。此外，还删节了三处内容：诗人对自然现象的感受，有关"物候"和二十四节气、七十二候的补充说明，物候学与气候学的异同。这些内容删节后有利有弊：利处是使行文看起来更紧凑，节奏更明快；弊端在于作者学识渊博、态度严谨的体现不如原文充分。

课文六至十段对应原文第二部分八个段落，这是课文的主体部分。为了确保阐述的事理更为明晰、更容易把握，编者做了较大的改动。先是拎出"物候现象的来临决定于哪些因素呢？"这一问句，使其独句成段，形式上更富有提示性和启发性。然后把纬度、经度、高下、古今的差异四个因素压缩为四段，段首中心句压缩为简短的单句，仍旧按照影响程度的大小依次排列，并把"第四"改为"此外"，与"首先""第二""第三"呼应，使文意更加显豁，脉络更加清晰。支撑纬度、高下、古今的差异三个因素的例子，以典型、通俗为原则，各自摘取原文中的一个。"经度的差异"这一要素，原文按欧洲的德国、我国的高山与丘陵、我国西南与西北的同一区域以及同纬度不同经度四种情况，用四个段落进行阐述。可能编者感觉这样的细分太过学术，所举的实例也远离学生的生活，所以全部舍弃不用，重新补写了两个例子。这两个例子确实比较贴近学生的实际，而且所选物候、语言表述也与第五、七、十段尽量保持一致，足见编者十分用心。不过，对比阅读这些例子，我们还是能够发现一丝不同：竺可桢先生所举的物候记录非常精确，精确到了"天"，而编者所补的物候记录较为约略，只精确到"星期"，甚至使用"相差无几""来得迟了"大体带过。为什么会这样呢？答案其实很简单，因为前面我们说过，竺可桢先生从哈佛大学读书起就开始记录天气和物候现象，几十年如一日，直到临终前一天。编者也一定参考了相关资料，但没有竺可桢先生这样第一手的、可靠的、精细的资料，所以只能使用约略的说法。所以我们说，每一个精确的数字背后都隐含着竺可桢先生勤恳严谨、实事求是的科学精神。

可能由于篇幅的限制，也可能为了突出主要信息，便于学生把握文章的结构，编者全部舍弃了原文第三部分。没有这部分内容，乍看起来照样能前后自洽，仔细推敲，却发现并非如此。这一部分六个段落，先介绍了物候学在欧洲各国的发展情况；再专门阐述美国森林昆虫学家霍普金斯的物候定律和"等候线图"的具体做法；然后指出由于物候因地（纬度、经度、高下）因时（古今）而异，这一做法并不适用于世界其他地区，我国的七十二候、古代月令、贾思勰的《齐民要术》也因古今的差异需要加以改进；最后提出建议，当务之急是因地因时制定各地的"物候历"。可以说，这一部分承前启后，既讲清楚了"虽然物候知识在我国起源很早，但我们依旧要加强物候观测"的重要原因，还说明白了"如何进行物候观测"以实现它的多方面意义。自诞生之初，物候学就是一门面向应用的经验性科学、一门"丰产"的科学。完全删掉这一部分，就等于把逻辑链条上最关键、最核心的一环——涉及具体应用和丰产实践的"为什么""怎么做"拿掉了，竺可桢先生的科学精神、高远眼光、务实态度、民族自豪感和爱国情怀也都看不到了，只余物候、物候学"是什么""有什么"以及影响因素、实践意义这些较为浅显的外围内容了。因此，我认为编者这种做法值得商榷，如果摘取精华缩为一段，字数增加不多，文章内涵、行文逻辑却要好上许多。不过，可以利用这一编写缺憾，精心设计一项探究活动，引导学生自主改写，提升学生的研究与表达能力。

　　课文最后两段对应原文第四部分六个段落，这部分的改写可圈可点。首先，关于物候学对于农业生产的重要作用只列条目，不做阐释，言简意赅；同时依据轻重关系调整了四个作用的顺序，使段内层次更加分明。最妙的是结尾，既总结强调了物候学的重要性，点明了作者的写作意图，还再次突出"大自然的语言"，与文章标题和开头部分呼应，使文章结构更加完整。

　　"凡是已有定评的大作家，他的作品，全部就说明着'应该怎样写'"，"应该这么写，必须从大作家们的完成了的作品去领会"，"不应该那么写这一面，恐怕最好是从那同一作品的未定稿本去学习"，这是鲁迅先生早在百年前便提出的理论与方法。①从这个意义上讲，编者"增、删、调、换"的内容、编者意图与作者视角的错位都是我们备课、教学的好素材。如果能适机将其与作者原文对比阅读，应该会取得意想不到的效果。

三、学生需要

　　学生在八年级上册已经学过《中国石拱桥》这样典范的科普作品，理论上讲，在筛选主要信息、理清说明顺序方面已经积累了足够的知识，具备了一定的能力。实际的学情调查，也印证了这一点。如下便是我校八年级680名学生最为感兴趣的14个问题。

　　1. 第7至10段说明物候现象来临的决定因素，采用逻辑顺序是出于什么考虑？第11段说明物候学多方面的意义时，运用的是什么逻辑顺序？这样安排有什么好处？

　　2. 为什么先在第1段写自然现象，再解释物候学的定义？这样写有什么作用？为什么不从第2段或第3段开始直接介绍物候？第1、2段在语言上有什么特点？有何作用？

　　3. 第1段以"在地球上温带和亚热带区域里，年年如是，周而复始"结束有什么好处？

---

① 鲁迅：《不应该那么写》，载《文学》1935年第6期。

4. 第1段与题目有什么关系?

5. 第2段最后一句为什么说"花香鸟语,草长莺飞,都是大自然的语言"?

6. 文中"杏花开了,就好像大自然在传语要赶快耕地;桃花开了,又好像在暗示要赶快种谷子。布谷鸟开始唱歌,劳动人民懂得它在唱什么"这样写的好处是什么?

7. 第4段说"物候观测使用的是'活的仪器',是活生生的生物",这里的"生物"是指物体,还是物候呢?

8. 第5段作者举例子时为什么先拿1962年与1961年做比较,再与1960做比较?

9. 为什么其他因素都是各举一个例子,而说明"经度的差异"对物候的影响时却举了两个例子?

10. 作者写这篇文章的"初心"是什么?他是怀着怎样的心情来写的?

11. 为什么要研究物候学,"要进一步加强物候观测"?物候现象对我们有什么影响?

12. 将《大自然的语言》与现代的环境污染以及其他情况结合起来看,又会给我们哪些深层的启示?从这一方面又能看出作者怎样的品质和怎样的时代背景?

从上述问题,我们看到学生已经把握了文章的主要信息,知道文章是先写"自然现象",再解释"物候学定义",然后说明"物候现象来临的决定因素",最后说明"物候学多方面的意义"。所以,已不需要把"概括文章信息"作为本课的教学重点。同时,学生已了解本文的说明顺序是逻辑顺序,但不太明白这是何种逻辑顺序、缘何采用这样的逻辑顺序、这样安排的好处。这一部分内容可以稍做点拨。学生最关注的是第1段在全文中的作用、语言特点、写法及作者意图,这说明学生的语感很好,觉察到了"这一篇"科普作品、"这一个"作家风格的独特性。这些问题也与物候学这一学科的特殊性密不可分,应该把这一段的品读作为教学重点,并以此为契机理解作者的写作意图、写作风格,体悟什么是科学精神。第4至第11个问题,都与编者所做的改动有紧密的关系。譬如第5个问题，学生之所以困惑就是因为编者改动了这一句的位置。这一句本来是这样的：

> 劳动人民注意了草木荣枯、候鸟去来等自然现象同气候的关系，并据以安排自己的农事活动。在农民看来，鸟语花香、秋山红叶都是大自然的语言。杏花开了，就好像大自然在传语……

原文的表述环环相扣，后文自然支撑前文，或补充，或解释，理至易明。再如，第7个、第9个疑问也恰是编者删去"物""候"的解释、替换原文例子造成的。可以把这些发现与疑惑整合建构成一个主问题或主活动，作为重难点进行突破，在比较还原的过程中，体会竺可桢先生的治学方法、科学精神和爱国情怀。第12个问题，体现了学生对环境污染等问题的思考，非常有价值，可以将其转化成"为课文升级"的趣味活动，以激发学生探究的兴趣，发展学生的思维，培养学生的科学精神。

从编者意图到作者精神
——《大自然的语言》教学实录

一、质疑，激发阅读兴趣

师：今天我们来学习一篇科普文章《大自然的语言》。第一次看到这个标题，大家产生了哪些疑问？

生："大自然的语言"是指什么？

师：预习过后，你知道答案了吗？

生：知道了。"大自然的语言"其实就是物候现象的形象说法。这篇文章就是向我们普及物候知识的。

生：为什么把物候现象说成"大自然的语言"？

生：作者运用了比喻的修辞手法，这样更加生动形象，更能吸引读者。

生：课下注释说，竺可桢是气象学家、地理学家，为什么写这篇文章、这样的文章？

师：你认为这是一篇怎样的文章？竺可桢这样的科学家应该写怎样的文章？

生：我感觉这篇文章好像太小、太浅了。科学家应该写那种比较深奥的大文章，很学术的那种。

师（笑）：看得出来科学家在你心目中的地位很神圣。我们看这篇文章发表在哪里？

生（读）：根据《科学大众》1963年第1期竺可桢的《一门丰产的科学——物候学》一文改写。

师：你一口气读出了好几条信息。谁来说说？

生：这篇文章发表在《科学大众》1963年第1期上，原名叫《一门丰产的科学——物候学》，课文是改写的。

师：你的表达很有条理。这篇文章就是一篇发表在《科学大众》这本刊物上，向喜爱科学、关注科学的大众普及物候知识的科普文章。如果写成学术论文，结果会怎样？

生：可能大家就读不懂了。

师：读不懂就起不到普及科学知识的作用了。所以，为了便于大众理解，竺可桢这位大科学家就特意写得这样大众化、通俗化。文章是给人看的，所以我们要学习竺可桢先生所具有的良好的读者意识。

（屏显）

为了要使科学大众化，每个科学工作者都有义务从事通俗的科学演讲和著作。（竺可桢）

二、初读，感知课文内容

师：请同学们默读课文，根据学习卡片的提示，圈画关键词，迅速提取信息，看作者向我们普及了哪些关于物候的知识。

（屏显）

第1—3段：物候就是＿＿＿＿＿＿随着时节推移规律变化的自然现象，物候学就是利用＿＿＿＿来研究＿＿＿＿的一门科学。

第4—5段：物候观测对于＿＿＿＿的重要性。

第6—10段：决定物候现象_____：_____、_____、_____、_____。

第11—12段：物候学研究_____。

生：第1—3段讲的是，物候就是草木、候鸟等动植物随着时节推移规律变化的自然现象，物候学就是利用物候知识来研究农业生产的一门科学。第4、5段讲物候观测对于农业的重要性。

师：你的概括很凝练。有同学问：第4段"物候观测使用的是'活的仪器'，是活生生的生物"，这里的"生物"是指"物"还是"候"？你能帮他解答一下吗？

生：我觉得应该是"物"，包括植物、动物。比如，文中的衰草、树木等植物，燕子、布谷鸟等动物。"候"我没有查字典，但我感觉应该是时候、时节的意思。

师：你的感觉很敏锐，对"物"的解释也很到位。其实原文在这里有一个简短的解释，我们一起来看。

（屏显，齐读）

物主要是指生物（动物和植物），候就是我国古代人民所称的气和候。在两千多年以前，我国古代人民就把一年四季寒暑的变换分为所谓二十四节气，把在寒暑的影响下所出现的自然现象分为七十二候。

注：古代五天为一候，一年七十二候，至今气象学上仍然沿用。

师：中国以农立国，"二十四节气""七十二候"都是中国的优秀传统文化，我们应该熟知。下面继续交流。

生：第6—10段讲决定物候现象来临的因素有纬度的差异、经度的差异、高下的差异和古今的差异。最后两段讲物候学研究对农业有多方面的意义。

师：大家有没有看出文章四部分是按什么顺序说明的？

生：逻辑顺序。

师：大家不假思索。具体是逻辑顺序中的哪一种呢？大家可以回顾一下上学期我们学过的内容。

（屏显）

逻辑顺序，一种按照事物、事理的内在逻辑关系或人们认识事物的过程来介绍的说明顺序。如从主要到次要，从一般到特殊，从现象到本质，从原因到结果，从整体到局部等。

生：我认为全文是按照从现象到本质的逻辑顺序来说明的。因为第一段先讲的是"自然现象"，后面才讲什么是物候及决定物候现象来临的因素。

师：第6至第10段决定物候来临的四个因素，还有第11段说明物候学多方面的意义，作者运用了怎样的逻辑顺序？这样安排有什么好处？这也是我们班部分同学的疑问。

生：我认为都运用了从主到次的说明顺序。文中说影响物候来临的因素首先是纬度，第二才是经度，等等。第11段也是这样，先说"首先"是为了预报农时，再说"此外"。都是先说最重要的、影响最大的，再说次要的，这样说明更有条理，读者也更明白。

师：你抓住文中的关键词、提示词，表达得非常清楚明白。那第一段也是按逻辑顺序来写的吗？

生：不是。这一段是按照春夏秋冬的顺序来写的，这是时间顺序。

师：为什么这一段不采用逻辑顺序而采用时间顺序呢？

生：因为物候现象是动植物随着时节推移规律变化的自然现象，所以用时间顺序最合适，最容易理解。

师：我喜欢你说的这个"合适"。用最合适的顺序介绍最合适的科学知识，竺可桢先生真是一个体贴读者、思维缜密的科普作家。

三、细读，体会编者意图

师：我们刚才讲过这篇课文是一篇改写文。原文《一门丰产的科学——物候学》一共27个自然段，4700多字，包括"大自然的语言""四个因素""在各国的发展""作用很大"四个部分；改写后变成了12个自然段，1600多字。（生惊讶）我已经看到有的同学惊讶地张大了嘴巴。的确，下改写命令的人太"残忍"了！一下减掉三分之二！不过没办法，课本总字数有限制，放不开那么多字。现在我们时空穿越一下，回到几十年前，如果你是接受这项改写任务的编者，你会怎么改？依照什么原则改？

生（笑）：可以拒绝或者再商量一下吗？

师：你已经接受这项任务了。现在要思考的是你想怎么改？按什么原则来改？

生：把不重要的内容删掉，选最重要的知识。

师：一言中的，一篇普及科学知识的文章，没了知识就成了空壳。

生：既然选入课本，那么读者就不再是一般的科学大众，而是我们学生，我觉得还要考虑我们学生的需要。

师：对。我们一直强调写作要有读者意识，读者从"大众"变为初中生，那么重点也就变化了。接下来，请同学们再读全文12个自然段，从编者的角度思考，哪个或哪几个段落的知识最重要或最符合学生的需要，并简要批注。

生：我认为第3段最重要。要不然讲半天，大家都不知道什么是物候和物候学，搞不清楚说明对象是什么，那就太搞笑了。

师：以说明为主的文章，首先得讲清说明的对象，物候和物候学的定义是核心知识。

生：我补充一点，这一段还能看出作者对物候从古到今的发展很了解，特别提到物候知识在我国起源很早，能够激发学生的民族自豪感，激励我们好好学习我们中国的文化。

师：竺可桢先生是一位特别重视我国古代科学遗产的科学家，从20世纪20年代起，竺可桢就认真研究我国的自然科学史，进行了大量的发掘。比如，很多人误以为"阳历"来自外国，"农历"是阴历，他就专门研究古代文献写了一篇《阳历与阴历》。文中指出：从甲骨文上看，我国三千年前是阴阳历并用的；《尚书·尧典》记载，战国时代起就"以366天为一年"了，"二十四节气"就是阳历的一部分。感兴趣的同学可以找来读一读。

生：我认为第4段最重要。原文的题目就是"一门丰产的科学——物候学"，而且第3段也讲过"物候学是利用物候知识来研究农业生产的一门科学"，物候对农业很重要。还有第11段，也是讲物候学对农业生产多方面的意义的。

生：我认为第6—10段最重要。这一部分讲影响物候来临的重要因素，也是核心知识。知道了决定物候现象来临的因素才能为农业生产更好地服务。

师：提到这五段，我们班有些同学注意到课文说明"经度的差异"时举了两个例子，而说明其他三个要素时却各举了一个例子。我以前从没留意这一点，于是仔细对比了课文和原文，发现原文三个例子编者一个也没用，而是补写了这两个。我们一起看原文中的一个例子，思考编者为什么这样做。

（屏显）

原文：在欧洲如德国，从西往东，离海渐远，气候的海洋性逐渐减弱，大陆性逐渐增强，所以德国同一纬度的地带，春初东面比西面冷，而到夏季就形成东面比西面热。

生：原文举的是德国的例子，可是我们都没去过德国，不知道德国的情况，也就不知道是不是这样了。而我去过济南和烟台，知道确实是这样。

生：欧洲德国好像在西半球，我们在东半球，德国从西往东离海渐远，我们应该和它反着吧。反正有点乱，德国离我们太远了！（生笑）不如北京和大连、济南和青岛更容易明白。

师（笑）：不仅距离远，与同学们的生活经验也远。举例子要选有代表性的例子，还要选贴近读者实际的例子。学生的生活阅历比成年人要少许多，所以编者仿照竺可桢先生的表述精心做了这样的调整。请同学细读编者与竺可桢先生举的例子，看还会有哪些发现。

（屏显）

竺可桢：北京的物候记录，1962年的山桃、杏花、苹果、榆叶梅、西府海棠、丁香、刺槐的花期比1961年迟十天左右，比1960年迟五六天……如在早春三四月间，南京桃花要比北京早开20天，但是到晚春五月初，南京刺槐开花只比北京早10天。

编者：但是在大连，连翘和榆叶梅的盛开都比北京要迟一个星期。又如济南苹果开花在四月中或谷雨节，烟台要到立夏。

生：竺可桢先生和编者都运用了列数字和做比较的说明方法。

生：都选有北京的例子。

师：大家看到的是相同点。二者有哪些细微的不同？

生：竺可桢先生用的多是确数。编者用的是约数，不对，没有具体的数字。

师：他的表述很准确，他说"多是确数"。因为"十天左右""五六天"不是确数，是约数。我们要向他学习。同学们，约数更准确，还是确数更准确？

生：确数更准确。（众生笑）

师：同学们用善意的笑声在提醒你，你悟到了吗？

生（笑）：我说错了。约数其实也很准确，使用约数也是为了使说明更准确，更有分寸。（众生笑）

师：这次是肯定、鼓励的笑声。为什么作者在比较1962、1961、1960年北京山桃、杏花、苹果、榆叶梅、西府海棠、丁香、刺槐的花期时用约数，而不是确数？

生：因为说的是北京这个大区域内的，而且是七种植物的花期，这么多花应该不是一起开的，所以用估计的、约略的说法，这样才更准确，更有分寸。

师：是怎样就怎样，科学来不得半点马虎。大家聚焦这些数字，看有什么差别。

生：竺可桢先生的例子好像更精确，精确到了天，编者只精确到了星期和节气。

师：数字的精确度不一样。为什么编者不精确到天呢？

生：可能编者没有掌握这么精确的资料，没有这样的记录。所以不能瞎编，要实事求是。

师：编者这么做，是实事求是的体现。竺可桢更是"求是"精神的楷模。据竺可桢的学生胡焕庸回忆，竺可桢先生1913年进哈佛大学起就开始记日记。他每天坚持观测气压、气温，用蝇头小楷认真记录天气和各种物候现象，数十年如一日。除1923年大火和抗日战争中损毁的日记外，中国科学院院史资料室至今保存着他1936年1月1日至1974年2月6日（他逝世前一天），共38年37天、1000多万字的日记。这每一个数字、每一个例子都是竺可桢先生长期观察、实验和考证的结果，都是他严谨态度、实证精神的见证。

（屏显竺可桢日记和竺可桢家属捐赠日记照片）

生：我认为第12段很重要。它再一次强调物候学是关系到农业生产的科学，总结全文。

师：你考虑到了文章结构的作用。其实原文结尾是这样的，我们一起来看哪个结尾更好。

（屏显）

> 物候学是介于生物学和气象学之间的边缘科学。在生物学它是接近生态学，而在气象学方面则接近农业气象学。但生态学和农业气象学又恰恰是我国生物学与气象学中的极薄弱的环节，因此，在党的以农业为基础的方针指导下，应进一步加强和推进物候观测，争取农业更大的丰收。

生：我认为课文的结尾好，课文再次提到了"大自然的语言"，首尾呼应，文章结构更完整。

生：我认为原文也是首尾呼应，因为原文的标题是"一门丰产的科学——物候学"，结尾说"争取农业更大的丰收"，呼应得也很好。

师：二者具有异曲同工之妙。那课文的标题和原文的标题哪个更好？

生：我认为是课文的标题，"大自然的语言"运用了比喻的修辞手法，更生动，更能吸引读者。

师：这是你现在的感受。我们来读一则资料。

（屏显）

1959年，全国20多个省区旱灾。

1960年，持续旱情扩大。

1961年，旱情持续。

1962年，全国大面积旱灾。

灾害导致全国性粮食短缺和饥荒。

三年自然灾害期间，我由十岁时开始，十三岁结束。"低指标，瓜菜代"是那个时间的口号，菜是菜本供应，每天一斤，没有肉，没有油水，吃多少东西也填不饱饥饿的肚子，正在长身体的孩子总是找东西往嘴里填。

（菁岚《三年自然灾害期间生活记忆》）

生：我认为在当时应该是"一门丰产的科学——物候学"这个题目更好，更吸引人，因为那时全国面临粮食短缺和饥荒，人们特别希望粮食丰收丰产。

生："一门丰产的科学——物候学"虽然没有修辞，但直截了当，一下子就点出物候学是一门"丰产"的科学，很鲜明，一下子就抓住了人们的眼球。

师：只有满足读者的实际需求，才能真正吸引读者的注意力。所以，我们将来阅读评判标题的好坏，或者写作拟写标题，都要综合考虑读者的生活实际和内心需求。阅读这些背景，你还能读出什么？

生：我读出了作者之所以写这篇文章不是简单地普及物候知识，而是想帮国家和人民渡过难关。作者是一个忧国忧民的科学家。

师：你读出了作者的责任感和爱国情怀。竺可桢从25岁在哈佛大学读书时就积极撰写文章，向中国民众传播科学知识，弘扬科学精神。回国后更不断呼吁，科学家要用科学技术造福人类，激励人民（特别是青少年）努力学习科学技术，建设美好的中国。还剩1、2两段，谁能从语言特点、结构作用、作者精神或学生的需要角度来说，编者为什么选择这两段？

生：我认为作者选择这两段，是因为这两段特别生动，增加了文章的文学性和趣味性，能够引发读者的阅读兴趣，而且这两段自然地引出了说明的对象——物候和物候学。

生：这些生动细致的描述能让我们学生更容易明白什么是物候和物候学，尤其是家不在农村的同学。

师：作者对自然现象的描述能够弥补学生生活经验的不足，或者唤醒我们的生活经验。

生：也能提醒我们学习科学要留意自然界的现象，尤其是生活中的一些细微现象。

师：处处留心皆学问。科学发现、发明创造以及作家创作都是从"处处留心""时时在意"开始的，希望大家能做一个有心人、细心人。

生：编者考虑到这是一篇课文，想让我们中学生积累更多的语言，这一段的语言实在太生动了！

师：你是编者的知己。中国社会科学院施爱东先生曾说："竺可桢先生的科普作品深入浅出，妙趣横生，多数可作美文阅读。"现在，请大家出声朗读这两段，边读边圈画，看哪个词语最生动有趣，你从中读出了或看到了、听到了、感受到了什么。

（生朗读，圈画，批注）

生：我认为"沉睡""苏醒"最生动有趣，我从这两个拟人化的词语中看到了春回大地、生机勃发的景色。

生：我认为"萌发""次第"这两个词最生动有趣，我从"萌发"中感受到了小草、树芽生长时的勃勃生机和活力，从"次第"中读出了百花顺次开放、争奇斗艳、抢着报春的热闹情景。

生：我认为"翩然"最生动有趣，我从中读出了小燕子轻盈飞舞、活泼伶俐的情态，读出了作者的喜爱之情。

生："孕育"这个词最生动，我仿佛看到了果实累累的丰收景象。还有"迎接"这个词，我感觉秋天好像是位知冷知热、善解天意的天使。

生：我认为"簌簌""衰草连天"最为生动，我仿佛听到了树叶落下的声音，看到了满地枯黄的萧瑟景象。

生：我认为"风雪载途"这个词最生动，我仿佛看到了白雪皑皑的美丽景象，尤其是"载"让我读出了雪的大，千树万树雪压枝头，很壮观。

师：在这篇文章中，作者运用了大量生动典雅的四字词语，我们齐读体会。

（屏显）

冰雪融化　草木萌发　次第开放　翩然归来

孕育果实　簌簌落下　北雁南飞　销声匿迹

衰草连天　风雪载途　草木荣枯　候鸟去来

花香鸟语　草长莺飞　年年如是　周而复始

师：这么美的语言，我建议大家要有感情地读一读，背一背，而且读、背的时候，语调要自然亲切，节奏舒缓，翘起嘴角，微笑着、欣喜地娓娓道来。谁和老师看提示朗读解说？

（屏显微视频，师生朗读解说1、2段）

四、探究，体验科学精神

师：不过，也有人指出编者改写的课文和竺可桢的原文相比存在一些瑕疵。我把它列出来，请大家选择其中之一自主探究。

（屏显，学生自读原文和资料，自主探究，组内交流完善）

探究一：

有人认为，原文第三部分"各国的发展"全部舍弃，影响了文章的逻辑性，造成了读者的困惑——既然物候知识在我国起源很早，为何不直接搬用，还要加强观测？怎么加强和推进观测？请你阅读原文第三部分，选择关键词句，将其改写为一段文字，为课文升级以弥补这一缺憾。

探究二：

湖北浠水朱贵奇老师认为，随着科学研究的发展，影响物候来临的另外一个因素越来越明显，是时候为《大自然的语言》升级了。请你根据下列材料，改写升级课文第10自然段。

据四川在线等媒体报道，自2000年开始的7年间，成都已经遭遇5个暖冬。专家认为暖冬与"厄尔尼诺"脱不了干系，厄尔尼诺现象的发生与人类的活动及其带来的自然环境恶化、地球温室效应密切相关。另据江苏天气网、《南京晨报》消息，2007年，南京冬季平均气温为5.8℃，较常年偏高2.1℃，与2001年并列为1905年来同期最高值。2008年，南京物候出现许多异常，知了的鸣叫居然提前了一个月，荷花盛开提前了20天。气象专家称，异常的天气是制造异常物候的"罪魁祸首"，在全球变暖的背景下，生态正变得异常脆弱。

生：我们组选择的是探究一。西方物候知识起源也很早。从两千多年前的雅典，到罗马恺撒时代，再到18世纪的瑞典，19世纪的日、英、德等国，都进行过有组织的物候观测和研究，对农业增产起了很大作用。20世纪初美国的森林昆虫学家霍普金斯还从大量的植物物候材料中总结出了"物候定律"，绘制"等候线图"来预告农时。然而，物候的来临因纬度、经度、高下和古今的差异而有所不同，所以这一定律并不适用于我国，我国古代的"七十二候"和"月令"也因古今的差异需要进一步改进。因此，当务之急是在全国普遍开展物候观测，因地制宜，因时制宜，制定各地的物候历，这样才能解决当前的问题，指导农业生产。

师：你们组群策群力，改写得简洁准确，颇有竺可桢先生之风！

生：我们组选择的是探究二。我们改了开头的中心句，英国南部的事例不变，后面又加了一个例子。

师：你们是在原先的基础上进行了添加，请你读给大家听。

生：此外，物候现象来临的迟早还有古今的差异和人类活动的影响……这与英国南部的工业生产活动密不可分。人类的活动导致了气候变暖，从而影响了物候现象的来临。2007年，南京冬季的平均气温较常年同期提高了2.1℃；2008年，南京荷花的盛开便较往年提前了20天，知了的鸣叫居然提前了一个月。

生：我们组也选择了探究二。我们认为古今的差异其实就是人类活动造成的，所以我们直接改掉了。此外，物候现象来临的迟早还有人类活动的影响。由于人类活动的增加，尤其是大规模的工业生产，大气中二氧化碳量增加，使全球气候变暖，物候现象也产生了异常。比如英国南部1921年到1930年十年平均的春初七种乔木抽青和开花日期，就比工业革命前1741年到1750年的十年平均值早9天。在我国，南京2007年冬季平均气温较常年偏高2.1℃，与2001年并列为1905年来同期最高值；相应的南京2008年的物候出现许多异常，知了的鸣叫居然提前了一个月，荷花盛开提前了20天。

师：他们组还加入了历史课上学到的很多知识，学会了知识的迁移，我们要向他们学习。你们在探究改写的过程中，感悟到了什么？

生：我们感觉很有成就感。虽然一开始比较困难，但是我们反复阅读原文，仔细琢磨编者的示例，一句一句地抠，最终还是完成了任务。我们很高兴！

师：你们感受到了探究的快乐，还总结出了写作的经验——从模仿开始，从仔细推敲开始。大家要向他们学习，记录下这两点。

生：科普写作很不容易，我们组六个人费了好大劲儿才写了一百多字，有时候心里明白，却不知道怎么说、怎么写。

师：科普写作之难，难在既要有渊博的学识，还要有丰厚的文学功底。竺可桢先生2岁识文，28岁时获得哈佛大学气象学博士，学贯中西，底蕴丰厚，所以才能把科学知识讲得既简洁明确又典雅生动。不过，大家认真探究的样子很可爱，相信我们已经体验到了认真严谨、实事求是的科学精神，也希望这节课是我们探究的开始。最后，推荐大家阅读《先生》《竺可桢科普创作选集》《天道与人文》，继续向竺可桢这样的"大先生"学习。下课！

04

第四章

文言经典的读与教

第一讲 苏轼笔记散文的"境"与"意"

——《记承天寺夜游》解读与思考

怎样解读经典？怎样引领学生感受到经典的魅力？这两点一直是语文教育界关注并探讨的重要问题。而我不同时期执教《记承天寺夜游》一文的不同做法，也可以视为我对这个"永恒问题"的思考与探索。

2011年至2012年，我参加淄博市初中语文优质课评选、山东省初中语文优质课评选，先后在淄博、济南两度执教《记承天寺夜游》，彼时遵循的是"基于文本细读的阅读教学优化"理念，强调在"读"上做足功夫：首先，教师一定要自觉摒弃"教参意识"，养成"独立阅读"的习惯。静下心来，以"正常读者"的身份潜入文本，思考、体验并还原属于"这一篇"的丰富性与独特性。其次，需要专业的、理论的指导。王荣生教授认为，合理的文本解读是基于文学理论和文章学的研究。具体说来，不仅要掌握语文学科的相关理论，了解文本细读的方法，而且要具备一些哲学和美学方面的知识。在理论的指导下，合理介入阅读经验，获得更加深入全面的解读，创造和生成新的意义，并兼顾内容与形式，从"这一篇"延伸到"这一作者"，进而甄别判断，思考研究，去蔽存真，有效避免诸如"被贬即悲凉，遭遇困境便丧失了快乐的权利"等片面化、模式化的解读。第三，在教学实践中，教师基于细读提炼教学内容，设计品读与诵读活动，引导学生感受、体验文本的独特魅力和审美的乐趣。

一、"这一篇"文本不可复制的个性

经典之所以成为经典，很大程度上在于它是不可重复的"孤本"。所以，我们要关注的应该是作品"不可复制的个性"，即经典作品与一般作品的差异、"此作品"与"彼作品"的差异。尤其是面对像《记承天寺夜游》这样原创性的、不可重复的经典"孤本"，更要在逐字逐句地细读中，通过具体分析把文本蕴含的特殊性、具体性、个别性还原出来。

我们先来看元丰年间苏轼的人生经历。因何正臣、舒亶、李宜之、李定等小人指摘苏轼"愚弄朝廷，妄自尊大""毁谤朝政""谤讪君上"，元丰二年八月十八日，苏轼自湖州任上被解到汴京，囚入御史台。从八月二十日到十月中旬，将近两个月的审讯，苏轼的精神和肉体都经受了难以言喻的凌辱和折磨。在苏辙、张方平、范镇以及皇帝祖母曹太后的多方营救下，苏轼在被囚禁整整一百三十天后终于死里逃生，被贬黄州。元丰三年（1080年）二月一日，苏轼抵达黄州，正式官衔是责授检校水部员外郎、充黄州团练副使，本州安置，不得签书公事。[1]"检校"最初的意思是代理、兼领，后多指挂名、寄衔，没有实职，也没用薪俸；"本州安置"是说只能在黄州居住，需要接受当地官员监视。因此，苏轼全家初到黄州，只能寄居在一处废弃的驿站——临皋亭中。在此种境况下，普通人是很难快乐起来的。所以，很多老师始终认为此文蕴含着贬谪的悲凉，甚至有人以为苏轼"貌似不忍辜负良辰美景之雅趣，但又何尝不在暗诉永夜难眠之苦痛"[2]，就是过于执着于这种普遍性、统一性，用普通人的普遍言行思想代替苏轼"这一个"人的言行思想，而忽视了苏轼的个性。

首先，苏轼与其他贬官不同。

苏轼与柳宗元不同。他所处的北宋不像柳宗元所处的唐朝，唐朝崇尚武功，而北宋崇文抑武。因太祖遗训，有宋一朝没有言官因为上书言事而获罪被杀，政治氛围还是比较宽松和开明的。而且，柳宗元参与的"永贞革新"失败的重要原因是，不仅得罪了势力强大的宦官集团和保守官僚，更关键的是年轻而激进的王叔文、柳宗元等人在"拥立太子"事上"站错了队"——

---

① 王水照、崔铭：《苏轼传》，天津人民出版社 2013 年版，第 144—299 页。

② 孙文辉：《〈记承天寺夜游〉细读——兼与张伟忠老师商榷》，载《中学语文教学》2012 年第 11 期。

柳宗元在《六逆论》里提出，择嗣之道应不计嫡庶，而主要应根据是否"圣且贤"，这种观点非常不利于唐顺宗的长子、广陵王李纯，所以李纯即位为宪宗后对革新派"二王八司马"等人的决绝与不谅解也就情有可原了。①而苏轼则纯属小人陷害。他自嘉祐二年进士考试名震京师以来，在士林的声望如日中天，声名远播，同时苏轼三任地方官都政绩斐然，深得百姓爱戴，当时的太后、皇后乃至宋神宗本人对苏轼和苏轼的文章都欣赏有加，本就没有要杀苏轼的意思。

苏轼也与范仲淹不同。范仲淹"先天下之忧而忧，后天下之乐而乐"，进亦忧，退亦忧；苏轼虽然也有忧愁，可他并不会因此而丧失快乐，他是率性的、达观的，就像林语堂先生所说的"是一个天生的乐天派"。②2011年我初次执教此文，就坚持这种看法；2012年先后拜读了张伟忠老师的《还原文本丰富性　提高学生感受力》和孙绍振先生的《月迷津渡》，发现我竟与两位先生的解读不谋而合，大喜之余更坚定了我的看法与读法——坚决摒弃"教参意识"和先入为主的理解，以正常读者的身份素读。

其次，少壮时苏轼与经历生死考验后走向成熟的苏东坡境界也有所不同。《记承天寺夜游》写于元丰六年（1083年）十月，这时苏轼因"乌台诗案"被贬黄州已经四年有余，此时的他已四十四岁。参读王水照、朱刚的《苏轼评传》，王水照、崔铭的《苏轼传》，林语堂的《苏东坡传》，余秋雨的《东坡突围》以及苏轼的《东坡志林》，我们会发现苏轼在经历了"乌台诗案"的折磨，死里逃生的庆幸，初期的恐惧、战栗之后，努力寻求到了"高层次的精神救赎"——他在东坡开垦荒地，植树，筑水坝，修渠道，种稻麦，种时鲜蔬菜，调制美食，建雪堂，三咏赤壁，为"快哉亭"命名……他在辛苦地劳作，在自我反省、自我批评、对自然的关照和人生的思考中，慢慢超越了一己的荣辱得失，实现了从"小我"到"大我"的挺立、从现实人生到艺术人生的转化。诚如王水照先生所说："一个伟大人物之所以伟大，并不是因为他的身上没有人类所固有的弱点，而是因为他能够克服并超

---

① 孙昌武：《柳宗元评传》，南京大学出版社1998年版，第65—77页。
② 孙绍振：《月迷津渡：古典诗词个案微观分析》，上海教育出版社2012年版，第272页。

越这些弱点。"

再次，"个性"与"心情"不可混为一谈。"个性和瞬息万变的心情并不是一回事。个性是多方面的，有其矛盾的各个侧面。个性又是立体的，有深层次和浅层次之别。一时的心情充其量只是个性的一个侧面，矛盾的一个方面，心理的某一个层次。"[①]人的心情是随时间、地点及条件的不同而不断变化的。

运用微观分析辅以宏观考究的方法细读《记承天寺夜游》，我们会发现本文的独特之处在于：这是一篇笔记散文、一种日记式的小短文，它记录的是苏轼在"元丰六年十月十二夜"这一特别的月夜，承天寺这一特定的空间，张怀民这一特殊审美对象、人生知己陪伴下偶见的美景以及瞬间产生的心境。这种心境体验的核心是"乐"，只是这个"乐"并不是热烈的"交谈取乐"（人教社2007年版的教材对"念无与为乐者"的注释是"想到没有可以交谈取乐的人"），而是更为含蓄、沉静、丰富的快乐：月色相邀之乐，寻友赏月的兴致勃勃，朋友间心有灵犀之乐，月下漫步之乐，以及"恍然大悟"的发现的快乐。这微妙的快乐就潜藏在"入""欣然""遂""寻""亦""步""盖"等词语中，不是平铺直叙，而是如汩汩清泉曲折流动在字里行间。

"念无与为乐者"是作者情感的第一次波折，这一句真实记录了苏轼刹那间的搜寻与思量，正是这一"念"之间的沉吟与铺垫，才有了"遂"与"寻"的兴致勃勃、"怀民亦未寝"时的无尽欣喜。

"遂至承天寺寻张怀民"之"遂"字，很有意味。此夜之月色让精神亢奋的苏轼一下子就想到了张怀民而不是身边的家人，并兴冲冲深夜造访。由此可以看出两人关系不一般，而这个不一般的关系至少是建立在共同的审美情趣之上，最起码张怀民能理解他对月亮的这份情怀，而其他人则不能。张怀民和苏轼一样贬官黄州，心胸坦然，爱好山水，不挂怀贬谪之事。相似的境遇，天涯沦落；相近的情怀，山水怡情。苏轼与怀民，确为知己。

---

① 孙绍振：《解读语文》，福建人民出版社2011年版，第171页。

接下来是作者情感的平缓流淌，苏轼、怀民"相与步于中庭"。"相与"描述了二人肩相并、心相通、默默享受月色的情景。"步"则与前文的"行"呼应，既凸显快乐诞生时的强烈，又强调了知己相伴时的宁静悠闲。也正是这份会心默契与宁静悠闲，使苏轼看到了竹柏影婆娑的奇妙景色，并运用特殊的句序和一个"盖"字，为我们呈现出了这个空灵而又充实的艺术画面，还原了他当时的情感波澜与审美体验。

而结尾三句则从实景的描述陡转为人生的追问，直指"蓦然回首"的妙悟境界：美景处处有，快乐俯拾即是，只要我们拥有宁静、空灵、自由的"闲人"心境。亦即"静故了群动，空故纳万境"，"闲"而生"乐"。换言之，"闲"亦有多重意蕴：时间的清闲，心灵的悠闲，心境的宁静、空明。"乐"由"闲"生。正因为苏轼拥有一颗空明如月的"闲"心，月色才能照进他的心扉，激起快乐的层层涟漪。所以，他才能处逆境而不悲忧，化苦难为诗意，被贬谪而未丧失快乐的权利与能力。"但少"二字中虽隐约含有些许自嘲，但更多的是从容达观、坦然真诚的自得。

不仅此文，这样动人的瞬间，在苏轼同时期的作品中还有很多，如《记过合浦》《逸人游浙东》《游沙湖》《游白水书付过》《游松风亭》《儋耳夜书》等。因此，结尾三句的人生感喟不是柳宗元式的感伤、屈原式的怨愤、范仲淹式的悲忧，而是一种具有禅意的人生自得、精神的愉悦满足。如果说有惆怅和惋惜，那也该是一闪而过，是属于审美的。

基于这样的细读，我将《记承天寺夜游》一文的教学内容确定为：诵读课文，品味作者蕴含在文字中的"乐"与"闲"，感悟苏轼的人格魅力。

二、"这一课"的教学原则与策略

快乐的微妙波折是极其隐秘的，仅凭单纯的分析很难心领神会，而"乐"与"闲"的关系，对于美学经验不足的初中生来说更是难以理解的。因此，在实际教学中，我遵循"体验式阅读"的原则，设计了相应的教学流程，引导学生由表及里、由实入虚，进入文本语言内部，贴近作者的心灵。

首先，关注言语形式，设计了一系列还原和比较活动。言语形式牵动着作者的情感走向，只有引导学生关注言语形式、理解言语内容，才能抓住散文教学的根本。比如，我要求学生逐字逐句细读课文，还原作者隐藏在字里行间的快乐，我先给予学生可模仿借鉴的示范，示例的语言尽量鲜活生动，发自内心，贴近学生，引导学生打开心灵之窗，用个性化的语言批注。接着巧妙运用两个探究活动——比较原文与改文的不同、填补语气词还原作者的情感波澜，引导学生深入理解"庭下如积水空明，水中藻、荇交横，盖竹柏影也"，将教师对文本的阅读成果转化成学生自己体验文本的成果。

其次，讲究互文对读的适切性，最大限度地发挥资料的点化作用。"以课文的'此言'为轴心，与相关的他文本的'彼意'相对照，实现词句、题旨及其他方面的比勘，以期达到互识、互补与互证的目的，谓之互文对读。"①在这堂课里，我立足课文的"此言"，多次引用相关资料，印证和丰富学生对课文的理解。比如林语堂对苏轼的评价、张怀民的资料、苏轼同时期的其他作品，让学生全面了解作者的内心世界及个人魅力。这些资料的引用多随文进行，力求在学生最困惑、最需要的时候呈现，努力体现互文对读的适切性，有效推动学生的阅读与思考，避免造成新的遮蔽——使课文"此言"成为他文本"彼意"的附庸。

第三，设计多种诵读活动，领悟作者的心境。诵读是文言文教学的生命，重视诵读训练是教学成功的关键。一方面，诵读是阅读教学的一种重要手段。感受语言的深长意味、体会作者的心境思绪及其作品中的情感态度，都要借助诵读进行。另一方面，它也是语文阅读教学的目的。2011年版《义务教育语文课程标准》特别强调"各个学段的阅读教学都要重视朗读"，各学段都明确提出了对朗读的具体要求。

合宜的诵读训练应该与文本的感悟和理解相辅相成。一个语感成熟的优秀阅读者，也许可以由文字直达文本世界。而学生是不熟练的阅读者，需要一个探寻、发现的过程。教师的作用就是给予学生可仿读的范本，贴着学生的感受和理解进行点拨指导，实现对文本和作者的深度感悟。比如，初读课文，我选择指名读、教师范读与学生仿读相结合，旨在对节奏、语调与韵

① 蒋成瑀：《互文对读的理论、策略与方法》，载《语文学习》2006年第3期。

味的探寻、把握中感受苏轼的快乐。教师范读的时机选择在指名读和评价之后，目的是和学生分享对文章的理解和感受，在呈现示范性声音形态的同时引领学生开启文本意蕴之门，而非使之成为学生简单模仿的范本。

课堂的主体是诵读与讲析的有机结合。在这一部分，我适时安排了多次、多重的诵读。低声细读，使学生既与文本对话，又与自己读出来的声音形态对话，并通过语音理解词义，借由视觉和听觉双重通道进入语言的内部世界；表情朗读，力求在不断的调整、恰如其分的吟咏诵读中获得对"这么好、这么巧的一份快乐"的彻底体悟；师生对读，强化学生对苏轼与怀民知己之间默契感的理解，并使体验更加细腻饱满；比较朗读，意在反复推敲中发现文本言语形式的独特魅力，找到适切的声音形态，达到读者与作者、文本的视界融合。

最后一个环节是背诵全文。"经典的价值不在于实用，在于文化。"[①]经典是精神的种子、文化选择的果实、历史积淀的结晶，蕴含着巨大的阐释空间。[②]而背诵的价值与功能是"使学生不断从精神文明成果中汲取成长所需的养料，将其融入心田并内化为自己生命的一部分"[③]。同时，对典范语言的眼看、耳听、口诵、脑记，也有助于学生形成敏锐的语感，并为书面表达、口语交际提供源头活水。像《记承天寺夜游》这样的小短文完全可以当堂背诵，其他较长的文言文可以进行填空背诵，在支架的提示下逐步实现完整的背诵。

2017年至2019年，我在山东滨州市、河北辛集市等地又多次基于学情视角重教本课。比如，河北辛集市的学生提出了如下有价值的问题：

1. 为什么苏轼看见"月色入户"便"欣然起行"？"户"是什么意思？如果是"门"的话，为什么作者睡觉不关门？

2. 苏轼赏月为什么去找张怀民，而不是自己的家人？

3. "为乐"是什么意思？为什么没有看到苏轼和张怀民如何"为

① 朱自清：《经典常谈》，生活·读书·新知三联书店1998年版，第4页。

② 张伟忠：《播撒经典的种子》，载《语文建设》2007年第2期。

③ 王尚文：《走进语文教学之门》，上海教育出版社2007年版，第416页。

乐"？

4. 课下注释说"盖"是"大概是"的意思，那夜苏轼看到的到底是不是竹柏的影子？

5. "闲人"是什么意思？为什么苏轼说自己是"闲人"？他很清闲吗？他此时的生活状态是怎样的？

6. 苏轼被贬官黄州，为什么还这么快乐？

这些问题有的涉及新旧两版教材的注释变化，有的与古今生活器物和生活情境的变化有关，有的关乎作者的性情、志趣和个人魅力。基于学生的问题，我重新调整了教学内容。现将前后几次教学实录整合出来，供大家参考。

还原苏轼的"乐"与"闲"
——《记承天寺夜游》教学实录

一、激发阅读之兴趣

师：有一位名人，林语堂这样形容："他是一个不可救药的乐天派，一个伟大的人道主义者，一个百姓的朋友，一个大文豪，大书法家，创新的画家……一个月夜的漫步者，一个诗人，一个生性诙谐爱开玩笑的人。""他曾为妓女题诗，他与和尚趣谈，他为百姓求雨，他四处游历。"同学们知道他是谁吗？

生（齐）：苏轼！

师：对！他就是"诗书画文"俱绝、多才多艺的苏轼——苏东坡！今天我们来学习他的一篇游记小品《记承天寺夜游》。

二、解决字词之困惑

师：同学们已经预习了课文。预习过程中，大家有没有遇到无法理解的字词或无法解决的疑难问题？

生："月色入户"的"户"是什么意思?

师:这个词我们学过,上学期在《木兰诗》中,"唧唧复唧唧,木兰当户织"。

生:我知道"木兰当户织"的"户"是门的意思,但是这篇文章中,作者说"解衣欲睡,月色入户",他要上床睡觉了,应该是会关门闭户的,所以我很疑惑。

师:你很善于联系实际生活。有些问题就和我们的生活密切相关,生活情境发生了变化,文字却保留不变,所以产生了问题。比如这个"户"字,这是一个象形字。《说文解字》中说,半门曰户。门,从二户。(板书"𝕰""𝕸"的商文)"户"就是单扇的门,"门"是两扇的门。现在我们楼房的门多是单扇的门,没有窗户。然而在古代,除大门外,堂屋、厢房的门大多开通风窗,并雕有各式精美的花纹。普通人家在通风处糊窗纸,而有钱人家则会糊各色窗纱。《红楼梦》中就有一个与窗纱有关的情节,贾母带刘姥姥参观潇湘馆,发现黛玉房内的绿窗纱旧了,而且园内皆是绿竹,绿色反而不配,于是吩咐王夫人给林黛玉换上一种薄如蝉翼、名叫"软烟罗"的银红色窗纱。雕有花纹、糊有窗纱的门又叫"绮户"。景色、月色透过窗纱,印入门内,别有一份诗情画意。苏轼的《水调歌头·明月几时有》中便有"低绮户,照无眠"的诗句,古诗词中还有很多与绮户、窗纱有关的诗句,将来读到时大家要特别留意。

生:"念无与为乐者"中的"为乐"是什么意思?我查阅《文言文全解》,里面的注释是"交谈取乐",可是文中没有写作者和张怀民如何交谈取乐啊!

师:你会查阅资料解决问题,最重要的是你不盲从,善于思考,很值得我们学习。大家认为"为乐"应该怎么解释?

生:我认为应该解释为"游乐",因为他们在院子里游玩。

生:我认为可以解释为"分享快乐",作者高兴了,想找人分享。

师:你这个解释很有创意。这个问题,我们暂时保留,后面我们从中选择一个最为合适的。

生:"盖竹柏影也"的"盖"课下注释是"大概是"的意思。那这一句就翻译为"大概是竹柏的影子","大概是"就有可能是,也有可能不是。那苏轼看到的到底是不是竹柏的影子呢?

师:你提的问题非常有价值,大家可以结合上下文来判断。

生:我认为苏轼看到的是竹柏的影子。因为后面说"何夜无月?何处无竹柏?",那夜确实有月亮,所以苏轼看到的确实应该是竹柏的影子。

师:你的推理很严密。大家还有什么问题?

生:为什么苏轼看见"月色入户"就"欣然起行"?而且作者也说了"何夜无月",月亮经常可以见到,那他这一次为什么这么兴奋?

师:你看到月亮有没有如此兴奋的时刻?

生(摇头):没有。

师:寻常人一般不会"月色入户"便"欣然起行"。这说明苏轼不是寻常人,有值得我们探究的价值。

生:我也不明白。课下注释说,此文写于苏轼被贬官黄州期间。他都被贬官了,为什么还这么快乐?

师:普通人此情此景应该心情郁闷,你的疑问很合理。

生:苏轼赏月为什么去找张怀民,而不是自己的家人?

生:为什么苏轼说自己是"闲人"?他很清闲吗?他此时的生活状态是怎样的?

师:的确,"闲人"这个词在旧课本上注释为"清闲的人"。你不仅关心要学习的文章,还关注文章背后的这个人,由文及人,非常会学习!还有没有问题?(没有人举手)那老师开始提问了。"欣然起行"的"行"是什么意思?

生:"行"是走的意思。"三人行,必有我师焉",这个我们在七年级时已经学过。

师:很好,记得很扎实,还会举一反三。"怀民亦未寝"的"亦"是什么意思?

生:"亦"是也的意思,"有朋自远方来,不亦乐乎"中的"亦"也是这个意思。张怀民也没有睡觉。

师:"相与步于中庭"的"步"是什么意思?

生："步"是散步、漫步的意思。

师：那"双兔傍地走"的"走"呢？

生："走"是跑的意思。

师：对。虽然我们今天常说"行走"，但在古代，"走""行""步"是三种心情、速度均有所不同的前进方式。将来我们还会学一个"趋"，小步快走，表示恭敬。

三、诵读文章之韵味

师：接下来，请大家用一句话概括这篇游记的内容，注意时间、地点、人物和事件。

生：元丰六年十月十二日夜，苏轼和张怀民在承天寺散步。

生：元丰六年十月十二日夜，苏轼至承天寺寻张怀民赏月。

师：大家概括得简洁又准确。接下来请一名同学朗读课文，大家认真感受苏轼、张怀民承天寺月夜散步时的心情。

（一生读课文）

师：你读得很好！如果你能把语速放得再慢一点，语气再舒缓一些，相信会读得更有韵味。老师给大家读一遍，和同学们分享一下我对课文的理解和感受。

（教师随《高山流水》古筝曲范读课文）

师：你听出苏轼夜游时怎样的心情？

生：我听出了苏轼轻松快乐的心情。

师：那文中有没有直接表明这种轻松快乐心情的句子？

生：我感觉是"欣然起行"。

师："欣然"是什么意思？

生：高兴的样子，愉悦的样子。

师：那谁能带着这种高兴、愉悦的心情，仿照老师的样子，再读一遍课文。

（一生读课文，读后大家鼓掌）

师：读文言文就应该读出这种古色古香古雅的韵味，让我们一起随音乐体会。

（生齐读课文）

四、品读作者之快乐

师：在朗读中，我们听出了苏轼内心的快乐。的确，《苏东坡传》中说"苏轼最快乐时就是写作之时"，能使读者快乐是苏东坡作品的一大特点。接下来，我们潜入文本，逐字逐句反复品读，细细咀嚼，发现并还原作者蕴藏在文章词句中的快乐。大家可以仿照老师的示例，以批注的形式在课文空白处写下自己的理解和发现。

（屏显示例）

我在"欣然起行"一句中发现了苏东坡因月色入户而迅即产生的喜悦。一个"行"字说明他内心涌起的那份快乐是多么强烈，多么真诚！

（生低声诵读，品味，思考，批注）

师：已写完的同学可以把你的发现读给身边的同学听，互相加以完善。

（生互相交流补充）

师：现在来展示我们的阅读成果。

生：我在"月色入户"一句中发现了作者因月色映入门内而产生的快乐。你看，明亮的月色就像一个朋友，不请自来，走入苏轼的房内，这让苏轼心里很快乐。

师：一个"入"字，月色便成了他的老朋友。月色相邀，老友相会，这是一份不期而至的快乐。的确，苏轼对月亮情有独钟，无论是圆月、明月，还是残月、冷月、缺月、孤月，都会引起他或悠闲或炽热或深沉的情感，所以他不会放弃任何一个美好的月夜。我们一起来读。

（屏显，齐读）

新月如佳人，出海初弄色。（《宿望湖楼再和》）

明月几时有，把酒问青天。（《水调歌头·明月几时有》）

我醉拍手狂歌，举杯邀月，对影成三客。（《念奴娇·中秋》）

缺月挂疏桐，漏断人初静。（《卜算子·黄州定慧院寓居作》）

惆怅孤帆连夜发，送行淡月孤云。（《临江仙·送钱穆父》）

华灯阆艰岁，冷月挂空府。（《次韵刘景文路分上元》）

孤村一犬吠，残月几人行。（《倦夜》）

师：大家还从哪里读出了作者的快乐？继续交流。

生：我在"相与步于中庭"一句中读出了苏轼的快乐。"相与"是指苏轼和张怀民一起。那天已经很晚了，他们依然在庭院中散步，所以我体会出他们当时非常轻松愉悦。

师：这里的"步"能不能换成"行"或"走"？

生：不行。因为"步"是散步，"行"是走的意思，"走"是跑，太着急了，换了就表现不出他们的悠闲了。

师：作者为什么不写他们如何交谈取乐或如何游乐，而只写他们"相与步于中庭"？

生：我觉得不写更能留给我们想象的空间。

师：你感觉这是一种"留白"。还有没有其他的意见？（生无人举手）那我们来探讨一下，作者赏月为什么要去寻张怀民。

生：因为张怀民是作者的朋友，这时候也被贬在黄州，他们经历相同。

师：仅止于此吗？我们来看一则资料。

（屏显）

> 张怀民，1083年被贬黄州，初寓居承天寺。虽屈居主簿之类小官，但心胸坦然，决不挂怀迁谪之事，公务之余，以山水怡情悦性，处逆境而无悲戚之容，为品格清高超逸之人。

师：读完这段介绍，大家又有了怎样的领悟？

生：他们都被贬黄州，但都不为此忧愁，心胸坦然。

生：他们都喜欢游山玩水，是品格清高超逸之人。

师：也就是说，他们不仅身世相同，而且志趣相投，可以说张怀民是苏轼的人生知己、审美知己。明月相邀，知己相伴，人生一大乐事也！那苏轼寻张怀民的结果如何？

生："怀民亦未寝"，怀民也没有睡觉，"亦"字写出了苏轼的兴奋。

师：如果怀民睡觉了呢？

生：作者会非常失望，非常扫兴！

师：一个"亦"字里有多少快乐与惊喜啊！这么巧，这么好！如果让你读这一句，你会怎么读？

（生读，一字一顿。众生笑）

师：大家的笑声说明这一句不应该这么读。那应该怎么读？

生：我觉得应该读得稍快一点，突出一下"亦"字。

师：稍微加速，把这种内心的惊喜流露到你的声音里。请你读！

（生读，笑出声来）

师：你太开心了，笑得不能自已，按捺不住内心的快乐。注意这是一种流淌在内心的欣喜，微笑着读就可以了。

（师微笑示范）

生（微笑，欣喜地读）：怀民亦未寝。

师：读得太好了！老师和你合作一把。我读"怀民亦未寝"，你读"相与步中庭"，看我们之间有没有默契。

（师生对读，第一遍学生语气较平）

师：还差一点点。刚才这位同学说了，这是一种漫步的悠闲，所以要惬意、投入地读。

（师生第二次对读）

师：如水月光下，知己相逢，无须过多交谈，相视一笑更胜过千言万语！宁静中更显情味悠悠！

生：我在"盖竹柏影也"一句中读出了作者的快乐。这句话意思是"原来是竹子柏树的影子啊"，这是他意外发现的，所以这是一种意外的快乐。

师：刚才有同学专门问到了这个句子，我们一起来看。这个"盖"字在蒲松龄的《狼》中出现过，我把这两种解释分别代入原文，并把它稍微做了一些改动。大家出声读读看：不同译法传达的感觉有何不同？

（屏显，生读，思考）

译法一：庭下如积水空明，水中藻、荇交横，原来是竹柏影也。

译法二：庭下（月色）如积水空明，水中藻、荇交横，大概是竹柏影也。

生：我认为译为"原来是"好。因为一开始他以为庭下是积水，后来才发现，那空明的积水原来是月色，水中纵横交错的藻、荇原来是竹柏树的影子啊！

师：你句尾轻轻扬起的"啊"不仅准确译出了"也"的含义，也准确传达出了作者的心理活动。

生：我认为"原来是"更能表现作者恍然大悟的心理，这是一种因为错觉而引发的意外的惊喜。译为"大概是"不仅没有了这种惊喜感，还让我们疑惑"苏轼看到的到底是不是竹柏的影子"。

师：意外的错觉引发了别样的发现、会心的惊喜。继续交流。

生：改动后补出了"月色"，句子却变平淡了。而"庭下如积水空明"则很美，而且给我们留下了猜想的余地、想象的空间。

师：补出了月色，失去了惊喜。请大家试着在这句话的空白处填两个语气词，把作者的情感波澜补出来。

（屏显）

　　庭下如积水空明，（　　　）水中藻、荇交横，（　　　）盖竹柏影也。

生：庭下如积水空明，（咦？）水中藻、荇交横，（喔？）盖竹柏影也。

师：你补得很好！如果能再大声点，让在座的老师和同学们都听到就更好了！

生（大声）：庭下如积水空明，（咦？）水中藻、荇交横，（喔？）盖竹柏影也。

（一男生小声表示不同意见）

师：我听到你跟她补得好像不太一样，请你来说一下。

生：庭下如积水空明，（啊！）水中藻、荇交横，（噫！）盖竹柏影也。

师：可是你刚才在底下不是这样说的，你说，庭下如积水空明，（咦——？）水中藻、荇交横——

生：（噢——！）盖竹柏影也。

师（笑）：唤醒了你刚才的记忆！

师：那是什么样的月色引发了作者的错觉呢？

生：空明的月色。

师："空明"是什么意思？

生：形容水的澄澈。

师：你由此还能想到哪些形容月光的词？

生：皎洁、明亮。

师：十分皎洁、明亮，以至于——

生：以至于作者把竹柏树的影子当成了水中的藻荇。

师：用竹柏影之黑衬月色的明亮，这种写法是非常妙的。谁能朗读原文，再现这空明的意境和这种恍然大悟的发现的惊喜？

（生读得声情并茂，大家鼓掌）

师：这区区85个字中，竟然蕴含了这么多的快乐：月色不期而至的快乐，朋友心意相通的快乐，知己相伴悠闲漫步的快乐，以及沉醉月下美景、因错觉而引发的、意外的、发现的快乐。哪位同学能朗读全文，传达出这精妙曲折、摇曳多姿的快乐呢？

（一生起立朗读）

师：美景要"慢慢走，欣赏啊"，这篇文章我们也要放慢语速，静下心来，投入进去。读"念无与为乐者"时，要放慢语速，因为"念"字写出了苏轼瞬时的思量与搜寻，正是这一念之间的沉吟，"张怀民"跃上他的心头。还有，"遂"字中也蕴含着快乐。

生："遂"字写出了苏轼当时的兴致勃勃。

师：是啊！月色常有，但如果无人与你共赏，那快乐真要减去几分。苏轼找到了可以分享无边风月的人，怎能不快乐万分？"亦""盖"字等处要拖长音，微笑着读出那种欣喜。老师给你配上音乐。

（生随音乐朗读全文）

五、探究闲人之魅力

师：面对如此美景，如此空明之境，实在不宜长篇大论，他在内心抒发了自己的感慨。他抒发了怎样的感慨呢？

生：何夜无月？何处无竹柏？但少闲人如吾两人者耳！

师：对这句话你怎么理解？

生：哪里没有月亮？哪里没有竹柏？只是缺少两个像我和张怀民这样的闲人罢了！

生：他感慨月色和竹柏到处都有，随时可以看见，但可惜只有我和怀民才能看见。

师：其他的人呢？

生：其他的人没有这样幸运，欣赏不到这样美丽的景色。

师：真是可惜！你能读出"月和竹柏"在这里还指代"美丽的景色"，很有见地！"闲人"之"闲"仅指"时间上的清闲"吗？

生：我感觉还有心情的悠闲，有闲情雅趣。

师：一个人只有在怎样的心境下才能看得到这样空明的景色？

生：只有在平静、心中没有任何杂念的情况下才能看到这么美的景色。

师：宁静、空灵。我们再来看一段背景资料，解读"闲"的深层意蕴。

（屏显）

元丰二年（1079年），其政敌以"讪谤朝政"的罪名把苏轼投进监狱，这就是历史上有名的"乌台诗案"。审讯历时五个月，在多方营救下，加之神宗皇帝怜惜其才，苏轼幸而死里逃生，被贬往黄州，充黄州团练副使（宋代闲散不管事的官职），但不准擅离该地，并无权签署公文，没有薪俸。为维持生计，他租数十亩荒地经营，筑水坝，建鱼池，移树苗，种植稻麦和蔬菜，并在坡边自筑茅屋，号"东坡居士"。

生：苏轼此时没把名利得失放在心上，就是在逆境中也坦然对待。

师：是啊！欲见空明之月，须有空明之心。这快乐、悠闲背后是一颗清空了世俗名利与个人得失的宁静、空灵、纯真的赤子之心！一种超越了生死的心灵的大自由！现在，你就是苏东坡，你会为此而萌生怎样的情怀？

生：我觉得我会为此感到窃喜。因为没有人和我一样看到这样美的景色，也没有人能有我这样的心境和时间，只有我才有这样的境界。

师："众人皆无我独有，众人皆忙我独闲"的自得！请你读出这种自得和愉悦。

（学生读，然后师生齐读）

师：《记承天寺夜游》85个字，记录了那夜空明的景色，也记录了苏轼刹那间涌起的美妙情感。翻开《东坡志林》，翻开苏轼煌煌近百万言的著作，这样动人的瞬间比比皆是。

（屏显，齐读）

不应有恨，何事长向别时圆？人有悲欢离合，月有阴晴圆缺，此事古难全。（《水调歌头》）

江山风月本无常主，闲者便是主人。（《临皋闲题》）

夜饮东坡醒复醉，归来仿佛已三更。家童鼻息已雷鸣，敲门都不应，倚杖听江声。（《临江仙》）

莫听穿林打叶声，何妨吟啸且徐行。竹杖芒鞋轻胜马，谁怕？一蓑烟雨任平生。（《定风波》）

障泥未解玉骢骄，我欲醉眠芳草。可惜一溪风月，莫教踏碎琼瑶。

（《西江月》）

苏东坡最可爱的地方就在于他总能用这样的一份诗意化解生活的苦难，他总能在别人想不开、放不下的时候释然与超然。他始终热爱自然、热爱生活，所以即使身处逆境，他也能发现别人在天堂也无法感到的美。他的一生是载歌载舞的一生！

让我们背熟全文，铭记这个瞬间，用一生去慢慢体会他那如汩汩清泉流泻而出的情感！

（师生齐背全文，下课）

第二讲　柳宗元游记散文的"情"与"志"

——《小石潭记》解读与思考

《小石潭记》这篇散文我也曾多次执教。起初，多是照搬语文教师教学用书上的解读：文章写出了小石潭及其周围幽深冷寂的景色和气氛。此外，作者还在写景中传达出他贬居生活中孤凄悲凉的心境……这是作者被排挤、受迫害的身世遭遇的反映，我们可以从中体会到封建社会中失意文人的痛苦心情。

后来，整合《小石潭记》《岳阳楼记》《醉翁亭记》，进行"贬官情怀"专题学习，我才发现这种读法和教法的"严重后果"——课堂上绝大多数学生众口一词，"范文意境最阔大，欧文次之，柳文气象最小"，"范仲淹境界最高远，欧阳修次之，柳宗元境界最低"……且不说时代背景和人物性格千差万别，仅就这三篇文章而言，写作目的、写作情境也是各有不同，怎能得出如此结论？

追根溯源，我认为问题的症结出在自己身上——教师自己没有亲历细读的过程，没有与文本、作者展开真正的对话，没有思考所谓的"幽深冷寂"从何而来、"孤凄悲凉"是否贯穿全文、"封建社会中失意文人的痛苦心情"之"封建社会"有无学理支撑、教参解读者在走进文本之前是不是已经有了"既遭贬谪，便失去了快乐的权利"的成见……学生自然不能进行真正的阅读。

于是，我全面阅读柳宗元和范仲淹等人的作品、传记，同时参考孙绍振先生的文本细读理论和李泽厚先生的《美的历程》《华夏美学》等美学著作，然后运用微观分析辅以宏观考究的方法细读《小石潭记》。渐渐地，一个幽微、丰富的文本世界，一个立体、饱满的柳宗元展现在我的眼前：

在这篇240字游记小品中，柳宗元不仅写出了小石潭及其周围环境的幽深冷寂，更展现了其生机勃勃、摇曳多姿、充满野趣雅情的一面；不仅渗透了自己被贬谪的忧伤与痛苦，更流露了自己偶遇石潭时明亮、外显的快乐，以及沉浸于方寸石潭时含蓄而内敛的精神愉悦。

其一，审美的快乐流淌在字里行间

在文章前两段，柳宗元用审美的双眼观察小石潭及其周围景色，移步换形，为我们呈现了一个快乐、自由、空明澄澈的审美境界。

第一段中作者的视角是变化的，呈现出来的快乐是明亮而外显的。水石相激，如鸣珮环，清越动听，这是一种发现的快乐。篁竹相隔，不能一睹为快，令人心生无限期待，这是一种因距离而产生的令人神往的快乐。伐竹取道，在密密的竹林中亲自去探索，这是一份体验的快乐。"全石以为底"，水竟然这样"清冽"，石潭这样精致小巧；岸边的岩石竟然如此千姿百态，青树翠蔓如此摇曳多姿，充满野趣雅情：这是一份意外的快乐。

而第二段则为我们呈现了另外一种快乐，一种含蓄而内敛的精神愉悦。这一段中蕴含着深刻的禅意。此时此刻，柳宗元沉浸在这方寸石潭中，心空了、静了，与游鱼物我相融，与烦嚣的尘世暂时绝缘，所以才体察到了"影布石上"这一微妙动人的瞬间。"静故了群动，空故纳万境"，这是寻常之人极难达到的艺术境界，也是人生的至高境界。

其二，现实的忧伤与审美的快乐交织回旋

当作者的目光从石潭移开的一刹那，柳宗元回到了现实世界，心情也悄然发生了变化："斗折""蛇行""犬牙差互"三个丑陋的比喻暗示了他心情的暗淡，而"寂寥无人""凄神寒骨""悄怆幽邃"，则显示他的心情由暗淡进而转变为孤寂、凄清，直到忧伤。

从明至暗，明暗交织，快乐、忧伤激荡回旋，恰是柳宗元真实生活的写照，也是柳宗元贬谪人生的两个方面——文人的敏感多情使他暂时远离尘世、超凡脱俗，而政治家的执着又让他"不能忘情现实环境、居住条件，甚至国计民生"①。凄凉时不失快乐，悲伤中仍坚守理想。

虽然同属写景记游的经典作品，但本文表现的情感相较《记承天寺夜游》更微妙复杂——《记承天寺夜游》表现的是刹那间快乐的心境，相对比较单一；而《小石潭记》涉及的"空静"与"灵动"以及"乐"与"忧"的关系，尤其是其中"忧"的层次变化比较隐晦含蓄。这对于缺乏相关背景知识和美学知识的初中生来说，更是难以理解。因此，教学本文时，除了和《记承天寺夜游》一样适时运用还原法、比较法外，更要提供适量的精选助读资料，创设各种情境，拉近学生和久远年代以及作者之间的距离，并引导学生由表及里，由景入情，景情相生，进而由"乐"入"忧"，走进柳宗元的内心世界，努力还原真实丰满的柳宗元。具体说来，主要遵循如下路径展开教学：

首先，从学生的感受出发。阅读是学生的个性化行为，从学生对文章的整体感受出发，才能实现学生与文本、作者的视界融合。因此，教学之初，我和学生一起循文入义，披文入情。通过反复朗读，细致圈画、梳理，深情范读，师生共同感受流淌在字里行间的作者情感。学生通过自己的眼、口、耳、心浸入文本，很快发现了作者"由乐入忧"的情感及其变化。同时，我用随机生成的评价语言"你的感受非常丰富。不知大家有没有仔细听这位同学的发言，实际上她发现了作者情感的变化"，及时肯定和鼓励学生的发现，激发学生的阅读兴趣和动力。

其次，在活动中体验。具体说来，主要采用如下方式激发、丰富学生的体验。一是示范。语文教师在课堂教学中的最大作用是示范，因此细读伊始，我先给学生"示范"，通过"示范"启示学生：我就是这样细读的，用这样的阅读方法读出了这样的理解。你们这样读，也可以读出自己的成果。换句话说，就是教师"怎么读就怎么教"，用生动贴切的示例，把具有学理深度和难度的细读方法浅化为一种可以模仿操作的阅读策略。当然，这样的示范需要精心设计，既要有一定的高度，又要贴合学生的知识和心理经验；

---

① 孙绍振：《孙绍振如是解读作品》，福建教育出版社2007年版，第8页。

既要有一定的范式，还要活泼、自由；一定要贴近学生的经验水平，开启学生的思维；必须真正出自教师之心、之手、之口。二是改写。改写是"一种简单实用的教学凭借"①。在"品读作者的快乐"环节，我多次运用这种教学凭借。先是让学生试着在"水尤清冽"前后填补两个语气词，补出作者的心里话；然后，请学生结合第一段的内容，用"从'如鸣珮环'的水声中，我已预料到……但出乎我预料的是……"这个句式还原作者意外的惊喜和感叹；另外，用自己改写的小诗帮助学生理解第二段景物描写中所含的"空静"与"灵动"的关系。从学生的品读成果来看，这些改写活动激活了学生的思维，比较轻松地引领学生的体验走向了细腻、饱满和深刻。三是比较。比较是人类认识事物的基本方法。比较法可以"从文学作品的统一性中，分化出不同的成分，分化出矛盾"②，发掘出一些关键词语背后隐藏的"作者和人物的心灵密码"。在这堂课里，我主要抓住文中的"见"和"望"这两个关键词进行比较，体会柳宗元在不同瞬间的不同心境。同时，这个比较与陶渊明《饮酒》中"望""见"二字的比较恰好相反相成，因此，还能潜在地实现不同历史条件、不同艺术风格或不同流派作品之间的比较，从而发现散文倾向写实的独特之处及柳宗元"执着于现实"的独特人格魅力。

第三，在对读中深入。王荣生先生在谈及"定篇类语文教材内容用什么去教"这一问题时认为：不设法把久远时隔的历史拉近，不设法把作品放置在我国文学的历史长河中，不提供与作者及作品相关的丰富资料，要说学生会"感受"到作者的伟大，"感悟"出作品不朽的艺术魅力和在文学史上的崇高地位，是难以想象的。③而且，作为教师，我也是在全面阅读了与作者相关的作品以及相关文艺理论和美学著作后才有了深入的理解。因此，要想真正走进文本和作者，必须为学生提供必要的资料支撑，进行互文对读。

在广泛占有资料的基础上，我熟读并精心选择了如下与课文解读有关的背景资料。

---

① 王唐平：《改写：一种简单实用的教学凭借》，载《语文教学通讯》2015 年第 5 期。
② 崔雪梅等：《运用还原—比较法解读作品》，载《语文教学通讯》2013 年第 3 期。
③ 王荣生：《语文科课程论基础》，上海教育出版社 2003 年版，第 298 页。

1. 柳宗元出身真正的门阀贵族。柳宗元祖籍蒲州解县（今山西运城市西南解州镇），古代这里属河东镇。在北朝，柳、薛、裴并称为"河东三著姓"。唐王朝的统治核心"关陇集团"根据地就包括柳宗元故乡古河东，因此柳氏一族在唐王朝建立过程中起到了重要作用，祖上均为高官大僚。其五世祖柳楷做过四州刺史，柳楷之侄柳奭为太宗贞观年间中书舍人、唐高宗朝宰相，其外甥女王氏为皇后。柳氏一族可谓是权贵加外戚，势力显赫。但到柳宗元时代，家族沦落。但在当时重门第（族出不名的李白自称陇西李氏，系出龟兹族的白居易、匈奴族的刘禹锡等人也分别在汉魏世家中寻找祖先）的风气下，这给了他修身律己、建功立业的激励，使他少年起便想做一番救世济时的大事业，树立了"行乎其政""理天下"的远大目标。

2. 柳宗元母亲卢氏，出身于当时著名士族范阳卢姓。卢氏贤淑聪敏，识见不凡，豁达大度，受过良好的教育，七岁通《毛诗》及刘向《列女传》。柳父早殁，柳宗元早年丧妻，一直是柳母主持家务，母子长期共同生活，她是柳宗元的辅助者和支持者。柳宗元被贬永州，她年近七旬仍坚持随同前往，并鼓励柳宗元说："明者不悼往事，吾未尝有戚戚也。"

3. 柳宗元26岁时，参加博学宏词科考试登科，受命为集贤殿书院正字，校理经籍图书。三年任满，调补京兆府蓝田县尉，负责文书。底层官僚的生活，让他对政治的黑暗、吏治的腐败有了较深切的认识。他逐渐形成了革新的要求和主张，并逐渐结交了王叔文、王伾（后来的唐顺宗李诵的近侍）和刘禹锡等志同道合的朋友。

4. 柳宗元33岁时，唐顺宗李诵即位，柳宗元被提升为礼部员外郎，掌礼仪、祭祀、贡举之政，开始参与革新。半年后，革新失败，柳宗元被贬邵州刺史，他带着老母卢氏和两位就学于他的年轻人——表弟卢遵和堂弟柳宗直前往被贬之地。还没有渡过长江，又接到加贬永州的诏命。

5. 到永州不到半年，卢氏病逝。王叔文被赐死于贬所，王伾到贬所后不久病死。艰苦动荡的生活和精神上承受的打击和压力，恶化了他的身心健康。他被迫退出自己热衷的政治活动，虽也时常处于激烈的思想矛盾之中，但执着地坚守自己的信念，"虽万受摈弃，不更乎其内"，坚持在困境中寻求立身行道的出路。①

这些资料均随文相机出示，以期达到最佳效果。比如，把写作背景巧妙融入导入语，为后面的学习做铺垫；订正追问，援引《说文解字》强化学生对"卷"字的理解；评价肯定"一切景语皆情语"，褒扬学生的阅读成果；立足学生对"影布石上"的感悟，回顾历代名家相关写景手法，积累语言素材；抓住学生的发现——"寂寥无人"与"同游者五人"之间的矛盾，补充吴武陵等人的介绍；由"望"与"见"的比较，引入柳宗元的身世经历和贬谪时期的系列作品……力求整体教学由浅入深有序推进，局部对话充分尊重学生，并紧贴学生的感受和需求，推动学生走进言语深处。

李海林先生认为：语文阅读教学最紧要的是教师个人对文本一定要有具体的解读过程、解读结论，这种个人化的解读过程、解读结论是教学设计的必要前提；然后，教师引导学生遵循共同的阅读方法、阅读路径，"复制"教师对文本的解读过程和解读结果。②和学生一起亲历细读的过程，体验审美的愉悦，亲眼见证学生运用老师提供的方法、路径，自然生成丰富鲜活、充满个性的解读成果，这是我执教此课的最大收获和快乐。

别样的快乐与忧伤
——《小石潭记》教学实录

一、创设情境，导入新课

师：公元805年，一个33岁的文人，因为参加了一场政治革新而被贬出京，以戴罪之身，携带堂弟、表弟和67岁的老母，一路风尘仆仆赶往湖南一

---

① 孙昌武：《柳宗元评传》，南京大学出版社1998年版，第1—95页。
② 李海林：《语文教学要有"干货"》，载《语文学习》2015年第3期。

个名叫永州的蛮荒之地，一住就是十年。十年间，一篇篇或清莹或深刻的文章在他的心头酝酿，在他的笔尖流淌；他与永州的美丽邂逅，让华夏文学又一次凝聚出了新的辉煌。他就是——

生（齐）：柳宗元。

师：今天，就让我们走近他的《永州八记》之四——《小石潭记》。

二、诵读，感受文章的基调

师：请同学们自由朗读课文，注意：读准字音，读好停顿，读出情感。

（生自由朗读后指名读，师倾听并订正读音和停顿）

① 乃/记之/而去

② 其岸势/犬牙差互

③ 近岸，卷（quán）石底以出

师：大家知道为什么这里"卷"字读"quán"音吗？

生：我认为这里的"卷"是"翻卷"的意思，所以读"quán"。

师：查字典了吗？

生：没有。课下注释这么解释的。

生：这里"卷"是"弯曲"的意思。

师：对。据许慎《说文》记载："卷，膝曲也。"所以当"弯曲"讲时，读"quán"。现在，我们齐读课文，注意刚才指出的词语读者和停顿。

（生齐读全文）

师：这是一篇山水游记。在这篇游记中柳宗元描写了哪些景物呢？

生：作者在第一段写了篁竹、小潭、树、藤蔓和鱼。

生：在第一段还写了水，写了石头——"全石以为底"。

生：还有第三段的"潭西南而望"，写了"小溪"。

师：那有没有写源头？

生：没有。

师：你怎么判断出来的？

生：因为文中说"不可知其源"，就是说"不知道它的源头在哪里"。

师：所以这里写的是"溪流"，而不是"源头"。你的判断很准确。还有哪位细心的同学来补充？

生：第四段第一行写了"竹树"——四面竹树环合。

师：作者是按照怎样的顺序来写的？

生：是空间顺序。

师：对。具体来说是怎样的空间顺序？先写了什么？

生：先写了竹，后写了潭水，然后是潭底的石头、岸边的石头，还有青树、翠蔓、鱼和溪流。我感觉是由近及远，按照游览的顺序写的。

师：你后一句说得很对。是按照游览的顺序写的，移步换景。我们写游记时可以学习本文，按照"游览的行踪"来写。有景处皆有情在，那柳宗元在游览小石潭时又是一种怎样的情感呢？请允许老师为大家朗读课文，然后说说，你感受到了柳宗元游小石潭时怎样的心情。

（师配乐范读全文，生鼓掌）

师：从同学们的掌声中我听出了大家对我的肯定，相信大家也感受到了作者的情感。

生："青树翠蔓，蒙络摇缀，参差披拂"这里生机勃勃的，我感觉作者应该是快乐的。因为"一切景语皆情语"，作者笔下的风景这么美，他一定很快乐。

师：我非常认可你所说的"一切景语皆情语"，这是大学者王国维的话，你的阅读面真广。

生：我从"心乐之"中可以看出柳宗元游小石潭时很愉悦、快乐。

生：我从"凄神寒骨，悄怆幽邃"中发现了作者的忧愁。作者参加政治运动被贬，虽然他看见这些景物时是快乐的，但这种快乐是暂时的，他心中还是有些忧愁的。

师：你的感受非常丰富。不知大家有没有仔细倾听这位同学的发言。实际上她发现了作者情感的变化。

生：先是愉悦、高兴的心情，后来又是忧伤的。

师：具体说来，哪几段写的是愉悦、高兴的心情？哪几段写的是忧伤的心情？

生：具体说第一、二段是写愉悦、高兴的心情，第三、四段写的是忧伤的心情。

三、品读，体验审美的快乐

师：接下来，让我们潜入文本，品景悟情。请同学们细读第一、二段，细细咀嚼，静静思考：哪些词句流露了作者的快乐？这是一种怎样的快乐？你可以学着老师的样子，以批注的形式简要写下自己的理解。

（屏显）

我在"下见小潭"的"见"字中发现了作者的快乐。这是一种探幽访胜的好奇心突然得到满足的快乐。试想，在柳宗元"伐竹取道"的过程中，与清冽的小石潭猝然相遇，他的心情该是多么快活啊！

生：我从"心乐之"一句中发现了作者的快乐。水拍打着石头，发出悦耳的声音，给作者一种发现的快乐、满足的快乐。

生："隔篁竹"这个"隔"字给人一种神秘感，这是一种因为好奇心而引发的快乐。

师：一种因距离而产生的令人神往的快乐。

生：我从第二段中的"潭中鱼可百许头，皆若空游无所依"中的"无所依"读出了作者自由自在的快乐。

生：我从"水尤清冽"的"尤"字中发现了作者的快乐，这是一种探访幽境意外发现的快乐。

师："尤"是什么意思？

生："尤"是格外的意思，"水尤清冽"是水格外地清凉。

师：这是我们翻译的意思。如果柳宗元在心里说的话，是不是这样说——水格外清凉。

生（摇头）：我觉得他应该是说：啊！多么清凉的水啊！

师：你还原得非常好！请同学们试着在这句话的空白处填两个语气词补出作者的心情。

244

（屏显）

　　伐竹取道，下见小潭，（　　）水尤清冽（　　）。

生：第一个空填"啊"，第二个空填"呀"。

师：你结合原文说一说。

生（有感情地）：伐竹取道，下见小潭，啊！水尤清冽呀！

生：伐竹取道，下见小潭，哇！水尤清冽呀！

生：我觉得第一个空里也可以填"咦"，以表现意外之情。

师：变成自己的话说一下。

生：伐竹取道，下见小潭，咦？水怎么这么清凉啊！

师：其实让作者感到惊喜和意外的不仅仅是水。请同学们结合第一段的内容，用这样的句式还原作者意外的惊喜和感叹。

（屏显交流句式）

　　从"如鸣珮环"的水声中，我已预料到……但出乎我预料的是……

师：老师先来。从"如鸣珮环"的水声中，我已预料到有水和石头，但出乎我预料的是水怎么这么清凉呀！我借用了刚才这位同学的发言。同学们可以往下接。

生：从"如鸣珮环"的水声中，我已预料到有石头，但出乎我预料的是潭很小。

师：很小？怎么小？

生：以整块石头为底。

师：那你再梳理一下。

生：从如鸣佩环的水声中，我已预料到有石头，但出乎我预料的是潭竟然以整块石头为底，这么小。

生：我已预料到岸边有石头，但出乎我预料的是岸边的石头千姿百态。

生：我已预料到会有树木和藤蔓，但出乎我预料的是岸边的青树翠蔓遮掩缠绕，蒙络摇缀，参差披拂，竟然如此美丽！

生：从"如鸣佩环"的水声中，我已预料到水在拍打着石头，但出乎我预料的是水拍打的是整块石头。

师：这真是一份摇曳多姿、丰富多彩的快乐。最关键的是这份快乐是怎么得来的？

生：他是自己发现的。

生：他自己创造了这份快乐。

生：他偶然遇到的，自己创造的，亲自"伐竹取道"探索体验到的。

师：让我们通过朗读再现这丰富多彩、摇曳多姿的快乐。

（一女生动情朗读第一段）

师：你的语气语调让我感觉到你已经沉浸其中了，但是有点小瑕疵。语速是不是应该改变一下？

生：我觉得应该有的地方快点，有的地方慢点。

师：对！哪里该快，哪里该慢呢？老师给大家一个小提示：描写动态的语句读得稍快一点，描写静物的语句要读慢一点，句尾再拖一拖音。你来试一下。

（一男生朗读，情感投入，但读错两处）

师：你的句尾读得很好。我们把刚才没读好的地方再读一遍，好吗？

（男生再读，声情并茂。读完，全体学生自发鼓掌。"蒙络摇缀"的"络"还是读成了"lào"）

师：还是有一点小瑕疵，不过没有关系，世间没有完美的事情。注意，蒙——

生（接）：络（luò）！

师：这次读对了！我们一起来，青树翠蔓——

生：青树翠蔓，蒙络摇缀，参差披拂。

师：为你的勇敢坚持鼓掌！刚才那位同学从"皆若空游无所依"的"无所依"中读出了什么？

生：自由自在。

师：对！自由自在的闲适的快乐。那这里仅仅是写鱼吗？

生：还写了小潭的小。我从"潭中鱼可百许头"可以看出潭非常小，而且水非常清。一个小潭如果能够数出其中的鱼有多少条，这说明它非常的小；如果它大的话，就数不出来了。

生：还写了潭水的清澈。"皆若空游无所依"，意思是鱼儿好像在空中游动，无所依傍。好像看不到那些水似的，这说明了水的清澈。

师：水清到了消失的境地。除此之外，作者还怎样写水的清？

生："日光下澈，影布石上"，是说阳光照到水底，鱼的影子竟然能够映照在水底的石头上，这也可以看出水的清澈。

师：你用了一个词很准确，就是"竟然"。因为通常状况下，我们能看到水中的鱼，但是——

生：看不到映照在水底石头上的鱼的影子。

师：对！看不到鱼儿映在水底石头上的黑影儿。在这里，柳宗元不仅继承了吴均和郦道元"以鱼的可视反衬水的清澈"的写法，而且更进一步，用"影布石上"、游鱼纤细的黑影来衬托水的明亮澄澈。观察更细致入微，情思更细腻动人，后来苏轼就学了去，用在了《记承天寺夜游》中。我们一起来回顾一下。

（屏显，生齐读）

　　　水皆缥碧，千丈见底。游鱼细石，直视无碍。

　　　　　　　　　　　　　　　　（南朝梁吴均《与朱元思书》）

　　　绿水平潭，清洁澄深，俯视游鱼，类若乘空。

　　　　　　　　　　　　　　　　（北魏郦道元《水经注》）

　　　庭下如积水空明，水中藻、荇交横，盖竹柏影也。

　　　　　　　　　　　　　　　　（北宋苏轼《记承天寺夜游》）

师：柳宗元是在怎样的心境下，看到了这样细微动人的景色的？老师把这一段改写成了一首小诗，请一名女同学读一读，大家静心想象。

（屏显，一女生朗读）

　　　清澈的日光里

　　　几条鱼儿在打盹儿

　　　静静的鱼影

　　　抹在石底

　　　似淡淡的水墨

　　　忽然你飞走了

是我的笑

把你惊醒

还是

你惊醒了我的梦

师：我得感谢这位同学，我打的是"日光"，她读的是"目光"，我感觉她的改动更有情致。柳宗元是在怎样的心境下，看到了这样细微静谧的景色的？

生：我感觉他是在悠闲、悠然的心境下，看到这细微静谧的景色的。

生：此时此刻，他清静、悠闲、愉快。

生：他沉浸在这幽美的风景中。

师：他心空了，静了，物我两忘，心无挂碍，所以才体察到了这自然的微妙、灵动与充实。我请两名同学朗读体验这空灵而又充实的愉悦。

（男）潭中鱼/可百许头，

（女）皆若空游/无所依，

（男）日光/下澈，

（女）影布/石上。

怡然/不动，

（男）俶尔/远逝，往来/翕忽，

（女）似/与游者/相乐。

（齐）似/与游者/相乐。

（读后，男女生配乐齐读体会）

四、对读，体味现实的忧伤

师：作者的忧伤蕴含在哪些词句中？

生：在"凄神寒骨，悄怆幽邃"中。

师："悄怆"什么意思？

生："悄怆"是悲凉忧伤的意思。

师：他丰富了这个词语的意思。

生：从"凄"和"寒"字更能看出作者的忧伤。用高淑娴的话说就是"一切景语皆情语"。

师："凄"和"寒"缘于什么？

生：四面竹树环合，寂寥无人。

师：老师给大家补充一点：这篇文章写于公元809年阴历十月左右，初冬之时。"坐"潭上，自然凄神寒骨。身体的冷触发了心里的寒，自然景物的凄清诱发了作者内心的忧伤。

生：我从"寂寥"中看出作者的忧伤。"寂寥无人"就是寂静空阔，没有一个人。他后面又说"同游者：吴武陵，龚古，余弟宗玄，崔氏二小生"，这说明他是和别人一同去的，但是他说没有一个人，可以看出他内心的孤独，更能衬托出他的忧伤。

师：你认为这个"寂寥"不仅是环境的寂静空阔，还指心情的寂寞、孤独。而且这位同学发现了一个矛盾：他是和五个人一同去的，为什么却说空无一人？

生：我感觉其他人是不懂他的，无法走进他的心里。

师：你有没有发现，作者在记述这五个人时，是分成两部分记的？是所有的人不懂他的心吗？

生：不是。

师：那是谁不懂他的心？

生：我感觉是崔氏二小生。

师：老师查阅了孙昌武的《柳宗元评传》，提取出了这些信息。请一名同学读一下。

（屏显）

吴武陵，元和二年进士及第，不久贬来永州，与柳宗元志同道合；龚古生卒不详，亦是柳宗元朋友；堂弟柳宗玄始终追随柳宗元。他们思想上同气相投，同声相应，然而其思想和政治主张不容于当时的社会。

（孙昌武《柳宗元评传》）

师：从这里大家有什么新的发现？

生：我觉得是除崔氏二小生外，吴武陵、龚古和柳宗玄是懂他的。他们都是被贬谪的,他们的思想不容于当时的社会。

师:所以说,这不只是个人的寂寞,而是思想的孤独。那作者的心情是从什么时候开始变化的?

生:"潭西南而望"的"望"。

师:能不能把"潭西南而望"的"望"换成"下见小潭"的"见"?

生:不能。我感觉"见"是隔得比较近,而"望"比较远。

生:我觉得"见"是不经意间见到的,而"望"是努力地、极力地向远处看的感觉。

师:"望"是侧身之人立于土堆之上,竖目,瞳子突出,有登高远看之意。如果说"见"是一种无意无心的行为,那么"望"则是一种主动的追求。"下见小潭"的"见"让我们读到的是——

生:意外收获美景的喜悦。

师:而这个"望"字则寄予了一种期盼。

五、拓展,还原作者的人格魅力

师:当柳宗元"西南而望""环顾四望"时,心里会想起什么?期望什么呢?

(屏显)

柳宗元出身官宦世家,少有大志,以"兴尧舜孔子之道,利安天下苍生"为己任。

柳宗元壮年被贬,在永州无实职无官舍,寄居在冷清昏暗的龙兴寺内。政敌仍不肯放过他,造谣诽谤,人身攻击,把他丑化成"怪民"。

妻子早亡,爱女夭折,到永州不久,老母又离开人世。几次无情的火灾,严重损害了他的健康,竟到了"行则膝颤,坐则髀痹"的程度。

柳宗元始终认为革新本身并没有错,是朝政的黑暗和腐败使他的抱负难以实现。

他始终关注政治和民间疾苦,写下了大量关心国计民生的诗文,如《捕蛇者说》《童区寄传》等。

生：他可能会想现在朝政是否昏暗，人民的疾苦是否有人管。他期望人民的疾苦有人能解决，也希望有一位明君发现他这样的人才。

生：他期望统治者接受他的思想，他可以为国效力，施展他的抱负。

生：他可能会想到他死去的妻子、夭折的爱女和不幸离世的母亲。他期望他的家庭重新团圆。

师：其实他自己的家庭已经没法团圆美满。

生：但是他想让别人的家庭团圆美满。

师：所以，他是希望"兴尧舜孔子之道，利安天下苍生"，他想利国利民，他想改变黑暗现实，他要实现政治理想，可是路尽途绝。尽管如此，他仍像"投迹山水地，放情咏离骚"的屈原，背依永州秀丽的山水，饱蘸永州清冽的泉水，写下了这些或清莹或深刻的文章。

（滚屏显示）

1. 柳宗元在永州的作品及写永州山水的名句

吟咏山水，抒发胸中郁闷和心中理想：

《永州龙兴寺西轩记》

《始得西山宴游记》

《钴鉧潭记》

《钴鉧潭西小丘记》

《至小丘西小石潭记》

《袁家渴记》

《石渠记》

《石涧记》

《小石城山记》

《游黄溪记》

《渔翁》

《江雪》

《愚溪对》

《囚山赋》

《起废答》

《吊屈原文》

关注现实，关心民瘼，表达政治思想：

《田家》

《捕蛇者说》

《送薛存义之任上》

《封建论》

《非〈国语〉》

《天对》

《天问》

…………

写永州山水的名句：

① 然后知是山之特立，不与培塿为类。（《始得西山宴游记》）

② 孰使予乐居夷而忘故土者，非兹潭也欤？（《钴鉧潭记》）

③ 今弃是州也，农夫渔父过而陋之，贾四百，连岁不能售。而我与深源、克己独喜得之，是其果有遭乎！（《钴鉧潭西小丘记》）

④ 孰能为余凿大昏之墉，辟灵照之户，广应物之轩者，吾将与为徒。（《永州龙兴寺西轩记》）

⑤ 千山鸟飞绝，万径人踪灭。孤舟蓑笠翁，独钓寒江雪。（《江雪》）

2. 后人眼中的柳宗元

他是把自己的性格身世跟山水结合起来爱它的。所以他能够写出永州山水的特征，创造出新的境界，写出情景相生的游记来。

（周振甫《古代散文十五讲》）

柳宗元身处逆境的时候，不仅没有沉沦堕落，反而给我们奉献出了美妙的诗句、美好的文章，这就是一种伟大的能力——将生活中的痛感转化为艺术中的美感，将生活中的折磨转化为艺术中的享受。

（康震《康震评说唐宋八大家：柳宗元》）

师："将生活中的痛感转化为艺术中的美感，将生活中的折磨转化为艺术中的享受"，这就是柳宗元，一个用审美的双眼捕捉美丽、传达快乐的文学家，一个不能忘情于现实与政治的痛苦的政治家。他对永州的山水"深有所爱"，他始终坚守自己的政治理想，他真实袒露自己寄情山水、抚慰心灵的快乐与忧伤。他为自己煮出了一壶清香的好茶，也为后人奉献了千年的清香。让我们背熟课文，用一生来慢慢体会柳宗元的景与情。下课！

第三讲　张岱"梦忆"散文的美学透视

——《湖心亭看雪》解读与思考

语文学习的材料主要是大量的审美化了的语言艺术结晶，尤其是凝聚了华夏民族独特的历史文化内涵的经典古诗文，更是蕴含着极其丰富的美学因素。2011年版《义务教育语文课程标准》在"实施建议"中也特别指出："应让学生在主动积极的思维和情感活动中，加深理解和体验，有所感悟和思考，受到情感熏陶，获得思想启迪，享受审美乐趣。"但审美教育一直是语文教育中的薄弱环节，甚至存在将审美教育误解为艺术教育或道德教育的现象。2013年、2014年，我借山东"中澳之桥"项目、山东省初中语文古诗文教学研讨会之契机，在张岱《湖心亭看雪》的教学过程中，和学生一起走进中国古典美学的殿堂。

一、古典美学视角下的文本解读

《湖心亭看雪》是张岱个人"精神艺术化的结晶"，也是影响张岱精神成长和审美意趣的重要因素，儒道思想、魏晋风度、"性灵说"以及中国书画文化都在此文中有或多或少的体现。因此，我们需要把文本还原到它所产生的历史母题与艺术谱系中去，还要把文本背后的作者作为一个审美对象，置入中国古典美学的背景中去考察、玩味，从文字、文学、文化、文人多个维度透视并发掘出其独具的美。

（一）追求个性与痴守故国

古人讲究"立象以尽意"。要穷尽"象外之意"，须把文本还原到历史语境中去。因此，阅读张岱的《湖心亭看雪》，也要回到张岱生活的时代中去，还原张岱大起大落的人生经历。

张岱出身名门望族，先祖为四川绵竹人，所以他常常自称"蜀人张岱"。高祖中进士，曾经官至吏部主事；曾祖中状元，任翰林院编修；祖父亦是进士；其父不取功名，对音乐戏剧的兴趣远超读书做官。祖父张汝霖对张岱影响最大，他为人旷达，醉心魏晋及刘宋文化，欣赏谢灵运，曾特地刊印《世说新语》，并随身携带阅读，当时之人皆赞其有晋名士风采。张岱生活的时代是王阳明"心学"、李贽"童心说"、公安派"性灵说"盛行的时代，人们要求个性解放，摆脱礼教束缚。

特殊的家风与特殊的时代，使张岱养成了重家国却又任性洒脱的名士做派、入世俗却又超凡脱俗的审美视角——一方面，他自幼通晓儒家经典，根植家国情怀；另一方面，他敬慕王羲之、陶渊明（一说张岱母亲姓陶，一说张岱特别仰慕陶渊明，所以自号"陶庵"）等魏晋名士，追求淡泊、自由、率真之气。

所以，早年科举失利后，他能潇洒转身，尽情发展自己的意趣和才华。诚如他在《自为墓志铭》所述，他"爱繁华，好精舍，好骏马，好梨园，好古董，兼以茶淫橘虐，书蠹诗魔"，所有纨绔子弟中流行的各种爱好，他都精通熟知——他精于园林、茶道品鉴，能自唱自演，还能写剧本。他热衷结交文人、工匠、伶人、和尚、道士、歌妓，他视各种奇才异志者为知交故友。他主张"人无癖不可与交，以其无深情也；人无疵不可与交，以其无真气也"①。可以说，他前半生周旋于读书和享乐之间，对自己的各种癖好甚为自得。他认为这正是自己有深情、有真气的表征，以自己的特立独行而自傲。②

张岱四十八岁时，明朝覆亡，他能坚守气节，痴守故国。他曾参加过反清复明的活动，失败后"披发入山"，在山僧的掩护下辗转避居南方山庙之间。在那段飘零的岁月中，曾经享尽荣华富贵的他"布衣蔬食，常至断

---

① 张岱：《陶庵梦忆》，青岛出版社 2010 年版，第 113—227 页。

② 陈平原：《"都市诗人"张岱的为人与为文》，载《文史哲》2003 年第 5 期。

炊"，尝尽各种磨难，阅尽各种苍凉，开始着手撰写明史和《陶庵梦忆》
《西湖梦寻》。①《陶庵梦忆》成书时，已是顺治三年，他在清人统治下生
活也已有36年之久，然而他至死不称清朝年号，自称"有明之人"，并且特
意嘱人在墓碑上大书"有明"二字以表明他的遗民身份。②在他的后半世，
家国大恨是他心中最大的悲与痛，反清复明是他梦寐以求的愿望，但是严酷
的现实使他清醒地认识到这只能是一种幻想。他唯有用文字记录自己的感
伤、慨叹与悲凉，用自己的笔追忆前尘往事，重塑毁坏前的梦幻世界、浪漫
生活，用"冰雪之文"表达自己明遗民的坚贞气节。《湖心亭看雪》便是一
篇这样的"冰雪之文"。

（二）双重叙述视角与复杂情感

现行统编教材把《湖心亭看雪》作为一篇写景记游散文，与《岳阳楼
记》《醉翁亭记》编在一起。从文学的角度来看，古代的写景记游散文并非
某个单一而明确的文体，而是一个包含甚广的大类。比如陶渊明的《桃花源
记》侧重记事，是一则故事或小说。柳宗元的《小石潭记》是一篇中规中矩
的、有相当篇幅的游记散文，有游踪，有美景，更有移步换景而生的情感变
化。《岳阳楼记》叙实事，写虚景，融山水、情感、理想、人格于一炉，
是借记述亭台楼阁而阐发议论的政治美文。③而同样是亭台楼阁记，同是表
现政治思想，《醉翁亭记》则从中观视角描画自然景致、生活图景。苏轼的
《记承天寺夜游》是刹那间美景与空灵心境遇合的即时性速记，用酒泉霍军
老师的话说，这篇只有80字的小文就是一张随笔记录生活的"便笺"。《湖
心亭看雪》则是游记散文和回忆性散文的复合体，它不是即时性的，而是历
经国破家亡等变故后，在披发入山穷困潦倒之时"梦忆"往昔繁华的散文作
品。这种特殊情境下的作品，自然视角独特，百味具存。

---

① ［美］史景迁著，温洽溢译：《前朝梦忆：张岱的浮华与苍凉》，广西师范大学出版社2010
年版，第9—11页。

② 胡益民：《张岱评传》，南京大学出版社2011年版，第85页。

③ 梁衡：《〈岳阳楼记〉留给我们的文化思考和政治财富》，载《美文》2008年第10期。

　　与一般的回忆性散文一样，这篇短文中也存在两个张岱——一个是往事中的张岱，一个是写作时的张岱。如果把《湖心亭看雪》比作一幅空静苍茫的山水画卷，一个人烟俱寂、唯有吾心与雪与西湖同在的旧梦，那么画里画外、梦里梦外都有张岱的视线和情感在流淌。画里，35岁的张岱是贵公子，"拥毳衣炉火，独往湖心亭看雪"；画外，50余岁的张岱如野人，披乱发，着布衣，执笔凝神回望。

　　双重叙述视角增加了情感的层次。明朝灭亡前的张岱在西湖盘桓数十年，对西湖"一往情深"，他自述"日日看西湖，一生看不足"[①]。明朝灭亡后，他便日日梦西湖，琐细浮心中，西湖成了他心中解不开的情结。如果说，当年他爱的西湖是一处自然山水，那么"梦忆"时他爱的西湖则有了更为复杂的况味。就像他在《西湖梦寻·自序》中所说，"余之梦西湖，如家园眷属"。随着世事变迁，西湖由欣赏和把玩的对象变成了他往昔衣锦繁华的象征，一处绝美的山水成了他无所归止时用来慰藉心灵的知己、亲人，最后的精神家园。

　　双重叙述视角也增加了文本的纵深度，给读者带来了无限读解的空间。比如，亭上偶遇金陵人，张岱是否和金陵人一样"大喜"，历来争议不断。有人认为，他们二人均在"大雪三日""更定"之时前往湖心亭看雪，都有清雅不俗的情怀与志趣，虽是邂逅，却精神契合，所以应该异常惊喜。而有人认为，大喜的只是金陵人，张岱"独"往湖心亭看雪，本就不欲见人，亦不欲人见。所以才"强饮三大白而别"，这个"强"和"别"便写尽了冷冷的拒绝。

　　而我认为，人的心情是随时间、地点及条件的不同而不断变化的。所以，要判断张岱的心情，必须先剥离出是哪个张岱。明亡前的张岱特立独行，有着迥异于常人的审美情趣，对超凡脱俗之景兴致盎然，所以他独往湖心亭看雪。到亭上初见金陵人，他应该是有些意外与惊喜的，"湖中焉得更有此人"是金陵人喜出望外之语，也是张岱彼时彼刻的心声。因此，尽管陌

---

① ［明末清初］张岱：《雷峰塔》。

路相逢，他依旧"强饮三大白"。但从文中记叙来看，张岱与金陵人之异是远大于二者之同：他们一个"独往"，一个"两人铺毡对坐"；一个"烧酒炉正沸"，有备而来，热气腾腾，一个与西湖、冰雪融为一体，清高冷寂；一个"大喜"，一个未见声色；一个"拉"，主动寒暄，一个"别"，默然拒绝。这些迥异的言行，透露了他们对雪后西湖不同的情感——对金陵人而言，雪后西湖是外在于他们的事物，他们意在交谈取乐；而对张岱而言，他意在大雪三日后的西湖，西湖是他钟情的主体。而金陵人的出现则打破了这天人合一的境界，所以他乘兴而去，兴尽而返。或者说，在张岱心目中，他自视是超出于金陵人的，"强饮三大白而别"不仅表现了他的率性，还有一份孤高自许。

数十余年后，再次忆及此情此景，在意外、惊喜、孤高之外，心境、情感又发生了许多变化。比如作者"问"的是"其姓氏"，答的却是"金陵人，客此"。依前文金陵人的热情主动来看，应该不是问而不答或避而不答，那么便只有一种可能，是张岱故意这样写——此时触动张岱的不是那人的姓氏，而是"金陵""客此"的身份。彼时金陵人客居西湖，而今国破家亡，自己亦是客居山中，无所凭寄。而且，"金陵"是明朝故都，自己是明的遗民。所以，他用这样矛盾的表述曲折隐晦地表达自己"梦里不知身是客，一晌贪欢"的复杂心情。这心情中有追念，更有感慨；有欣喜，更有悲凉和辛酸。然而，这都是张岱主动的选择，他主动散尽家财，主动参与反清复明，主动避入山中著《石匮书》。所以，最后他借舟子的喃喃自语，表达了自己的这份不悔"痴"心。当年的他痴迷于山水与冰雪，孤傲不群，与"湖上影子、长堤一痕、湖心亭一点、余舟一芥"浑然一体；而今的他穷困潦倒，阅尽人世沧桑，满是落寞、感伤、国破家亡的悲凉，依旧痴守故国旧梦。当然，这也未尝不是张岱的喃喃自语！

（三）俯仰自得的精神与虚静空灵

本文的景物描写堪称经典。不过，大部分教师执教时一般都止于教师教学用书中关于"白描"的表述，至于作者为何运用此种手法，以及此种手法背后的文化渊源却不甚明了。

　　其实，纵观中国美学史，我们会发现，中国的诗、画、文乃至书法的审美实质是共通的：作品的境界是一全幅的天地，表现的是全宇宙的气韵、生命、生机，蕴含深沉的宇宙感、历史感、人生感，而不是刻画单个的人体或物体。所以，中国文人大多在诗、书、画、文诸多领域，不约而同地用这种"俯仰自得"的精神来欣赏宇宙，观照自我，表现自我。①

　　张岱深受中国文化浸染，几乎精通晚明所有的艺术门类。他与当时的书画名家姚允在、陈洪绶等人来往甚密，欣赏萧疏淡远的书画意趣。同时，他对西湖情有独钟，熟稔至极。自六岁起，张岱随祖父畅游钱塘湖，便对西湖"一见钟情"。据其朋友王雨谦记载，张岱"盘礴西湖四十余年，水尾山头，无处不到。湖中典故，真有世居西湖之人所不能识者，而陶庵识之独详；湖中景物，真有日在西湖而不能道者，而陶庵道之独悉"。他见过西湖春夏的热闹、花朝节的繁华，也看过中元节二鼓后月下西湖的静雅与苍凉，还领略过西湖秋冬的冷落、雨雪的寂寥。江南少雪，"大雪三日"，自然"湖中人鸟声俱绝"，敏感的他自然早已预见抑或是想象到了雪后西湖罕见的画意诗情——"五色令人目盲，五音令人耳聋"，此时所有的艳丽和芜杂都被白雪覆盖，所有的喧嚣与繁华都已被清除；耳之所闻，虚静空灵；目之所及，"上下一白"，浑然一体。此时此刻的西湖"如在镜中"，天地犹如一个虚空的世界。正是这种虚空，才能让人心无挂碍，体会生命的流动不竭。天地又如巨幅的素宣。正是这素白一片，才可任其随心所欲、游目骋怀。所以，张岱选择在"更定"之时，欣然"独往湖心亭看雪"，数十余年后依然历历在目，如同初见。

　　"雾凇沆砀"一句呈现的便是张岱以心灵的眼睛来看空间万物（包括自我）的景象："雾凇沆砀"是平视，"天与云与山"是仰观，西湖水波是俯得，而"上下一白"则是上下飘瞥。湖上影子、长堤、湖心亭是远望，"余舟一芥"是近视。至"舟中人两三粒"，作者仿佛一分为二：一个在"画"中，与天与山与水，与茫茫雪湖融为一体；一个仿佛升入高空，俯瞰着小舟

---

①　叶朗：《中国美学史大纲》，上海人民出版社 2013 年版，第 224—225 页。

与自己。可以说，其笔下的空间随着心中的意境时放时敛，时近时远，流动变化。作者选用的"痕""点""芥""粒"等物化量词，更是与宋元以来的山水画意境一脉相通。而且这些量词由大及小递减排列，最后几近消失，隐隐透露出"天地与我并生，万物与我为一""寄蜉蝣于天地，渺沧海之一粟"的生命意识。因此，张岱笔下的雪后西湖并不是直观性的形体感觉的真实，而是移入了作者审美意趣的形象想象的真实，是一幅"见其大意"式的山水画卷，一个寄托了作者生命意识、自觉选择后的世界，一个天人合一的审美境界。

（四）汉字形象之美与意蕴之丰

古代汉语，是一种纯粹的语言，承载着大量的文化信息，兼具丰富的音韵之美、形象之美与意蕴之美。从某种意义上讲，学习语言的过程即是一种解码的过程。只有深度把握汉字与文化的关系，才有可能领悟汉语的"秘妙"。

本文所用词语，大多为寻常所见之语、简洁之词。然而越是常见，越容易被人忽略；越简洁，内涵越丰富。譬如"沆砀"一词押"ang"韵，读来铿锵有金石之声，与大雪苍茫的意境最为吻合。"雾凇""毳衣"和"痴"字会意灵动，让人一睹便仿佛再现出那白气弥漫的景象，获得那温暖舒适的触感，看到那落寞孤寂、凝寒独立的形象。而"一"字最简洁，内涵最丰富。从古代哲学的角度看，"道生一，一生二，二生三，三生万物"，一既是最小的单位，又是最大的单位，是一个混沌而和谐的极点；所以作者用"上下一白"而不是"上下皆白"或是其他。"痕""点""芥""粒"等量词的选择更是令人叫绝，既写出了视线的流动，勾勒出一幅空灵的画境；又表现了景物渐趋于小，乃至微乎其微，让人浑然不觉的境地，使人顿生"渺沧海之一粟"的感叹。还有"看雪"之"看"，较之"赏雪"之"赏"，适用范围更广，不仅可以"看"物，还可用于"看"人。这说明，在张岱心中，此时的西湖不是客观的自然景物，而是洗尽铅华的神女名姝，她在将冰清玉洁的容颜和绰约的身姿展示给真正懂她、爱她的知音。

当然文字、文学、文化、文人并非割裂的，而是水乳交融的。我们分而论之，只是为了便于分析和表述。具体教学的时候，可以随着学生的理解有机渗入。

二、学生的感受、质疑与发现

2016年、2020年重教《湖心亭看雪》，并对所教七班、四班学生展开学情调查——让学生朗读课文三遍，然后结合课下注释理解文意，写下自己读懂的内容，提出字词句、景物、人物、细节等方面不明白或想探究的问题。以下便是学生反馈最为集中的内容：

（一）共性的感受

1. 我感受到了作者对雪的热爱。

2. 他对西湖十分喜爱和痴迷。

3. 作者很有闲情雅致。

4. 杭州西湖冬天景色很美。

5. 金陵人非常热情好客。

6. 张岱不善饮酒。

（二）个性化的感受

1. 西湖雪景很壮观，到处白茫茫一片。

2. 雪中西湖别有一份韵味。天空、云朵、远山、近水，全是雪白一片，美轮美奂。

3. 我感觉张岱与别人不同，他很喜欢清静。

4. 感觉张岱不与世俗同流合污（学生想说的应该是"特立独行"或"超凡拔俗"）。

5. 我感觉张岱的境界很高。

6. 张岱心高气傲，不愿与别人一同赏雪，更喜欢一个人独自赏雪。

（三）共性的质疑与发现

1. 张岱为什么在更定之时，晚上八点多去湖心亭看雪？他不冷吗？晚上八点天都黑了，能看到什么？（学生没有此种审美体验，以为什么都看不见）

2. 为什么他一定要到湖心亭看雪，而不是其他地方？（这个问题真妙！）

261

3. 他为什么一个人去？为什么不像金陵人一样找个伴儿一起去看雪？

4. 张岱船上明明有船夫，为什么他说"独往湖心亭看雪"？

5. 前文是"独往湖心亭看雪"，后面又有"舟中人两三粒"而已，人数明显矛盾。为何这样写？有何意图？作者想表达什么？

6. 金陵人见到我为什么这么惊喜？为什么说"湖中焉得更有此人"？

7. 为什么张岱"强饮三大白而别"？他是不喜欢眼前这个景象，还是不喜欢这两个金陵人？

8. 为什么"问其姓氏"，回答却是"金陵人，客此"？作者为什么偏偏记得"金陵人"，而不是姓氏？

9. "强饮三大白而别"的"强"是什么意思？是表示相知恨晚，还是不太情愿？

10. 张岱与金陵人都在晚上出来赏雪，都喜欢欣赏美景。遇到志同道合的人，张岱为什么"强饮而别"，不多待一会儿？

11. "舟子喃喃曰"中的"喃喃"是什么意思？"莫说相公痴，更有痴似相公者"中的"痴"是什么意思？舟子为什么要说这一句话？作者为什么要把这句话写下来？"痴"有何意味？有几层意思？

（四）个性化的质疑

1. "雾凇"是什么样子的？

2. "与余舟一芥"的"芥"是什么意思？

3. 为什么晚上八点湖上会有影子？

4. 为什么亭中人如此热情，拉作者喝酒，陌生人不应该是慢慢认识的吗？

5. 为什么作者独自前往湖心亭看雪，美好的事物不是应该和朋友分享吗？

6. "有两人铺毡对坐"，他们是约好的吗？

7. 一童子"烧酒炉正沸"，酒难道是用来煮的吗？

8. 作者为什么要写这篇文章？是雪天给了作者灵感吗？

9. "上下一白"是什么意思？

10. 大雪三日，水应该结冰了，为什么还可以行船？

从"共性的感受"和"个性化的感受"来看，大多数学生已感受到了西湖景致的美，但说不出这是一种怎样的美，对作者的认知还停留在较浅的层次上；只有部分学生对雪中西湖之美有较为细腻的体验，捕捉到了张岱与众不同的情感、情趣及审美追求。从"共性的质疑和发现"来看，学生对张岱看雪的时间、地点、独特的行为方式，以及文中几处明显的"矛盾"充满了浓厚的兴趣，对舟子的喃喃自语、"痴"的多重意味、作者的写作意图也有强烈的探究欲望。学生的分歧与我们中学语文界教师的争议相吻合，主要集中在张岱与金陵人看雪的心境、情感上。而"个性化的质疑"主要指向字词句的理解、南北生活经验的差异、古今生活的变迁，以及写作背景、审美经验的欠缺。这些真切的感受、质疑和发现，说明从中国文化的视角，引领学生进行审美阅读，体验张岱"这一篇"文章中蕴含的丰富的美，是非常有必要的。

三、基于细读与学情的教学策略

如何遵循审美规律，运用有效的策略，将教师的阅读成果转化为学生的审美体验呢？

现代心理学认为，审美是一种靠直觉进行的情感反应，人的直觉能力分为感性直觉和理性直觉两类。因此，在语文教学中进行审美式阅读，我们可以结合"这一篇"的特质，紧贴学生的感受、质疑和发现，为学生创设一种自由轻松的心境，由感知言语形式到观照言语内容，从鉴赏形象到体味内涵，由表及里，由实入虚，层层体验。具体说来，主要运用以下策略：

趣味解词：以学生不理解的字词为切入点，运用富有趣味的"想象解词"活动，示范引领学生沉入词语的感性世界，领悟汉语的丰富意蕴与灵动之美。巧妙借助"毳衣"一词，将文言知识的积累与文体的识别融为一体，激起学生学习语言的兴趣，唤醒学生的审美体验，也为下一环节的生成做好铺垫。

直观诵读：中国诗人和文人向来重"气"，而"气"与声调有关，声本于气，所以想得古人之气，必须求之于声。"朗读是最基本的分析课文的手段"①，尤其是古诗文，只要朗读，不用讲太多的话，就已经理解大半了；所以无论语文教师音色技巧如何，都要经常尝试范读。

在这节课里，我将传统的"吟咏诵读""整体直觉"与现代化教学手段融合，有效实现了对美的启悟。具有较强感染力的教师范读，可以让学生整体感知富有意味的声音形态；对学生精彩朗读的追问、剖析，从感性和理性两个角度，引导学生走进文本，为自己的朗读表现找到了准确的路径。特别是"湖中人鸟声俱绝""天与云与山与水，上下一白""湖上影子"几处诵读指导，辅以直观形象的视觉图示，使浓缩的语言文字产生了立体的形象和有声的感觉，并以视觉、听觉为传导，调动学生的所有感官参与到对审美对象的感受中。就在这种感受、调整、完善中，学生披文入情，一步步走进文本意义的大门，感受到了雪后西湖的寂静、苍茫、空灵之美，获得了学习的快乐、审美的愉悦。

比较还原：有比较才有鉴别，比较是认识事物本质的有效方法。语文阅读教学，我最喜欢运用调换词语的方法，通过文字的斟酌达到对语言内容和作者情感的深度把握，而且屡试不爽。在此基础上，本课还尝试介入不同的艺术形式——写实的摄影图片和写意的中国山水画之间的比较，建立起绘画与文字之间的联系，引导学生感受到中国诗画意境的契合点，认识到文本中呈现的画面不是现实的西湖，而是艺术化的西湖——作者情感化了的雪后西湖；并及时把学生对形象、意境的认知转化为恰如其分的朗读，借朗读体验强化审美体验，为还原张岱情感的深层密码和独特的人格魅力蓄势张本。

在语文学习中，所有的比较最终都要回归言语本身——美妙的言语形式，并还原其中蕴含的"象外之象"与"象外之意"。譬如品读"湖上影子"一句，我便再次带领学生回读原文，从"痕""点""芥""粒"四个物化量词的排列顺序中，体味张岱"天地与我并生，万物与我为一""寄蜉蝣于天地，渺沧海之一粟"的生命意识，以及"而已"这一虚字中蕴含的作者悲凉的叹息。

---

① 朱震国：《上海名师课堂：中学语文 朱震国卷》，上海教育出版社2009年版，第37页。

互文对读：在"体味张岱情感"的难点部分，变传统授递式的"知人论世"为学导式的"互文对读"。用学生自己的问题将学生关注的焦点由外显的景引入景致背后站着的那个人。在"看""痴"以及金陵人和张岱看雪情怀是否一致等具有审美高度的质疑、讨论中，适时补充能体现张岱写作背景与心路历程的其他同时期作品及传记材料，通过对读、辨别、互证，推动学生的探究与思考不断走向深入，使只有较少人生经验和审美经验的学生，在较短时间内对文本（包括作者）美的内涵获得更为全面透彻的认识、理解和体验。

总之，像《湖心亭看雪》这样的文学文化经典，我们既要解读出"这一篇""这一情感"的独特之处，还要从"这一篇"延伸到"这一作者"，从"这一情感"拓展到"这一风格"，尽量拓展作者的同类作品，尽可能形成完整清晰的认识，找到其在文学、文化及美学体系中的坐标，进而实现更高层次的审美目标——在作品与作家艺术化的生活中完成美的发现与积累，获得心灵的陶冶、修养和锻炼，提高生活的境界和意趣。

换言之，在语文教学中进行审美式阅读，需要捕捉潜藏在语言深处的零散的美，更需建构起属于我们自己的语文课程美学体系。这项工作有赖于学者、专家的理论支撑，也有赖于我们一线教师在常态的语文教学中进行大胆的摸索和实践。

一片痴心在雪湖

——《湖心亭看雪》教学实录

一、趣味解词，感受文字之美

师：同学们，有人说一看到"汹涌澎湃"这几个字，就仿佛看到大浪拍天的情景，仿佛听见滔滔而来的潮音。请大家看屏幕，发挥联想和想象解释词义，说说你由这个字或词联想到了什么。这也是我们班同学最不理解的几个词。

（屏显）

芥　雾凇　毳衣

生：我从"芥"的草字头联想到"它"是一种草。

师：一种怎样的草？

生：可能很小吧。

师：对，芥是一种很纤细微小的草。这里是名词作量词，"余舟一芥"就是"我的一叶小舟"。

生：我从"雾"的雨字头能联想到雾凇是种水汽。

生：我从"凇"的两点水联想到雾凇是一种像冰一样的东西。

师：唐宋散文八大家之一的曾巩对雾凇是有生动描述的，谁念给大家听？

生：齐寒甚，夜气如雾，凝于水上，旦视如雪，日出飘满阶庭，齐人谓之雾凇。

师：读得真是字正腔圆！我们来看是不是这么美。

（屏显雾凇图片）

生：毳衣是用动物的毛制成的衣服。我一看到"毳"字就仿佛看见毛茸茸的毛皮大衣，很温暖的感觉。

师：在你的经验中什么样的人穿毛皮大衣？

生：有钱人。

生：王爷格格们。（众生笑）

师：也就是说，能穿得起毛皮大衣的人应该是非富即贵之人。那谁知道张岱的身世经历？

生：张岱出身仕宦世家，少为富贵公子。明亡后不仕，入山著书为终。有《陶庵梦忆》《西湖梦寻》等。

师：大家判断一下：今天我们要学的这篇文章是张岱富贵时还是逃入山中后写的？

生：应该是富贵时写的。他穿着毳衣呢，而且用的是崇祯的年号。

生：应该是明朝灭亡后写的，因为这篇文章选自《陶庵梦忆》。"梦忆"是梦中的回忆，说明这些文章都是回忆性文章，就像鲁迅先生的《朝花夕拾》一样。

师：对，今天我们要学习的这篇《湖心亭看雪》就是张岱在国破家亡之后，在山中辗转逃亡、年近50时所作。就让我们随陶庵老人张岱梦回他十五年前的西湖，前往湖心亭看雪。

二、诵读，欣赏雪湖之美

师：从同学们提交的初读任务单来看，大家已经感受到了雪后西湖的美。这是一种怎样的美呢？请允许老师为大家朗读课文，大家仔细聆听，然后用一句话说说自己的听读感受。

（师随音乐范读全文）

生：我感受到了雪后西湖的苍茫之美。

生：我感受到了雪后西湖静谧的美。

生：我感受到了雪后西湖颜色的美。

师：雪后西湖是怎样的颜色？

生：上下全白了，是一种白茫茫的美。

生：我感受到了雪后西湖空灵的美。

师：你懂得"空灵"的意思吗？

生：空灵就是什么都没有了。

师：你说的是"空"的意思。相信学过这篇文章你对"空灵"的理解会更深。

生：我感受到了雪后西湖大气而浩荡的美。

师：你的声音也非常大气。请大家带着这些感受，自由朗读课文，勾画描写西湖雪景的语句，细细品味并批注，你是从哪个词或句子感受到雪后西湖的这种美的。

（学生自由朗读，勾画，品味，批注，然后交流）

生：我从"大雪三日，人鸟声俱绝"一句感受到了雪后西湖的静寂之美。"人鸟声俱绝"就是人的声音和鸟的声音都消失了，非常寂静。

师：此时此刻消失的仅仅是人和鸟的声音吗？

生：所有的声音都消失了，万籁俱寂。

生：还有平日的姹紫嫣红也消失了，一切都被皑皑白雪覆盖。

生：所有杂乱的、不好看的、乱七八糟的东西也都消失了，天地间变得干干净净。

师：所有嘈杂的声音、炫目的颜色、芜杂的事物，甚至所有的温度都消失了。这是一个怎样的世界？

生：这是一个静寂的世界。

生：玉洁冰清的世界。

生：纯净、空静的世界！

师："五色令人目盲，五声令人耳聋"，中国人特别欣赏虚静、空静之美。请一名同学用朗读传达这种空静的感觉。

（生读，众生鼓掌）

师：大家为什么鼓掌？

生：因为我感觉"人鸟声俱绝"的"俱绝"她读得很好，尤其是这个"绝"字，她拉长音，读出了这种宁静的感觉。

师：你捕捉到了她声音的变化中传达出的感觉。看屏幕，大家还有哪些启示？

（屏显）

大雪三日，湖中/人鸟声/俱绝——

生：我觉得应该重读"大雪三日"，尤其是"大"和"三"，突出雪之大和下雪时间之长，而"湖中人鸟声俱绝"音调应该逐渐降低，声音减弱，体现那种"空静"的感觉。

师：你分析得很好。请你来读。

（生声情并茂地读）

师：你读得真好！我们大家一齐读，体会西湖的这种空静之美！

（生齐读）

生：我从"雾凇沆砀，天与云与山与水，上下一白"中读出了雪后西湖的洁白之美。因为西湖上上下下全都白了。

师：这个"全都"来源于文中的哪个字？

生："上下一白"的"一"字。西湖变成了白茫茫的一片，这是一种空阔苍茫的美。

师：这里有两个版本、两种读法，你认为哪个版本、哪种读法更能体现西湖的这种空阔苍茫之美？

（屏显）

1. 雾凇沆砀，天与云与山与水，上下一白。
2. 雾凇沆砀，天与云、与山、与水，上下一白。

生：我认为第一个版本更能体现西湖的空阔苍茫之美。

师：你怎么理解这些弧线？

生：我感觉是声音的延长。

师：对。这些弧线表示的是声音的圆满、连贯和延长，还表示作者的视线。我们要把自己放进文中朗读感受。

（师视线和手势结合，领学生朗读）

生：我看到了从天到云到山再到水，这一个个、一个个弧线把它们都连接了起来，画面更加生动。

师：画面仿佛在作者俯仰往还的目光中流动了起来。那第二种读法呢？

生：我感觉第二种读法，一顿一顿地，没有了古文的味道。

师：你认为古文的感觉应该是怎样的？

生：古文应该是悠远悠长的。可是改动后感觉西湖的整个天、云、山、水都是分开的，没有连在一起、上下一白的感觉。

生：我认为加了顿号还打破了这种画面的美，我感觉画面全都碎了。

师：语气的间断破坏了这种浑然一体的空阔苍茫之美。那"一"字换成"皆"字呢？大家出声读读看。

（屏显，生读）

雾凇沆砀，天与云与山与水，上下一白。

雾凇沆砀，天与云与山与水，上下皆白。

生：这个"一"给人的感觉是整个世界是连在一块的，是一个很大的整体。换成"皆"之后感觉不再是一个整体。

师：你的感觉很敏锐。这个"一"字是古汉语中非常有哲学意味的词，有时它是最小的数字，有时它又是最大的数字，囊括全部。而且这简简单单、干干净净的轻轻一画，与前面三个"与"字呼应，把苍茫的天地融合为一个整体。

生：我感觉改成"皆"后，声音变得短促了，而且也平淡了。

师："皆""白"都是平声，让人感觉平淡，而"一"在这里是仄声。"上""下""一"三个仄声相连，不仅拓展了我们的视觉空间，使空间变得更阔大；而且打破了语势的平淡，使文章具有了一种灵动的韵律美。你能读出这种阔大、苍茫、纯净、流动的美吗？请试一试！

（一生读）

师：有没有感觉需要改进的地方？

生："天与云与山与水"不能断开。

师：要声断气连，一气呵成。尤其是"天""云""山""水"要读得饱满一些，声音延长一些。想象你的目光在天地之中俯仰往还。再试！

（生再读，全场鼓掌）

师：这位男同学很想读，请你来。

（男生读）

师：注意"沆砀"二字都是"ang"韵，要张开嘴，读出汉语铿锵的音韵之美。再读！

（生再读。还有学生举手，指名朗读）

师：你的声音真好听！如果"一"字读得重一点，这纯净的"白"读得稍微虚一点，那就更美了。

（生精彩朗读，全场鼓掌，后齐读）

生：我从"湖上影子，惟长堤一痕，湖心亭一点，与余舟一芥，舟中人两三粒而已"读出了一种空灵的美。因为这句话写的是湖上比较清晰的影子——淡淡的一道长堤的痕迹，一点湖心亭的轮廓，和我的一叶小舟，舟中的两三粒人影，其他的什么都没有，所以这是一种空灵的美。

师：我们这里有两幅画，你认为哪幅画更接近于作者笔下描述的西湖？

（屏显两幅有关西湖的图片，一幅为写实照片，一幅为写意山水画）

生：我认为第一幅画更符合。因为文中说"湖上影子，惟长堤一痕"，第二幅画面除亭子外，还有很多树什么的，都是实景，体现不出西湖的这种空灵之美。

生：第一幅画还很好地再现了这个"长堤一痕"的"痕"、"湖心亭一点"的"点"，还有"余舟一芥"的"芥"和"舟中人两三粒"的"粒"。

师：那老师改动一下呢？

（屏显）

原文：惟长堤一痕，湖心亭一点，与余舟一芥，舟中人两三粒而已。

改文：惟长堤一条，湖心亭一座，与余舟一艘，舟中人两三个而已。

生：改动后就不能体现这种轻盈、空灵、优美了。条是画笔重重地画下的一条，而痕是淡淡的，若有若无。"点"表现了湖心亭很细微，而"座"呢，是你能够清清楚楚地看到每个细节。用"艘"来修饰的船要比"芥"

271

大，这个我还真不知道怎么说。

师：用"艘"形容的船重而拙，而"芥"表现了船的轻盈细微、灵动。继续说。

生：这个"粒"能表现出人的渺小，也能体现出西湖的空阔幽静之美。

师：不仅如此，这些量词的排列顺序也别有一番意味。

（屏显）

湖上影子，惟**长堤一痕**，湖心亭一点，与余舟一芥，舟中人两三粒而已。

生：这些量词从大到小排列，越来越小，人是那么渺小，最后好像要消失了。

师：人的生命在苍茫的天地间是多么渺小，恰如沧海一粟。

生：我感觉人好像融在这西湖的雪中了，融为一体。

师：此时此刻，"万物与我为一"。张岱笔下的这个西湖是现实中的西湖吗？

生（摇头）：应该不是。太纯净了，很朦胧，感觉就像梦一样。

师：似空还有，如幻如真。的确，这不是写实的西湖，这是张岱记忆中的西湖。它是一幅诗意的画，一个写意的梦——冰天雪地是一张巨大的素宣，记忆中的长堤、湖心亭、小舟与舟中的自己就是这宣纸上的点与线，没有浮躁艳丽的色彩，只有长短流动的黑与白——这是阅尽浮华与苍凉的张岱梦中的西湖！

（屏显）

崇祯五年，张岱35岁，过着锦衣玉食的生活。

崇祯十七年，张岱47岁，明朝灭亡。次年，清兵入关，48岁的张岱参与反清复明活动，失败后遁入山中，过着逃亡的生活。

约两年后，张岱50岁时，《陶庵梦忆》书成。

师：我们应该用怎样的语气来朗读这句，再现这静寂、苍茫、空灵的西湖，再现作者的这个苍凉之梦。

生：我觉得声音也应该和前面一样，越来越小，最后几近消失。

生：我觉得可以用叹息的语气来读，尤其是"而已"，因为"而已"是罢了的意思，这样才有繁华过后的苍凉味道。

师：你的提议很好。具体说来，前三句声多气少，后两句气多声少，最后叹息着吐出"而已"两字。请你来试读。

（一生随音乐朗读，后指名朗读第一段）

三、品读，体味痴情之深

1. 比较拓展，领悟作者的"西湖情结"

师：以我观物，万物皆著我之色彩。这静寂、苍茫、空灵的西湖雪景背后伫立着一个怎样的张岱？他为什么特意在"更定"之时"独"往"湖心亭"看雪"？他不嫌冷吗？这是咱们班21位同学共同关注的问题。请大家联系前面品读的内容，说说你们的理解。

生：我认为"更定"之时去看雪，更能看出张岱酷爱山水，在寒冬腊月大雪三日的晚上还去欣赏西湖雪景。天越冷，越能看出他对西湖的爱。这说明张岱是一个与众不同的人。

生：我赞同他的观点，张岱不与世俗同流合污。

师："同流合污"是指跟着坏人做坏事。这里是说张岱有着迥异于常人的审美情趣，所以用"特立独行"比较好。

生：要是叫上几个朋友一块去，是不是太热闹了？一个人前往湖心亭，才能静下心来好好欣赏美景。

生：我感觉只有夜深人静，人鸟声俱绝了，才能欣赏到那么寂静、空灵的西湖雪景。

师：苏轼说"静故了群动，空故纳万境"，只有空静的心灵才能领悟空灵的意境。不过，天那么黑，能看见什么呢？这也是我们同学们的疑问。

生：正因为天黑，所以才只能看见雪白的一片，还有朦朦胧胧的淡淡黑影，那样天地才会像一幅巨大的宣纸，才特别有前面我们看到的那种山水画的味道。

师：为什么一定要去"湖心亭"？

生：只有去湖心亭，才能近距离欣赏西湖的景色。

生：我也这么认为。比如说在西湖边上，人和西湖是分着的，人是在画面之外的。可是在湖心亭，就会有一种"人在画中游"的感觉。

生：我赞同她们的观点，只有置身湖心亭，才会产生与西湖与雪景与自然融为一体的感觉。

师：的确，中国人追求"天人合一"的审美境界，唯有在湖心亭才会实现这一美的追求。为什么张岱说"独往湖心亭看雪"，而不是"赏雪"？大家口中说的都是"欣赏"。

生："赏"是欣赏的意思，"看"的含义比较多。

师：对。古诗中有很多含"看"的诗句。我们来看，"看"有哪些丰富的含义。

（屏显）

众鸟高飞尽，孤云独去闲。相看两不厌，只有敬亭山。

（李白《独坐敬亭山》）

蓬山此去无多路，青鸟殷勤为探看。

（李商隐《无题》）

生：我感觉"看"在李白诗中是深情凝视的意思，在李商隐的《无题》中是探访、探望的意思。

生："赏"只能对于物而言，"看"比较自由，可以看景，也可以看人。张岱用"看"，说明西湖在他心目中还有拟人的色彩。

师：也就是说，在张岱心里，西湖不仅仅是外在于他的景物。

生：还是一个知己，一个老朋友。

师：你真是张岱的隔世知己，张岱就在《西湖梦寻》中把西湖比作曲中名妓，世俗之人只知其艳，何曾领略她的冰清玉洁。"看"字，除了观看，还有探访之意。在张岱心目中，西湖是他的故交旧友、至爱亲朋。

（屏显，齐读）

余之梦西湖也，如家园眷属，梦所故有，其梦也真。

（张岱《西湖梦寻·自序》）

张岱熟悉西湖就像熟悉自己的亲人，对待西湖也就像对待自己的亲人。如同每位诗人都有其心中的一方净土，西湖就是张岱心中所能固守的最后的精神家园。从某种意义上说，西湖就是他的生命。

（胡益民《张岱评传》）

师：其实大家还有一个发现，前文是"独往湖心亭看雪"，可后面又说"舟中人两三粒""舟子喃喃曰"。这是不是前后矛盾？

生：我感觉张岱很清高，他没有把舟子当成是和自己一样的人来看，舟子没有闲情雅趣，而且他也不理解张岱。

师：你从哪里看出来的？

生：舟子喃喃曰："莫说相公痴，更有痴似相公者。"

师：在舟子看来，张岱的痴是什么？

生（笑）：我感觉是傻。

（众生笑）

2.对照阅读，探讨作者复杂的情感

师：在舟子眼中，作者是一个有点傻、疯疯癫癫的人。接下来，我们来研究舟子口中的"痴似相公者"——金陵人与张岱看雪的情怀是否相同。这是咱们班14位同学非常关心的问题。现在请一名同学和老师对读第2段，大家认真思考。

（屏显，师生对读"到亭上"至"客此"部分）

独往湖心亭看雪	
到亭上，	有两人铺毡对坐，
	一童子烧酒炉正沸。
	见余，大喜曰：
	"湖中焉得更有此人！"
	拉余同饮。
余强饮三大白而别。	

结合关键词说说：张岱与金陵人看雪的情怀是否相同？

生：我感觉金陵人和张岱好像不在一个频道上。（众生笑）金陵人来西湖带着好多人、好多东西，"两人铺毡对坐""烧酒炉正沸"，是有备而来。而张岱"独"往湖心亭看的是雪。

师：金陵人意在人，而张岱意在雪。

生：我也感觉金陵人不理解张岱。金陵人非常热情，想和人喝酒、交谈；而张岱有些冷淡、冷漠，不愿与人对饮。

师：从哪些词能够看得出？

生：从"大喜""拉余同饮"的"拉"可以看出，这个"拉"字说明金陵人很主动，但张岱的言行没有写，我感觉应该是不太情愿。

师：你认为这是不写之写，从"空白"中读出了自己独特的理解。

生：从"强饮三大白而别"的"别"可以看出张岱不太想和金陵人寒暄，要是高兴的话，就多待一会儿了，不会"强饮而别"。

生：还有这个"强"是"勉强"的意思，也说明张岱不太情愿。

师："强饮"还可以译为"痛饮"，这么理解的话，张岱也并非极不情愿，还是有些惊喜的。然而不管张岱是否情愿，从"饮三大白"这一行为我们可以读出张岱怎样的性情？

生：张岱性情很豪爽。

生：他很洒脱，一般人不会和陌生人这么痛快地喝酒。"问其姓氏，是金陵人"说明他与金陵人饮酒时，并不认识，喝完了才问人家的姓氏。

师：对。不拘世俗，任真洒脱，这是金陵人和张岱的相同之处。然而这一热一冷、一动一静又说明金陵人和张岱的不同——金陵人是来喝酒交谈取乐的，西湖只是他们的背景；而张岱却钟情西湖，让西湖走进了自己的心灵。金陵人的不同恰恰衬托了张岱对西湖的痴情。另外，还有同学询问，为什么"问其姓氏"却答"是金陵人，客此"。这里的"金陵人""客此"和前文的"毳衣"有没有更深的意味？还有，张岱写此书时明朝已经灭亡，虽是回忆，但为避祸，一般人改用清朝年号，但张岱还用明朝年号，这是为什么？

（屏显，小组讨论）

> 年至五十，国破家亡，避迹山居。所存者破床碎几，折鼎病琴，与残书数帙，缺砚一方而已。布衣蔬食，常至断炊。
>
> （张岱《自为墓志铭》）
>
> 陶庵国破家亡，无所归止，披发入山，骏骏为野人。……作《自挽

诗》，每欲引决。因《石匮书》（明史）未成，尚视息人世。……鸡鸣枕上，夜气方回，因想余生平，繁华靡丽，过眼皆空，五十年来，总成一梦。

（张岱《陶庵梦忆序》）

张岱至死不称清朝年号，自称"有明之人"。

（胡益民《张岱评传》）

金陵，六朝古都，中华文化的重要发祥地。1368年，朱元璋建立明朝，定都金陵，后改名南京。1402年，燕王朱棣夺取帝位。1421年，正式迁都北京。

生："毳衣"代表的是富贵的生活，"金陵"是明朝旧都。我感觉张岱不能忘怀往日富贵繁华的生活和已经灭亡的明朝。

师：如果贪图富贵繁华，张岱完全可以投靠新朝，但他不仅自己拒绝做明朝之官，还支持反清复明，不准自己的儿子参加清朝的科考。

生：我感觉张岱非常有气节，他就像"孤舟蓑笠翁"，"独钓寒江雪"。

生：我认为张岱难忘的不是富贵的生活。清朝是满族人建立的，而张岱是汉族人，他是瞧不起满族人的，所以他不愿意用清朝年号。这是一种爱国的表现。

师：这其中也有文化的因素，不愿归顺清朝的汉族人在文化上是蔑视满族人的。这矛盾的叙述其实是一处曲笔，借"金陵""客此"委婉传达自己对故国、对文化的态度。

生：我感觉回忆起往事，当时的"金陵""客居"特别触动此时此刻的张岱。因为他这个时候正流离失所，客居山中，而且"布衣蔬食，常至断炊"，所以他想起往日的美好生活，心中有无限的怅惘和失落，恍然一梦的感觉。

师：别人笑我太疯癫，我笑别人看不穿。为什么张岱笔下的西湖如此动人？因为他对这片山水爱得深沉。为什么张岱对西湖一往情深？因为西湖是他的知己、亲人，是他往昔衣锦繁华的象征、今日国破家亡的见证；是他无家可归时心灵的寄托，无国可依时所能固守的最后的精神家园。这就是张岱，当年的他痴迷山水、痴爱西湖，而今的他痴守故国旧梦！其实不只是此文，翻开《陶庵梦忆》《西湖梦寻》，张岱的痴情之语比比皆是。我们再读其中的一则，并背诵课文，感受张岱流淌在字里行间的"痴情"一片。

（屏显，生读背）

　　余生不辰，阔别西湖二十八载，然西湖无日不入吾梦中，而梦中之西湖，未尝一日别余也。

　　余之梦西湖也，如家园眷属……今余偰居他氏，已二十三载，梦中犹在故居。

　　　　　　　　　　　　　　　　　（张岱《西湖梦寻·自序》）

05

第五章

古典诗歌的读与教

第一讲　岑参边塞诗的"奇"与"异"

——《白雪歌送武判官归京》解读与思考

《白雪歌送武判官归京》是我参加第十一届"语文报杯"全国中青年教师课堂教学大赛的教学篇目。

从2017年5月份确认被推荐参加此次赛事直到授课结束，我的心里一直是紧张惶恐的。这惶恐来自自己多年来对"语文报杯"赛事的仰视，从这项赛事走出的很多名师都是我敬佩和学习的榜样；这惶恐也来自自己"备战"的过程，埋首专家学者的论著和前辈的课例，仰之弥高，钻之弥坚，越发感觉自己的浅薄和无知。

6月21日，得知18篇参赛篇目，更是紧张焦灼至极——自己若干年来所授几十节公开课中，竟然只有《云南的歌会》和《石壕吏》两篇"命中"，1个月，重新研读16篇课文，真是前所未有的挑战。然而，值得庆幸的是，在这"被逼无奈"分秒必争的30多天里，我最终全部完成了16篇课文的相关理论研读、资料系统阅读、文本细读，每篇课文或多或少都读出了一些教参书上没有写到的东西、前辈教学案例中没有涉及而又是学生需要明了的内容，而且最终每篇课文也都拿出了让自己比较满意的、原创性的教学设计。

最后抽签，抽到《白雪歌送武判官归京》，心里喜忧参半。喜的是我已较为系统地阅读了《高适岑参集》和岑参的传记，研读了《叶嘉莹说初盛唐诗》、孙绍振先生的《月迷津渡》，以及李世忠、孙植等十几位专家对这首诗的解读，已经有了自己的解读与设计；忧的是正因自己对这首诗歌了解既多，也便更加清楚自己教学这首诗的局限——这首诗内容丰富，作者情感隐晦而复杂，学生难以理解；诗人岑参人生经历较为简单，难以由诗及人，进

280

行文化阐发。而且身为女教师，要想读出边塞诗的雄浑，难度更大……48小时的备课，便是重新取舍、发现、整合、提炼的过程。最终，我有幸获得初中组一等奖第一名，获得了专家评委和大众评委一致的肯定与认可。当然，最终的课堂并没有完全达到自己的意图，还存有许多遗憾，但基本实现了自我的突破，呈现了自己近期对古诗词教学的思考和探索，教出了岑参边塞诗的"奇丽"。故此梳理如下，和大家共同分享。

一、文本细读与教学内容的确定

《白雪歌送武判官归京》历来被认定为岑参的代表作。教学这首诗，我们一般是按教师教学用书所说——这首诗前后侧重描写的内容有所不同，"前八句重在咏雪，后八句主要是送别"，用"瀚海阑干百丈冰，愁云惨淡万里凝"完成过渡——来确定教学内容。然而细读之后，我感觉不能如此简单切割。

首先，"雪"作为一条明线贯穿全诗。从野外的漫天"飞雪"，到"散入珠帘湿罗幕"的飘飘雪花，再到帐外纵横交错的"瀚海""冰雪"、辕门外的"纷纷暮雪"、红旗上的冻雪、满山的大雪、雪上的马蹄印痕，雪无处不在；或奇异，或壮观，或美丽，或细腻，或凛冽，或灵动，或静默……可以说句句咏雪；并且在镜头递进、层层叙写中，反复渲染寒冷的气氛，全面展现了边塞奇异的风光和雪的无穷魅力。

其次，全诗还有一条情感的线索贯穿始终。这情感循着"胡天八月即飞雪"的惊异，"千树万树梨花开"的欣喜，边塞奇寒的慨叹，朋友离别的忧愁，送友离开的怅然……暗暗流动，跌宕起伏；这情感还蕴含着对家乡的思念、对建功的渴望、理想未成的遗憾，交融着诗人的浪漫主义诗情和理想主义情怀，复杂深沉又饱满。

在这样的情感主导下，这首边塞诗呈现的并非边塞风光的写实，而是诗人浪漫诗情和理想情怀观照下的一个审美境界。就像廖立先生在《岑参边塞诗的风格特色》一文中分析的那样："'忽如一夜春风来，千树万树梨花开'，所写不是春光，却胜似春光，是一种极为美丽的精神境界。严寒中透出春的消息来，这消息却并非实有的季候，而是诗人美丽心境的外化。诗人将雪花看成盛开的梨花，在严寒中吹出了一丝温暖的风，这种心境贯串全诗。在冰冻百丈、万里愁云也已凝结起来之时，响起了胡琴、琵琶与羌笛的声音；在日暮天寒的辕门外边，被冻结起来的红旗显露出鲜红的颜色。严酷的自然，在诗人心里显露出美丽的色彩。这些使我们看到诗人美好的心怀……"[1]这种雄奇之中的美好和壮丽，恰恰是岑参边塞诗的独特之处；豪迈却不乏细腻，也正是岑参区别于其他边塞诗人的不同之处。

基于以上细读，我将《白雪歌送武判官归京》一诗的主要教学内容确定为：品读诗歌，感受岑参边塞诗中奇异的风光、奇丽的风格；体验岑参流淌在字里行间的浪漫诗情和理想情怀，领悟盛唐气象。

二、学情与教学原则的确定

岑参边塞诗呈现的审美境界和奇丽风格，诗人流淌在诗中的浪漫诗情和理想情怀，对于美学经验不足的初中生来说是很难理解的。首先是地域的差别，长期生活在苏地的学生，对"胡天""卷地"的北风、八月的飞雪、"千树万树"雪压枝头的奇丽、边塞的奇寒没有切身的体会。其次，学生刚刚读完七年级，缺乏诗歌相关知识和边塞诗的积累，对诗中出现的"北风""白草""梨花""珠帘""罗幕""锦衾"等纷繁意象，难以产生直观而深刻的印象。其三，古诗的写作时代久远，学生对诗人岑参的经历，盛唐文人纷纷投身军旅、谋求个人发展的历史背景不甚了解。这些问题都是学生进入诗歌内部语言、感受诗歌意境的天然障碍。而且，在暑假的放松状态下，学生自由预习诗歌，相信也很难自主解决其中的某个问题。在后来的课堂教学中，学生判断"胡天八月即飞雪"的"即"时，普遍选择"即将"这一义项也印证了我对学情的推断。

因此，陪同我赴无锡参加比赛的郭莉莉、崔雪梅老师，还有远在山东的张伟忠老师合力帮我确定了以"实"为主、以"新"为辅的教学原则——切实从学生的问题和感受出发，扎实推进学生的理解、感受和体验，从而把教

---

[1] 转引自孙植：《〈白雪歌送武判官归京〉诗意新解》，载《文艺评论》2014 年第 8 期。

师的解读与思考，真正转化为学生实实在在的收获、实实在在的体验。

根据三位老师的指导，我将这节课的教学环节设计为四部分：自读，解决问题；诵读，读出诗歌韵味；品读，感受边塞风光和诗人深情；拓展读，领悟盛唐气象。以读为主线，读品结合，引导学生由表及里，由实入虚，进入诗歌内部，贴近诗人心灵。

三、切入点与教学方法的选择

为保证比赛的公平公正，"语文报杯"主办方统一要求，不准教师提前见学生。那么，如何获取学生的感受、质疑和发现呢？

我选择了最朴素也最实用的方式——在导入环节，让学生当堂提问，抓住学生读音、诗意理解上的困惑展开教学。然后引导学生联系已有的知识经验和生活体验推断，或引导学生结合课下注释自主解决；仍然不明白的，老师补充讲解。讲解过程中，尽量讲求趣味性和规律性，并及时鼓励学生，总结梳理学习方法，力求教学生学会举一反三，能够迁移到以后的学习中。

诵读是诗歌教学的生命，合宜的诵读训练应与文本的感悟和理解相辅相成。因此，我把初次朗读安排在学生了解诗意之后，教师范读的时机选择在指名读、评价指导之后，目的是和学生分享对文章的理解和感受，在呈现示范性声音形态的同时，实现对诗歌内容的初步感知，引领学生开启诗歌意蕴之门，而不是使之成为学生简单模仿的范本。同时，指导学生读出轻重缓急时，舍弃枯燥艰深的术语，尽量选用简明易懂的口语——"根据自己的理解，重读每一句诗意义最重要的部分。动词密集处，读得重一些，急一些；优美处，读得轻一点，缓一点。韵脚读得绵长一点，可以拖一拖音"，并配以直观形象的符号标示，让学生一看就懂，一学就会。读品结合时，把"重读""重音轻读""声断意连"等技巧化整为零，融合在对诗人情感的体验过程中，顺应学生的理解，适时进行细致入微的引导。如学生感悟到岑参"忽如一夜春风来，千树万树梨花开"两句诗中的愉悦、开心时，引导学生"在声音里流露这种愉悦、喜悦"；在学生朗读稍欠饱满时，点拨学生"既然这么愉悦，那么朗读时嘴角上翘一下会更好"。果然学生自觉调整朗读的语态、情态，找到最适切的声音形态，达到与诗歌语言、作者心灵契合的状态。

在品读环节，主要运用比较法和还原法，还原诗歌的画面和细节，对接学生和诗人的情感体验。

如对比小草"倒而不折"的通常状况和边塞"北风卷地白草折"的异常状态，感受边塞北风"贴地而来""席卷一切"的猛烈和"白草"干枯背后隐藏的恶劣气候；对比虞世基"霜旗"与岑参"红旗"的不同表达效果，然后由点及面，深入感受岑参奇丽的诗风；最后用杨炯、王维、王昌龄、高适等人的边塞诗和岑参的边塞诗进行类比和对比，进一步感受岑参奇丽的诗风和盛唐诗人"渴望建功、不惧牺牲，高度自信、豪迈乐观"的气象。

这首边塞诗画面感、镜头感极强，非常适合画面还原。黄厚江老师执教此诗时更是将画面还原从头进行到底，在这里我便不再赘述。需要说明的是借助资料还原和搭建学习支架剥离还原。

在这首诗中，最受人称道的是"忽如一夜春风来，千树万树梨花开"和"山回路转不见君，雪上空留马行处"。前两句，学生一望而知的是诗人用春天的梨花比喻冬雪，写出了雪景的壮观和美丽，不知晓的是诗人选用梨花喻冬雪的原因和渊源。所以，我在学生品读出这份壮丽时，及时引入岑参写梨花的一组诗句，让学生明白"梨花意象"不是突发灵感，而是经过锤炼的语言的精华；紧接着追问"诗人恍见梨花般的冬雪时是怎样的心情"，体验诗人意味深长的惊喜。后两句诗，学生能够自主体会到的是诗人对友人的不舍和友人离去后的怅然，但对诗人"山回路转不见君"仍伫留久望、坚守边塞的个中缘由不甚了解。所以，在此链接岑参赴边塞的背景和在此期间所写的其他诗歌，还原岑参胸中涌动的家国情怀抑或理想主义情怀，帮助学生理解盛唐边塞诗和边塞诗人的动人之处。

相较于以上两处，感受"诗人奇丽的诗风"应该是最难的。所以在这一部分，我先由"风掣红旗冻不翻"中的"红旗"与"霜旗"的对比入手，总结出"边塞本来是单调的，但这一抹红旗却点亮了阴沉惨淡的天空"这一结论，然后借助"边塞本来是……的，但……"这个转折句式，让学生寻找能够点亮诗歌画面的字眼，交流表述自己的发现。这样，学生便慢慢还原剥离出现实与艺术的巨大差异：现实的边塞是寒冷、艰苦、粗粝、单调的，诗歌呈现的温暖、华美、奇丽是诗人提纯润色后的艺术真实。是岑参心中的美丽和温暖，给苦寒的边塞镀上了这样绚丽的色彩和脉脉的温度；是岑参胸中的浪漫诗情和理想情怀，使得他的边塞诗如此雄奇和瑰丽。从学生讨论后的回答来看，这一还原还是颇有成效的。

四、教学遗憾与再次改进

教学是遗憾的艺术。在江苏无锡执教的这一堂课上，有两个不得不说的遗憾。

第一个遗憾是没有实现全体同学的背诵。"经典的价值不在于实用，在于文化"，而背诵的价值与功能是"使学生不断从精神文明成果中汲取成长所需的养料，将其融入心田，内化为自己生命的一部分"。同时，对典范语言的眼看、耳听、口诵、脑记，也有助于学生形成敏锐的语感，并为书面表达、口语交际提供源头活水。遗憾产生的主要原因在于自己对学生学情的预估过高。根据以往的执教经验，我所教的农村学生在教师的分层背诵指导下，一般5—10分钟均能完成背诵，而组织方告知学生有20—40分钟的自主预习时间；所以我便没有在课堂中拿出更多的时间用于诵读，以至于最后朗诵环节，只有部分同学敢于挑战。

第二个遗憾是没有及时抓住学生暴露的问题重锤敲击。比如"狐裘不暖锦衾薄"一句，有两个学生读不准"锦衾"的音，我只是简单提醒订正便放过了。其实如果能够就此展开，由音及意，把"锦衾""珠帘""罗幕"三个意象的内涵给学生讲清楚，相信学生对后面岑参奇丽诗风的体验会更加饱满深刻。还有，"中军置酒饮归客"的"饮"，学生读得不够规范，因为担心浪费时间，也放过了。

2017年12月15日，借淄博市第二次语文教学论坛的契机，我在淄博市高新区第一中学再次执教本文时，便首先让学生背诵并默写全诗，同时让学生提出不理解的问题，然后基于"这一班"学生在默写中暴露出的和主动提出的问题，再次调整教学设计。

无限风光在"奇丽"

——《白雪歌送武判官归京》教学实录

一、解决学生存在的问题

师：昨天我初见同学们，让大家默写这首诗。收上同学们的默写，我非常高兴，因为我们班已经有34个同学背过了这首诗，而且提升空间非常大——34个同学没有一个完全写对。我们看"荣登"出错率榜首的是哪些词。

（屏显）

出错最多的是"风掣红旗"的"掣"，其次是"锦衾"的"衾"，最让我意外的是那个"黑白"的"白"，"山回路转不见君"的"君"竟然也有同学写错。我们怎么把这些字又快又准地记到心里呢？谁给大家支个招？

生：我认为"风掣红旗冻不翻"的"掣"是拉和扯的意思，所以它底下是个"手"。"北风卷地白草折"的"白草"是晒干后为白色的草，所以应该是"白色"的"白"。

师：这位同学非常会学习，她善于运用课下注释，据义断形。"掣"是用手拉，"白"是指草的颜色。

生：我认为"狐裘不暖锦衾薄"的"衾"是——（生沉默）

师：这个字你出错了吗？

生：没有。

师：那就跟大家传授一下你的经验，用你自己喜欢的方法来记住它。

生：我认为它是被子，所以下面是一个衣。

师：他把生僻字拆解成自己熟悉的偏旁部首，非常好。"衾"是一个形声字，上面的"今"是它的声旁，"衣"表示含义。凡是带"衣"的都跟衣服、被子有关，比如"被""褥"。注意，"锦衾"的"锦"有个别同学也出了错，它是"金"字旁，"帛"说明它是丝织品，它是用金色的丝线绣成的丝织品，"锦衾"就是光彩耀眼的被子。

生：我认为"君"是对"你"的一种尊敬的称呼，所以不应该用"军队"的"军"，而应该用屏幕上的这个"君"。

师：你说得真好！你不单分出了这两个词，还让我们感受到了这两个词的不同："军"是身份，而"山回路转不见君"的"君"是尊称，有一种情感在里面。

生："散入珠帘湿罗幕"的"幕"，"巾"字底代表丝绸之类。而"日"字底的"暮"是"日暮"，和时间有关。

师：这个"巾"字底的"幕"是指阻隔遮挡视线的大布，"罗幕"是用绫罗绸缎做的大幕，也是极其华丽的东西。刚才他说到"日"字底的"暮"跟时间有关，请一名同学来说说"暮雪"之"暮"是指什么时间。

生：这个"暮雪"的"暮"应该指的是傍晚时候。

师：你是怎么判断出来的？

生：因为之前学过这个词。

师：你是一个擅于积累的学生。这个字非常有意思，"暮"就是太阳落到了丛林里，所以说里面是——

生（齐）：日。

（师板书"毂"的甲骨文"𦥑"）

生：我好像记得一本书上说把运粮草的车对起来，就成了军营的大门，所以"辕"是"车"字旁。

师：的确如此。《辞海》中说，古代帝王出行，宿营时以车为屏，出入处以两辕相对如拱门。

生：我认为"子"字旁是"孤独"的"孤"，反犬旁是"狐狸"的"狐"。

师："狐裘"是什么？

生：狐狸的皮做的衣服。

师：毛皮大衣。凡是带反犬旁的往往都跟动物有关，狐裘就是毛皮大衣；而古时幼年丧父谓之"孤"，所以有"孤儿寡母"之说。大家分出来了吗？咱们班同学有没有看过或者摸过毛皮大衣的？

（生沉默）

师（笑）：刚才来的时候，我看见听课的郭老师穿了一件毛皮羽绒服，我就上前摸了摸，特别温暖，特别光滑，特别柔软。我们的张校长穿了一件狐皮大衣，我没敢摸，看上去也给我一种特别温暖的感觉。今天天儿这么冷，大家想不想穿一件那样的衣服？

生（齐）：想。

师：穿上了就不冷了。其实，像"狐裘""锦衾""罗幕""珠帘"这些光闪闪、亮晶晶、柔软光滑的物品，也是古诗词中常见的意象，在南唐后主李煜、宰相晏殊和韦庄的诗词中经常出现，大家以后要特别留意。不仅如此，咱们班的同学还提出了一个出乎我意料的问题——张艺茹、常子鸿等七位同学问："瀚海阑干百丈冰"，瀚海不是沙漠吗？沙漠里怎么还会有百丈冰呢？谁能帮他们解答一下？

生：我认为这个问题运用了夸张的手法，体现了那个地方的寒冷。

师：你真会读诗。像盛唐诗人岑参、李白就特别喜欢运用百、千、万这样巨大夸张的数字。大家回忆一下，飞流直下——

生（齐）：三千尺，疑是银河落九天。

师：天台四万八千丈，对此欲倒东南倾。这就是盛唐范儿！除此之外，还有没有其他的理解？

（生沉默）

师：昨天陪我来的语文老师，她教过两年地理，她告诉我这个瀚海应该指的是"沙漠"中的"戈壁荒漠"。我上知网查询发现，柴剑虹先生曾经专门考证过"瀚海"。他说，瀚海源自突厥语，千百年来居住在西北边疆的维吾尔族人将一些险峻的山隘（两山之间的峡道）叫作"瀚海"。那么"瀚海阑干百丈冰"写的就是另外的一番景象。我们齐读理解一下。

（屏显，生齐读）

> "瀚海"源自突厥语，千百年来居住在西北边疆的维吾尔族人将一些险峻的山隘（两山之间的峡道）叫作"瀚海"。"瀚海阑干百丈冰"写的是峡谷背阴的百丈山崖上，冰雪交错覆盖的壮丽景色。

师：同学们可以根据自己的理解采用其中的一种，感兴趣的同学也可以去做考据。接下来，就让我们齐读这五组句子，把这些标红的易错词语的音形义牢牢记在心里。

（屏显，生读）

（1）北风卷地**白**草折，胡天八月即飞雪。

（2）散入珠帘湿罗幕，**狐裘**不暖锦**衾**薄。

（3）**瀚海阑**干百丈冰，愁云惨淡万里凝。

（4）纷纷**暮**雪下**辕**门，风**掣**红旗冻不翻。

（5）山回路转不见**君**，雪上空留马行处。

二、初读诗歌韵味

师：学习古诗除了要背熟、写会，更要读出它的内涵和情感。接下来，我想请两位同学朗读全诗。请你读前八句，请这位读后十句。其他同学认真听，看他们有没有读准字音、读准停顿。

（两生朗读全诗）

师：请坐，读得真好！尤其是这个"饮"，做"宴请"讲时读去声。请大家简要点评。

生：我认为他们读得都非常有情感，韩志远在"马行处"拖了点长音，表达了那种不舍的情感。

师：说得真好！他把自己的理解读进去了，你也听懂了朗读者的心声。的确，在结尾处，诗的韵脚处可以拖一下音。请你给他提个建议。

生：还行吧。

师：你善于欣赏别人。老师提一点小建议：如果你们能够把轻重缓急读得再分明一些，我相信会更有诗味儿。所谓轻重缓急，就是根据自己的理解重读每一句诗中意义最重要的部分。比如说描写边塞壮观景色的地方，"北风卷地"，读得重一些，急一些；而柔美细腻的地方，如"梨花开"，可以读得轻一点，缓一点。

（屏显）

北风卷地/白草折，胡天八月/即飞雪。

忽如一夜/春风来，千树万树/梨花开。

根据自己的理解，重读每一句诗中意义最重要的部分。描写边塞壮观景色处，可读得重一些，急一些；柔美细腻处，读得轻一点，缓一点。

师：请允许老师根据我的理解，和大家分享我的朗读。

（师配乐朗诵全诗，全场鼓掌）

师：同学们的掌声，使我感受到大家已经有所领悟。刚才读过的两位同学，能不能根据自己的理解，仿照老师的样子，再读几句？

生（再读）：北风卷地白草折，胡天八月即飞雪。

师：悟性真高！转眼之间就发生了巨大的变化。

生：山回路转不见君，雪上空留马行处。

（生鼓掌）

师：听到大家对你的鼓励了吗？刚才点评的那位同学再来说说。

生：他们比之前读得好多了，温天宜断句更好，韩志远情感表达得更清楚。

师：你真是一个极好的点评者！你也可以练习一下，读出自己的理解。请同学们自由选择几句，放声练习。

（生自由练习）

师：哪位同学愿意给大家朗读？

生：将军角弓不得控，都护铁衣冷难着。

师："冷难着"读得好，有点阻塞的感觉，但前一句"将军角弓不得控"的"不得控"可以读得再重一点。再来试一次！

生：将军角弓不得控，都护铁衣冷难着。

师：好！请坐。谁还想展示一下？

生：忽如一夜春风来，千树万树梨花开。

师：没想到我们男生也可以读得这么温情。"梨——花——开——"，放慢语速。

生：千树万树梨——花——开——

师：谁还想试读？

生：山回路转不见君，雪上空留马行处。

师：大家读得真好！现在，我们一起朗读全诗。

（生齐读全诗）

三、品读边塞风景

师：读书切忌在匆忙，涵泳功夫兴味长。学习尤其要这样反复地慢慢地朗读。接下来，就让我们逐字逐句细读诗歌。这是一首边塞诗，请同学们圈画描写边塞风光的诗句，思考品味你从中读出了边塞怎样的特点，体会到了诗人怎样的情感，并简要批写自己的理解。

（学生自读，思考，批注）

师：我看到有的同学已经批写了两处，现在我们交流阅读成果。

生：我对第一句做了批注。我从"卷"和"折"中读出了边塞环境十分恶劣，我仿佛听到了呼啸的风声和白草咔嚓咔嚓断折的声音。

师：她的描述有声有色，特别有想象力。请继续交流。

生：我从"卷"和"折"两个动词中读出了北方风势很猛，所以草才会断折。

师：俗话说，墙头草，风吹两边倒。草一般都是柔软的，倒而不折的，

291

可这里为什么咔嚓咔嚓地断折了？这是我们班好几个同学不明白的地方。

生：我觉得是因为风很寒冷，才能使草折断，也更加突出了边塞环境十分恶劣。

师：也就是说不仅是大风，而且是寒风。

生：我认为边塞环境寒冷，把草都冻得跟冰差不多了，所以风一吹草就折断了。

师：我记得有位专家说，这个白草本来是很坚韧的，但经寒霜一冻经寒风一吹，就变得很脆，可见边塞环境确实很恶劣。还有没有其他的原因？"卷地"是什么意思？

生：我认为"卷地"就是风把土地都卷起来了。

师：这不是一般的大风，是贴地而来的席地旋风。请一个同学重读"卷地"，再现这边塞风的气势。

生：大家好，我来给大家读一下。北风卷地白草折——

师：读得真好，请坐。下一句谁来说？

生：我从"胡天八月即飞雪"的"即"读出了胡天下雪非常早，因为我们这里腊月才开始下雪，那里八月就下了。

师：假如你在农历八月也就是国庆节前后，去作者所在的新疆轮台，看见漫天的雪花，你会是怎样的心情？

生：我应该非常惊讶，因为八月份我们这里夏天的热气还没有褪去，那里却已经下雪了。

师：我记得国庆节期间中央电视台特别播报，今年的夏天是六十年来最长的一个夏天。那时我们还穿半截袖呢。让我们把惊讶的语气融到这两句诗中，谁为大家朗读？

生：大家好，我为大家朗读一下。北风卷地白草折，胡天八月即飞雪。

师：我们常常用"瞠目结舌"来形容惊呆的样子。设想你就是岑参，看到这奇异的边塞景色，你的表情会怎样？调整一下再读。

生：北风卷地白——草折，胡天八月即——飞雪。

师：真好，我从你的眼睛里看到了惊讶。后面两句，请继续交流。

生：第一句写的是北风和飞雪。在第二句中，作者把北风比作春风，把雪花比作梨花，可以看出雪花不仅是一朵一朵的，而是一团一团、一簇一簇的，作者运用比喻的手法写出了边塞风光的壮丽景象。

师：他真会读书，知道联系上文来读这两句，读出了边塞雪景的壮观。这也是我们班两个同学所不理解的——前面还是北风呼啸，怎么忽然之间就是春天了呢？

生：因为昨天雪很大，今天雪下得有点小。

师（笑）：你把我们高新区的雪况读到诗里去了。咱穿越一下，我们现在的身份是诗人岑参，为什么才写北风呼啸，紧接着又写"忽如一夜春风来"？

生：本来一夜大雪是很寒冷的，但我将那些寒风比作春风，把雪花比作梨花，更加突出了我对雪的……（语塞）

师：他虽然卡壳了，但我能听出他是真懂了。知道我从哪里听出来的吗？

生：是"比作"。"比作"说明并不是真的春天来了，只是"忽如"一夜春风来，梨花也不是真的梨花，而是雪花。

师：你还原得非常到位。

生：我认为，"忽如"体现了边塞天气的变幻多端。

师：的确。杜甫说"岑参兄弟皆好奇"，岑参对于边塞新鲜奇特的事物始终保持一份好奇心。不仅如此，咱们班一个同学还问"既然是比喻，为什么一定要比作梨花呢"。

生：我认为梨花跟雪花一样都是雪白色的。

生：刚才那位同学提到过梨花是一簇簇、一团团的，而雪花落在树上也会是一簇簇、一团团的，所以外形与梨花近似，这样比喻更加生动形象。

师：你真善于倾听，还记得刚才那位同学的描述。还有一点，岑参特别喜爱梨花，他故乡的南山旧庐就曾栽有一片一片的梨树，他每到一处，无论是开封还是洛阳、边城，梨花总能惹动他无尽的情思。我们齐读体会。

（屏显，生齐读）

长安柳枝春欲来，洛阳梨花在前开。（《送魏四》）

梁园二月梨花开，却似梁王雪下时。（《梁园歌》）

　　　边城细草出，客馆梨花飞。（《河西春暮忆秦中》）

　　　自怜蓬鬓改，羞见梨花开。（《春兴思南山旧庐》）

　　师：昨夜还是飞沙走石，可今天推开门，眼前仿佛是故乡的梨花盛开。如果你是岑参，心里会怎样？

　　生：如果我是岑参的话，我会非常思念家乡。

　　生：我会十分激动，很惊喜。

　　师：激动、惊喜后泛起一种淡淡的思乡情绪，让我们把这种复杂的情绪用朗读还原出来。

　　生（读，略平淡）：忽如一夜春风来，千树万树梨花开。

　　师：你的情绪有些内敛。可以嘴角上翘，留心看老师的表情，（微笑示范）千树万树梨——花——开——

　　生（微笑读）：忽如一夜春风来，千树万树梨——花——开——

　　（全场鼓掌）

　　师：有温度了。

　　生：因为岑参是从南方来的人，他来到北方第一次看到雪，所以免不了有一种惊奇之情。

　　师，岑参两度出塞，这是第二度来边塞，但却是第一次见到如此大的飞雪。你说对了一半，但我为你探索的勇气点赞。继续交流其他的语句。

　　生：我从"散入珠帘湿罗幕，狐裘不暖锦衾薄"的"散"读出了当时雪下得很大，已经穿过了珠帘。

　　师：你抓住了"散"这个动词。谁还对这一句做了批注？

　　生：我还从这句中读出了天气的寒冷，人们穿着狐裘还感觉不暖和。

　　师：我们这里穿狐裘感觉很暖和，在那里却不暖和，这是用人的切身感受侧面描写天气的寒冷。描写寒冷的诗句在下面还有。

　　生："将军角弓不得控，都护铁衣冷难着"，"瀚海阑干百丈冰，愁云惨淡万里凝"。

　　师：一下子找了四句。谁来描述一下"瀚海阑干"这两句的画面？

　　生："瀚海阑干百丈冰，愁云惨淡万里凝"起承上启下的作用，由看雪到送别，既是写景也是写情，很自然地写出下面的送别，又用夸张的修辞手

法写出了瑰丽的沙漠雪景，为题目安排了送别的……（生沉默）

师（笑）：有点卡壳，但赏析得很"标准"。这两句是我们班同学感到最困惑的地方。我们换一种思路，请你描述一下这是一幅怎样的画面。

生：在沙漠戈壁上有很多的冰雪，天上的云彩都非常灰暗。

师：你的即兴描述真好，把精髓都点出来了。你说的是"云彩灰暗"，诗人为什么却说是"愁云"？

生：我认为这个"愁云"是为下文他和友人的分手做铺垫的，更能传达出对友人不舍的情感。

师：一切景语皆情语，这里有作者情感的投射。那你能不能把这种不舍融入这一幅壮观的画面中，读给大家听？

生：瀚海阑干百丈冰，愁云圣淡万里凝。

（生笑）

师：真的快过"圣诞"了！但这里是"惨淡"，是指阴云密布，天色非常灰暗阴沉。

生：谢谢老师提醒。

师：不用谢，你看你还这么从容自如。这一句有两种读法：一种是"百丈""万里"重音重读；还有一种"百丈""万里"重音轻读。我读上句，请你根据自己的声音条件选择下句的读法。

师（重音重读）：瀚海阑干百丈冰——

生（重音轻读）：愁云惨淡万里凝——

（全场鼓掌）

师：还有两句写天气寒冷的。

生：我觉得应该是"纷纷暮雪下辕门，风掣红旗冻不翻"。

师：这一句中哪个词最能突显天气寒冷？

生：我觉得是"冻不翻"。

生：我觉得还有"风掣红旗"的"掣"，风使劲拉扯，可是红旗一动也不动。

师：的确如此。有人认为岑参这两句是翻用了隋朝虞世基的"霜旗冻不翻"。请大家出声读读看，我们能不能把"红旗"换成"霜旗"，为什么。

295

（屏显）

纷纷暮雪下辕门，风掣红旗冻不翻。（岑参）

雾烽暗无色，霜旗冻不翻。（虞世基）

生：我认为红旗感觉比较鲜艳，"霜旗"只给人一种冰冷的感觉。

生：我补充一下，霜旗本来就是寒冷的，寒风一吹就更寒冷了，而红旗却不仅能突显寒风的冷，还能在寒冷中给人一种温暖的感觉。

师：你的理解真好！这个"红"字一下子点亮了阴沉的天空，温暖了读者的心。像这样点亮诗歌画面的词语诗中还有很多，请同学们仿照老师的示例到文中去寻找、交流。

（屏显）

寻找诗中点亮画面的词语，仿照示例交流自己的感受。

边塞本来是单调的，但这一抹红旗却点亮了阴沉的天空。

生：我认为应该是"纷纷暮雪下辕门"的"暮雪"，因为黄昏时候雪应该是冻住的，但它还是吹过了军营的大门。

师：这纷纷的暮雪让整个画面灵动起来了。

生：我认为边塞本来是寒冷的，但是这洁白的"梨花"让边塞有了春天般的温暖。

生：边塞本来是艰苦的，但是有了同伴与我并肩作战，就有了团结的力量，也感到非常温暖。

生：边塞本来很艰苦，环境很恶劣，但是有了"胡琴琵琶与羌笛"就显得丰富多彩、生机勃勃了。

生：我找的是"中军置酒饮归客，胡琴琵琶与羌笛"。"中军置酒饮归客"指的是自己即将与朋友分别，朋友会想着自己，所以这份友谊让我感到很温暖。

师：也就是说这里的酒和音乐让作者的内心变得温暖了。

生：我找的是"纷纷暮雪下辕门"。在边塞的"暮雪"上空是一片片愁云，了无生机，但有了人们的欢声笑语就显得有了生机。

师：有了些许热闹和欢快。

生：我找的也是"中军置酒饮归客，胡琴琵琶与羌笛"。热酒温暖了作者寒冷的心，在冬天就不会寒冷了。

师：对，既暖了身，又暖了心。还有"锦衾""罗幕"这些华美的意象。你说。

生：我觉得"锦衾""罗幕"这些华丽的丝绸让边塞变得柔软了，美丽了，不再艰苦。

师：本来是艰苦、粗粝的环境，因为有了它们就有了一些柔美与华丽。大家真有创意！我们大家一起朗读体会。

（屏显，生齐读）

> 边塞本来是寒冷的，但这美丽的梨花却温暖了北地的胡天。
> 边塞本来是单调的，但这一抹红旗却点亮了阴沉的天空。
> 边塞本来是粗粝的，但这珠帘、罗幕、狐裘却晕染出了几分柔美与华丽。
> 边塞本来是惨淡的，但是这胡琴琵琶与羌笛却增添了边塞的欢快与豪气。
> 边塞本来是凝滞的，但是这纷纷暮雪却为军营增添了许多灵动与生机。

师：岑参的诗素来被誉为"奇丽"——因为他心里始终有这样一份温暖和美丽，所以才能给这首雄奇开阔的边塞诗增添了温度和色彩。请同学们再次朗读，可以把这一些标红的词语读得柔美、深情一些。

（屏显标红"梨花""珠帘""罗幕""狐裘""胡琴琵琶""羌笛""暮雪"的诗句，一生深情诵读，读完全场鼓掌）

四、感悟盛唐气象

师：你的深情朗读打动了我们的心！这是一首边塞诗兼送别诗。我们齐读最后四句，看大家从中读出了诗人怎样的情感。

生：从后四句我读出了作者当时依依不舍的情感。

师：哪个词语最能体现这种依依不舍？

生："雪上空留马行处"的"空留"。

师：这是以空写有，和"孤帆远影碧空尽，惟见长江天际流"有异曲同工之妙。

生：我认为后四句同时写出了作者与朋友真挚的情谊。

师：哪一个词语体现了情谊的真挚？

生："轮台东门送君去"，诗人一直把朋友送到轮台的东门。

师：我觉得还有一个词语也能体现这一份情谊的深厚。

生：我觉得是"雪满山"。

师：这个"满"字怎么理解？

生：雪下得很大，山上积满了雪，冰雪满山。

师：诗人看到这满山冰雪，心里是一种什么情感？

生：不舍，也许还有一点儿担忧，雪后路滑。

师：是啊！一"空"一"满"，意味深长。可是除了不舍、担忧，还有没有别的情感？"为什么朋友走了，诗人却不走？"这是我们班张震、王子丹等九名同学提出的疑问。我们来读一则材料，看有没有新的发现。

（屏显，生读）

岑参出身没落官宦世家。他怀着建功立业、重振家声的志向，辞家西行万里，两度出塞，历时六年。本诗写于岑参第二次出塞近一年之际，他在昔日同事封常清将军帐下任支度判官。

"功名只向马上取，真是英雄一丈夫。"（岑参《送李副使赴碛西官军》）

"故园东望路漫漫，双袖龙钟泪不干。"（岑参《逢入京使》）

生：我感觉还有对家乡的思念，他很思念"故园"。

师：目送朋友的身影渐渐消失在迂回的山路上，他心里也许还泛起了对妻子儿女的思念和挂牵。

生：他的同事封常清成了将军，可他还是判官，所以他留下来，还想建功立业。

生：他的朋友走了，但他为了报效国家还依然留在边塞，所以说这应该还有忠诚于自己国家的情怀。

师：这就是岑参，他心中不仅有浪漫梨花和一腔诗情，他还有一腔滚烫的热情和不灭的理想，所以他才能在这苦寒的边塞写出这样奇丽的诗篇。其

实不只是岑参，在盛唐还有很多诗人，他们也写下了大量的边塞诗，他们渴望建功，视死如归——这就是盛唐气象，一种酣畅淋漓的盛唐范儿。

（屏显）

　　　　宁为百夫长，胜作一书生。（杨炯《从军行》）

　　　　黄沙百战穿金甲，不破楼兰终不还。（王昌龄《从军行》）

　　　　醉卧沙场君莫笑，古来征战几人回？（王翰《凉州词》）

　　　　万里不惜死，一朝得成功。（高适《塞下曲》）

师：接下来我们就换一种方式来背诵全诗，我邀请两位同学担任领诵人，我们分角色朗诵全诗。背熟它，用一生来慢慢体会。

（屏显）

　　　　（男）北风卷地白草折，＿＿＿＿＿＿＿＿＿＿。

　　　　（女）忽如一夜春风来，＿＿＿＿＿＿＿＿＿＿。

　　　　（男）散入珠帘湿罗幕，＿＿＿＿＿＿＿＿＿＿。

　　　　（女）将军角弓不得控，＿＿＿＿＿＿＿＿＿＿。

　　　　（齐）瀚海阑干百丈冰，＿＿＿＿＿＿＿＿＿＿。

　　　　（男）中军置酒饮归客，＿＿＿＿＿＿＿＿＿＿。

　　　　（女）纷纷暮雪下辕门，＿＿＿＿＿＿＿＿＿＿。

　　　　（男）轮台东门送君去，＿＿＿＿＿＿＿＿＿＿。

　　　　（女）山回路转＿＿＿＿＿＿＿，＿＿＿＿＿＿＿＿＿＿。

　　　　（齐）山回路转＿＿＿＿＿＿＿，＿＿＿＿＿＿＿＿＿＿。

　　　　（师）山回路转不见君，雪上空留——马——行——处。

（分角色朗诵全诗，下课）

299

第二讲　李白歌行体古诗的"壮浪纵恣"

——李白《行路难》（其一）解读与思考

　　李长之先生在《李白传》中说："李白是在中国历来的诗人中受到人民普遍热爱的一位。"凡是读过书的，大多能背出李白的诗；就名胜古迹而论，很多地方都传说有李白的足迹。这既说明李白漫游地域之广，更说明李白深受人们喜爱，各地的人们都真诚地希望自己所居的这方水土与李白有着深厚的情缘。我曾在河南洛阳和山东青岛、临沂三个城市公开执教过李白的《行路难》（其一），每次执教，我都尝试在这个城市的文史资料或地方志中去理解李白，努力走进李白的内心，还原这一首"歌行"的内涵与魅力。

　　李白多次到洛阳。郭沫若先生在《李白与杜甫》一书中认为，李白开元十三年（25岁）出蜀，进行第一次长江流域的漫游，南下洞庭，北上襄汉，东至庐山，游金陵扬州。开元十五年（27岁），于湖北安陆招赘于高宗年间的宰相许家，娶许圉师孙女。开元十八年春夏之交，李白婚后第三年，经由南阳第一次赶赴长安，寓居终南山，靠自己的才华和许家旧有势力，结识唐玄宗妹妹玉真公主、贺知章等人。猎取功名无着，离京东下，暂居开封梁园。开元二十二年正月，34岁的李白"就食洛阳"。开元二十四年，36岁的李白为学剑举家移至鲁郡兖州任城东门内。据《新唐书·李白传》记载，唐文宗时期，曾把李白诗歌、张旭草书、裴旻剑舞称为"三绝"。裴旻曾随幽州都督孙佺北伐，舞刀立马上，飞矢四集，迎刃立断；为北平守，一日射虎三十一头之多。李白与裴旻即同时代之人，曾写信给裴旻："如白，愿出将军门下。"李白也多次声称自己"十五好剑术""一射两虎穿……转背落双鸢"，武艺惊人。天宝元年，42岁的李白曾于四月登泰山，不久携儿女南游；这年冬天，李白受唐玄宗征召入京，奉命供奉翰林。然而好景不长，天宝三年春，入京不到两年的李白，因小人谗毁被排挤出京；当年三月，经商州东下漫游梁宋和齐鲁。就在此时，李白第二次到洛阳，与杜甫、高适相遇。

李白和杜甫的相遇，杜甫本人十分重视，多次写诗回顾，也被历来的文史家们视为一件盛事。闻一多先生更是认为二人的相见是"太阳和月亮"的相见，"除了孔子见老子（假如他们是见过面的），没有比这两人的会面，更重大，更神圣，更可纪念的"[①]。两人相见的地点没有具体记载，闻一多先生认为，或许是在北海太守李邕的筵席上，或许是在洛阳城内的一家酒店里……二人相处并不很久，天宝四年，李白便南下金陵，漫游会稽、庐江、寻阳等地。天宝九年，50岁的李白第三次北游洛阳与龙门。天宝十年春，回到东鲁。

李白到青岛，大约在天宝年间被排挤出长安之后。相传李白受道士好友吴筠所邀，经鹤山（今即墨）赴崂山，登白云洞，到太清宫，并与吴筠饮酒作诗，写下《清平调·咏蟠桃峰》。后渡黄河到王屋山，写下了《寄王屋山人孟大融》——"我昔东海上，劳山餐紫霞。亲见安期公，食枣大如瓜……"，其中的"劳山"便是"崂山"的古称。现在，蟠桃峰上还刻着"太白石"三个大字。李长之先生在《李白传》中认为，学道与从政的矛盾始终贯穿李白的一生。一方面，李白热切地希望能够"申管晏之谈，谋帝王之术，奋其智能，愿为辅弼。使寰区大定，海县清一"；另一方面，他又真切地期待功成之后，像陶朱公范蠡、留侯张良一样隐居山林，学道，做神仙。李白做什么都特别认真，学道亦是如此。阎琦等学者考证，李白"好道心不歇"，曾特地到山东，请北海（今山东青州）高如贵天师于齐州（今山东济南）紫极宫传道箓，正式成为一名"在编"的道士。青岛崂山是道教发祥地之一，自春秋时期就云集大批方士，战国后期成为享誉国内的"东海仙山"。据此，李白在青岛崂山盘桓应该是确凿的。

---

① 闻一多：《唐诗杂论》，江苏人民出版社 2019 年版，第 77 页。

然而，李白有没有到过山东临沂却至今存疑。明清时期的《沂州志》《沂州府志》，蒙阴、费县等蒙山周边各县县志，以及新编的《临沂地区志》《蒙山志》，均收录了杜甫的《与李十二白同寻范十隐居》。蒙山古称"东蒙"，而杜甫这首诗中"李侯有佳句，往往似阴铿。余亦东蒙客，怜君如弟兄。醉眠秋共被，携手日同行"中又有"东蒙"二字，因此临沂的文人及地方主政官员便认定李白与杜甫曾共游临沂，费县还流传着李杜二人于蒙山杏埠村同游赋诗的各种传说。最近，某集团开发蒙山旅游资源，还据杜甫诗意设计了"杜甫与李白来东蒙山同寻范十隐居"的一组雕塑。不过，这种说法在郭沫若、闻一多、李长之、阎琦等专家的李白传记中均未曾见到。

为什么人们如此热爱李白？历来的学者们各抒己见，众说纷纭，在此不一一赘述。我个人认为，其中最重要的原因是李白把自己的一生活成了一首元气淋漓、跌宕起伏的诗。他超级自信乐观，始终相信自己是"大鹏"一样的人才，早晚会一飞冲天，做一番惊人的伟业；他坦率真诚，为了理想"遍干诸侯"，坚持不懈地"推销"自己，想要就要，不遮不掩；他多才多艺，"五岁诵六甲"，"十五好剑术"，精通"蛮语"，仅存的书法作品也被评价为"飘逸雄健，不流凡俗"；他热爱自然，无论是对壮美的山河、优美的花草，还是细致入微的儿女情态，都有着超凡的感受力和鉴赏力。他始终保有纯真烂漫：被皇帝征召，有可能实现夙愿时"仰天大笑出门去"，真情流露；与权贵相处，不肯"摧眉折腰"，不妥协，不失风骨；被排挤出京，理想受挫，敢质问诘责。他活得恣意任性：高兴的时候"飞扬跋扈"，痛苦的时候尽情释放，该享乐的时候又毫不含糊。他想象力丰富：忽而摘星揽月，虚步蹑太清；忽而举杯邀月，对影成三人；忽而要划却君山，平铺江水流；忽而要千金散尽，槌碎黄鹤楼……关键的是，他找到了最贴切、最完满的表达方式来抒发这一切！闻一多先生在《英译李太白诗》中认为，李白不是一个雕琢字句、刻画辞藻的诗人，这并不是说李白不讲究字句、辞藻，而是说他已经达到了"羚羊挂角，无迹可寻"的至高境界，看不出雕琢与刻画了。

读他的诗，很难感觉有隔阂，那"清水出芙蓉，天然去雕饰"的诗句仿佛是从我们的心底里流淌出来的；而那跌宕的气势、排奡的音节又似汹涌奔腾的大江大河，一下子就把压抑在我们内心的苦闷与焦灼、悲愤与惶惑扩展了，解放了，冲走了，我们的生命力一下子被唤醒，我们的心灵也跟着他飞腾到九天之上。可以说，他活出了人们想而不能或者想而不敢的天真模样，而我们普通人则可以借他的诗一偿"欲仙欲狂"的人生夙愿。

统编初中语文教材一共选入李白的五首诗——《闻王昌龄左迁龙标遥有此寄》、《峨眉山月歌》、《春夜洛城闻笛》、《渡荆门送别》、《行路难》（其一）。其中最能体现李白个性特色的就是九年级上册第三单元的这首歌行体古诗《行路难》（其一）。

首先，这首诗写于李白被权贵排挤出京、朋友为其送别饯行之际。李白本以为皇帝会委以重任，自己可以得偿所愿，大济天下苍生；但谁知唐玄宗并不打算向他请教治国平天下的策略，而是"以倡优畜之"，只让其做歌舞升平的点缀。这对胸怀大鹏之志的李白而言，自然是一份耻辱。更可气的是张垍、高力士、杨玉环等人还屡进谗言，使他被变相撵出了日思夜想的长安。这意味着李白报效国家、安顿黎民的理想之路至此中断，可想而知李白内心的痛苦。然而这痛苦在李白的心中几番奔突，最终不仅没有走向绝望，还转化为了巨大的信念和无尽的希望。这就是李白，越挣扎越痛苦悲愤，越痛苦悲愤越自信乐观。与这跌宕的情感相对应的，是忽下忽上、大落大起、大阖大开的诗歌结构。这种曲折变幻的诗歌结构，使诗人的情感气度层层转深，步步扩展，更具张力。李白最擅长的就是这样的歌行体古诗，也唯有这自由的歌行、这跌宕曲折的结构艺术，才最能表现他那"壮浪纵恣，摆去拘束"的豪迈激情。[①]所以，李白的诗最适合大声朗读，投入地朗读，酣畅淋漓地朗读，以抑扬顿挫的朗读求其纵横开阖的豪气，悟其跌宕起伏的激情。

其次，我们看这首诗的用词。"十千""万钱"等巨大的数字，属于李白一贯的夸张、浪漫。"金樽""玉盘""碧溪""日边"等色彩鲜明的词语，体现了李白的明朗乐观。"停""投""拔""顾"四个动作一气呵成，令人如闻如见。同时，这首诗多用"ang""an""ai"等音韵铿锵的词语，特别响亮，特别有气势，特别有力度。

---

① 李晖：《论唐诗的诗意结构》，载《北方文丛》1995 年第 3 期。

第三，典故的运用出神入化。李白用典和辛弃疾用典有所不同，辛弃疾用典有点"掉书袋"的嫌疑，而李白用典却用到了"纯熟可惊"的地步，不注亦能明白其意，甚至能够达到遇见什么人就能用同姓之人的事情作诗的境界。比如用《庄子》温伯雪子适齐反的故事送温处士，用隐居高士张仲蔚的故事送一位姓张的朋友，用白起的故事送白利的朋友，用王羲之、王子猷的故事送金陵王处士，等等。[①]从李白遗留的千余首诗来看，诗人当中李白最佩服谢灵运、谢朓；政治家当中，李白最欣赏谢安；武士之中，李白最崇拜鲁仲连。然而这首诗却连用了姜尚、伊尹和宗悫三人的故事，这是为什么呢？我们来看他们的经历。

　　据姜尚后裔北宋吕通墓志铭记载：姜尚，因其先祖掌管四岳有功，被封于吕地（今河南境内），故又名吕尚。姜尚出世时，家境已经败落，所以他长期流落民间。很多文献都提到他遇周文王之前曾做过屠夫和小商贩。比如《战国策·秦五》曾记载："太公望，齐之逐夫，朝歌之废屠……"东汉学者高诱注解："吕尚为老妇之所逐，卖肉于朝歌，肉上生臭，不售，故曰废屠。"古代兵书《尉缭子·武议》记载："太公望年七十，屠牛朝歌，卖食棘津……及遇文王，则提三万之众，一战而天下定。"西汉刘向的《说苑·尊贤》说："太公望，朝歌之屠佐也，棘津迎客之舍人也。"韩婴的《韩诗外传》也说："吕望行年五十，卖食棘津。"吕尚大半生潦倒困顿不得志，直到80岁，在渭水磻溪垂钓，得遇西伯侯姬昌，辅佐姬昌建立霸业，后辅佐武王消灭商纣，建立周朝，封为齐侯，定都营丘（今山东高青），成为姜氏齐国缔造者、齐文化创始人。[②]

　　伊尹，传说出生于河南洛阳，因其母居伊水之上，故以伊为氏。尹，古代官名。清代段玉裁《说文解字注》记载："尹，治也。尹治天下。"据《墨子·尚贤》《吕氏春秋·本味篇》等文献记载：伊尹出生后，被有莘国庖人收养，得以学习烹饪之术，成为精通烹饪的厨师。有

① 李长之：《李白传》，百花文艺出版社 2010 年版，第 84—85 页。
② 周成彬：《淇县志》，中州古籍出版社 1996 年版，第 1007 页。

莘氏女嫁夏朝商国君主汤,他为陪嫁媵臣(古代随嫁的臣仆)事商汤。后以"至味"说汤,被汤任以国政,改善政治,发展实力,攻灭夏桀,建立商朝。

宗悫,东晋书画家宗炳之侄,出身儒学之家。《宋书·宗悫传》记载:"炳高尚不仕。悫年少时,炳问其志,悫曰:'愿乘长风破万里浪。'炳曰:'汝若不富贵,必破我门户。'……时天下无事,士人并以文义为业,炳素高节,诸子群从皆好学,而悫独任气好武,故不为乡曲所称。"后来,宗悫自告奋勇跟随江夏王、宋文帝、孝武帝多次平定叛乱,立下赫赫战功,历任振武将军、左卫将军、洮阳侯、豫州刺史、雍州刺史等职。死后,被封为肃侯。

这三人都有经国安邦之伟才,但他们或长期不得志,或出身卑贱,或不被人理解,甚至备遭侮辱;不过,他们都没有放弃自己,最终也都被明主礼遇重用,成就了万世不朽之大功、千秋不世之伟业。李白之所以在理想之路受阻时想到了他们,就是因为他从这三人身上看到了自己的影子,也看到了自己的希望。李白终其一生都不甘心自己的生命落空,这三人的遭遇最能慰藉他此时此刻受伤的心灵,也最能给予他向难而行的信心和力量。

面对这样的一首诗,学生的兴趣点和困惑点在哪里呢?对此,上课前我让学生熟读成诵后写下自己的感受、质疑和发现。从学生的反馈来看,他们普遍感受到了诗人流淌在诗歌中的苦闷、迷茫、悲愤和希望,但对诗人为何如此苦闷、迷茫,又为何萌生如此强烈的希望不甚明白。他们对诗中的反常现象、诗人引用的典故、李白的诗风以及李白本人产生了浓厚的探究欲望。以下就是根据学生的关注点和疑惑点梳理出的典型问题:

1. 作者的感情变化为何如此复杂曲折?

2. 作者经历了什么?在什么背景及情况下写此诗?

3. 作者的写作意图是什么?

4. 诗人的心"茫然"在什么地方?

5. 为什么诗歌由沉闷转为乐观?李白的情感为何会在最后一句突然高昂激荡?

6. 李白面对佳肴美酒,为什么却不能食?

7. 诗人的心情如此难过，为何还要描写盛大的宴会？明明是被驱逐，为何还有玉盘珍馐？

8. 诗人为何无故拔剑？

9. 姜太公和伊尹的故事分别是怎样的？为什么作者要引用姜尚和伊尹的典故？

10.《宋书·宗悫传》原文讲的是什么？诗中用典的作用是什么？

11. "忽复乘舟梦日边"有什么寓意？

12. 人们会在什么时候用"长风破浪会有时，直挂云帆济沧海"？

13. "沧海"是指什么？

14. "歧路"指现实生活中的什么？

15. 我想知道李白一生的经历。写完这首诗后诗人有没有得到重用？

16. 李白还有哪些故事？

17. 李白为什么被贬？为什么不受重用？被贬后去了哪里？

18. 李白考没考过科举？如果考了，考到了什么位置？

19. 李白结没结婚？

20. 为何会有"十步杀一人，千里不留行"的诗句？

21. 这篇古诗字儿真多。李白姓李吗？他父母姓啥子嘛？

22. 李白为何唤作青莲居士？

23. 李白是浪漫主义诗人，他的浪漫主义体现在什么地方？什么是浪漫主义？

以上问题单凭一两节课是很难完全解决的。叶嘉莹先生说，中国最伟大的诗人都是用自己的生命来作诗的。阅读李白的理想方式应该是专题学习，《行路难》（其一）是初中段李白诗歌的最后一首诗，这首诗的阅读课也就是"李白专题学习"的最佳起始课。专题学习是一种"基于问题的学习"。因此，我们可以从最有趣的学生问题切入，整合梳理以前学过的李白诗句，以新颖直观的形式批量呈现，让学生自主探究；然后引导学生由浅入深，在反复的品读中，还原李白"这一首歌行"中蕴含的曲折情感、丰富内涵，进而由诗及人，一步步走近李白这个浪漫而伟大的诗人，体验其不朽的诗歌力量，领悟其独特的人格魅力。

浪漫豪情 不羁灵魂

——《行路难》（其一）教学实录

一、释疑，诵读诗歌情味

师：同学们，上课之前，我要跟程峻同学道个歉，因为昨天我见程峻的时候，程峻提了一个非常好的问题："李白姓李吗？他父母姓啥子嘛？"当时我不仅没有认真询问程峻的想法，还草率回答"他既然姓李，他爸爸当然姓李"。今天先请程峻来说一说，好吗？

生：我之前读过一个李白父母给李白起名的故事，故事里面好像提到李白不是姓李。

师：阅读广泛，很好！我回宾馆后连夜查资料，还真找到了许多说法，我摘了两种，大家看屏幕，请程峻读给大家听。

（屏显，生读）

说法一：李白一家曾生活在西域碎叶，在他5岁时父亲李客带全家入蜀，在四川绵州青莲乡安家。在西域本不姓李。后他父亲"指天枝而覆姓"。天枝，皇室支派，意思是说他们和大唐帝室同宗。

说法二：李白说自己是陇西李氏，汉将李广的后代，与大唐皇室同宗。（叶嘉莹《叶嘉莹说初盛唐诗》）

师：读完后找到答案了吗？能用自己的话说一说吗？

生（摇头）：还说不太清楚。

师（微笑）：初到这么亮的聚光灯下，是不是有种大脑空白的感觉？（生点头）好，请坐。其他同学有读懂的吗？

生：我认为李白他们在西域的时候是不姓"李"的，但后来跟父母来到四川之后就改姓成了"李"。

师：他们为什么选择姓"李"，而不选择段老师的"段"姓？

生：因为当时皇帝姓"李"，比如唐太宗李世民。"李"姓和大唐帝室是同宗，可能是因为这个才姓"李"的。

师：看，李白一家好大胆，自命不凡！那李白为什么又到处宣传"我是汉代将军李广的后代"？

生：我觉得李广非常有名，他说自己是李广的后代，可以提高他的名气。

师：古人看重出身，借同宗名人抬高自己，是汉唐盛行的风气。

生：我觉得可能是李白自身比较敬佩李广，所以才这样说。

师：他希望成为像飞将军李广那样建功立业的人，你的理解我赞同。当然还有另外的说法，有人说他是胡人，有人说他是建成和元吉的后代等等，至今史学都没有定论。如果感兴趣的话，程峻你将来可以去研究，大家也可以去研究。不仅如此，我们程峻还有一个发现——这篇古诗字真多！大家回忆一下：我们以前学的古诗一般多少句，多少字？

生：一般四句，四十字左右。

师：四句的诗歌叫什么名字？不算题目的话，整首诗多少字？

生：绝句。绝句有五言的和七言的，所以整首诗有二十字的，有二十八字的。

师：数学很棒。还有多少句、多少字的古诗？

生：八句，律诗。

师：继续算数。我听到有同学开始做乘法了。

生：如果五言，五八四十；七言的话，七八五十六。

师：这首诗我数了数整82个字，大家知道这是什么体裁吗？

生：我觉得应该是乐府。课本上说"行路难"是乐府古题。

师：对，乐府古题。大家画出来。绝句、律诗是格律诗，又叫近体诗，就是相对乐府古题这种古体诗而言的。乐府起源于汉代，多是民歌；但后世诗人（包括李白）也常以乐府古题来作诗，到了唐代便演化为歌行体古诗。这种诗体的句数、字数和格律诗有所不同。

生：这首诗有一部分是三个字，而其他诗一般都是五个字或七个字，五言或七言。

师：对，诗句有长有短，有三个字的，还有九个字的，待会儿我们会看到。这就是杂言。

（屏显）

> 歌行，古典诗歌的一种体裁，多采用五言、七言、杂言，格律比较自由。"行路难"是乐府古题，多咏叹世路艰难。

师：同学们真厉害，我们的发现和资料上的阐述基本一致。我们班的子珊同学关注到了李白诗的风格，她问："李白是浪漫主义诗人，他的浪漫体现在什么地方呢？"这个问题谁来谈谈？

生：我感觉李白的浪漫，第一体现在他个人的性格上。他这个人非常超凡脱俗，有非常厉害的情感。第二体现在他的诗句上，他的诗句像"君不见黄河之水天上来，奔流到海不复回"，非常恢宏。感觉和杜甫那种现实主义是相对的，杜甫写的那些诗就比较悲伤，大多是一种比较凄凉的意境，而李白诗的意境非常开阔、开朗。（全场鼓掌）

师：大家为你鼓掌，因为你不但讲明白了李白，还讲明白了杜甫。杜甫最擅长的是律诗，而李白最擅长的就是你刚才说的、这种自由恢宏的歌行和乐府。大家看屏幕，这是我们以前学过的、广为人知的李白诗句。我起个头，大家齐读，看还有什么新的发现？

（屏显，生齐读）

> 飞流直下三千尺，疑是银河落九天。
> 桃花潭水深千尺，不及汪伦送我情。
> 白发三千丈，缘愁似个长。
> 天台四万八千丈，对此欲倒东南倾。
> 百年三万六千日，一日须饮三百杯。
> 燕山雪花大如席，片片吹落轩辕台。
> 我寄愁心与明月，随君直到夜郎西。
> 危楼高百尺，手可摘星辰。
> 我且为君槌碎黄鹤楼，君亦为吾倒却鹦鹉洲。

生：李白的诗句非常夸张，像"三千尺""深千尺""四万八千丈"，事实上它并没有那么长，他是给夸张了，放大了。

师：对！李白以及李白同时代的诗人，像王之涣、岑参等，都特别喜欢用百、千、万这样特别夸张的数字，有人说这就是一种盛唐范儿。大家再看

309

蓝色的字体，还有什么新发现？

生：我觉得李白描写的景物也有所不同，比如说星辰、明月、雪花等。他把雪花比作席，比席还大，意境比较开阔。

生：我觉得他想象力很强。

师：应该说是大胆的夸张、奇特的想象、新奇的比喻，所以读李白的诗有一种飞起来的感觉，后世评论家送给他四个字"豪放飘逸"。他同时代的贺知章称他为谪仙人，从天上贬下凡间的仙人。今天就让我们走进李白的这首歌行体古诗《行路难》。我请两名同学来朗读全诗。其他同学认真倾听，注意评价。

（两生接力朗读）

生：我觉得他读得特别有气势，比如最后一句"长风破浪会有时，直挂云帆济沧海"。

师：你认为这就叫有气势了？

生：稍微有点气势。

师：这两个同学有一个优点，所有的字都读对了，而且声音都很浑厚。如果要想读得更有气势，我教大家一招，大家看屏幕。

（屏显）

> 金樽——清酒——斗十千，玉盘——珍羞——直万钱。
>
> **停杯投箸/不能食，拔剑四顾/心茫然。**
>
> 根据自己的理解，重读每一句意义最重要的部分。
> 动词密集处，读得重一些，急一些；优美处，读得轻
> 一点，缓一点。

师：请允许老师为大家朗读全诗，分享我的理解和感受。

（师读，全场鼓掌）

师：感谢同学们的欣赏。同学们鼓掌，应该是理解了。刚才这两位同学谁再仿读两句？

生（抑扬顿挫读）：金樽清酒斗十千，玉盘珍羞直万钱。停杯投箸不能

食，拔剑四顾心茫然。（全场鼓掌）

师（问那位同学的同桌）：这一次感觉如何？

生：我感觉挺好的。

师：应该为你，也为你同桌叫好。一学就会，一点就通！你也要试一下！来！

生（激情读）：行路难！行路难！多歧路，今安在？长风破浪会有时，直挂云帆济沧海。（全场鼓掌）

师：我再教你一招，不要只用嗓子读，要用丹田之气。请大家放开喉咙自由练习，开始！

（生自由练习读）

师：同学们练得真投入，尤其是这边的男同学。请你来读两句。

生（读）：行路难！行路难！多歧路，今安在？长风破浪会有时，直挂云帆济沧海。（全场鼓掌）

师：这是深沉版的！

生（激情读）：行路难！行路难！多歧路，今安在？长风破浪会有时，直挂云帆济沧海。（全场鼓掌）

生（慷慨读）：行路难！行路难！多歧路，今安在？长风破浪会有时，直挂云帆济沧海。（全场鼓掌）

师：大家读得真好，全场都为你们鼓掌！温馨提示一下：咱们正处于变声期，要学会保护嗓子，可以适当收一点，放松一点。现在我们大家一起看屏幕，齐读体会。

（生齐读全诗）

师：经过刚才反复地诵读，你感受到了李白怎样的情感或心情？

生：我感觉李白一开始的心情非常惆怅，但到后来他的心情好像又一下子豁然开朗起来，像最后那一句"长风破浪会有时，直挂云帆济沧海"，我感觉这是一个变化的过程。

师：你读出了一种变化。

生：李白诗的前半部分我读出了惆怅，后半部分读出了开朗。

师：你和你同桌英雄所见略同。

生：我从诗的后半部分读出李白重新鼓起了勇气，虽身处逆境，但他有着乐观进取的人生斗志。

生：我从诗的前半部分读出李白非常苦闷，因为他说"停杯投箸不能食，拔剑四顾心茫然"。

生：我读出了诗人迷茫以及悲愤的感情。

生：我感觉作者经历了从苦闷到豁达、乐观的一个过程。

二、还原，品读诗人情感

师：接下来我们就循着各自的感受，潜入诗歌，圈画关键词，思考品味哪些词句或意象最能抒发诗人的情感，并简要批写自己的理解。

（生自读，批注）

师：我看有的同学已经批了两处了，现在大家一起来交流一下。我们从抒发苦闷、悲愤之情的语句开始。

生：我从第一句"金樽清酒"和"玉盘珍羞"读出这是一个非常华丽、欢乐的宴席，但李白却"停杯投箸不能食，拔剑四顾心茫然"，由此看出李白的心情很苦闷。

师：大家有没有注意到，这位同学把前四句合在一起理解，非常好！咱们班有7个同学问"为什么一定要写酒菜如此名贵，宴席如此豪华"。如果我们普通人看到如此好的酒席，会怎样？

生：我会赶紧吃，我特别喜欢吃！（全场笑）

师（笑）：喜欢吃有两种，一种是美食家，一种是吃货。希望你是美食家。李白不仅被称为"诗仙"，他还有一个名号——

生：李白还有一个绰号是"酒仙"，他特别爱喝酒。

师：对，嗜酒如命！他说："天若不爱酒，酒星不在天。地若不爱酒，地应无酒泉。天地既爱酒，爱酒不愧天。"嗜酒如命的人看到如此名贵的美酒，怎么会"停杯投箸"？

生：我感觉这是对比的写法，作者以前喜欢喝酒，现在却不想喝酒、不想吃饭，反衬他内心的苦闷。

师：李白到底经历了什么事儿，竟有如此反常的举动？这是我们班王焜、朱岩等14位同学共同关注的焦点。哪位同学给大家讲一讲这首诗的背景？

生：当年李白奉诏入京，担任翰林供奉，却没有被唐玄宗赏识，还被群臣排挤，所以两年后他就被流放。他的朋友都来为他送行，他就满怀悲愤地写下了这首诗。

师：这些你是从哪里知道的？

生：我是从资料上看到的。

师：你看，他很善于学习，不只学课本。学习中国古代文化，我们尤其要广泛阅读。老师也查了很多资料，大家看屏幕，请一名同学来读。

（屏显，生读）

　　李白少有大志，希望能像管仲、张良、诸葛亮、谢安一样辅佐君王，成就伟业。天宝元年（742年），唐玄宗召42岁的李白入京，让他做翰林供奉，陪侍左右，写诗作词，游赏娱乐。李白后受到权贵排挤，不到两年就被"赐金放还"变相撵出了长安。李白出京，朋友前来相送，李白写下了这组《行路难》。

师：你读得字正腔圆！昨天山东师范大学杨存昌教授讲过，我们临沂是诸葛亮的故乡，诸葛亮就是李白的偶像，大家要记得哦！一般人忧愁苦闷也会食不下咽，可是李白为什么拔剑呢？谁来帮昱成、家豪等同学解释解释？

（屏显学生问题）

　　李昱成、戚家豪、王一宇、王誉蒙等同学：李白为何要拔剑？

生：我觉得当时李白很惆怅，他想拔剑来发泄一下自己的情绪——愤怒和不满。

师：那有点危险。有人说李白曾手刃数人："十步杀一人，千里不留行。事了拂衣去，深藏功与名。"

生：老师，您刚才说李白曾"十步杀一人，千里不留行"，他可能比较喜欢玩剑，玩得比较好，而且打抱不平，有一些做坏事的人，他就会处理他们。

师（笑）：这样，排挤他的小人和权贵就害怕了。这是大家的推测。据统计，"剑"在李白的诗中出现了118次，是个很重要的意象。老师从中选了四组，大家联系前面的背景，齐读思考，剑对李白意味着什么，推想他为什么拔剑。

（屏显，生读）

抚剑夜吟啸，雄心日千里。（《赠张相镐》）

安得倚天剑，跨海斩长鲸。（《临江王节士歌》）

愿将腰下剑，直为斩楼兰。（《塞下曲》）

不然拂剑起，沙漠收奇勋。（《赠何七判官昌浩》）

生：李白希望像管仲、张良、诸葛亮、谢安一样辅佐君王，成就伟业。

师：剑对他来讲意味着什么？

生：像是一个工具、一个武器。

师：换言之，是理想的凭借。

生：对！

师：这是你的理解。

生：我认为李白也算是一个剑客，剑对他来说是一种爱好，他可能用拔剑的方式来发泄自己的情绪，找一个乐趣来转移自己的注意力。

师：就像刚才同学所说，这是宣泄的渠道。

生：我感觉也有可能是用剑来自喻——剑是好剑，但没有派上用场；诗人虽然有才华，但是被朝廷排挤，发挥不了自己的作用。

师：有一个词叫"英雄无用武之地"，剑是李白才华、本领的象征，但却无处施展。

生：通过这些诗句可以看出，李白的剑可以帮助他建功立业，所以他拔剑。

师：是啊！他想建功立业，做管仲、张良、诸葛亮、谢安，但皇帝却只让他写诗助兴，以倡优视之。你说李白怎能不苦闷？哪个同学用朗读传达这份苦闷？

（屏显，生读）

金樽——清酒——斗十千，玉盘——珍羞——直万钱。

停杯投箸/不能食，拔剑四顾/心~茫~然~。

314

师：你的声音让我想到了朗诵家徐涛老师，你们都有一个"超大的音箱"。你看屏幕，"金樽清酒"，可以再缓慢一点儿，而这些动词密集的地方要急促高亢悠长一些。

（生再读）

师：谁还想读？

生（读）：金樽清酒斗十千，玉盘珍羞直万钱。停杯投箸不能食，拔剑四顾心茫然。

师：我听出了一种英雄无用武之地的苦闷，你读得真好！继续交流。

生：我认为"欲渡黄河冰塞川，将登太行雪满山"运用了比喻和象征的手法，写出了道路的坎坷、险阻以及路途的遥远，抒发了作者内心的悲愤之情。

师：他发现了一个问题，作者并没有真正渡黄河、登太行的行程安排。他说这是一种象征、比喻的手法。我查了一下资料，李白出长安，先到洛阳，后举家迁往东鲁，就是我们山东。还在我们临沂盘桓了很久。既然是象征、比喻，咱们能不能把黄河、太行换成咱临沂的沂河、蒙山？大家读读看。

（屏显）

原诗：欲渡黄河冰塞川，将登太行雪满山。

改后：欲渡沂河冰塞川，将登蒙山雪满山。

黄河结冰后　　雪后太行

沂水　　雪后蒙山

生：我觉得不大合适，因为沂河和蒙山不算非常出名，而且"将登蒙山雪满山"，都是"山"，重复了。

师：的确，写诗是要避免重字的。不过，李白有时也重得特别妙，比如《登金陵凤凰台》，连用三个"凤"。还有，我们一定要有文化自信，山东是"一山一水一圣人"，昨天杨教授说应该改为"两山两水两圣人"，其中一个圣人就是我们临沂的王羲之。临沂也要走向山东，走向全国呢！

生：我认为太行山和蒙山相比，太行山感觉更险峻更高大，而蒙山感觉坡不是很陡，也很好走。黄河和沂河相比，沂河的冰面感觉一马平川，非常平坦，而黄河结冰后雄奇险峻，非常崎岖坎坷。（全场鼓掌）

师：我家就在黄河南岸，黄河水含沙量大，结冰时冰棱和冰坝交错，的确难以通行，更能体现李白人生之艰难。还可以从文化的角度来思考，我们学过《愚公移山》，还记得里面那两座山叫什么吗？

生：太行、王屋。

师：一提到黄河，你就想到什么？

生：黄河是我们的母亲河，是中华文明的发源地，用"黄河"这一意象更能显出李白抱负远大。

师：对。在中原文化中，黄河地位尊崇，八百里太行孕育了许多名山，更能表现李白伟大的理想抱负。然而所有的路都被堵塞，一腔热血陡然被冷却，理想与现实有着巨大的反差，传达到朗读上，就要先起后落。谁试着读给大家听？

生（读）：欲渡黄河冰塞川，将登太行雪满山。

师：如果再加点阻塞感会更好。我们大家一起来试读一下。

（师生齐读）

师：还有哪几句抒发了作者的苦闷？

生：闲来垂钓碧溪上，忽复乘舟梦日边。李白借姜尚和伊尹的典故，表达自己的愿望，幻想着与他们一样实现自己的宏愿。

师：这是苦闷吗？

生：是在苦闷忧愁的时候，忽然之间还有了一点点幻想或者叫作希望。

师：对。情感最悲愤的是哪几句？

生：行路难！行路难！多歧路，今安在？

师：这是一个问句。大家设想：李白可能在问谁？

生：我觉得他在问自己。

生：我觉得有可能会问皇帝。

师：还可能在问谁？

生：我觉得他可能在问苍天。

生：还可能问姜太公。

师：好，我们就任选一个句式，尝试还原李白此刻内心强烈的情感。

（屏显）

尝试还原李白此刻内心强烈的情感：

李白啊！_____？！

皇帝啊！_____？！

苍天啊！_____？！

…………

生：我选苍天。苍天啊！天下这么多的路，为什么不留一条给我走？！

生：我选皇帝。皇帝啊！你把我招进朝廷，却为何不重用我，使我空有才华无处施展？！

师：这是勇敢的质问。

生：我选苍天。苍天啊！天下这么多路，哪里是我的路啊？！

师：这是迷茫的疑问。

生：我选李白。李白啊！你自认为才华横溢，却怎么找不到自己的路呢？！

师：难得的反思。

生：我选择的是太公。太公啊！你能否告诉我，生逢这世道究竟应如何处事啊？！

师：你的还原里除愤懑不平外还有一份不放弃。北师大康震教授在讲《行路难》时说，《行路难》重点不在"难"，而在于"行"，是知难而行。请你把这种复杂的情感倾注到这四小句里，再读给大家听听。

（屏显，生读，全场鼓掌）

行路难~！ **行路难~~~！**

多~歧路，今~**安~~~在**~~？

师：你发现了吗？你突破了自己，比刚才读得更加精彩。李白的理想到底是什么？这首诗中有三个典故，这也是咱们班9个同学不太明白的地方。我们一起来看这三个典故。

（屏显）

相传姜尚长期流落民间，50岁在棘津当小贩，70岁在朝歌当屠夫，80岁在渭水磻溪垂钓，遇周文王而被拜为丞相，开创周朝八百年基业。

伊尹，出身低贱，父亲是奴隶厨师，母亲是伊水之上采桑养蚕的奴隶。后来他以陪嫁奴隶身份来到商汤身边，后受到商汤赏识，辅佐商汤，助其取得天下。

宗悫，出身儒学之家，却偏好武事，好勇斗狠，因而不得乡里重视。后跟随江夏王、宋文帝、孝武帝多次平定叛乱，立下赫赫战功。

师：这三个典故提到了姜尚、伊尹和宗悫。我查了一下史料，李白最崇拜的偶像并非他们，而是谢安、鲁仲连、谢朓。在这首诗里，他为什么偏偏要选这三人呢？他们在年龄、经历、身份等方面有什么特别触动李白的地方？

生：他们年龄都与李白相仿。

师：与李白年龄相仿吗？前面提到过，李白当时44岁。

生：他们的经历相同，但是后来他们都得到重用，这些典故透露出李白也期待得到重用的愿望。

师：如果你是李白，你此时此刻会在心里对自己说些什么？

生：放心吧，李白。比你起点低的人，都得到了重用，你迟早会得到重用的。

生：姜太公80岁才得到赏识，我今年才44岁，离80岁还有30多年呢，我一定有施展抱负的那一天。

生：伊尹曾经做过奴隶，身份很低贱。因为在古代身份低贱的人很难成就大事，可是伊尹做到了；所以李白想，我现在遇到的这点挫折算什么，我一定能够做到。

生：宗悫一开始也不被人重视，最终也能平定叛乱，立下赫赫战功，我李白也一定能实现理想。

师：大家可以说是李白的知己。这就是李白，无论多么苦闷灰暗，心中总有一泓清清的碧溪，一片太阳般红艳的色彩。请一名同学和老师对读，感受这份明丽的憧憬和希望。

（师生对读全诗）

三、拓展，感悟诗仙魅力

师：这首诗其实抒发的就是两类情感：一类是苦闷、悲愤；一类是希望、自信乐观。可诗人为什么没有采用一往无前的排列方式，而是采取这样大起大落的结构形式呢？

（屏显）

直挂云帆济沧海。
长风破浪会有时，
忽复乘舟梦日边。
闲来垂钓碧溪上，
多歧路，今安在？
行路难！行路难！
将登太行雪满山。
欲渡黄河冰塞川，
拔剑四顾心茫然。
停杯投箸不能食，
玉盘珍羞直万钱。
金樽清酒斗十千，

一往无前

大起大落

直挂云帆济沧海。
长风破浪会有时，
忽复乘舟梦日边。
闲来垂钓碧溪上，
多歧路，今安在？
行路难！行路难！
将登太行雪满山。
欲渡黄河冰塞川，
拔剑四顾心茫然。
停杯投箸不能食，
玉盘珍羞直万钱。
金樽清酒斗十千，

生：我觉得李白的人生就是这样大起大落。

师：这种起落拓展了空间和力度，更具情感气势。

生：这样更能表现李白理想之路的艰难崎岖。

生：只有这样前面低落，后面慷慨，才能表达他要实现自己远大理想的决心、自信乐观的精神。

师：在跌宕起伏中，作者的情感和决心才能表达得更加饱满有力。

生：这就是李白的人生，无论充满多少困难，他都不断努力去克服，执着追求。

师：这更能看出李白在困难中不断挣扎、奔突的痛苦和巨大生命力。这就是李白的诗歌，如大河奔流，一泻千里又跌宕起伏。这就是李白，终其一生，无论多么失意都没有心死，多么艰难都不会放弃，始终桀骜不驯，开朗自信，自负昂扬。

（屏显，齐读）

19岁，他自比大鹏：大鹏一日同风起，扶摇直上九万里。

42岁，被征召，他：仰天大笑出门去，我辈岂是蓬蒿人。

52岁，他坚信：天生我材必有用，千金散尽还复来。

57岁，安史之乱爆发，他写下：但用东山谢安石，为君谈笑静胡沙。

62岁，临终前，他依旧以大鹏自比：大鹏飞兮振八裔，中天摧兮力不济。

师：李泽厚先生说，李白的诗是盛唐时代精神的最强音。我希望这节课的结束，是我们阅读李白的开始；希望大家能够把李白的乐观自信、浪漫豪情融到我们的血肉中、骨子里，在人生路上披荆斩棘！下课！

第三讲　范仲淹政治美文与边塞词的"矛盾"点

—— 《岳阳楼记》《渔家傲·秋思》解读与思考

统编初中语文教材选入了北宋著名政治家、军事家范仲淹的两篇诗文，一篇是九年级上册第三单元第10课《岳阳楼记》，一篇是九年级下册第三单元第12课《渔家傲·秋思》。

《渔家傲·秋思》作于仁宗康定元年（1040年），范仲淹任陕西经略副使兼延州知州时。《岳阳楼记》作于庆历六年（1046年），范仲淹"庆历新政"失败被贬邓州知州任上。也就是说，二文的教材编排顺序与作者的创作顺序恰好错位。而这种错位，又恰好形成了一种显而易见的"矛盾"，激发学生深入思考。比如我执教《渔家傲·秋思》一词时，让学生回顾学过的《岳阳楼记》写下自己的阅读初感和困惑，便收集到了许多迸溅着思维火花的好问题。下面便是学生关注比较集中的部分问题：

1. 《岳阳楼记》和《渔家傲·秋思》都出自范仲淹之手，为什么这两篇文章情感差距那么大？

2. 为什么我从这两篇课文中读出了两个不一样的范仲淹？"塞下秋来风景异""或异二者之为"中的"异"分别指什么？范仲淹写这两篇诗文时的心态、处境如何？

3. 滕子京何许人也？滕子京做到范仲淹"不以物喜，不以己悲""先天下之忧而忧，后天下之乐而乐"的教诲了吗？范仲淹自己做到了吗？

4. 《渔家傲·秋思》中写道"浊酒一杯家万里"，《岳阳楼记》中"把酒临风，其喜洋洋者矣"也提到了"酒"，但其中的味道却迥然不同，这"酒"分别有怎样的寓意？作者的写作意图是什么？

5.《渔家傲·秋思》中，人们为了功名不甘心回家；而《岳阳楼记》中，作者显然是劝滕子京不要热衷仕途。二者矛盾吗？

6. 两篇文章是同一时期写的吗？范仲淹是以什么身份写《岳阳楼记》和《渔家傲·秋思》的？

7.《岳阳楼记》作者用"骚人""古仁人"来写自己的志向，《渔家傲·秋思》也是以边塞将士来凸显自己的情感吗？

8. 两篇课文中都有景物描写。《渔家傲·秋思》中描写的是战事吃紧的情况下荒凉边塞的场面，抒发边关将士壮志难酬、忧心国家的情感。而《岳阳楼记》中作者为什么要写景，它想要表达什么？

9.《渔家傲·秋思》中表现最多的是哪种情感？除了对家乡的思念，有没有对当时朝廷的感受或批判？怎么感觉与《岳阳楼记》中的"不以物喜，不以己悲"矛盾呢？

10. "人不寐，将军白发征夫泪"，这里面是否有作者？如果有，这是不是《岳阳楼记》中所说的"去国怀乡，感极而悲者矣"？这是不是又和"予尝求古仁人之心，或异二者之为"自相矛盾呢？

从上述问题可以看出，学生关注到了两文"景""情"之间的关系与差异，并透过相同的意象（如"酒"）、相关的词句对两文建立起了联系，发现两文意境与作者态度、思想追求等方面有许多前后不一、自相矛盾的地方。以上问题继而引发了学生对范仲淹人生经历、所处时代背景的探究兴趣，甚至使之重新审视《岳阳楼记》，对以前所读、所学产生了怀疑，萌生了新的、独立的思考。比如很多同学追问：

1. 范仲淹在《渔家傲·秋思》"浊酒一杯家万里，燕然未勒归无计"中好像很纠结。他更偏向于哪一个？最后实现了没？

2. "将军白发征夫泪"，为什么无论将军还是士兵都白了头发？按说作战的将士们不应该是年轻人或是中年人吗？

3.《渔家傲·秋思》中描写了西北边疆的艰辛生活，范仲淹真的去了吗？这首词的背景是怎样的？"四面边声连角起，千嶂里，长烟落日孤城闭"是什么意思？

4.《渔家傲·秋思》中"衡阳雁去无留意"中的"雁"表达的是什么情感?

5. 滕子京让范仲淹"作文以记之",那范仲淹为什么用两段文字来写"迁客骚人"的"览物之情"?怎么还加入了自己的思想?

6. 范仲淹为什么写迁客骚人面对洞庭湖景或喜或悲的情怀?这源自怎样的人生思考?

7.《岳阳楼记》中说"迁客骚人,多会于此",为什么降职的官吏和诗人大多在这里聚会?是因为其景色优美还是岳阳楼这里有什么特别的意义?岳阳楼上有哪些"前人之述"?

8.《岳阳楼记》中,范仲淹表明了自己的决心,他又做过哪些有益于人民的事呢?

9.《岳阳楼记》中滕子京被贬岳州,他让范仲淹"作文以记之",是想向别人展示自己的才能而自恃清高呢,还是想向朝廷赎罪或戴罪立功呢?

10.《岳阳楼记》中交代"滕子京谪守巴陵郡"有什么目的?"微斯人,吾谁与归"又有几层含义?

11. 以前的语文老师讲,作者虽然做了《岳阳楼记》,但他并没去过岳阳楼,是观赏了洞庭湖画卷后才做的此文,这是真的吗?

要想解决这些问题,我们有必要从写作背景、文体特性、写作意图等诸多方面对两文进行深度的还原。

我们先来看《岳阳楼记》。文章开头第一句便是"滕子京谪守巴陵郡"。一般来说,被贬谪并非光彩之事,也就不便秉笔直书,更不会大肆渲染。而且据方健考证,范仲淹的同榜进士有197人之多,与范有交往和诗文酬和的有近30人,但与范仲淹相知最深、关系最亲密的首推滕子京。天圣初年(1023年),范仲淹曾与滕子京"同护海堰之役",于海潮汹涌中处变不惊,以其为"非常之才",与之相交甚笃。西夏战事起后,范仲淹推荐其调任泾州。滕子京在"城中乏兵"的情况下临危不惧,招兵买马,犒赏将士,侦察敌情,檄令属郡犄角相援;范仲淹率兵袭扰西夏军,与其呼应。范仲淹迁陕西四路经略安抚使后,又推荐滕子京充环庆路经略使兼庆州知州,滕同样不辱使命，把庆州治理得井井有条。此外，二人不仅在多地均有唱和之作，范仲淹曾还专门拜望过滕子京的母亲，滕去世后，范又主动负起教养其遗孤的责任。范、滕二人宦海沉浮几十载，情同手足，堪称生死至交。①

为何范仲淹如此不留情面，劈头便点出至交好友的这一特殊境遇？这不寻常之语背后又有一段怎样的故事？

滕子京被贬岳州，是被御史梁坚弹劾挪用公使钱16万缗所致。而梁坚弹劾滕子京之时，正值范仲淹任参知政事、推行"庆历新政"、改革吏治的时候。经查实，这16万缗绝大部分为正常军费开支，仅有三千缗为招待羌族酋长之费，也属公使钱开支范畴，不过有些铺张浪费而已。而且在当时，沿边将帅用公使钱犒赏部属已是约定俗成，滕子京的前任王沿、郑戬以及其他将帅狄青等都是按此规定处理的。然而梁坚等守旧派紧咬不放，趁机大做文章。面对这令人愤慨的事件，范仲淹一再上疏抗辩——如此捕风捉影，必然引起"边陲骚动"，使名将心寒；并为滕子京一力担保，如果有事甘愿同受处分。这样，滕子京才被贬岳州。可以说，滕子京被贬岳州不仅罚不当罪，而且诚如欧阳修所言是"虚张声势，肆意罗织"，带有浓重的政治色彩。这对于有着雄才大略的滕子京而言是一个极大的悲剧，对正在推行新政的范仲淹而言也是一个不小的冲击。果然，一年后"庆历新政"受挫，范仲淹也被贬出京，历知邠州、邓州、杭州、青州。皇祐四年（1052年），改知颍州，扶疾赴任，病逝于途中。

然而，滕子京在如此逆境中并未沉沦，而是励精图治，不到一年，岳州"政通人和，百废俱兴"。还帮助民间追讨宿债，"民负债者争献之，所得近万缗"，并用这万缗之资重修岳阳楼。

为什么要重修岳阳楼呢？这涉及中国历来盛行的名楼文化。岳阳楼是中国三大名楼（另外两座为滕王阁、黄鹤楼）之一，前身为三国时东吴将领鲁肃的阅兵楼。南朝宋年间，中书侍郎、大诗人颜延之（陶渊明"第一挚友"，陶的谥号"靖节"便是颜延之所赠）路经巴陵，做《始安郡还都与张

---

① 方健：《范仲淹评传》，南京大学出版社2001年版，第97—102页。

湘州登巴陵城楼作诗》，其中有"清氛霁岳阳"之句，"岳阳"之名首次见于诗文。唐玄宗年间，著名宰相张说被贬官岳阳，常常邀众多"迁客骚人"登楼赏景赋诗，李白、孟浩然、杜甫、刘禹锡等诗人纷至沓来，留下了"雁引愁心去，山衔好月来""气蒸云梦泽，波撼岳阳城""吴楚东南坼，乾坤日夜浮""遥望洞庭山水翠，白银盘里一青螺"等著名诗句，"岳阳城""岳阳楼"声名远播。中唐年间，巴陵城正式改称岳阳城，巴陵城楼改称岳阳楼。至滕子京谪守巴陵郡，岳阳楼已近千年历史。因此，重修千年名胜，邀请好友范仲淹"作文以记之"，并非学生揣测的"戴罪立功"，而是对传统文化的承继，也是彰显政绩的极好手段，更是振奋精神、一如既往建功立业的最佳体现。因此，范仲淹在首句便点明"滕子京谪守巴陵郡"这一不公境遇，其实是为后文做铺垫，是对滕子京能够超越个人遭际的欣赏、慰勉。

至于"范仲淹有没有到过洞庭湖"，文中的景物描写是写实还是想象，历来众说纷纭，文史学界也未达成共识。但是，方健在多方考证，查阅《范文正公集》《全宋诗》等文献资料之后，发现了《听真上人琴歌》《送韩渎殿院出守岳阳》《和延安庞龙图寄岳阳滕同年》《新定感兴》等多首描述洞庭湖景和岳阳楼景的诗文，得出了"范仲淹不仅到过洞庭湖区，而且在洞庭湖畔生活过三年以上时间"的结论。[①]正是因为亲历其境，登上过岳阳楼，多年后被贬邓州的范仲淹才能选择"淫雨""阴风""浊浪""虎啸猿啼"和"皓月""沙鸥""岸芷汀兰"等典型意象，把洞庭湖一阴一晴的画面描述得如此真实，把迁客骚人的览物之情抒写得如此真挚。其实，无论是范仲淹还是他景仰的古仁人，并不是没有常人一样的情感、心理，而是他们能够主动调整外物变化带来的影响。他们心中装满了"君"（国家的命运）与"民"（人民的生活），个人的荣辱得失也便不那么萦绕于怀，只要能为国尽力、为民造福，那么无论是在"庙堂"还是在"江湖"也就比较容易释怀了。

最重要的是这篇"记"是应好友之邀而写的，是一篇公开性文章。做此文时范仲淹已经58岁，历经三次贬谪，处于人生的晚年和政治的成熟期。所

---

① 方健：《范仲淹评传》，南京大学出版社 2001 年版，第 16—27 页。

以，本文不是范仲淹的一时心血来潮，而是由来已久的深思熟虑，是对自己为官30年政治思想的总结。正如梁衡先生所言，是一篇"政治美文"。"不以物喜，不以己悲"的襟怀、先忧后乐的思想，既是对挚友的慰勉，也是一个具有社会责任感的政治家的自勉、与天下人的共勉。

而《渔家傲·秋思》是一首即兴而发的词，更多的是范仲淹的真情流露。据史书记载，仁宗宝元元年（1038年），元昊起兵反宋，建国号为大夏，接连入侵北宋边境，攻城掠寨，而"太平日久，将不知兵，兵不习战"的宋军则是屡战屡败。康定元年（1040年），西夏军攻破金明寨，围攻延州（今陕西延安），并在三川口（今延安西约20千米处）围歼前来救援的宋刘平、石元孙军，刘、石二将被俘，朝野震惊。在这危急时刻，52岁的范仲淹自请任延州知州，赶赴西北，巡视边防，所见皆为触目惊心的景象："今边兵请给，粗供樵饮醋盐之费，食必粗粝，经愈岁年，不沾肉味。至有军行之时，赢不胜甲，弃而埋之，负罪以逋，不能远者皆捕而斩之。"作战所需军费、粮饷严重匮乏，军队士气低靡。面对此种形势，他先是整军备战，分州兵为六将，每将三千人轮流出战、巡守，犄角相援；又派兵夺回塞门等寨，修复金明寨、万安城；派遣任福率军攻破白豹城（今甘肃华池县东北），狄青攻破西界芦子平（今陕西榆林界内），种世衡在延州西北约100千米处兴筑青涧城，屯田以充实边防供给。就在范仲淹踌躇满志、稳固防务、修缮堡垒、主张积极防御的时候，皇帝和主帅韩琦不顾敌强我弱的形势，不停下令出兵，催促范仲淹率军配合与西夏主力决战。范仲淹主张利用地形构筑立体防御体系，积蓄力量后再等待时机反攻。然而，范仲淹的主张不仅未被重视采纳，还被误解为"主和""投降派"。对此，身为副统帅的他"痛心疾首，日夜悲忧，发变成丝，血化为泪"，目睹"戎马之后，原野萧条""秋霖弗止，禾穗未收"的凄凉情景，触目伤怀，写下了这阕被誉为边塞词"绝卷之作"的《渔家傲·秋思》。

也正因如此，这首词中满溢着无尽的悲凉。开篇"异"字统领全词，一种悲凉之气扑面而来。紧接着，作者从视觉、听觉两个角度，通过"雁""边声""长烟""落日""孤城""浊酒""羌管""霜"等一系列意象，为我们呈现了一幅幅异常苍凉沉重的立体画面。这与中原都城华灯初上的繁华景象截然不同，与诗人家乡苏州的小桥流水、"山山皆秋色，树树唯落晖"的旖旎和柔美迥然相异；与盛唐诗人笔下"大漠孤烟直，长河落日圆""忽如一夜春风来，千树万树梨花开"的边塞风光相比，更是少了许多奇丽壮美，多了无限凄凉。其深沉凄凉甚至远超过任何一首羁旅行役之诗词。

"一切景语皆情语"，异样的风景背后是范仲淹内心异常悲凉的情感。这情感有面对长烟落日、千嶂孤城油然而生的孤独落寞，目睹衡阳雁去、自己无法返乡的悲凉，对边境时局、战事吃紧的忧心忡忡，还有捍卫国土、建立军功与思乡念家的重重矛盾，改革维艰、壮志难酬的无奈，以及战事持久、归家遥遥无期的悲怆……这悲怆的情感与《岳阳楼记》中作者推崇的"不以物喜，不以己悲"的阔大胸襟大异其趣，与王昌龄的"黄沙百战穿金甲，不破楼兰终不还"的乐观自信、王翰"醉卧沙场君莫笑，古来征战几人回"的视死如归相比，也好像显得有些过于沉重。

但这异常悲凉的景象正是范仲淹披坚执锐、与士卒同甘共苦的边塞生活的真实写照，这异常悲怆的情感亦是他切身的体验、至性深情的自然流露。范仲淹一贯主张"诗文是心灵的窗口，胸臆的直抒"，正如他在《唐异诗序》中所说："意必以醇，语必以真，乐则歌之，忧则怀之。无虚美，无苟怨。"可以想见，立于瑟瑟秋风中的范仲淹，不是站在王维、岑参、王昌龄等浪漫诗人的角度，用审美的眼光欣赏边塞之秋，而是以一个亲历者的身份，一个深知"一将功成万骨枯"的统帅角度，抒发他的忧国伤时、念家思乡悲己之情——这情感不仅饱含他个人的悲忧，还有对所有征人的体恤悲悯；他悲忧的不是个人的荣辱毁誉，而是千万将士的生命、国家的命运前途。也只有这样的人才能忧民爱民，忧国爱国，真正做到"先天下之忧而忧，后天下之乐而乐"。不过遗憾的是，皇帝与主帅韩琦依旧坚持与西夏主力决战。庆历元年（1041年）二月，韩琦派任福等将出战迎击元昊大军，在好水川陷入元昊的伏击圈，任福等一批大将阵亡，损兵折将一万余人。韩琦率部迎接突围残卒，途遇数千阵亡者的父兄妻子，哀恸号哭声震长空，韩琦下马掩面，悲愤、羞愧难言。

因此，教学《渔家傲·秋思》，我们最好以涵泳体味"悲凉"为主线，在反复诵读的基础上细读深读，联想想象，由诗歌具体可感的意象进入雄浑悲凉的意境，品味作者深沉悲凉的情感。然后基于学生的问题勾连拓展，在与《岳阳楼记》和其他边塞词的比较还原中，由"诗"及"人"，探究"悲凉"背后范仲淹独特的人格魅力，理解范仲淹诗人兼政治家、军事家的形象，对学生进行适当的"文化渗透"。

涵泳体味，走进"悲凉"深处

——《渔家傲·秋思》教学实录

一、温故知新，回顾范仲淹

师：上学期我们学过《岳阳楼记》，谁来说说你了解的范仲淹？

生：范仲淹先忧后乐，是一个忧国忧民的政治家。

生：范仲淹的谥号是文正，我们学过的《岳阳楼记》就出自他的《范文正公集》。

师：谥号是古人对已逝之人（一般是有地位的人）概括性评价的文字，相当于盖棺定论。据《明会典》记载，以"文"为第一字的谥号，等级最高的就是"文正"。可见他不仅对后世影响深远，当时的人们对范仲淹评价就非常之高。

生：范仲淹祖籍苏州吴县，后来父亲去世以后，母亲改嫁长山朱氏，就改名朱说。不过后来他发愤读书，考上进士后，上书皇帝，正式认祖归宗，就又恢复原姓氏了。

师：有一种说法，说这长山就是我们山东邹平的长山，也有人认为是安徽池州青阳长山。

生：范仲淹小时候就很有志向，常常以天下为己任。

生：我听说过一个范仲淹"断齑画粥"的故事，说他每天晚上用糙米煮好一锅稀饭，第二天早晨凝固后，用刀切成四块，早晨、晚上各吃两块果腹。生活非常艰苦，但他毫无怨言，仍专心读书。

师：对，范仲淹非常勤奋好学。他不仅熟读儒家经典，研究治国方略，还熟读兵书，研究治军用兵方略。宋仁宗年间，他就因抗击西夏而声名赫赫，大英雄狄青也出自他麾下。西夏人称其为"小范老子腹中有数万甲兵"。当地民谣则唱道："军中有一范，西贼闻之惊破胆。"今天我们要学习的这首《渔家傲·秋思》就是他任延州知州兼西北军副统帅时所做，希望这首词能让我们更深入地了解范仲淹。

二、诵读感受"悲凉"意境

师：同学们已经预习了课文，我请一名同学朗读全词，其他同学认真倾听，看他有没有读准字音和停顿。

（一生朗读全词）

生："四面边声连角起"的"角"他好像读得不大对。

师：你听得很仔细。两个上声相连，前一个要变调为阳平，读二声。

生："燕然未勒归无计"的"燕然"他读错了，应该读一声。

师：这里"燕然"的"燕"应该读"yān"，这是一座山的名字，现在叫杭爱山，在蒙古人民共和国境内。另外，诵读古诗词要注意"平长仄短"。如"千"重读拖音，与"嶂"相连，"孤城"重音轻读，"落日""闭"声音短促。请允许老师按照自己的理解朗读全词，大家倾听感受。

（师配乐朗读，生仿读练习，后展示交流）

师：经过反复朗读，大家读出了怎样的味道或感觉？

生：我感觉很有气势，尤其是"千嶂里"这一句。

生：我读出了一种特别凄凉的味道。

师：整首词都给你特别凄凉的感觉吗？

生：不是，我感觉上阕比较雄壮，下阕特别凄凉。

生：我读出了一种悲壮、悲凉的感觉，感觉不像以前学过的诗那样集中，有些复杂。

三、涵泳体味"悲凉"情感

师：的确，这首词描写的是边塞秋天的景致，但作者抒发的情感和我们以前学过的咏秋诗词和边塞诗歌都有所不同。而且作者叠用了很多意象，大家迅速找找，圈画出来。

生：我圈画的是衡阳雁去的"雁"。

生：我圈画的是"边声""角"，还有"羌管悠悠霜满地"中的"羌管"和"霜"。

生：我圈画的是"长烟""落日""孤城"。

生：还有"酒"，这是古诗词中常用的一个意象。

师：最后一句中的"白发""泪"也是诗歌中比较常见的意象。接下来，我们就细读全词，选择最有感觉的意象，联想想象诗歌的画面或场景，揣摩，批注：你从诗人笔下的这个意象中读出了作者怎样的情感？可以参考老师的示例批写自己的理解。

（屏显）

示例一：

　　我从"雁"这一意象读出了作者的悲凉。雁，归也！大雁径直飞向南方毫无留恋之意，而作者呢？只能滞留在这苦寒之地，面对塞下的萧瑟。独立在呼啸的寒风中，目送远去的雁阵，心中顿生无尽的悲凉！

示例二：

　　我从"雁"联想到了一句诗"乡书何处达？归雁洛阳边"。人虽不同，但同在异乡，我从中感受到了作者思乡的情感。

（生自读品析批注，后交流提升）

生：我从"边声"这一意象读出了作者的悲凉。课文中说"边声"是边塞特有的声音，如大风、羌笛、马嘶的声音。所以我想象的场景是诗人伫立在城头，四面秋风呼啸，战马嘶鸣，呜咽的号角此起彼伏，一片苍凉。

师：你是从听觉角度还原的，非常生动。谁从视觉角度来品析？

生：我是从视角角度来想象的"千嶂里，长烟落日孤城闭"。你看，重重叠叠的群山里，一股青灰色的长烟笔直向上，辽阔的天际，一轮鲜红的太阳落入山间，这是一幅非常壮丽的画面。

师：你赋予了"长烟""落日"以清灰、鲜红的颜色，想象非常合理，也让这苍凉的意境变得更加壮丽。谁还由这两个意象产生了联想？

生：我从"长烟落日"联想到了王维的"大漠孤烟直，长河落日圆"。你看，长烟直上是抬头仰视，夕阳西下是低头俯视，这一仰一俯，让空间变得更大，所以这两句让人感觉特别宏大开阔。

师：对！视野越宏大，意境越发雄浑苍凉。这一句中还有一个"孤城"，谁能联系起来说一说？

生：其实"落日"本来就是让人伤感的事物，前面说"长烟落日"是一幅非常宏大开阔的画面，作者独自处在这一座孤零零的城池上，天地越宏大开阔，越让人油然而生一种渺小的感觉。

师：天地如此之大，而个人的生命又如此之小，的确容易让人产生"渺沧海之一粟"的悲凉之感。其实，"孤城"这一意象在唐诗中也曾出现过。大家读一读，体会这两首诗歌在意境和情感上有什么异同。

（屏显）

千嶂里，长烟落日孤城闭。（范仲淹《渔家傲·秋思》）

黄河远上白云间，一片孤城万仞山。（王之涣《凉州词》）

生：我感觉王之涣的诗意境更高远一些，都"远上白云间"了，而且"一"和"万"对比更明显，山越高，更显得城越小，越孤独。

师：其实"万仞"和"千嶂"的数字都是虚指，极言山之多、山之高。

生：我认为两首诗歌的意境都很苍凉，但王之涣的诗里有"黄河""白云"，颜色更丰富，显得更柔和明亮一些，范仲淹的词里是"长烟""落日"，色彩单调一些，对比更明显，显得更寂寞、悲伤一点。

师：你的语感很敏锐。"孤城闭"怎么理解？

生：城门紧闭。

师：这是不是有些奇怪？夕阳西下、风光无限柔媚的时候，我们一般会做些什么？

生：周末写完作业，我们会外出散散步，出去玩一玩。还会拍拍照。

（笑）

师（笑）：你有一双审美的眼睛。当时北宋的京城或者作者江南的家乡会是怎样的景象？

生：当时北宋的京城非常繁华，可能是人来人往，灯火通明，热闹非凡。我们学过《梦回繁华》，《清明上河图》里就是这样画的。

生：江南应该是"小桥流水人家"，炊烟袅袅，很静谧美好的景象。

师：的确，此处的"孤城闭"十分耐人寻味。我们来读一则背景资料，看你对"孤城"又有哪些新的理解。

（屏显）

> 北宋仁宗即位后，国家渐成积贫积弱之势，表面一片升平，实则危机四伏。1038年，西夏元昊称帝，连年侵宋，攻取今陕北数县，延州成为孤城。宋军每战辄败，三川口一役，全军覆没，主将被俘，朝野震惊。

生："孤城闭"是说城门紧闭，说明战事很紧张，延州城孤立无援。

生：作者处在这样的孤城之上，内心应该忧心忡忡，很担心国家的命运，还有战争的局势。

师：对。因此我们朗读时要读出雄浑苍凉的意境，还要融进作者孤独、悲凉、忧国伤时的情感。读前两句时，要气沉声缓，"四面边声连角起"到"长烟落日"要始终气满声昂，读最后三字"孤城闭"时语气回落，要有一种悲凉之气从心底慢慢升起。

（师指导生练习展示，后齐读体会）

生：我从"浊酒一杯家万里"中的"酒"这一意象读出了作者的思乡之情。在茫茫无边的夜色里，作者端起一杯苦涩的酒，不由得想起万里之外的家乡。可是他还没有刻石燕然，又怎么能回家呢？

师：酒有清浊之分，比如李白在《行路难》中写的是"金樽清酒斗十千，玉盘珍羞直万钱"。本诗中的"浊酒"说明了什么？

生：边塞生活十分艰苦。

生：作者内心很复杂矛盾——想回家，又想打败敌军，建功立业，就像这浑浊的酒一样。

师：我们班有同学问：范仲淹在"浊酒一杯家万里，燕然未勒归无计"

诗句中表达的情感好像很纠结，他更偏向于哪一个？

生：他应该是非常想家，但是"燕然未勒归无计"说明他应该更偏向打败敌军、建功立业。

师：其实，作者在这一句中引用了一个典故。我们抬头看屏幕，请一名同学来读，大家思考范仲淹引用这个典故的用意是什么。

（屏显，一生读）

> 据《后汉书》记载，汉和帝永元元年（89年），大将窦宪大破北匈奴，追击北单于去塞三千里，曾登燕然山，宣扬大汉威德，"刻石勒功而还"。后来，"燕然勒功"或"勒石燕然"也就成了建立功勋、平定边患的代名词。

生：他想和东汉大将窦宪一样建功立业，击败入侵的西夏军队。

师："范仲淹不甘心回家就是为了建立功名吗？这会不会和《岳阳楼记》中他劝滕子京不要热衷仕途矛盾？"这是我们班同学想问的。

生（笑）：我感觉"热衷仕途"是贬义的，大丈夫建功立业是褒义的，这应该不是一回事。

师：对，你的感觉很对。"建功立业"是古代忠臣良将、仁人志士的追求，绝不等同于"热衷仕途"，更不是汲汲于个人名利。

生：范仲淹作为一个有理想的人，小时候就以天下为己任，他一定想建立功名，但这不是最重要的。更重要的是他想和窦宪一样击败西夏军队，重振大宋的威名。

生：我认为他不是不甘心回家，而是他不能回家。只有取得胜利，平息战争，他才能像窦宪一样"刻石勒功而还"。这样，才能回家过安宁幸福的生活。

师：男儿未必不柔情！正是因为他想家，爱家，所以他才会挺身而出，驻守边关。所以这杯"浊酒"里蕴含的是边地的荒寒、将士的劳苦、思乡念家的深切、大丈夫勒石燕然的悲壮，以及归家无期的无奈。请一名同学朗读这两句，体会这复杂的情感。

生（读）：浊酒一杯家万里，燕然未勒归无计。

师：你的声音很高亢明亮，读得很坚定。如果前一句能够更低沉一些，后面"燕然未勒归无计"先起后落，可能更有那种悲壮深沉的感觉。

生（深沉地读）：浊酒一杯家万里，燕然未勒归无计。

生：我从"羌管悠悠霜满地"读出了作者的悲凉。霜，本来就是很寒冷的；我们读过"羌笛何须怨杨柳"，羌笛的声音应该是很幽怨的。所以，在这月色如霜、寒霜满地的夜晚，再听到这如泣如诉、幽怨的羌笛，真是让人忧愁万分。

师：夜冷霜重愁更浓！这让我联想到了张继的"月落乌啼霜满天，江枫渔火对愁眠"。其实不是"对愁眠"，而是对愁彻夜难眠。我们班有好几个同学问：按说作战的将士们不应该是年轻人或是中年人吗？为什么将士们都白了头发？

生：应该是忧愁太多，愁白了头。

生：这应该是一种夸张的手法，形容将士们心中的忧愁太多，戍守边塞的时间太久，从黑发变成了白头。

师："三军尽衰老"，"此夜曲中闻折柳，一夜征人尽望乡"，有道理。其实还有一点，范仲淹任延州知州的时候已经52岁，这"将军白发"也是作者的自指。52岁的他目睹此情此景，不禁悲怆不已。请一名同学来读最后两句。

生（读）：人不寐，将军白发征夫泪。

师：你读得很好，很深沉。"人不寐"注意要读出气滞声涩的感觉，最后三字要慢慢送出，"泪"可以叹息着读。

（生再读，全班齐读全词）

四、比较还原"悲凉"深处

师：范仲淹的这首词被称为边塞词"绝卷之作"。那下面我们就再来阅读两首边塞诗，同样有边声、孤城和酒。大家能读出诗人怎样的情感？

（屏显）

青海长云暗雪山，孤城遥望玉门关。黄沙百战穿金甲，不破楼兰终不还。（王昌龄《从军行》）

葡萄美酒夜光杯，欲饮琵琶马上催。醉卧沙场君莫笑，古来征战几人回？（王翰《凉州词》）

生：我从王昌龄的《从军行》中，读出了一种乐观坚定的情感，诗人即便"黄沙百战穿金甲"，如果不打败楼兰也誓不回还。

生：王翰的《凉州词》中，将士们开怀痛饮，醉卧沙场，非常豪放。

师：为什么唐朝诗人笔下的边塞诗这样豪放激昂，而范仲淹的边塞词却这样悲凉呢？

生：我们学过历史，唐朝很强盛，而宋朝比较弱，一直都没有统一，老受少数民族欺负。

师：你历史学得很好！唐朝国力强盛，崇尚军功，唐朝李贺有一首诗："男儿何不带吴钩，收取关山五十州。请君暂上凌烟阁，若个书生万户侯？"大丈夫只有投笔从戎，才能拜将封侯，建功立业。此时的北宋却积贫积弱，危若累卵。大家阅读下面材料，从诗人身份、经历以及创作背景来看，还有哪些新的理解？

（屏显，学生讨论）

王翰，出身名门望族河东王氏。南通大学潘鸣考证，未发现王翰有出塞经历。

王昌龄，早年贫苦，30岁左右进士及第。傅璇琮等学者考证，进士及第前，王昌龄曾赴河陇，漫游西北边地。其边塞诗大约做于此时。

1040年，52岁的范仲淹临危受命，亲临西北边陲。战后延州，三军夺气，满目疮痍；百姓饱受战争之苦，"秋霖弗止，禾穗未收，斯民之心，在忧如割"。

范仲淹主张积极防御，而主帅和仁宗皇帝却主张大举反攻，并命令范仲淹火速发兵。范仲淹认为"报国之仇，不可仓促"，"以寡击众"全线出击乃取败之道，况且"大军一发，万命皆悬，吾不能置之度外"。

1041年正月，韩琦派大将任福率军进攻西夏，在好水川遇伏被围，任福等十六名将领英勇阵亡，士卒惨死一万余人。韩琦率部迎接突围残卒，途遇数千阵亡者的父兄妻子，哀恸号哭声震长空。

生：这资料上说王翰没有出塞经历，边塞诗应该是想象的。王昌龄是漫游边地，应该也是一个诗人，就是去体验生活的。范仲淹则是临危受命，他是亲临战场一线的。

生：作为诗人，想象边塞生活，一般都是浪漫的，充满豪情的。可是要是真的面对战争，则是残酷的，应该就不这么轻松了。

师：的确，用诗人审美的眼光来审视边塞军旅生活，自然充满传奇色彩。下面谁还有补充？

生：范仲淹在延州，面对的形势非常危急，可以说是内忧外患。他看到百姓和士兵饱受战争之苦，皇帝和主帅还不听从他的建议，内心应该非常焦急、痛苦。

师：我们常说要把生死置之度外，范仲淹为什么却说"吾不能"？

生：因为打仗就会有牺牲，而且资料上说，这样做是"以寡击众"，一定会失败，当然不能让士兵们白去送死。

生：我觉得范仲淹这是负责任的做法，为千万士兵的性命负责。

生：前面我们说过，范仲淹留在边塞主要不是为了建立功名，而是为了平定边患，让百姓过上安宁的生活。所以，他不会为此白白牺牲将士。

师：的确，范仲淹深知"一将功成万骨枯"的残酷，所以才这样小心谨慎，忧心忡忡。不过，范仲淹如此悲忧，好像与他在《岳阳楼记》中所说的"不以物喜，不以己悲"有些矛盾，这也是咱们班许多同学的疑惑。大家讨论一下，看是否矛盾。

（生讨论，后汇报交流）

生：我们认为这不矛盾。因为《岳阳楼记》中迁客骚人是因为自己被贬而悲伤，而范仲淹是担心国家命运和将士们的性命而悲忧。一个为自己，一个为国为民。

生：我补充一下。范仲淹在《岳阳楼记》中说"先天下之忧而忧"，这正是他忧国忧民的表现。

师：的确，这"悲忧"不是范仲淹一己之悲，而是他忧国忧民的具体体现。

生：有一句话叫"无情未必真豪杰"。为国家和百姓忧虑，甚至想家落泪，我感觉这样的人才是活生生的人，更有血有肉。

师：这才是一个有血有肉的大英雄本色！有责任感、有担当精神的政治家本色！一个心忧国家、体恤将士的军事家本色！只有这样的人，才能真正"先天下之忧而忧，后天下之乐而乐"；才能教虏骑横飞，让百姓赞颂；才能悲歌一曲，令人千年永记！

（屏显）

他，二岁而孤。母谢氏贫无依，改嫁长山朱文翰。少年苦读，断斋画粥，慨然以天下为己任。

他，勤奋好学，27岁进士及第。

他，热心执教，为民治堰。39岁，为母守丧，执教应天书院。40岁，捍海堰历时两年始修成，大堤横跨通、泰、楚三州，长达150余里，防止海潮倒灌，克服内涝，历千年而堤犹存，此堤被当地人民誉为"范公堤"。

他，直言敢谏，三度被贬。41岁，上疏谏仁宗率百官行拜贺太后寿仪"不可为后世法"，后又奏请太后还政于"春秋已盛"的仁宗皇帝。45岁力谏废后为失德，48岁弹劾吕夷简植党专政，用人不当。

他，经略陕西，抗击西夏。52岁，开始军旅生涯，扭转屡战屡败战局，力挽狂澜。

他，力主改革。55岁，任参知政事（相当于宰相），开始新政；57岁新政受阻，被贬邠州、邓州，却依旧为国为民弹精竭虑。

他，赈灾救民，鞠躬尽瘁。62岁，杭州任上遇吴中大饥，发粮赈灾，独创以工代赈救灾方式。63岁，青州大饥，河朔流民嗷嗷待哺，忙于赈济救灾。64岁，病重难支，扶病就道，移任颍州，五月行至徐州时病逝。

他，兴学办学，普及平民教育，致力于教育和培养经世济国的人才。重道德修养和品格冶炼，坚持人品与文品的统一。留下《岳阳楼记》等文质兼美、闪烁着思想光芒的名篇。

他，忧国忧民，深受爱戴。去世时，朝野上下一致哀痛。包括西夏甘、凉等地的各少数民族人民，聚众举哀，连日斋戒。凡他从政之地，百姓纷纷为他建祠画像。

西夏称他"小范老子腹中有数万甲兵"，当地民谣传唱："军中有一范，西贼闻之惊破胆。"

王安石称他为"一世之师"。

朱熹说他是"有史以来天地间第一流人物"。

冯玉祥赞其："兵甲富胸中，纵教他虏骑横飞，也怕那范小老子；忧乐关天下，愿今人砥砺振奋，都学这秀才先生。"

梁衡说："范仲淹是一个诸葛亮、周恩来式的政治家，一生主要是实践。他按自己认定的处世治国之道，鞠躬尽瘁地去做，将全部才华都投身到处理具体政务、军务中去，并不着意为文。不是没有文才，是没有时间。"

师：请同学们课下继续阅读，探究范仲淹"不以物喜，不以己悲""先忧后乐"的丰富内涵，感受范仲淹独特的人格魅力。

06

第六章

专题读写教与思

第一讲　专题读写教学的实践意义与实现策略

一、专题读写教学的实践意义

"专题学习"并非一种全新的学习方式,"专题教学"也不是一种新生的教学理念。20世纪三四十年代,就曾有语文前辈采用过这种教学方式。21世纪以来,也有不少名家致力于此。譬如深圳的吴泓老师便深耕高中语文专题学习若干年,自主开发学习资源,努力弥补当时教材存在的"单篇连缀,内容过少,思维强度与深度不足"的问题。[①]北京教科院的刘宇新老师从高中选修课程的实际出发,探索出了专题教学的基本特性与实施路径。[②]近年来,苏州的徐飞老师则尝试以专题的形式实现读写互融共生,努力克服零碎读写的弊端,提升学生的言语技能和语文素养。[③]他们在高中语文教学领域均取得了较为显著的研究效果。

其实,初中语文教学同样需要以"专题"为核心开展读写活动。

首先,这是新阶段语文课程标准的要求。

2011版《义务教育语文课程标准》在"总体目标与内容"中要求,"认识中华文化的丰富博大,汲取民族文化智慧","在发展语言能力的同时,发展思维能力","能主动进行探究性学习,激发想象力和创造潜能";在"教学实施建议"中明确提出,教材内容的安排应"加强整合,注重情感态度、

---

① 吴泓:《专题百问:教学实施中的行与思》,北京师范大学出版社2015年版,第2页。
② 刘宇新:《专题教学:改变从教师开始·前言》,北京师范大学出版社2012年版,第2—3页。
③ 徐飞:《专题读写的选题与教学策略》,载《江苏教育》2017年第1期。

知识能力之间的联系，致力于学生语文素养的整体提高"，"教材的体例和呈现方式应避免模式化，鼓励灵活多样，注意为学生设计体验性活动和研究性专题"，"逐步培养学生探究性阅读和创造性阅读的能力"。文化智慧、思维能力和创造潜能层面的目标，只有足够集中的材料积累、足够充分的体验汇聚、足够丰厚的思想积淀、足够时空的读写融合，才有可能实现。因此，最切实可行的路径便是依托教材，根据初中学生的学习特点和需要，整合相关课文，聚合学习资源，开展专题教学。

其次，是初中语文"教材内容教学化"的需要。

现行统编初中语文教材在8—9年级每册均设置一个"活动·探究"单元，以"任务群"的形式引导学生从阅读到体验再到写作，或从阅读到写作再到实践，进行综合性、实践性、研究性学习。比如，八年级上册新闻单元的学习任务是"新闻阅读""新闻采访""新闻写作"，八年级下册演讲稿单元的学习任务是"学习演讲词""撰写演讲词""举办演讲比赛"，九年级上册诗歌单元的学习任务是"自主欣赏""自主诵读""自主创作"，九年级下册戏剧单元的学习任务是"阅读与思考""准备与排练""演出与评议"。

其他选文也尽量统筹安排，注重人文精神或语文素养的聚合性。比如：五·四学制六年级下册第六单元特别选取了一组与鲁迅有关的作品，从不同角度展现鲁迅先生的形象气质与精神境界；九年级上册第三单元第13课的《行路难》《酬乐天扬州初逢席上见赠》《水调歌头·明月几时有》均是李白、刘禹锡和苏轼在遭遇挫折之后所作；九年级下册第三单元第12课《渔家傲·秋思》《江城子·密州出猎》《破阵子·为陈同甫赋壮词以寄之》《满江红·小住京华》虽属不同时代，但均饱含"家国情怀"；九年级下册第四单元李可染的《山水画的意境》、朱光潜的《无言之美》、叶圣陶的《驱遣我们的想象》都与"审美鉴赏与创造"有关；九年级下册第六单元第24课《诗词曲五首》均与战争或军旅生活有或多或少的联系……只有把这些特设的单元或篇目作为一个整体，围绕一个核心设计切实可行的教学方案，开展集中深入的读写活动，编者的意图才有可能落到实处，"发挥语文学科进行思想教育和情感教育的优势""促进学生思维能力和语言运用能力的发展""逐步形成适应个人终身发展和社会发展需要的必备品格"这一终极目标才有可能实现。

第三，专题读写也是对教材内容的有效补充。总体看来，统编初中语文教材强化了整体性和逻辑性，但仍有部分选文无法同时兼顾人文精神和语文要素。

以人民教育出版社2007和2017年两版八年级下册两个文言文单元为例：2007年版第五单元着眼于文体的丰富性，选取了《与朱元思书》《五柳先生传》《马说》《送东阳马生序》《诗词曲五首》，展现了书、传、说、序、诗、词、曲不同体裁的特性以及不同作者的生活、理想追求；第六单元则着眼于文体的统一性，并兼顾文体与人文精神，选取了四篇景情相生的游记和五首感事抒怀的诗，其中《小石潭记》《岳阳楼记》《醉翁亭记》均为作者被贬谪时所做，展现了作者的贬谪情怀。两个单元各有侧重，较为均衡。而2017年统编教材，第三单元着眼于"记"的不同类型，选取了偏叙事的《桃花源记》、偏写景抒情的《小石潭记》、偏状物说明的《核舟记》；第六单元立足"论事说理"，选取了《〈庄子〉二则》《〈礼记〉二则》和韩愈的《马说》。新教材的两个文言文单元都强调语文要素，便于培养学生的文体思维，但人文精神凝聚性不足。重新梳理整合课文，建构为新的课程，进行专题读写，则可以弥补这一不足，更有利于学生精神、思想、人格的陶冶与提升。

再以陶渊明的作品为例，2007年人教版初中语文教材中，陶渊明的作品有四篇，分别是八年级上册的《桃花源记》《归园田居》、八年级下册的《五柳先生传》《饮酒》。现行统编教材仅保留了两篇，并且为了照顾"语文要素"调整了编排顺序——《饮酒》改为八年级上册，意蕴最丰厚、最难懂的《饮酒》成了学生最先接触到的陶渊明作品，而故事性较强、相对较为容易理解的《桃花源记》则改为八年级下册。诠释陶渊明归隐缘由、对《饮酒》起铺垫作用的《归园田居》，以及全面展现陶渊明性格、志趣、生活状况、情感思想的《五柳先生转》，都因篇目缩减而被舍弃了。仅凭教材中这两篇不成体系的诗文，学生无法对陶渊明形成完整的印象，吸收的营养自然也非常有限。而陶渊明作为中国第一位真正意义上的田园诗人，他不仅开创了一种新的诗风，为我们留下了大量醇厚丰美的诗文典范，还为中国后世文人指出了一条崭新的人生道路。无论是他的诗文，还是他的人格精神、处世态度，都值得我们认真学习内化。而要实现这一任务，势必要辟一专题精读细研。

此外，专题读写还是学生精神成长的必然需求。

2007年秋天，我新接手八年级的两个班级。刚教完《小石潭记》《岳阳楼记》《醉翁亭记》，几名学生便追着我问了这样一个问题——"同样被贬，这三人的情感为什么有这样大的差异？"其中一名学生还兴致勃勃地告诉我他的发现：用《岳阳楼记》中的"不以物喜，不以己悲"来衡量范仲淹、柳宗元、欧阳修三人，应该是范仲淹最厉害，因为他能做到"不以物喜，不以己悲"；柳宗元最次，因为他是最典型的反例——"因物而喜""因己而悲"；欧阳修居中，因为他只做到了"不以己悲"、与民同乐。学生能够自动把三篇文章、三位作者放在一起思考，发现其中的联系和不同，让我非常欣喜。说实话，从教11年的我，一直是单篇单篇地教，一个一个地读，从来没有思考过这样的问题。而这也给了我新的教学灵感和教学思路，于是我便依托这三篇文章和七年级下册苏轼的《记承天寺夜游》（我们当时用的是鲁教版五·四学制教材），以"贬官文化"为话题，编选了有关四人的生平经历、唐宋两朝的历史资料，以及余秋雨、梁衡、林语堂等人的鉴评文章，集成一册，带领学生先比较阅读，再选自己最感兴趣的人物分头深入，最后以"我心中的……""感动，因为……"为题撰写自己的理解、体验与感悟。适逢县教研员郭莉莉老师在全县举行复习教学研讨会，我便在会上展示了我们颇为丰硕的读写成果。这是我第一次带领学生进行专题读写，课后的感受和与会的老师们一样——语文课原来还可以这样上！学生的思考竟然可以这样深广！从那以后，尝到甜头的我开始有意识地重新规划课文，每学期进行一两次这样的专题学习。虽然没有系统的理论指导，仅是"跟着感觉走"，但两个班学生的读写能力和精神面貌都有了质的提升。

吴泓老师在《在专题学习中悄然进阶》一文中曾说，高中阶段如果没有做专题学习，考上大学以后就没有时间再去读几本、几十本的经典名著

343

了，也就很难有整段的时间进行思维的培育和训练了。①其实，初中、高中都是进行专题读写的适宜阶段，初中侧重人格的熏陶、文化的浸染以及思想的感悟与积淀，高中开展高阶的审美鉴赏、深度的思辨与批判以及正规的论文写作训练，前后铺垫衔接，学生的核心素养与关键能力才会有更为长足的发展。

此外，江苏省教科院的段承校老师认为，专题读写式的语文学习也是教师成长的家园，可以"倒逼"语文教师的专业发展。②对此，我深以为然。2013年，在市里执教《饮酒》公开课，有位颇有教学经验的教师曾在课余跟我交流，说中国古人就是太不会享受了，总是讲"固穷""安贫"什么的，就像陶渊明一生苦兮兮的，其实我们转变一下观念，像西方人那样，努力让自己的生活舒适一些又有何妨。闻听此言，我有些愕然，显然这位老师误解了陶渊明，也误解了中国古人。中国古人（包括陶渊明）从来不拒绝安适的生活，甚至渴望安宁而舒适的生活，《大道之行也》《桃花源记》等文便是明显的例证；只是"不义而富且贵，于我如浮云"，生活的享受应该有一条价值底线，不能违背自己内心的信仰，不能与"道""义"相悖。矫正"误读""误解"的最好方式便是开展专题学习，师生共读共研共写，共同成长。

二、专题读写教学的实现策略

（一）专题读写教学的分类

针对初中段语文学科的实际和初中生的学习特点，同时避免增加学生的负担，我们主要依托现行教材，进行狭义和广义的专题读写教学。

所谓狭义的专题读写教学，就是基于多篇文本的"深度读写建构"。其主要类型有三：一类是遵循课文的编排，进行单元内、课内的专题读写。这里的"单元"指的是前面所述8—9年级的四个"活动·探究"单元。因为

---

① 吴泓：《在专题学习中悄然进阶》，载《语文学习》2017年第5期。
② 段承校：《以"专题读写"构建语文学习的平台》，载《江苏教育》2017年第1期。

编者已在教材和教师教学用书中明确规定了这些专题的教学内容、步骤、方法与策略，我们只需完善细化流程即可，所以不再赘述。这里的"课"指的是诸如《诗词三首》《诗词曲五首》《词四首》《短文两篇》《短诗五首》等多篇汇一篇的课文。这些课文在内容、主题或体裁、手法等方面有很多相同之处，但其间的关联点还不够外显，教材和教学用书更没有给出成熟的实施方案，需要我们继续研究开掘。一类是打破单元、教材编排界限，连点成线，重新整合提炼并实施专题读写。比如把李白的《春夜洛城闻笛》《闻王昌龄左迁龙标遥有此寄》《峨眉山月歌》《渡荆门送别》《送友人》《行路难》放在一起，进行"李白的浪漫与深情"专题读写。一类是以教材某一篇或几篇课文为基点往外辐射，由点到面，以篇达类，一篇带多篇甚至整本书，进行课内外结合的专题读写。比如以《饮酒》《桃花源记》为起点，辅以其他作品，开展"陶渊明的悠然与悲苦"专题读写；再如以《木兰诗》为主，辅以《陌上桑》《孔雀东南飞》，进行"乐府民歌中的美丽女子"专题读写。

广义的专题读写教学，也可称为"泛专题读写"，是基于"读写规律共享""读写一体化"理念的专题读写教学。一类是"读中写"。在单篇精读教学中择机穿插精心设计的微型写作活动，用写作促进阅读，深化认识，形成深刻、细腻的体验。这是一种微观的、"隐形"的专题学习。另一类是"写中读"。以开发写作知识、策略和范式、范型、范例为核心的专题读写，为了写作而阅读，跟着课文学写作。我们依据现行统编语文教材，已完成这类专题教程的编写，并公开出版，所以不再赘述。

（二）专题读写教学的实现策略

在具体教学过程中，这几类专题可以单独施行，也可以交叉进行，比如"读中写"和"写中读"均可以作为辅助手段或学习支架穿插在深度读写过程中。在这里，我们主要结合具体案例，从专题确定、课程建构、过程推进、交流评价等方面简要阐述狭义专题读写的实现策略。

1. 专题的确定

专题是教学的核心。好的专题应该切合"这一篇（组）"文章或"这一个（些）"作者的特质，具有研究或探讨的价值，可以统领全部的教学，并指向学生素养和能力的有效提升。

从关注的角度看，它可以是一个作者或文中人物，如"诗意栖居的陶渊明""乐府民歌中的美丽女子"；可以是一类主题、话题或议题，如"家国情怀""《诗经》中的爱情""战争如此残酷，缘何还有人主动选择战争"；也可以是某项语文知识或思维方法，如"小说中的儿童视角""通过典故触摸诗人的心路历程"；还可以是某种风格、意象或现象，如"盛唐气象""酒与愁""月亮情结与太阳崇拜"等。

从专题的来源看，它可以是教师在细读课文、充分占有材料的基础上提炼出来的。比如，系统阅读陶渊明的作品，我们会发现陶渊明的生活中不止有悠然、闲适和惬意，更多的是贫困、劳累和痛苦，他所处的时代更是充满了战乱、灾荒和权力的倾轧，他看似"澄莹宁静"的内心深处隐藏着"起伏的激流和荡潏的盘涡"，他的欣愉、安适、平静是从矛盾彷徨、寂寞悲苦中挣扎解脱出来的。①他选择归隐，但并不避世，相反更加热爱生活，因而他的身体饱受"饥冻"之苦，但他的心灵充满诗意，他用菊、飞鸟等生动的形象传达自己对人生的思考，看似平淡实则深厚丰美的诗歌是他一生的写照。基于这样的理解，我们很容易提炼出"悠然与悲苦""诗意与现实""仕与隐"等涵盖陶渊明一生或精神特质的关键词，进而带动学生由表及里，由浅入深，进行研究学习。也可以借助单元提示、预习提示或课后的思考探究、积累拓展等课文助读系统确定专题。比如，开展鲁迅专题学习，可以借助七年级上册《朝花夕拾》名著导读部分的提示，从"鲁迅的童年""鲁迅笔下的那些人物""鲁迅的儿童教育观念"中选择一个，或仿拟一个。还可以源自学生的感受、质疑和发现，由师生共同商讨、确定。比如，前面我们提到的"贬官文化"专题学习便来自学生的追问与发现。

专题设置的基本原则最好是双线并行，兼顾人文素养与语文要素，既能滋养精神、生成思想，又能发展思维、培养能力，二者相辅相成，共生共

---

① 叶嘉莹：《叶嘉莹论诗丛稿》，中华书局 2001 年版，第 38—46 页。

赢。相应的，专题的名称可以侧重精神、思想，也可以偏重思维、能力，最好是主副标题配合阐释，比如"看看那些孩子——小说中的儿童视角""陶渊明的悠然与悲苦——抓住矛盾追溯陶渊明的人生与选择"。

2. 课程的建构

课程是专题读写的基础和凭借。建构课程，需要教师预先进行全面系统的阅读。

所谓全面，是指阅读内容要足够宽广。概括来说，应该涵盖以下四个方面：一是教材选文以及与之互相阐释的其他代表性作品；二是与上述作品相关的名家解读、评析著作或文章；三是考证翔实、准确可靠、较为权威的传记类作品；四是古今名人怀念、感发、歌咏的相关作品。同时，阅读材料要兼顾古今、经典与趣味。

所谓系统，是指要遵循一定的条理有序阅读。较为合宜的顺序是，先素读原典，再知人论世，最后再阅读原典，如此循环推进，螺旋递升。先潜心素读，是为避免"先入为主"，确保找到自己独特的感受、疑惑和发现；在此基础上，参读作者的相关经历、时代背景以及他人的评价、解读等相关资料，辅助自己思考、分析、判断，产生新的理解和灵感。经过几个这样的来回，我们才能"擦亮自己的眼"，精准把握作品的神韵、作者的品格及风致，筛选出内容最经典、与"专题核心"关联最密切、最能激发学生阅读与思考的材料，摘出最关键的句段，建构最适宜而精要的课程。

以"陶渊明专题学习"为例，我们需要先素读课文，记录初步的感受与思考，再浏览陶渊明的《归园田居》《饮酒》《拟古》《咏贫士》《读山海经》系列组诗、《五柳先生传》《与子俨等疏》《归去来兮辞》系列散文，陶渊明与郭主簿、鲍参军等人应和、赠答的诗作以及反映陶渊明生活状况的《乞食》《戊申岁六月中遇火》等诗，形成较为全面的印象，并从中挑出与课文勾连印证、为课文注释延伸的诗文，参照叶嘉莹《叶嘉莹说陶渊明饮酒及拟古诗》《好诗共欣赏》《迦陵论诗丛稿》、朱光潜《诗论》、李泽厚《美的历程》、顾随《中国古典诗词感发》、王先霈《中国古代诗学十五讲》中的相关章节和孙绍振解读《饮酒》《桃花源记》《归园田居》的相关文章，以及其他阐发性文章，重新研读、思考、梳理。最后确定研究篇目，如下表所示：

专题名称	主干课程	辅助课程	
		类文助读	他文链接
陶渊明的悠然与悲苦——抓住矛盾追溯陶渊明的人生与选择	《饮酒》《桃花源记》	《归园田居·少无适俗韵》《归园田居·种豆南山下》《五柳先生传》《读山海经·精卫衔微木》《饮酒·栖栖失群鸟》《饮酒·清晨闻叩门》《饮酒·少年罕人事》《乞食》《怨诗楚调示庞主簿邓治中》《与子俨等疏》《归去来兮辞·并序》	陶渊明五仕五隐重要事件，李白、杜甫、白居易、欧阳修、苏轼、辛弃疾、鲁迅、梁启超、朱光潜等人的评价诗文，叶嘉莹的解读节选，林语堂的《爱好人生者：陶渊明》，夏立君的《陶公祠的菊花》

　　课程的建构是一个逐步积累、筛选、丰富的过程，随着阅读的深入，教师可以随时补充替换，也可以由学生根据自己的研究兴趣、方向自主提供、完善。已选定的材料可以编辑成册，并附具体要求和读写提示等，一并发给学生阅读，也可以分批分期呈现给学生，还可以建立网络学习平台，分类上传，让学生自由选择。

　　3.过程的推进

　　每个专题的读写过程用时不定，从导读、自读到共读，再到对话提升、交流评价，短则五六课时，长则一两周。不同阶段推进的策略也不尽相同。

　　（1）导读阶段

　　从本质上讲，专题读写是一种基于问题的深度学习。在阅读的起始阶段，主要是充分感受，大胆质疑，发现矛盾，寻找、生成有探讨价值的问题，以此带动后续的学习。

　　基于多篇文本的专题读写，导读阶段一般是运用"比较"的方式，让学生求同探异，生成问题。譬如在九年级下册"古诗中的战争"专题学习中，先用"为什么要把这五首诗歌编入一课来学习"切入，让学生对《十五从军征》、岑参的《白雪歌送武判官归京》、辛弃疾的《南乡子·登京口北固亭有怀》、文天祥的《过零丁洋》、张养浩的《山坡羊·潼关怀古》进行多角度的比较，在比较中发现诗歌中存在的"矛盾"——既然战争给人民带来了无尽的痛苦与灾难，为什么岑参、辛弃疾、文天祥不像张养浩那样同情百姓、反对战争，而是主动从军、渴望战斗、投入战争？怎样看待诗中人物和诗人对战争的不同情感、态度和选择？

一篇带多篇的专题读写，通常由单篇精读慢慢过渡到多篇读写。可以在单篇精读后期自然拓展，也可以运用"猜想"的方式，激发学生阅读的兴趣，聚焦研究的方向。比如在"汪曾祺的昆明情结"专题学习中，先让学生读《昆明的雨》，感受作者流淌在字里行间的独特情感和审美趣味，再猜想作者如此钟情"昆明的雨"的原因。学生五花八门的猜想打开了学生的思维，激发了学生的灵感，唤醒了学生的探究欲望，推动着学生积极主动地到汪曾祺写昆明的其他文章中去求证。

当然，上述两种形式也可根据实际情况灵活处理。比如"陶渊明的悠然与悲苦"，如果放在八年级上册，借《饮酒》教学契机展开的话，就是一篇带多篇——先精研陶渊明的《饮酒》，感受陶渊明归隐生活的悠然；然后拓展多篇，走近陶渊明辛苦、劳累、贫寒的真实生活，体会陶渊明的矛盾与挣扎；最后总结体悟陶渊明的人格魅力。如果放在八年级下册，教完《桃花源记》之后，就是多篇读写，可以先从比较阅读开始，再质疑探究，拓展阅读。

（2）自读阶段

相较于单篇精读，学生在专题读写过程中有更充足的自读空间。为促进学生的深度体验与吸收内化，我们倡导学生全程读写，用笔思考，进行各种形式的批注，或圈画发现，或摘记要点，或记录心得，或阐发联想，或与作者、文中人物对话……及时捕捉自己的遐思妙想，用"表格""图示"的形式简化内容，梳理知识，用"诵""念""讲""说"等口头形式咀嚼原典，唤醒直觉，放大自己的感受、理解和发现……让思维摸得着、看得见、听得到。

自读之初，教师可以为学生提供范例，给学生必要的学习抓手。譬如在"追寻西湖文化"专题读写过程中，教师就以批注示例的方式，引导学生圈点勾画、批写心得。

教师示例：

印象中的西湖是诗意的。沿白堤、苏堤漫溯，珠圆玉润的诗词俯拾皆是。"花开红树乱莺啼，草长平湖白鹭飞"的盎然春意，"三秋桂子"飘香、黄叶满地的繁华盛景，还有"雾凇沆砀，天与云与山与水，上下一白"的苍茫雪冬，无不让人目酣神醉。如果有前生，我希望可以站成五云山顶的那株银杏，从盛唐到前清，阅尽一千四百年的诗情画意与人间沧桑。

在"还原'昆虫的史诗'"专题学习中，课题组陈情情老师则是用"玩语言"的形式，带领学生体验《昆虫记》的艺术魅力。她先以"蝉的地穴"部分为例，用不同颜色的笔圈画区分科学的说明和文学的描述，再提取精彩词句，试着"断开一句，增加一点，改变一词"，把课文变形为诗行，然后轻声诵读。这样，法布尔作品的诗性便跃然纸上，学生轻轻松松就获得了美的感染和熏陶。

教师示例：

腾跃，

翻转，

倒悬，

张开双翼。

上翻，

勾住，

蜕出尾端，

蝉——你用独特的体操演绎着新生！

学生仿写：

一棵小矮树，

一丛百里香，

一片野草叶，

　　或一根灌木枝，

你不断徘徊寻觅……

找到它，

爬上去，

你丝毫不动，

　　紧紧地把握住。

背部裂开，

　　露出淡绿的蝉体，

　　在阳光和空气中沐浴

蝉——你用生命传达蜕变的神奇！

（3）共读阶段

这一阶段是发展思维、读写转化的关键期。此时，学生可能有许多感受不吐不快，或者阅读了大量的资料，正处于"信息加工受阻"期。因此，教师要搭建对话交流的平台，让学生充分展示前期自读的成果，暴露产生的问题，并聚焦问题，设计多彩的探究活动，提供丰富的学习支架，推动学生的思考走向深入。

譬如"陶渊明的悠然与悲苦"专题，学生通过大量的阅读，发现陶渊明归隐后的生活并非像《饮酒》诗中所写的那样宁静、悠然、闲适，而是非常艰苦贫穷。他辛苦地耕作，却常常饥寒交迫，甚至有时去乞食，孩子也要因此跟着遭受"饥冻"之苦。因此，学生愈发不明白为何陶渊明选择弃官归隐。这时不妨聚焦陶渊明最喜欢的、出现频率最高的"飞鸟"意象，抽取表明陶渊明心路历程的诗句集中呈现给学生。

没有了冗余信息的干扰，学生便能较为容易地借助背景连点成线，理解"飞鸟"的象征意义——陶渊明就像一只胸怀"填海之志"的飞鸟，满怀豪情，想要振翅高飞，但被篡权弑君者、逢迎拍马者把持的官场却像寒云密布的牢笼，束缚着他，限制着他，约束着他。在这样的官场汲汲营营，与这样的人同流合污，比之躬耕田园不知要痛苦多少倍。为了不违背自己的内心，为了保持心灵的自由、人格的独立，他收敛了翅膀，选择了归隐。陶渊明的

351

伟大之处就在于他没有在黑暗中迷失自己，他从多歧的世途中找到了自己要走的路，实现了自我，也为后世文人指出了一个新的人生方向。而且，身体的苦痛劳累没有让他丧失欣赏的能力，他始终热爱人生、热爱自然，并用真淳的语言传达出了自己的人生思考与自然的无限妙趣。

再如2015年，我在全市执教"印象苏轼"专题学习时，便用"苏轼在……，却能看到、想到、悟到、放下或做到……"这一句式指导学生思考，创设互相启发的思维场，搭建共读共写、共同交流的平台，深入理解苏轼的旷达内涵。

《水调歌头·明月几时有》：苏轼在兄弟分离、月圆人缺之时，却能想到"人有悲欢离合，月有阴晴圆缺，此事古难全"，放下心中愁怨，发出美好祝愿。

《记承天寺夜游》：苏轼在被贬黄州、生活困顿、辛苦劳累之时，却能看到世间最美的月亮，做到欣然起行、悠闲赏月。

《浣溪沙·游蕲水清泉寺》：苏轼在老病之时，却能悟到"门前流水尚能西！休将白发唱黄鸡"。

《记游松风亭》：苏轼在足力疲乏而松风亭未至之时，却能悟到"此间有什么歇不得处""当恁么时也不妨熟歇"。

《临江仙·夜归临皋》：苏轼在夜饮醉归"敲门都不应"之时，却能做到"倚杖听江声"。

《定风波·莫听穿林打叶声》：苏轼在沙湖道中遇雨、同行皆狼狈之时，却能做到"何妨吟啸且徐行""一蓑烟雨任平生"。

在学习支架的支撑作用下，在经历了"提取—还原—表达"的思维过程后，大量看似芜杂、不相干的内容，以整齐、规律的排比句形式呈现了出来，而且这组"却"字领起的转折复句暗含着苏轼与常人、常理之间的对比，凸显了苏轼的个性和"旷达"的本质。学生很快便明白，所谓"旷达"就是一种面对逆境、挫折、不如意的境况，能够看得见、想得开、悟得透、放得下、做得到的能力，见他人所不能见之美、之妙、之趣、之理的境界。

（4）评价阶段

专题读写的评价应该以"表现性评价""发展性评价""总结性评价"为

主。比如：可以用举办朗诵会、辩论会、读书沙龙、课本剧表演等方式展示读写成果；可以建立班级博客、微信公众号，用加注转发、跟帖互动的方式点评分享、互相完善；也可以鼓励学生自制文集，定期进行展评，评选各种奖项；还可以帮助学生正式出版或发表作品，激励学生保持持久的读写动力，使读写真正成为学生精神成长的田园。

陶渊明的悠然与悲苦

——"抓住矛盾追溯陶渊明的人生与选择"专题学习实录

第一部分　比读，寻找矛盾

师：我们已经学了陶渊明的《饮酒》和《桃花源记》。今天，我们把这两篇课文放在一起比较阅读、思考批注：陶渊明的隐居生活和桃源人的生活有哪些相似之处？你又有哪些疑惑？

生：我觉得陶渊明的隐居生活和桃源人的生活都是悠闲自得的。陶渊明是"采菊东篱下，悠然见南山"，桃源人是"黄发垂髫，并怡然自乐"。"悠然""怡然"都是安适、闲适、自在的样子，说明他们的生活都是悠闲自在的，都是满足而快乐的。

师：你抓住"悠然"和"怡然"读出了他们悠闲的生活状态和快乐的心理，很好！这两组句中还各有一个特别传神的单字——"见"和"并"，谁来补充？

生：我来补充一下。我记得初学《饮酒》时品读过这个"见"字。"见"说明作者不是主动地看南山、望南山，而是无意间一抬头，南山便跃入眼帘，特别能体现诗人的闲适自由、悠闲自在的状态。"并"是一起、都的意思，老人和小孩都这么快乐满足，说明整个社会都是快乐和谐的。

师："并"在甲文中便是两人牵手并列的样子，这个字极形象地写出了人们生活的和谐，而且"老有所终""幼有所长"是理想社会的一个重要体现。

（屏显）

生：我发现他们所处的生活环境都非常优美。陶渊明是在南山下采菊，有人说"南山"就是庐山，庐山是我国名山，风景如画，美不胜收。就算不是庐山，从"山气日夕佳，飞鸟相与还"也可以看出，山上云雾缭绕，山下树林荫翳，鸟儿翩翩飞舞，陶渊明的院子里也种满了灿烂的菊花，景色非常美丽。而桃花源外种满桃树，"芳草鲜美，落英缤纷"；桃花源里是"土地平旷，屋舍俨然"，还有肥沃的土地、美丽的池塘、茂密的桑树和竹林。

师：这些看似寻常的景物都散发着淳朴自然的气息，都非常清新美好。继续交流。

生：我发现他们的生活都很宁静。陶渊明虽然把房屋建筑在喧嚣扰攘的尘世，但并没有车马喧哗；桃花源里是"阡陌交通，鸡犬相闻"，村落间能够听到鸡狗的鸣叫声，这说明很宁静。

师：有一个出自柳宗元《捕蛇者说》的成语——"鸡犬不宁"，就是形容声音特别嘈杂，敛取赋税的凶悍官吏常常来骚扰百姓，连鸡狗都不得安宁。这从另一个角度说明，"鸡犬相闻"不仅是指声音的宁静。

生：还指桃花源里的生活非常安定，就像《桃花源诗》中写的"春蚕收长丝，秋熟靡王税"，桃花源里是没有官府的，也没有官吏来骚扰，没有剥削和压迫。

师：桃花源里没有统治者的欺压，陶渊明也弃官归隐，远离了官场的诱惑，他们都过着自由自在的美好生活。这两篇诗文放在一起，你又产生了哪些疑惑？

生：《桃花源记》不是虚构的故事吗？为什么世外桃源的生活和陶渊明的隐居生活有这么多相同之处？而且陶渊明不是"结庐在人境"，没有隐居到山林中去吗？

生：我也这么认为，陶渊明所处的时代是从东晋到南朝宋，历史上这是一个大分裂的时期，战乱频繁，陶渊明应该和武陵人一样饱受战乱之苦，而不是和桃源人一样安宁幸福，所以"世外桃源"才成为他的梦想。

生：《桃花源记》寄托了陶渊明对理想生活的向往。从这三首诗来看，陶渊明的理想好像已经实现了。（生笑）都实现了怎么还向往？向往的一般不都是还没有实现的吗？

师：刚才这几位同学的质疑和思考非常有价值。对此，其他同学是怎样理解和判断的？

生：《桃花源记》是借虚构的故事传达作者的理想，而虚构是建立在生活基础上的，陶渊明是依据自己的生活虚构美化出了这样一个理性的社会。我感觉没毛病。（生笑）

师：你的小说理论非常棒！大家注意，他用了"美化"这个词。

生："美化"意味着他的生活并非这样宁静而悠然的，应该比这要差许多。

生：陶渊明的《饮酒》是一首诗，诗歌是抒情的艺术，也不一定是写实的，也可能是美化过的。

师：有道理。小说、诗歌都是文学体裁，反映的均是艺术的真实。不过，中国真正伟大的诗人，都是用生命来写诗并用一生来践行自己的诗歌的。所以，要想真正读懂陶渊明，我们必须看他更多的作品。接下来，我们就再来阅读陶渊明的另外一组诗歌，了解他的真实生活。

第二部分 联读，还原"真实"

师：请同学们阅读陶渊明的《归园田居·少无适俗韵》《归园田居·种豆南山下》《五柳先生传》《怨诗楚调示庞主簿邓治中》《乞食》《咏贫士·袁安困积雪》《饮酒·畴昔苦长饥》《饮酒·少年罕人事》《读山海经·精卫衔微木》《拟古·少时壮且厉》和《与子俨等疏》《归去来兮辞·并序》的节选部分，借助注释理解诗文的意思，并圈画关键词句，思考联系，认真批注：你从哪些词句中读出了陶渊明怎样的生活状况？

（生自读，理解，圈画，思考，批注，后交流）

生：单看《归园田居》，我感觉陶渊明归隐后的生活很有世外桃源的样子，"方宅十余亩，草屋八九间"，而且"榆柳荫后檐，桃李罗堂前"，"户庭无尘杂，虚室有余闲"，景致很美很干净，村落里炊烟袅袅，"狗吠深巷中，鸡鸣桑树颠"，一派和谐的景象。但《五柳先生传》中却说"环堵萧然，不蔽风日""短褐穿结，箪瓢屡空"，房子里面空荡荡的，遮不住风和日光，穿的是粗布短衣，还打满补丁，盛饭的篮子和饮水的瓢里也常常是空的。对照起来看，陶渊明的归隐生活看起来很惬意、舒适，但实际上很贫困，住的、穿的、吃的都不好。

师：孤立地看，我们只能看到人物或事物的一个方面，而联系起来看，我们才会看得更全面。你的发现很有价值。继续交流。

生：从"种豆南山下，草盛豆苗稀"读出了陶渊明隐居后要亲自耕田，但是他不大会种田，所以草比豆苗长得好。"晨兴理荒秽，带月荷锄归"，早出晚归，很辛苦，而且联系《怨诗楚调示庞主簿邓治中》"炎火屡焚如，螟蜮恣中田"来看，隐居的日子里不仅有凉爽的清晨、优美的月夜，更有炎炎的烈日、肆虐的害虫；所以看起来充满诗意，但实在是又苦又累又脏又悲。

师：躬耕生活是"晨兴理荒秽，带月荷锄归"，也是"锄禾日当午，汗滴禾下土"。陶渊明抒发的是诗意，你看到的是辛苦。恰如硬币有两面，视角不同，我们见到的景致也便不同。

生：我从《怨诗楚调示庞主簿邓治中》"弱冠逢世阻，始室丧其偏"中读出陶渊明的生活很不幸，二十岁遭遇动乱，三十岁丧妻，隐居后收成也不好，"风雨纵横至，收敛不盈廛"，以至于"夏日长抱饥，寒夜无被眠"，饥寒交迫，没有饭吃。"长抱饥"的"长"字说明这种状况不是偶尔出现，而是经常这样。联系《乞食》"饥来驱我去，不知竟何之"来看，他还要去乞讨，真是出乎我的预料。

师：他身处生活的泥淖，却还不忘仰望星空，看得见皎洁的月亮、璀璨的繁星。的确让人深思。

生：我从《饮酒》中的"畴昔苦长饥，投耒去学仕。将养不得节，冻馁固缠己"，读出了陶渊明生活的困苦，长期的饥饿、严寒让他不得不出来做官。《归去来兮辞·并序》中也说"家贫，耕植不足以自给，幼稚盈室，瓶无储粟"，印证了陶渊明出去做官就是为了改善生活，不让自己的孩子忍饥挨饿。由《与子俨等疏》中的"使汝等幼而饥寒""汝辈稚小家贫，每役柴水之劳，何时可免？念之在心，若何可言"可以看出，陶渊明因为不能让自己的孩子过上幸福、舒适的生活而自责、惭愧，他的隐居生活不仅贫困、劳累、饥寒交迫，他的内心也非常痛苦。

师：的确，萧统《陶渊明传》中记载，他第一次出仕是为了"奉养亲老"，但不久就自动弃官而归了。

生：我从《饮酒》的"少年罕人事，游好在六经"、《拟古》的"少时壮且厉，抚剑独行游。谁言行游近？张掖至幽州"和《读山海经》中的"精卫衔微木，将以填沧海。刑天舞干戚，猛志固常在"读出陶渊明年轻时也是心怀大志，想做一番大事业的，但最终他并没有实现自己的理想，也没有理解他的人，所以他应该也是孤独的。

师：陶渊明早期深受儒家思想影响，后期才转向老庄，所以鲁迅先生说"陶渊明并不是浑身静穆，也有金刚怒目的一面"。

生：我也认为陶渊明隐居后的生活是寂寞孤独的。从《饮酒》中的"敝庐交悲风，荒草没前庭。披褐守长夜，晨鸡不可鸣"可以看出他饱受饥寒之苦，置身"不蔽风日"的"敝庐"，他常常被冻醒，披衣起坐，彻夜难眠。联系《咏贫士》中的"岂不实辛苦""贫富常交战"，更能看出陶渊明内心的矛盾与挣扎。

师：的确，从29岁到41岁，陶渊明五仕五隐，一直在"仕"与"隐"之间矛盾徘徊。而且，陶渊明彻底归隐田园后的生活看似宁静、悠然、闲适、自由，实则贫穷、困苦、饥寒交迫，充满了劳累与疲惫、矛盾与挣扎。读到这里，大家心中又产生了怎样的困惑？

（屏显）

宁静	困苦辛劳
悠然	饥寒交迫
闲适	寂寞孤独
自由	矛盾挣扎

生：陶渊明既然是为了改善生活出去做官，既然已经下定了决心，他为

什么不坚持下去?

生:陶渊明的隐居生活这么苦,连幼小的孩子都要跟着受罪,那他为什么选择弃官归隐?他弃官归隐后,有没有后悔?

师:新的理解让大家产生了新的疑惑。接下来,我们就聚焦陶渊明诗中出现最多的"飞鸟"意象,并参照陶渊明的人生经历,探究陶渊明如此选择的缘由。大家可以用"因为……所以陶渊明选择……哪怕(尽管)……"这样的句式梳理自己的理解和发现。

(生自读部分"飞鸟"意象名句、"陶渊明人生概略要点",思考批注)

部分飞鸟意象名句:

胸怀四海、想要展翅高飞的鸟:忆我少壮时,无乐自欣豫。猛志逸四海,骞翮思远翥。(《杂诗》(其五))

衔微木以填沧海的精卫鸟:精卫衔微木,将以填沧海。刑天舞干戚,猛志固常在。(《读山海经》(其十))

热爱自然却被关在笼中的鸟:少无适俗韵,性本爱丘山。误落尘网中,一去三十年。羁鸟恋旧林,池鱼思故渊。……久在樊笼里,复得返自然。(《归园田居》(其一))

在仕路上望见的云端高翔之鸟:目倦川途异,心念山泽居。望云惭高鸟,临水愧游鱼。(《始作镇军参军经曲阿作》)

飞倦了返回山林的鸟:质性自然,非矫厉所得。饥冻虽切,违己交病。……云无心以出岫,鸟倦飞而知还。(《归去来兮辞·并序》)

在苍茫暮色中孤独飞翔的失群鸟:栖栖失群鸟,日暮犹独飞。……因值孤生松,敛翮遥来归。(《饮酒》(其四))

回归山林、自在飞翔的鸟:翼翼归鸟,晨去于林;远之八表,近憩云岑。和风不洽,翻翮求心;顾俦相鸣,景庇清阴。(《归鸟》)

快乐栖息林中的众鸟:孟夏草木长,绕屋树扶疏。众鸟欣有托,吾亦爱吾庐。(《读山海经》(其一))

陶渊明人生概略要点[1]：

　　相传陶渊明曾祖父为东晋开国元勋陶侃。陈寅恪先生考证，陶侃"本出于业渔之贱户"，系出身寒微、捕鱼为业、勇敢善战的溪族人氏，被当时之人轻视，但其性格勤俭节制，做事积极、理智有谋划，"机神明鉴"，自强不息，屡次平叛有功，最终被封为长沙郡公。陶渊明外祖父孟嘉"名冠州里，声流京师"，是当时名士，淡泊沉静有气量，处变不惊，才思过人，最终辞官退隐，悠游山中。陶渊明最为仰慕敬重的就是他的这两个重要先辈。

　　据著名文学评论家、文史学家李长之先生考证：陶渊明，大约东晋哀帝兴宁三年（365年）生于柴桑（今江西九江），于南朝宋文帝元嘉四年（427年）病殁，时年六十三岁。

　　陶渊明出生之时东晋偏安已有四十八年，呈现衰微之相，士族逐渐没落。陶渊明十五岁时，王羲之去世；十九岁时，淝水之战发生；二十一岁时，谢安去世；二十四岁时，谢玄去世。此后军阀代起，内战频繁，直至东晋灭亡。

　　陶渊明一生可以分为三个时代：二十九岁前，在家过着种田和读书的生活；二十九岁到四十一岁，五仕五隐；四十二岁至六十三岁，躬耕田园。

　　陶渊明第一次出仕，二十九岁左右，因"家贫亲老"（家境贫穷，父母年迈），为尽"孝养"责任而担任江州祭酒。据《宋书·百官志下》记载，江州祭酒"分掌诸曹"，协助刺史王凝之掌管兵戎、治安、田租、户口、祭祀、农桑、水利、兵器等诸多地方事宜，事务繁多琐碎。不久，他感到"不堪吏职"，自动辞职回家。后王凝之多次召他做主簿，他亦婉言谢绝。

　　陶渊明第二次出仕，为三十五岁时，担任桓玄幕僚。隆安三年，浙江会稽孙恩在浙江起兵叛乱，江州刺史桓玄上表文给晋安帝，愿带兵讨

_____

　　[1] 主要参考李长之《陶渊明传》（长江文艺出版社）、叶嘉莹《叶嘉莹说陶渊明饮酒及拟古诗》（中华书局）、随园散人《只为山水，来此人间：陶渊明传》（江苏凤凰文艺出版社）改写。

平孙恩，陶渊明替桓玄上表到建康。后桓玄消灭殷仲堪、杨佺期，成为一方霸主，意图篡国。隆安五年冬，三十七岁的陶渊明因母病逝，离开桓玄幕府，回家奔丧。

陶渊明第三次出仕，时年四十岁，丁忧期满。桓玄篡位后，骄奢淫逸，倒行逆施，刘裕起兵讨伐桓玄，并辟举陶渊明担任其镇军参军。陶渊明不得已离开故乡，赴京口就任。半年多后，转到建威将军刘敬宣幕下任参军。刘敬宣因与刘裕部下不合辞职，陶渊明为其呈送辞表后，亦辞职。

陶渊明最后一次出仕，是四十一岁时的秋天。由于"幼稚盈室""瓶无储粟"，迫于生计和亲人劝说，经叔父陶夔介绍，赴彭泽出任县令。后因清查地主、豪绅隐瞒男丁事，得罪浔阳郡丞何隆。何隆派督邮何云惩戒陶渊明，何云趁机索要贿赂。陶渊明不愿"束带见督邮""为五斗米，折腰向乡里小人"，辞职回家。此次出仕，前后共计八十一天。自此彻底归隐田园，躬耕陇亩。四十四岁时，虽家遭大火，"一宅无遗宇"，亦不再出仕。

生：因为仰慕先辈陶侃，饱读儒家经典，胸怀济世之心，所以陶渊明兴冲冲地步入仕途，哪怕出身寒微，可能像祖父那样备受轻侮，饱尝颠沛流离之苦；因为军阀混战，世风日下，无力回天，所以陶渊明毅然选择再次回归田园，哪怕曾经的壮志时时灼烧着他的胸膛，理想与现实的苦痛啃噬着他的心灵。

师：建功立业，是古代士人共同的追求，也是陶渊明的政治理想。但陶渊明不幸生于一个动乱的时代，又没有"杀伐果断"的本领，只能壮志未酬，但他也因而为后世读书人指出了一条新的人生之路。

生：因为家贫亲老，幼稚盈室，不愿看到亲人饱受饥冻之苦，所以陶渊明选择出仕做官，哪怕要面对琐碎的事务、无趣的公文；因为不愿卑躬屈膝，不想违背自己真实的本性，所以陶渊明选择弃官归隐，躬耕田园，哪怕要早出晚归，付出辛苦、劳累的代价。

师：这就是《归去来兮辞·并序》中所说的"饥冻虽切，违己交病"，而且，你有了自己的理解——陶渊明并非真为俗务所困，而是不愿曲意逢迎，丧失自己真实美好的本性。

生：因为天性自由，无法忍受重重的束缚，所以陶渊明选择离开犹如牢笼的官场，像鸟儿一样飞向熟悉的家园，哪怕等待自己的只有方宅十余亩、草屋八九间，只有东篱的菊花，孤独的松树，只有荆钗布裙的妻子、稚气未脱的可爱孩子，然而他去意已决，归心似箭，载欣载奔，日夜兼程。

师：鸟之于山林，恰如陶渊明之于田园。陶渊明弃官归隐不是消极避世，他逃避的仅是腐败的政治，而不是美好的生活。他认为坚守田园，才能保持心灵的自由、人格的独立。

生：因为质性自然，所以陶渊明贫困时选择为家人出仕，厌倦官场争斗时选择放下功业梦想，回归熟悉的田园、宁静的山野，哪怕仕路坎坷，躬耕生活日出而作日入而息，又脏又苦又累。他出走半生，归来仍是纯真少年！

师：陶渊明最可贵的就是一个"真"字，就像苏轼所说："欲仕则仕，不以求之为嫌；欲隐则隐，不以去之为高。饥则叩门而乞食；饱则鸡黍以迎客。古今贤之，贵其真也。"所以陶渊明能写出"一语天然万古新，豪华落尽见真淳"的诗文，这也是陶渊明及其诗文魅力经久不衰的重要原因。

生：因为战乱频繁，百姓流离失所，因为世风日下，人心不古，因为他心中始终有一个不灭的梦，所以他选择用美丽的文字筑造美好的世外桃源，哪怕仅是镜花水月，也聊以慰藉自己的胸怀。

师：其实，这世外桃源不仅是陶渊明个人的梦想，也是后人憧憬的理想境界。正因他心怀这样一片桃源净土，他才能在那个争权夺利的社会，没有迷失自己，找到了安顿生命的栖息之所。

生：因为真正理想的生活，不仅需要身体上的舒适，更要心灵的安逸，所以陶渊明选择离开官场，回归田园，哪怕要夕露沾衣，带月荷锄，忍受二十余年的贫苦和饥寒，饱尝无尽的寂寞与孤独。只要可以读书抚琴，可以听风看雨，可以沐浴清风明月，辛苦的锄头上也可以摇曳着皎洁的月亮，贫寒的日子也可以铺满金色的阳光。

师：陶渊明选择了一条别人不愿走的路，所以他同时代的人都不理解他。然而生活的滋味，只有自己才知道。从心灵的角度看，陶渊明看似辛苦、劳累、贫困、饥寒交迫的日子也确实是宁静、悠然、闲适、自由的。

他把生活的七彩光线汇成纯净澄澈的一片纯白，把人生的复杂滋味熔铸成一首首丰美耐读的诗，用恬淡静美的文字构筑了精神的桃花源。他极深远地影响了后世的文人，诗人们仰慕他，用各种诗文缅怀他，表达自己的感动、感悟。

（屏显）

实则 ◄─────── 看似

宁静　　困苦辛劳
悠然　　饥寒交迫
闲适　　寂寞孤独
自由　　矛盾挣扎

看似 ─────► 实则

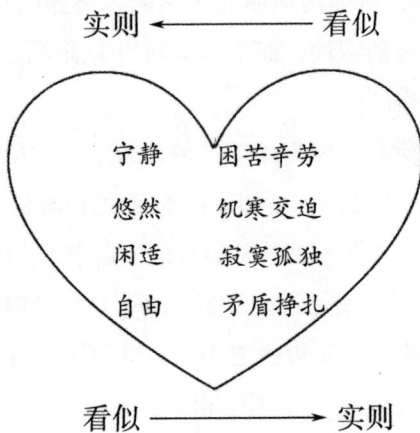

第三部分　悟读，书写魅力

师：请同学们继续阅读叶嘉莹的《叶嘉莹说陶渊明饮酒及拟古诗》、朱光潜的《陶渊明》、李长之的《陶渊明传》等诗评、传评著作，以及李白、杜甫、欧阳修、苏轼、辛弃疾、鲁迅等大家的评点文字，丰富自己对陶渊明的认识，自主命题，撰写对陶渊明的理解、感动与思考。大家可以基于自身的阅读，书写自己不同阶段对陶渊明的感受、感动或感悟；可以抓住陶渊明诗文中常见的"飞鸟""菊""松""酒"等意象，从不同角度探究陶渊明的心路历程，还原陶渊明的形象；可以按照时间顺序，梳理陶渊明的人生轨迹，书写自己的理解与思考；也可以就陶渊明不同类别的诗文著作，分析陶渊明的不同性格侧面；还可以与名家商榷，提出自己不同的见解或补充自己的发现。

（生自读有关陶渊明的诗文、评论、传记，自选角度写作，后交流提升）

生：我感觉阅读陶渊明的过程就是从"见山是山，见水是水"到"见山不是山，见水不是水"，再到"见山还是山，见水还是水"的渐悟过程。我写的就是这个过程，题目是《阅读陶渊明》。

"采菊东篱下，悠然见南山。"初读陶渊明，一种悠然的诗意便猝然击中了我的心灵。稀疏的篱落，灿烂的菊花，霭霭的南山，多么自然和谐的画面！俯身采几朵菊花，那璀璨的金色煦暖如阳，直身抬头，南山将苍翠的暮色送入我的眼帘。缭绕的云雾间翩翩跃动的，是一对对结伴而还的归鸟，它们啼声婉转，仿佛在诉说着绵绵的情意。陶渊明此时此刻应该是陶醉的吧，要不怎会"欲辨已忘言"？

"晨兴理荒秽，带月荷锄归。"再读陶渊明，一种淡淡的苦涩在我心头泛起。日出而作，日落而息，每天重复着同样的旋律，恐怕不仅仅是悠然和惬意吧！原本握竹管狼毫的双手改握沉甸甸的锄头，掌中是否也曾结满老茧？指尖是否曾鼓起过血泡？被夕露沾湿的褐衣是否变得阴冷而沉重？"敝庐交悲风，荒草没前庭"，冷酷如铁的寒夜，又如何捱得到晨鸡长鸣？！"炎火屡焚如，螟蜮恣中田"，灾旱肆虐的时刻，怎一个"忧"字了得？！我常常想：二十余年躬耕田园，无数个这样的日夜，陶渊明是否也曾痛苦纠结？若是我，能否坚守这样的生活？

"悠悠迷所留，酒中有深味。"重读陶渊明，我试图寻找满意的答案。我从"但恨邻靡二仲，室无莱妇"中读到了一个隐士的孤独，我从"使汝等幼而饥寒""每役柴水之劳"中读到了一个父亲的愧疚，我从"岂不知其极，非道故无忧"中读到了一个贫士悠长的叹息。是的，陶渊明也曾渴望居广厦，衣轻裘，然而"苟得非所钦"，若要牺牲心灵的自由、人格的独立，他宁可忍饥挨饿，付出身体的代价。"饥冻虽切，违己交病"，贫富交战的日子、苦痛挣扎的岁月，让陶渊明看清了自己的内心——唯有回归不欺人也不自欺的躬耕生活，才能葆有本真，获得心灵的宁静与自由。

我们常常用眼去看世界，而陶渊明是用心去领悟生活。用肉眼，我们看到的是陶渊明的饥寒与痛苦；用心灵，你会发现这贫寒的日子也镶满金色的阳光，一如东篱的菊花般灿烂。

师：听得出，你不仅吸收内化了我们前面共同阅读的内容，还有自己的发现和创造。听听同学们的点评意见。

生：我感觉她用陶渊明的经典诗句串起了自己的阅读历程，结构非常条理。而且从课内的《饮酒》一点点扩展出去，内容很丰富，我觉得很好。

生：她不是单纯的分析，而是在诗歌的基础上添加了许多个人的想象，让我们眼前能够浮现出那些画面，很生动。

师：你俩的点评很到位。作为初中生，我们目前只能参考前人的研究成果，很难在知识、信息、思想方面出新。而这位同学借助丰富的联想、想象，还原诗歌的意境，并在其中渗透了个人的感受和思考，既弥补了我们这方面的不足，同时给读者以美感。这种做法非常值得我们学习。

生：我是以陶渊明诗歌中的"飞鸟""菊""松"为线索，来写我心中的陶渊明印象的。题目就叫《我心中的陶渊明》。

天天泡在与你有关的文字里，你的诗，你的文，你的传记……以至于常常幻化出一个个奇妙的画面。

有时，画中是一只鸟，一只振翅高飞的鸟，凌云御风，搏击长空，就像年轻时的你，抚剑独行游，渴望用毕生所学济世安民，用脚步丈量梦想。然而世间并不都是惠风和畅的日子，天地同昏的时刻，鸟儿盘旋着想要寻找一个安身的地方，就像你矛盾彷徨，不知何去何从。强劲的风雨席卷着一切，苍黄的天地间，处处是浊流，处处是腥秽如血。与其栖于沼泽，不如返回田园。那茅庐虽然简陋，篱落虽然低矮，但毕竟还有禾苗、绿柳、红桃散发着清新的气息。

有时，画中是一丛菊，一丛朴素淡雅的菊，倚在东篱，贴近土地，就像回归的你，捧一卷书，陶然自乐，不求甚解。菊，生于冷秋，不与百花争艳，就像你安于贫困，不慕荣利；菊，凌寒开放，即便凋零犹有傲霜之枝，就像你不屈服于权贵；菊，浮于杯中，依旧散发着幽香，就像你的率真从来没有改变。你喜欢举杯小酌。因为家贫难得，所以偶有名酒，你期在必醉。而醉后的你最可爱，"我醉欲眠，卿且去"，你脱口而出，便让千年后的李白欣然拾起，嵌入诗里。

偶尔，画面中会出现一株扎根巉岩的孤松。鲁迅先生说，正因为并非浑身是"静穆"，所以你才伟大。也许，那直刺苍穹的嶙峋枝干，就是你"金刚怒目"的体现。而朱光潜先生说，静穆是一种豁然大悟。莫非，你已了悟

"不完满才是真正的人生"，所以你顺遂生命的常态，"纵浪大化中，不喜亦不惧"。

我知道，无论是那翱翔天空的飞鸟，还是匍匐大地的菊花，抑或遒劲盘曲的孤松，都是你。一如，抚剑的是你，荷锄的也是你；自得的是你，自悔的也是你；"啸傲东轩"的是你，"欣慨交心"的亦是你。

这就是你——我心中的陶渊明，根植大地而向往天空，无论身在何处，心中始终保有澄澈的明月和闪烁的繁星。

师：陶渊明就是这样一只鸟，一只翅膀担荷着沉重的现实，一只翅膀安放着高远的希望。他的可贵之处就是从来不肯因生活的苦难而丧失心中的诗意，这就是今天我们阅读陶渊明的意义所在。无论生活的真相是哪种模样，我们都要勇敢而快乐地活下去。哪位同学来做点评？

生：我感觉他抓住三种意象来写，构思很巧妙，语言也很美，但是给人的感觉是不够具体，有一点空。可能因为意象太多，所以每一种都不够深入。要是选择一种或者最多两种，结合着陶渊明的经历和具体事件来写，给人的印象应该更深刻。

生：我也有这样的感觉。比如他说陶渊明喜欢"举杯小酌"，然后写他"偶有名酒，期在必醉"，醉了以后对客人说"我醉欲眠，卿且去"，这个细节就很具体生动，也能让没有读过陶渊明的人有清晰的认识。

师：也就是要有一点"读者意识"。我们大家共同经历了阅读陶渊明的历程，对陶渊明如数家珍，内心有一种澎湃的情感不吐不快，但是读者并非如此。所以建议大家精选人物事迹，在叙事的基础上抒情。推荐大家阅读梁衡的《把栏杆拍遍》、南帆的《辛亥年的枪声》《戊戌年的铡刀》等散文，可能会有所收获。谁还想展示？

生：我仔细阅读了李长之先生的《陶渊明传》和随园散人的《只为山水，来此人间：陶渊明传》。我发现随园散人完全借用了李长之先生的研究结论，然后加了很多优美的描述，当然也有自己的一些发挥。他们对陶渊明时代的阐述给了我一个灵感——陶渊明的时代是一个士族没落、军阀迭起的动乱时代，也是一个文化艺术特别璀璨的年代，所以陶渊明是不幸的，又是幸运的。所以，我就以《陶渊明的幸与不幸》为题写了这篇小短文，还没有完全写好。

师：你的视角很独特，可以先跟大家交流一下，然后再丰富完善。

生：陶渊明是不幸的，他生于一个士族没落、军阀迭起的动乱时代。溪族人的英勇善战，征西将军的机神明鉴，长沙郡公的赫赫威名，都随着曾祖的逝去而渐行渐远。他没有曾祖那般跃马杀敌的本领，更没有军人的运筹帷幄、雷厉风行，他只是一个穷病的书生，进不足以谋国，退不足以谋生，空余一腔滚烫的热血，一片淳厚蔼如的心肠，几声忧愤无助的叹息。而他又是幸运的，他长于一个群星璀璨的艺术时代。书圣王羲之音容尚在，大画家顾恺之的墨迹未干，文学史上山水诗人谢灵运、鲍照的名字还要排在他的后面，高僧慧远常常与他攀谈，还有历史学家裴松之、《世说新语》的编著者刘义庆，都与他在这同一时代大放光彩。

陶渊明是不幸的。权谋、倾轧、纷争、背叛，在他眼前轮番上演。迂腐的王凝之、野心勃勃的桓玄、图谋篡位的刘裕，让他看尽了世界的荒谬与人性的黑暗。而他又是幸运的。仕宦生涯的一次次失望，让他一次次转身回归田园。而每一次回转都让他惊喜地发现：山水云烟、田园新苗、竹篱茅舍，都是那么美好；载欣载奔的稚子、扑面而来的菊香、清脆悦耳的鸟鸣，都是那么可爱；一卷书、一壶酒、一张无弦琴，都能抚平他忧伤的心怀。他从四周的事物中，看到了可爱可喜的人生妙趣；他读懂了自己的内心，找到了自己要走的路。

陶渊明是不幸的。他没有"相鸣而归"的同伴，也没有志同道合的"昔侣"，只有三五村夫野老和他"但道桑麻长"，或者一二"素心人"与之"奇文共欣赏"。更多的日子是"闲居寡欢""顾影独尽"。而他又是幸运的，他的人格，他的思想，他丰美的诗篇，深深影响了后世无数的读书人——孟浩然欣赏他对自然、田园的热爱，李白仰慕他"不为五斗米折腰"的气节，白居易颂扬他"尘垢不污玉，灵凤不啄腥"的高洁，欧阳修盛赞他的"趋向不群，词彩精拔"，苏轼、辛弃疾爱他的凛然生气和"清真"。

而今天的我，也在曲曲折折的探索后懂得：幸与不幸，都是生活的恩赐；悲哀与欣悦，都是心灵的欢歌；正因曾经徘徊、矛盾与挣扎，才知道回归与坚守的难得。感谢陶渊明，让我重新审视人生，感谢与陶渊明相伴的每一个日子，让我享受到阅读、思考、顿悟的愉悦。

师：你用辩证的眼光看待陶渊明，不仅有了自己独到的认识和见解，还在人生方面有了诸多的收获，老师听了也深受启发。阅读能开阔我们的视野，能发展我们的思维，也能滋养我们的生命成长，希望你能继续研究完善。

生：我想补充一点。他运用了大量的排比和对比，给人的印象特别深刻。而且他化用了我们材料上很多名人对陶渊明的评价，很巧妙自然，值得我们学习。

师：阅读就是为了吸收，然后内化为我们自己的素养和能力。所以大家一定要多读多说多写。听说读写结合，日积月累，我们的言语表达能力就会获得极大的提升。

生：人们常说，距离产生美。是不是因为久远时间的间隔，我们把陶渊明美化了呢？我一直在思考这个问题。只有一种感觉，但还没有具体的头绪。

师：那建议你再多读一些陶渊明的传评资料，比如到《晋书》《宋书》等更接近陶渊明时代的史料中去追溯。还有一种可能，其实文学作品本身就是对生活的艺术化，尤其是诗歌，更是生活的艺术化概括、提炼或凝结。陶渊明笔下的生活就是他追求的理想生活。期待你的研究成果。大家也可以把自己的初稿发布到我们的班级博客和微信号上，我们大家共读共评，互提修改建议，然后修改完善补充。修改完成，我们再集中展评。

第二讲　基于学情的专题读写路径

从建构主义理论的角度看，一个人既是从文本中获得意义的读者，又是建构文本意义的作者；阅读、写作都是意义的建构与生成，是同一学习过程中相互作用、相互交融的两个方面；在这个学习过程中，指向写作的阅读过程尤其富有创造力。[①]基于以上理念，我们从2017年开始，立足统编初中语文教材，以课文为原点，依据文本的特质和学生的需求，开掘有价值的读写"专题"，以"专题"为核心，开展阅读与写作贯通的教学活动。

譬如统编教材九年级下册第三单元第12课《词四首》。从文学角度看，这四首词是豪放词产生、发展过程中的代表性作品。《渔家傲·秋思》"一改花间派柔靡词风，可视为苏辛豪放词的前奏"[②]，《江城子·密州出猎》是苏轼"以诗为词""自成一家"的肇始之作[③]，《破阵子·为陈同甫赋壮词以寄之》是辛弃疾将豪放词发挥到极致的经典篇章，而秋瑾的《满江红》是豪放词风在近代的延续。它们集中体现了豪放词意境开阔、气象宏大、音韵铿锵、用典较多的风格。从人文角度看，四位作者虽处不同时代，历经不同波折，但均心系家国；纵览其生平，他们都用实际行动诠释了"家国情怀"的深厚内涵，用生命推动了历史车轮的前行。阅读这样的经典作品，不仅要做到能读会背，更要由词及人，"汲取思想精华，获得情感的鼓励"，作用于生命的成长。而以《词四首》为基点开展"家国情怀"专题阅读与写作，

---

① 高文、徐斌艳、吴刚主编：《建构主义教育研究》，教育科学出版社2008年版，第234—248页。

② 孙绍振：《月迷津渡——古典诗词个案微观分析》，上海教育出版社2012年版，第230页。

③ 胡传志：《豪放词四论》，载《安徽师范大学学报》（人文社会科学版）1999年第4期。

便是实现这一目标的最好方式。下面结合实践阐释具体实施路径。

一、创设情境，引领学生感受、质疑、发现

专题阅读与写作是建立在单篇精读基础上的深度学习，一种超越学生既有知识和经验、力求在学生"思维和语感上留下深刻痕迹的学习过程"①。思维始于发问，因此，专题阅读与写作的教学起点是引领学生感受、质疑、发现。

熟悉的地方没有风景。要想激活学生的思维，让长期处于单篇教学状态下的学生产生高质量的疑问，必须教学生从陌生化的视角看待所读的课文。对此，我们采取的策略是设置多种感官参与的真实情境，用"初读任务单"引导学生全方位地沉浸在学习中，及时捕捉初感，记录疑问和发现。下面便是"初读任务单"中的主要内容：

（1）请跟随音乐和老师一起声情并茂地朗读四首词，然后写下：当我大声朗读时，我感受到了……

（2）背诵并默写四首词，把错字抄写在下面，并试着分析出错原因。

（3）请细读课文注释，努力弄懂每首词的意思，写下你不理解的词句。

（4）请把这四首词看作一个整体，然后写下你想探究的1—3个问题。

这四项任务遵循语文学习的规律，由感受到理解、深思，由单篇到整体，由细节到全貌，引导学生从不同视角审视文本，观照作者和编者意图，及时捕捉自己的心得和体会，记录疑问和发现。现选取学生反馈最为集中的内容如下：

1. 初读感受

（1）我读得热血沸腾。

（2）词人建功立业的爱国情感让我感动。希望有一天自己也能报效

① 李海林：《语文学科如何"深刻地学习"》，载《中学语文教学》2019年第1期。

祖国，希望祖国更强盛。

（3）我感受到了边塞的风光，读出了范仲淹与将士们思乡的情怀，辛弃疾的壮志难酬，苏轼"老夫聊发少年狂"的豪气，秋瑾"巾帼不让须眉"的气概。

（4）当我朗读秋瑾的《满江红》时，我感受到了作者走向革命道路前夕的苦闷、彷徨和雄心壮志。

（5）我感受到了诗词文化的博大精深，体会到了诗中蕴含的美丽情感。

2. 共性的质疑和发现

（1）这四首词分别表达了怎样的情感？在内容和写法方面有哪些联系？为什么把这四首词放在一起学？

（2）这四首词都运用了典故。这些典故的内涵是什么？作者想借这些典故表达什么？

（3）作者为什么写这些词？这些词的写作背景是什么？

（4）范仲淹、苏轼、辛弃疾、秋瑾分别是怎样的人？

（5）词与诗有什么不同？词为什么必须有词牌，而不是题目？词有哪些种类？

3. 个性化的质疑与发现

（1）为什么《江城子》《破阵子》题目中都有一个"子"字？

（2）为什么秋瑾说"身不得，男儿列，心却比，男儿烈"？

（3）《破阵子·为陈同甫赋壮词以寄之》中的"壮"与结尾"可怜白发生"是否矛盾？风格是否不一致？

（4）这四首词都是写在秋天吗？分别描述了怎样的画面？

（5）我读出了词人想报国却不被重用的无奈心情。为什么古代诗人把报国看得那么重？他们为什么不像别的诗人那样享受隐居生活？被皇帝重用，到底有什么好？

（6）为什么这些人如此爱国？他们爱国的根源是什么？为了国家他们愿意放弃一切吗？

从"初读感受"来看，学生已经由习惯上等待接纳的被动角色自觉转变为主动思考探究的角色，并情不自禁地投入到学习中，获得了美感和情感的熏染。从"共性的质疑和发现"来看，学生非常关注四首词内容、情感方面的联系，但并不满足于此，他们还对词中的典故、诗词的相关知识和词人的形象产生了浓厚的兴趣。而"个性化的质疑与发现"则表明学生的经验、阅历不足，严重缺乏时代、背景知识，而且学生的价值观念与词人的价值观念或曰我们希望学生具备的价值观念之间存在着巨大的落差。这些热烈的情绪和真切的感受、质疑、发现，不仅是课程建构、教学设计等后续"教""学"活动的依据和起点，如能善加利用，它们还会形成一种学习推进力，促使顿悟加速产生，从而改变学生的认知结构和心理结构。

二、基于学情，重构课程资源

基于学情重构课程资源是解决问题、推动深度学习持续发生的重要凭借和保证。根据以上学情，我们遵循"问题轴心，原文互证，他文参证"的原则，把《词四首》作为主干篇目，然后整合各册中有逻辑联系的课文，提供内容、情感等方面与课文互相阐发、印证的其他相关作品，与作者有关的生平、传记、故事和今人评价等丰富资源。为培养学生的探索精神和信息处理能力，也可以让学生参与到资料搜集、整理、编选的过程中，主动走进我国文学的历史长河，拉近自己与久远年代的距离。

课程资源的编排与实施，可以借鉴黄厚江老师的策略[①]——分几个并列的方面建构组块式课程；遵循一定的时间顺序或逻辑顺序，建构串联式课程；从不同角度建构交叉式课程；以某几篇为核心，从内容、情感、写法、作者等不同角度建构解读印证核心的辐辏型课程，或从核心发散开去的辐射型课程。我们编选的下述课程便属辐辏型课程。

[①] 黄厚江：《谈小群文阅读教学的实施》，载《中学语文教学》2019年第2期。

学习内容	主干课程	辅助资源	
		原文助读	他文链接
1. 阅读了解词人相关作品、生平及重要经历。 2. 理解文中典故的内涵。 3. 体验词人面对理想与现实巨大落差时的心路历程，感悟词人的家国情怀。 4. 书写阅读感悟，提升读写能力，获得生命成长的力量。	《词四首》	范仲淹《岳阳楼记》	"燕然勒功"典故注释，《范仲淹年谱》（据《范仲淹评传》整理），梁衡《青州说寿：一个永恒的范仲淹》
		苏轼《闻捷》《浣溪沙·簌簌衣巾落枣花》	王水照、崔铭《苏轼传》（节选），林语堂《苏东坡传·原序》，余秋雨《东坡突围》，刘艳琴《来生便嫁苏东坡》
		辛弃疾《南乡子·登京口北固亭有怀》《太常引·建康中秋夜为吕叔潜赋》《永遇乐·京口北固亭怀古》《水龙吟·登建康赏心亭》	邓广铭《辛弃疾传 辛稼轩年谱》（节选），梁衡《把栏杆拍遍》
		秋瑾《对酒》《题天姥山动石夫人庙》《杞人忧》	鲍家麟、刘晓艺《侠女愁城·自序》（节选），陈响《秋瑾女侠之风骨，多少男儿愧不如》，蒋勋《秋瑾的孤独》

　　需要特别说明的是，资源的重构有赖于教师全面、系统的阅读，以保证辅助资源的翔实、经典和代表性。可将观点不同甚至对立的见解、说法编排在一起，比如蒋勋与陈响、鲍家麟等对秋瑾婚姻状况的不同阐述，以引领学生从不同的角度看待问题，批判地分析，理性地评价。

　　课程的实施还需要充足的时间保障。像"家国情怀"这样的大专题一般历时两周，课内用时7—8课时（独立阅读2课时，中期对话交流2课时，后期写作2课时，发表交流1—2课时）。当然，也可在中期交流后，根据实际情况再细分为"心怀天下范仲淹""热忱苏轼""深情苏轼""旷达苏轼""慷慨悲壮辛弃疾""热血化碧涛的秋瑾"等较小的专题甚至微专题，进行更深刻的学习。

三、深度研讨，激起思维新涟漪

一个完整的专题读写通常包括"调查学情、建构课程、独立阅读、对话交流、写作内化、发表评价"六个环节。师生的共读共写贯穿整个学习过程。独立阅读阶段可以教学生用评析式、心得式、对话式、质疑式、联想式等多种形式的批注，记录自己的理解与感悟。当学生自我感觉问题已初步解决、认知结构暂时形成平衡的时候，教师就要及时介入"对话交流"，借助深度追问以及充满语文味儿的体验活动推动学生的思考走向深处、细微处，生成新的感受、质疑和发现。

1.紧贴学生发现，引领学生经历知识的建构过程

知识是学习的重要内容，而学习不是被动的感知接收，而是主动建构的过程。我们应该设法把知识化整为零，隐蔽地嵌入学习活动中，让学生亲身经历一个从个别到普遍的"思考—发现—推断—归纳"过程。

在交流"词的文体知识"时，我便由学生的发现和质疑"为什么《江城子》《破阵子》题目中都有一个'子'字"切入，让学生各抒己见，择机抛出自己查询求证的过程和专家的解答——"词又称曲子词，《××子》略等同于《××曲》，'子'可理解为'曲子'的简称"，肯定并鼓励学生的发现。紧接着，提出另一名同学的问题"为什么词都有词牌，却不一定有题目"，推动学生进行知识迁移，学生很快便领悟到"词是用来唱的，词牌就相当于曲谱"。然后，引导学生联系自己学过的诗词，链接已有的知识和经验，幽默穿插"长短句""诗余"等词的别名，合作归纳出诗与词的不同之处。最后，总结拓展——北宋仁宗时期，范仲淹、苏轼等人用写诗的态度来填词，打破了诗词的界限，词风才有婉约、豪放之分，并引领学生用诵读内化对豪放词的认知。

后面"典故"知识的学习则是运用想象补白、比较还原的方法引导学生主动发现、建构。在"持节云中，何日遣冯唐"处，先插入一个小故事："神宗力主变法，苏轼反对。小人趁机中伤苏轼兄弟扶丧回乡时，利用官船贩运私盐、木材等。神宗下令彻查，拘捕船工水师严加盘问。虽最后查无实据，但苏轼深感人心险恶，于是上疏请求外任。"①再让学生想象在此情境下苏轼内心的渴望，用第一人称还原苏轼藏在典故中的心里话，然后比较用典与直说的效果。这样，学生不仅领悟了典故的含蓄凝练、典雅丰富之美，还感受到了苏轼内心的挣扎和渴望，为后续的写作积累了丰富的细节。

2. 建构思维模型，提升思维品质

从学生提出的问题来看，典故是本专题学习的难点，也是破解作者情感密码的重点。而典故是一种文学性的表达，凝聚了中国优秀传统文化的精粹，仅凭单纯的阅读、分析，很难领会其中的奥妙。为此，我先和学生共同经历了"聚焦、讲解、联想、对比、类比、拓展"的过程，再将这个过程梳理成直观易学的思维模型，让学生据此举一反三，自主探究，丰富认知和体验，提升思维品质。

（1）了解"引用典故，就是在诗词中直接引用或化用有来历的历史故事、人物传说或词句等"。

（2）勾画《渔家傲·秋思》中的典故，根据课文注释、辅助资源分别讲述"雁去衡阳"的传说和东汉窦宪"燕然勒功"的历史故事。

（3）对比范仲淹和大雁的处境，类比范仲淹和窦宪的身份、地位和面临境况，展开联想和想象进行补白，推断范仲淹的思绪、情感、愿望。

（4）链接七年级下册《邓稼先》、八年级上册《使至塞上》中关于"燕然勒功"的语句，加深认识——"燕然勒功"是中国历史文化中非常重要的典故，它深深影响了后世有理想有追求的读书人，激励他们把人生的价值自觉附丽于国家、民族的前途命运，以高度的责任感担负起时代的使命。

（5）呈现学习范例，依据示例自主探究其他词中典故的内涵和作者的心理、意图。

---

① 王水照、崔铭：《苏轼传》，天津人民出版社 2013 年版，第 59 页。

四、读写交互，推动精神成长

写作是最好的思考，也是最彻底的内化。当学生的理解和体验达到一定的程度，我们就要及时开展丰富多彩的活动，设计各种写作学习支架，推动阅读向写作转化，让"读文、写人、成长"落到实处。

1. 微型写作，积累素材

学生在前后两次"质疑、发现、求证、思考"的过程中获得了大量鲜活、细腻的体验，但这些体验还都是一些较为感性的印象和细节；所以此时首选微型写作活动，把这些感性的印象和细节及时固定和保存为言语片段，为转化成篇积累宝贵的素材。

本专题的微写作时机便选在典故交流完成时。首先，师生再次随音乐分角色大声朗读《词四首》，深入体会典故的丰富内涵和词人的强烈情感，浸入词人所处情境。其次，用左右对比的形式呈现词人心中理想和现实的巨大反差，推动学生融入作者视角，强化感受与体验。再次，布置写作任务："对照诗词和资料，发挥联想和想象，描摹词人的心理、外貌、神态、动作，穿插典型的自然环境描写，书写自己的理解、感受、体验、评价。"同时，展示教师所写范例，并将写作思维路径隐含其中，既降低了写作任务难度，又能保证写作的开放性。

2. 多轮读写，固化成果

学生读写能力的提升、精神的真正成长不是一蹴而就的，因此，专题阅读与写作虽然最终指向写作，但并不急于成篇。尤其是像"家国情怀"这样的文化专题，更需要教师陪伴并引领学生多次走进同一个或同一组文本，不断生成新的感受、质疑、发现，获得新的读写动力，在持续的读写实践中与作品、作者产生共鸣，唤醒内心，形成文化认同和价值认同。

在本专题微型写作完成后，我还设计了如下两组读写活动：

其一，选择最感兴趣的词人，结合"主干课程"和"辅助资源"，用"事迹+短评"的方式缩写人物经历，评价人物精神。如：

苏轼两任杭州，他带领人民修复水井，疏浚西湖，创建"病坊"；密州蝗灾严重，他为民请命，免除秋税；黄河决堤，他和徐州人民一起

375

斗洪水，筑长堤，建黄楼，抗春旱；颍州大雪，他开仓放粮，外调炭薪……终其一生，他对人民始终满腔热忱。

其二，根据思维导图提示，选点探究，深度读写：或根据时间顺序，透过关键事件看"家国情怀与词人的成长"；或比较阅读词人的选择，审视"家国情怀的承继与发展"；或叙写"我"在不同时期的阅读认识，思考"家国情怀的现实意义"；或从不同角度研究某一人物的家国情怀与人格魅力。

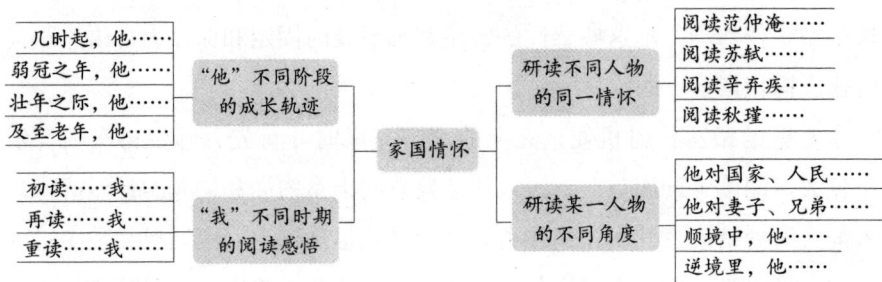

几时起，他……
弱冠之年，他……
壮年之际，他……
及至老年，他……
———— "他"不同阶段的成长轨迹 ————

初读……我……
再读……我……
重读……我……
———— "我"不同时期的阅读感悟 ————

家国情怀

———— 研读不同人物的同一情怀 ————
阅读范仲淹……
阅读苏轼……
阅读辛弃疾……
阅读秋瑾……

———— 研读某一人物的不同角度 ————
他对国家、人民……
他对妻子、兄弟……
顺境中，他……
逆境里，他……

3.参照"典范"，转化成篇

"典范"可以是经典课文、现当代名家名作，甚至同龄人的优秀习作，还可以是教师从中提炼、学生容易借鉴的表达范式。如用转折词"但""却"等连接的对比结构句型，"像……一样"等固定短语连接的类比结构句型，"当……他……"引起的排比结构句型，"一个……他的一生已经足够自豪了，然而他还……"之类的让步转折结构句型[1]，板块式、环形、花簇形、鱼骨形等文章结构图。

此外，我们还要为学生搭建班级博客、公众号等各种平台，建立包含"展示、交流、发表"在内的多种评价、评改方式，帮助学生定期结集、公开发表甚至"出版"他们的各种读写作品，在可视化成果的真实分享、互动中提升获得感和成就感，使阅读和写作逐渐成为学生生活的重要组成部分、生命存在的美好方式。

---

① 赖瑞云：《文本解读与语文教学新论》，北京师范大学出版社2013年版，第327页。

一典千声叹　九死不悔情

——"家国情怀"专题推进课实录

一、闲话，了解初感

师：经过前一段时间的阅读，你对哪位词人产生了浓厚的兴趣？

生：我对苏轼产生了兴趣，他虽然年迈但却说"鬓微霜，又何妨"，还想为国杀敌立功。

师：苏轼老而弥坚的精神感动了你。其实苏轼写《江城子·密州出猎》时39岁，老师比当时的苏轼还要年长几岁。苏轼还有很多有魅力的地方，希望你继续阅读发现。

生：苏轼是一个具有快乐能力的人，他无论在怎样的情境下都能发现生活的美。

师：你也是苏轼的粉丝。我记得有两位女作家说，来世便嫁苏东坡。知道为什么吗？

生：和他在一起很快乐。

（听课老师会心地笑）

师：对，而且他有情有义，这样的男人老师也想嫁。

生：我喜欢秋瑾。当时她已经为人母，但还想为国家做一些事情。

师：这种爱国精神令人敬佩。今天来到我们会场的女同学远比男同学要多。我们女性享有和男性同样的权利，得感谢秋瑾——是她率先为男女平权运动大声疾呼。

二、比较，读出联系

（一）交流诗词知识

师：课前，我收到了我们班58名同学的问题。其中一名同学很细心，她发现了一个规律——"《江城子》《破阵子》题目中都有一个'子'字"，大家知道这是为什么吗？

生：也许是词语的后缀，没有什么意思。

生：这应该是一种固定的格式，网上说"词牌就是词的格式的名称"。

生：对，我查资料也说词是和音乐相伴而生的，词牌是一种制式曲调的名称，制式……（语塞）

师：大家的感觉很敏锐，还查了很多资料。我也上网查了很多，和大家一样不太明白，于是我专门请教我们省的语文教育专家张伟忠博士，很快张博士回复了，大家看屏幕。我请提问的同学来朗读。

（屏显，生读）

　　好问题。词又称曲子词，《××子》就相当于《××曲》，"子"可以大略理解为"曲子"的简称。

师：你看专家特别夸奖你，我也得感谢你，你的问题让我这个不惑之年的老教师又收获了新知识。还有一个同学问"为什么词都有词牌，却不一定有题目"，谁能联系刚才的问题解释一下？

生：词是曲子词，应该是用来唱的，所以我推断词牌应该相当于曲谱。

师：你真会举一反三！的确，词其实就是歌，词牌就相当于曲调——歌曲的旋律。所谓合乐者为歌，不合乐者为诗。这也是诗和词之间的一个不同点。此外，诗和词还有什么不同？请联系我们学过的诗词来说。

生：诗对仗工整，词形式多样，结构松散。

师：对。尤其是格律诗字句、对仗严格，词句法灵活自由。

生：词的句子好像不太一样，有的长，有的短。

师：所以词还有一个小名叫"长短句"。

生：诗表达的感情一般比较严肃，都是抒发理想、抱负什么的；词有时候就比较婉约。

师：诗言志，偏重政治题材，关注的是国家兴亡、民生疾苦、胸怀抱负等；而"词为艳科"，多用来酒席娱乐遣兴，写男女相思、伤春怨别。尤其是早期的词，最早的一部文人词集就叫《花间集》。可是到了北宋时期，范仲淹、苏轼等人"以诗为词"，开始用写诗的态度来填词，打破了诗词的界限，词才有豪放和婉约之分。选入教材的多是这样的优秀诗词，少有花前月下的词，所以同学们就较难区分了。

（二）梳理内容联系

师：我们班张佳慧、万嘉慧、杨绍辉、孙彩虹、颜钰彤等19名同学都提出了这样一个问题：这四首词有什么联系？为什么要把这四首词放在一起学？我觉得这个问题非常有价值，直指编者意图。我把大家提问中最关注的点转化成了一个任务单，现在我们就根据任务单的提示进行交流梳理。

（屏显）

学习任务单一

篇名	词风	季节	时代背景	情感思想	创作手法
渔家傲·秋思					
江城子·密州出猎					
破阵子·为陈同甫赋壮词以寄之					
满江红					

生：这些词的风格都属于豪放词派。

师：我们班周天瑞同学说："这些诗歌真优美！我读得热血沸腾！"大家感觉哪些诗句最豪放，选两句读给大家听。

（生竞相朗读豪放诗句）

师：大家读得热气腾腾。这些豪放词有哪些共同的特点？

生：读起来特别铿锵有力，很有气势。

师：音韵铿锵是豪放词的显著特点。

生：感觉意境特别开阔，给人很雄壮的感觉。

师：豪放词意境特别开阔，气象宏大。

生：这些词写的多为秋季，第二首写的是冬季。

师：这位同学读书真仔细！你是怎么知道第二首写在冬季的？

生：课下注释说是"次年冬天"。

语文 新课堂十八讲

师：据复旦大学教授、宋代文学学会会长王水照先生考证，《江城子·密州出猎》写于熙宁八年农历十月，阳历十一月左右，正是秋末冬初。秋冬季节有什么特点？

生：给人感觉特别萧瑟凄凉。

师：词中最能体现秋冬萧瑟凄凉的诗句是哪句？

生：塞下秋来风景异，衡阳雁去无留意。

师：这两句中的哪一个词最能体现"萧瑟凄凉"？

生：我觉得是"塞下秋来风景异"的"异"，因为范仲淹是南方人，他看到边塞秋天的这些景物感到触目惊心。

师：触景伤怀。她留意到了范仲淹是南方人，准确地说，范仲淹老家是苏州，"上有天堂下有苏杭"，繁华富庶美丽的苏州啊！

生：我认为是"无留意"，天非常冷，大雁连一刻也不愿停留，飞走了。

师：毫无留恋之意。

生："羌管悠悠霜满地"，满地寒霜很凄凉。

师："霜"和"雁"一样，都是描写边塞、秋冬的诗词中常见的意象。

生：我认为是"四面边声连角起，长烟落日孤城闭"，一座孤零零的城，很孤独。

师：你的语感很敏锐，从"孤城"读出了萧瑟孤独的感觉，而且这里的"孤城"不仅暗暗呼应了季节，还交代了词的创作背景。这一点，谁给大家介绍一下？

生：这时候西夏与北宋正在打仗。

师：党项人元昊称帝，国号大夏，大举进攻北宋，攻城夺寨，致使延州成为一座孤城，形势危急。这也是农耕时代秋冬季节的另一个特点——战争频发。

（屏显）

角声满天秋色里，塞上燕脂凝夜紫。（李贺《雁门太守行》）

轮台九月风夜吼，一川碎石大如斗，随风满地石乱走。匈奴草黄马正肥，金山西见烟尘飞，汉家大将西出师。（岑参《走马川行奉送封大

380

夫出师西征》)

师：李贺笔下的战争、岑参笔下的战争也都发生在秋天。刚才有个同学问我："我们老师讲过'秋主杀戮'，为什么？"

生：我觉得有好几条原因：第一条是秋天气候凉爽，比较舒服；再就是我们的战争对象大多在西北方向，冬天比较寒冷；第三条，秋天果实成熟，有足够的食物。

师：你说得很有条理！而且农耕时代的秋冬正是农闲时节，兵力充足；秋季也是西北少数民族草黄马肥之时，正好趁机抢掠过冬的财物。继续交流。

生：这四首词都写于国家危急的时候。

师：分别说一说。

生：《渔家傲·秋思》是写宋与西夏交战，《江城子·密州出猎》也是。

师：你怎么知道的？

生：我查阅的资料，从资料中知道的。

师：你善于查阅资料！

生：第二首课下注释说，天狼是指西北入侵的西夏。

师：你读书细致！

生：第三首……嗯……（语塞）

师（笑）：站起来忘了。辛弃疾是哪朝人？

生：宋朝人。

师：具体说，北宋还是南宋？

生：南宋。

师：那现在你学的历史应该能用上了。

生：应该是金和南宋打仗。

师：对啊！金灭北宋，还不断侵扰南宋。辛弃疾就是著名的抗金将领。

生：第四首写的是八国联军攻破北京之后。

生：都抒发了保家卫国、杀敌报国、建功立业的爱国之情。范仲淹和辛弃疾还有几分无奈。

师：你的体验非常丰富。

生：都是写景抒情，触景生情。

生：都引用了典故。

三、聚焦，读懂典故

（一）梳理讲述，理解用典意图

师：用典较多也是豪放词的一大特点。从课前大家交上来的问题看，我们班夏圣轩、于淑媛、赵伟烨等20位同学都认为典故是理解这四首词的一大障碍。我们来了解一下什么是引用典故。

（屏显，齐读）

引用典故，就是在诗词中直接引用或化用有来历的历史故事、人物传说或词句等，是古典诗词常用的一种创作手法、修辞手法。

师：范仲淹的《渔家傲·秋思》哪一句用了典故？用了什么典故？作者想借这个典故表达什么？请大家勾画一下。

生："衡阳雁去无留意"用了"雁去衡阳"的传说——秋天天气转凉，大雁飞向南方，飞到湖南回雁峰而止。

师：这位同学讲得非常清晰。"雁去衡阳"意味着边塞已经变冷。此外，作者引用这个典故还想表达什么？

生：他也想和大雁一样回到温暖的家乡。

师：大家有没有注意到，她把作者的处境和大雁的处境联系在了一起？大雁南飞时，范仲淹在哪里？

生：还留在荒凉的边塞。

师：那他为什么不和大雁一样回去呢？

生：他还想建功立业。

师：他重任在肩。这里有一处对比，大雁能南飞，可范仲淹不能，只能伫留在寒冷荒凉的边塞。这首词里还有第二个典故。

生："燕然未勒归无计"中引用了"勒石燕然"的传说——东汉末年窦宪率兵打败匈奴，追击匈奴，登燕然山刻石勒功而归。这个典故表达了作者想建功立业又思念家乡的情感。

师：后面这一句你是怎么得来的？

生：我老师讲的。

师：你是一个认真听讲的同学。不过只凭这个典故，我还真读不出思乡的情感，你应该是加上了"浊酒一杯家万里"和"归无计"的内容。需要注意一点，"勒石燕然"是传说吗？

生：不是。资料的注解是来自《后汉书》，这是一部史书。

师：他留意到了书名号，《后汉书》是二十四史之一，这说明"勒石燕然"是个历史故事。2017年，东汉文学家班固为大破匈奴所书的那块石碑已经被发掘出来。"勒石燕然"在中国历史上是个非常重要的典故，我再请一名同学来讲一下这个典故，大家仔细揣摩作者的意图。

生：东汉窦宪大败匈奴，追击匈奴去塞三千里，登燕然山刻石勒功而还。作者由匈奴联想到了西夏。

师：你的回答太跳跃了，我们慢慢还原：窦宪为什么追击匈奴？

生：因为匈奴攻击窦宪的国家，他要保卫自己的祖国。而西夏入侵北宋，范仲淹也在保卫北宋。

师：大家明白了吗？此时范仲淹任延州知州、陕西军副统帅，负有抗击西夏的重任，和窦宪的身份、立场相似，他希望能够和窦宪一样，大败敌军，建立功勋。她还讲到了"去塞三千里"，这点很重要。为什么？

生：这个三千里是虚数，强调多，是一种夸张的说法。

师：燕然山在哪里？

生：燕然山，今杭爱山，在蒙古国境内。

师：据考证，燕然山距离汉代雁门关约1800公里，这不是一个虚数。

生：我感觉从"三千里"看出了窦宪的决心，把匈奴追到那么远的地方去，不想让他们再来侵犯。

师："明犯强汉者，虽远必诛！""勒石燕然"不是一般的胜利，表达的是一种抗击外敌的决心，也是取得大胜、平息战争、重振国威的代名词。杨振宁的《邓稼先》和王维的《使至塞上》也提到了它——"古今多少奇丈夫，碎首黄尘，燃然勒功，至今热血犹殷红"，"萧关逢候骑，都护在燕然"。勒石燕然是古今文人武将渴望的功业巅峰，它深深影响了后世有理想有追求的读书人，激励他们把人生的价值自觉附丽于国家、民族的前途命运，以高度的责任感担负起时代的使命。

接下来我们就按刚才的思路，梳理其他三首词中的典故。请同学们先画出用典的语句；再查看注释和资料，理解典故内容；然后联系作者处境勾连相关词句、经历，揣摩用典的意图。

（屏显，学生自主探究）

学习任务单二

学习提示	勾画用典语句	查看理解典故内容	类比或对比处境，勾连词句或经历	揣摩用典意图
渔家傲·秋思	衡阳雁去无留意	传说每年秋凉，北雁飞至湖南衡阳回雁峰而止	时值秋日，范仲淹驻留西北边塞，立于孤城之上	表现边塞的寒冷萧瑟 想回到温暖的中原家乡，表达思乡之情
	燕然未勒归无计	东汉大将窦宪大败匈奴，追击敌军去塞三千里，在燕然山刻石记功，宣扬大汉威德而还	范仲淹自请任延州知州，兼任陕西经略副使，统帅西北军队，抗击西夏	想和窦宪一样，大败敌军，重振大宋国威；表达建功立业、报效祖国的渴望
江城子·密州出猎				
破阵子·为陈同甫赋壮词以寄之				
满江红				

师：现在，请同学们汇报一下各自的探究成果。

生：秋瑾的《满江红》中，"四面歌残终破楚"引用了"四面楚歌"的典故——项羽垓下被围，四面楚歌，孤立无援。这和当时北京被八国联军攻破的情景相似，表达了秋瑾对国家命运的担忧。

生：第二个典故是"青衫湿"，引用了白居易《琵琶行》中的一句诗"江州司马青衫湿"。当时作者的处境是想要挽救国家、振兴中华却空有报国之志，没有人支持，知音难觅。

师：何止如此，秋瑾因着男装外出看戏就被丈夫辱打，就像当年的白居易无辜被贬而沦落天涯，苦闷无奈。大家一定要建立典故和作者的联系。继续！

生："八百里分麾下炙，五十弦翻塞外声"引用了典故。晋朝的王恺与人比射箭，输后杀"八百里牛"作炙。作者非常怀念昔日的军营生活，想重回军队，和王恺一样在军营里杀牛作炙，过大碗喝酒、大块儿吃肉的豪壮生活。

师：这位同学思维缜密，语言组织非常有条理，还原出了辛弃疾对军营生活的怀念和渴望。

生："马作的卢飞快"引用了"的卢马"的典故。《三国志·蜀志·先主传》记载，刘备曾在荆州遇险，他所骑的"的卢马"一跃三丈，驮他脱险。辛弃疾希望建功立业，保家卫国。

师：你的理解没有问题，就是典故与作者情感之间缺乏连接。三国十大名马，赤兔排第一，的卢马排第二。可谓是千里宝马！而且辛弃疾曾经手提利剑，单人独马追贼两日，第三天提回一颗人头；也曾只率数骑突入敌营生擒叛徒；还曾率万人与金兵作战。平生之愿就是收复失地，回到济南老家。这样的辛弃疾为什么特别提到的卢马？他希望什么？

生：他希望也能够骑上这样的宝马回到沙场，去奋勇杀敌立功。

师：跃马扬鞭重回战场，在紧张激烈的战斗中快刀利剑斩杀贼寇，收复失地——这就是辛弃疾的夙愿！

生：《江城子》中用典的语句是"亲射虎，看孙郎"，引用了孙权曾亲自"马前射虎"的传说。苏轼想和孙权一样意气风发，骑马射虎，抒发了自己的壮志豪情。

师：孙权19岁继承父兄之位，占据江东，年少有为。所以辛弃疾说"年少万兜鍪，坐断东南战未休""生子当如孙仲谋"，孙权是人人羡慕、效仿的榜样。

生："持节云中，何日遣冯唐"引用了云中郡太守魏尚的故事——魏尚杀敌有功，但因虚报首级被罢免，冯唐为他求情，汉文帝派冯唐去赦免他，重新重用他。苏轼因为反对王安石变法，只能自请外任，这时候苏轼希望和魏尚一样被重新得到重用。

（二）比较还原，体会用典好处

师：给大家补充一个故事：宋神宗想改变宋朝积贫积弱的困境，启用王安石，并支持王安石变法。苏轼针对变法弊端提出了反对意见，神宗和王安石不悦。据王水照《苏轼传》记载，小人趁机中伤苏轼兄弟扶丧回乡时，利用官船贩运私盐、木材等物。神宗下令派人核查，拘捕船工水师严加盘问。虽然事后查无实据，但苏轼深感人心险恶，不得不上疏请求外任杭州通判。三年任满后，为离弟弟苏辙近些，又自请任密州知州。大家推测一下：在这种情境下苏轼内心的渴望是什么？请用第一人称还原苏轼藏在这个典故中的心里话。

生：皇帝啊！我一心为国效力，却不想你竟不信任我，如此对我？！

生：朝中小人啊！你们如此对我，难道没有一丝愧疚吗？

生：神宗皇帝啊！什么时候才能听从我的建议，再重用我呢？你不怕臣子伤心吗？

（全场笑）

师：如果苏轼真的把这些话都说出来，后果会如何？

生：可能会加深神宗皇帝对他的误会，有可能会被杀！

师（笑）：龙颜大怒，大开杀戒。不过，据说宋开国皇帝曾留下遗言，不杀士大夫及上书言事之人。所以有宋一朝没有因言获罪被杀的文臣，这是令人称道的一个地方。大家以后读史书时，可以去考证一下。

生：还可能被人误解为太想做官了。

生：小人抓住把柄，就会趁机而入，更进谗言。

师：不便直说的意思，可借典故委婉表达。不过这句，我觉得可以直说无妨。我把它改得更明白了一些。

（屏显）

> 原句：燕然未勒归无计
>
> 改句：西夏不退归无计
>
>   功业未成归无计
>
>   理想未成归无计
>
>   国威不振归无计

生：用其中一句的话，表现不出所有意思；都放进去，字就太多了。这么多内容没法浓缩成四个字。

生：我感觉这样太直白了，不美。

师：也就是说，用典以少胜多，别有一种简洁凝练、含蓄蕴藉、典雅丰富之美。这就是用典的好处。我们看屏幕，齐读体会。

（屏显，齐读）

> 用典的好处：含蓄表达愿望、抒发情感，委婉评古论今、讽喻时事，别有一种简洁凝练、深刻透彻、典雅丰富、曲折蕴藉之美，而且意味深长，能够引发读者无尽联想。

师：用典是一种文学性的表达、艺术的表达，是优秀传统文化的继承与发展，大家以后要留意积累。接下来我们再次朗读，体会用典语句的丰富内涵和情感。

（屏显，分角色朗读）

（领）塞下秋来风景异，衡阳雁去无留意。

（领）浊酒一杯家万里，燕然未勒归无计。

（领）老夫聊发少年狂，左牵黄，右擎苍，锦帽貂裘，千骑卷平岗。为报倾城随太守，亲射虎，看孙郎！

（领）酒酣胸胆尚开张，鬓微霜，又何妨！持节云中，何日遣冯唐？会挽雕弓如满月，西北望，射天狼。

（齐）会挽雕弓如满月，西北望，射天狼。西北望，射天狼。

（领）八百里分麾下炙，五十弦翻塞外声。

（齐）沙场秋点兵。

（领）马作的卢飞快，弓如霹雳弦惊。

（齐）了却君王天下事，赢得生前身后名。可怜白发生！

（领）四面歌残终破楚，八年风味徒思浙。

（女齐）身不得，男儿列，心却比，男儿烈。……俗子胸襟谁识我？英雄末路当磨折。莽红尘何处觅知音？青衫湿！

四、拓展，书写情怀

师：典故寄托的理想是那样高远、丰满，而现实却又如此残忍、骨感。面对理想和现实的巨大反差，范仲淹、苏轼、辛弃疾、秋瑾一定心潮起伏，感慨万千。

（屏显）

典故（理想）	现实
◎范仲淹想和窦宪一样大破敌军，勒石燕然。	◎可是形势危急，国力衰败，满目疮痍。
◎苏轼想和孙权一样意气风发，和魏尚一样被皇帝重新重用。	◎可是小人中伤，只得外任。
◎辛弃疾想重回军营，重返战场痛杀敌寇，收复失地。	◎可是屡遭弹劾罢官。
◎秋瑾想投身革命，挽救被帝国主义践踏的中国。	◎可是处处受限，无人理解。

接下来，让我们拿起手中的笔，对照诗词和资料，发挥联想和想象，描摹词人的心理、外貌、神态、动作等，书写我们的理解、感受和体验。可以适当穿插景物描写，以景衬情；可以仿照老师的示例，任选最欣赏的人，按提示写作；也可以自由创作。

（屏显，学生写作）

秋瑾目睹美丽的京城被八国联军烧杀抢掠，广袤的华夏土地被帝国主义的铁蹄肆意践踏，多么想立刻投身革命，改变社会，拯救中国！可是无人理解和支持，甚至连自由行动的权利都没有！"身不得，男儿列，心却比，男儿烈！"透过这铿锵有力的诗句，我仿佛听到了她内心悲愤的呐喊：难道身为女儿之身，就不能为国家做贡献？就要依赖男人？就要俯首低眉？就要这样忍辱含悲？不！我一定要离开这囚笼，我要东渡日本，外出求学，千磨万折在所不惜！

阅读秋瑾，我感受到了一个英雄女儿的痛苦、刚烈与无畏！

师：现在请大家展示一下各自的写作成果。

生：我选择的是范仲淹。面对西夏的凌厉攻势、延州危急的形势，范仲淹多么想和东汉窦宪一样，率军大败匈奴，驱敌三千里，勒石燕然，建立功勋，重振大宋国威，多么想和大雁那样飞回温暖富庶的江南家乡。可是北宋多年来积贫积弱，国力衰微，满目疮痍，摇摇欲坠。"羌管悠悠霜满地，人不寐，将军白发征夫泪。"透过这悲凉的诗句，我仿佛听到了他深沉的叹息，看到他满头白发，站在一望无垠的枯黄草原上，望向遥远的南方，脸上的泪无声滑落。阅读范仲淹，我读懂了一个政治家和军事家的思乡情感和毅然选择报效祖国的英雄情怀！

（全场鼓掌）

师：大家都在为你的生花妙笔和深情朗读鼓掌点赞！

生：我选择的是辛弃疾。辛弃疾多么想重回军营与将士宰牛作炙，多么想重回战场快刀利剑痛杀敌寇，收复失地。可是他被主和派所不容，屡遭弹劾，罢官闲居，直到须发染霜。"醉里挑灯看剑，梦回吹角连营。"咀嚼这十二个字，我仿佛看到他一遍遍擦拭寒光闪闪的宝剑，听到了咚咚的战鼓声、激烈的呐喊声……阅读辛弃疾，我感受到了一个将领报效祖国的炽热心肠和壮志难酬的愤懑！

（生继续交流）

师：我们班石婉怡、孟瑞奇等同学问："他们没有得到应得的待遇和奖赏，为什么他们还要尽忠报国？"经过这一番阅读和写作，这几位同学心中是否有了答案？

生：他们心中没有想到奖赏，他们只想让国家更强大。

生：他们把保家卫国当作自己的事业，比自己的生命还重要。

师：他们不仅是词人，更是统帅、将军、革命先驱，高度的责任感、担当精神、家国情怀已经融入他们的血液，化成他们的筋骨和脊梁；所以他们能超越个人得失，始终胸怀天下，心有国家，心系人民，而且这种精神和情怀贯穿他们的整个人生。我们来了解一下。

（屏显）

> 范仲淹面对西夏攻城掠寨的凌厉攻势、延州孤悬的危急情势，他挺身而出，自请任延州知州，赶赴西北。52岁的他不顾体弱多病，巡视边防，积极防御，伺机夺城修寨，筹集粮饷，屯垦戍边……西北局势平稳后，他又积极推行"庆历新政"，革除弊端；变革遇阻被贬后，他也是勤政爱民，赈灾放粮，救民于水火……终其一生，他始终以家国天下为己任，先忧后乐。

> 苏轼两任杭州，他带领人民修复水井，疏浚西湖，创建"病坊"；密州蝗灾严重，他为民请命，免除秋税；黄河决堤，他和徐州人民一起斗洪水，筑长堤，建黄楼，抗春旱；颍州大雪，他开仓放粮，外调炭薪；定州任上，他严惩贪污，禁止赌博，整编操练官军。被贬惠州、儋州，他是戴罪之身，又老又穷，却仍热心推广新式农具，建议兴修水利，改善民生，教化人民……

> 辛弃疾23岁南归后，有近20年时间赋闲，而在断断续续被使用的20多年间又有37次频繁调动。然而40年间，无论在何地、何时，甚至赋闲期间，他都不停地上书建议，一有机会就真抓实干，练兵、筹款，整饬政务……

> 秋瑾以已嫁之身、两子之母身份，冲破婚姻的藩篱，东渡日本求学。回国后，她又先后兴学、办报、写文章、宣传放足、推动女子教育、提倡女性体育、反对包办婚姻、联络会党……用尽一切办法改进社会，宣传和推行民族革命。起义失败，有人劝她躲避逃走，她毅然拒绝；面对严刑拷打，她只写下了一句"秋风秋雨愁煞人"，在轩亭口英勇就义。

五、建议，完成写作

师：我们这堂课共同经历了一场由阅读到写作的过程。把大家书写的感悟连起来就是一篇极好的文章。

（屏显）

阅读是一场遇见

翻开泛着墨香的书册，咀嚼那铿然有如金戈之声的诗词，我仿佛穿越历史的迷雾，遇见了一个个大写的人。

阅读范仲淹，我感受到了……

阅读苏轼，我领悟到了……

阅读辛弃疾，我读懂了……

阅读秋瑾，我明白了……

阅读就是一场遇见！在泛着书香的字里行间，我与一个个可敬又可爱的灵魂相遇——他们心怀天下，他们心系国家，他们心忧百姓，他们深情眷念着故乡和家人，他们用自己的行动诠释着"家国情怀"的深厚内涵，他们用生命推动着历史的车轮，用如椽的笔、铿然的诗词激荡着我们的心灵，成长！向前！

当然，如此可敬又可爱的灵魂，不是一节课、一两周能够读透的，这节课仅仅是我们专题学习的中间节点。大家应该继续阅读，可以像今天这样研读书写对不同人物"同一情怀"的理解和感受；也可以选定你最爱的那个人深度阅读研究，从不同角度书写"我"的认识和感悟；还可以叙写"我"在不同时期阅读的感受、疑惑和发现。希望大家用阅读和写作推动我们成长的年轮！读出生命的厚度，读出生命的高度！下课！

第三讲　聚焦"文学形象"的专题读写

目前，我们开展得较为成熟的读写专题主要是"文化"系列：一是"文化名人"系列，以曹操、陶渊明、李白、苏轼、范仲淹、李清照、辛弃疾、鲁迅等教材出现频率较高的名家为核心，感受名家的思想精神与人格魅力。二是"文化情怀"系列，以家国情怀、隐逸情怀、贬谪情怀、西湖情怀等教材涉及较多、对学生有重要影响的主题为核心，追寻其中的丰富内涵，形成文化认同，推动学生的生命成长。三是"文化现象"系列，以"盛唐气象""魏晋风流""乡愁""节令"等中国文化中独有的现象为核心，了解某个时代的特色，理解特定时空下人们的生活态度、方式以及生命追求。四是"文化意象"系列，以中国诗文中常见的月、酒、莲、梅、梧桐等意象为核心，解读中国古人的情感密码。五是"文学形象"系列，以"乐府民歌中的美丽女子""经典故事中的那些孩子"等古今中外文学作品中具有特殊意义的典型形象为核心，透视一种文化，体会某类风格，探究某位作者或某种表达艺术。

前两类我们已经为大家呈现了具体的案例及其操作策略。第三、四类专题，已有不少教师进行尝试，并有各种案例见诸报端，同时由于篇幅所限，不再单独赘述。接下来，只简略介绍一下实施路径。

第三类"文化现象"系列，可以沿"课内—课外"的路径辐射展开。譬如，把第五章第一讲的最后一个环节"感受盛唐气象"展开，由岑参的这一首边塞诗延伸到更多边塞诗，再由岑参这一位边塞诗人辐射到李白、高适、王昌龄、王之涣、王翰等众多边塞诗人，并链接时代背景，探究"盛唐气象"，体验盛唐时代的民族心理与精神力量。再如，"魏晋风流"也可如此处理，以《咏雪》《陈太丘与友期行》为起点，拓展《世说新语》中最能体现魏晋人物精神气质又贴合七年级学生语文经验和生活阅历的经典篇章，研读背诵，积累感悟。

第四类"文化意象"系列，可以聚焦某一诗人笔下常见的意象，分阶段或分角度探究诗人与意象之间的多维联系。譬如，山东淄博高新区第一中学薛文老师执教"李清照的酒与愁"专题读写时，即设计了"读李清照生平故事—诵李清照诗词名句—品李清照酒中愁味—写李清照细腻情怀"四个任务，按照青春少女、婚后生活、国破南迁的时间轨迹，体验李清照"酒"中的三种愁味——少女闲愁、相思离愁、家国之愁，感悟李清照的两种情怀——儿女情怀、家国情怀。也可以某一篇诗文为切入点延展开去。譬如，"我若为莲"专题，先精读周敦颐的《爱莲说》，再泛读周敦颐爱莲的资料，理解莲"儒学君子"的象征内涵，然后整合与"莲"有关的诗、文、故事等，分层探究"莲"在古今中外不同文化、不同诗文中的丰富内涵，选点撰写或仿写对"莲"的所读所感或与"莲"相关的所见所闻。还可以把与某一意象有关的初中段课内所有诗文聚合在一起，分类理解其不同内涵，还原主客体在特定审美状态下的碰撞、遇合、交融的心理过程。比如，我执教"诗人与月"专题，就把李白、苏轼、白居易等人的写月诗词文编选在一起，印发给学生，并按照"诵读明月之诗—解读明月之蕴—还原明月之境—书写明月之思"的学习链条，先集中积累，再深入品读，拓展时代背景，辅以联想想象，描述情境画面，表达感悟思考。

而第五类"文学形象"系列，除零星散见的高中语文案例外，鲜见有人进行专门的系统的研究。所以，我便以自己的教学实践，结合具体案例进行重点阐述。

一、兼顾"文学形象"与"文体风格""文化传承"的"1+X"专题读写

所谓"1+X"，就是以教材中的一篇文本为核心，采用"抛锚式"策略，勾连课外文本。[①]这既是课程建构的方式，也是教学展开的路径。以

①徐飞：《专题读写的选题与教学策略》，载《江苏教育》2017年第1期。

"乐府民歌中的美丽女子"专题为例，《木兰诗》就是其中的"1"。专题读写是建立在单篇精读基础上的深度学习，因此这其中之"1"的解读与教学至关重要。

我们先来看有关《木兰诗》的解读。王富仁教授认为，《木兰诗》与高适的《燕歌行》、杜甫的《石壕吏》《垂老别》《兵车行》等叙写战争的作品不同，它并不表现战争的残酷和反映战争给人民带来的苦难，而是将读者置于木兰乡亲乃至邻里的角度，直接为我们呈现一个个平凡、朴素、温馨的生活场景，让我们平静而欣悦地注视着木兰的一切。木兰叹息，我们关切；木兰从容备战，我们叹服；木兰思家情切，我们疼惜；木兰飞马疾驰、转战沙场，我们感到的是雄健和飒爽；木兰拒绝高官厚禄，我们欣赏；木兰还乡、恢复女儿身，我们倍感欢喜、兴奋。诗中的木兰就是这样一个亲切可爱、果敢爽利、充满生活热情和蓬勃生命力的女性形象。汉民族文化的男耕女织、家庭生活的其乐融融，北方游牧民族文化的善于骑射、能征善战、不怕牺牲，都浑融地体现在木兰这同一个人物身上。[1]孙绍振教授同样认为：战斗的英勇不是本诗立意的重点，战争的责任本不在木兰身上，她只是承担了本属于家中男性"阿爷""长兄"的责任；如果一定要说木兰是一个英雄，那木兰是一个没有英雄感的、不忘女性本来面貌的女英雄。[2]

也就是说，我们解读《木兰诗》，最佳的视角不是战争和英雄的角度，而应是女性的角度。现存的两汉和南北朝乐府民歌，都有众多篇章以女性作为描写和歌颂对象。从女性的角度来解读《木兰诗》及其相关作品，可能更有助于感受诗中人物形象的美、乐府民歌的艺术特色以及背后蕴含的民族文化心理。

首先，木兰以一个"当户织"的勤劳女子形象出现在我们面前。"唧唧"到底是织布声还是叹息声，历来有争议。如果把这首叙事诗当作一帧生活长镜头来揣摩、思考，应该是在机杼声中切入远景，然后镜头逐渐推进，"不闻机杼声，惟闻女叹息"，最后定格木兰。因此，解释为"织布声"更

---

① 钱理群、孙绍振、王富仁：《解读语文》，福建人民出版社2010年版，第253—259页。
② 钱理群、孙绍振、王富仁：《解读语文》，福建人民出版社2010年版，第267页。

合乎叙事的情理。而且，乐府民歌虽经文人润色，但毕竟起源于民间，体现的是底层劳动人民的审美。勤劳与否始终是劳动人民评判一个女子的重要标准，因而与来自上层社会的文人雅词不同，乐府民歌等俗文学中，对女性劳动美的描写和赞美一直占有相当大的比例。往前追溯，汉乐府中很多女子都是勤劳能干的，她们热爱劳动，劳动的心理是愉悦的；她们追求劳动美，精心装饰劳动工具，劳动的身姿美丽动人；她们视劳动为个人价值和人格尊严的体现，以卓越的劳动才干和丰硕的劳动成果为自己的骄傲。[①]与《木兰诗》同时期的南北朝乐府民歌，也有不少篇幅从不同角度表现了当时养蚕、采桑、织布、采莲等劳动的美好情境。所以，《木兰诗》以一幅朴素、温馨的劳动场面，木兰勤劳的形象开篇，符合读者（劳动人民）的审美追求，也唤起了人们的亲切感，为后面人们关切木兰缘何叹息做好了铺垫。

其次，木兰虽有英勇、坚强、隐忍的一面，但全诗更着力塑造的是一个兼具孝顺、温柔、朴素、美丽、俏皮等品性的邻家姑娘形象。从篇幅来讲，描写军旅生活的诗句只有"万里赴戎机"领起的六句。这六句中，两句写行军，两句写宿营，一句写凯旋，真正提及战争的只有"将军百战死"这一句，而这一句其实也不是正面描写战争，而是与"壮士十年归"互文，概括交代战争结果。诗歌反复叙写的是木兰出征前的叹息、准备出征的过程、离家时的心理、凯旋后拒绝功名利禄的态度、返乡的场面、换装的情景以及面对昔日火伴的幽默细节。譬如，作者用十四句写木兰忧愁叹息、决定出征的过程，说明木兰替父从军的勇敢行为不过是"孝"的自然延伸。中国自古重视孝道，孝是一种品格，也是一种美德。对于一个女子而言，勤于织绩、奉养父母、支撑家庭就是尽孝。而战争来临，替父从军，为国而战，从本质上讲依旧是一种孝，一种源于父亲、合于国家、归于家庭的大爱至孝。木兰出征前的柔肠百结，离家后对爷娘的思念不舍，亲人团聚的喜庆，对镜梳妆的喜悦，更淋漓尽致地展现了一个女子的细腻心思、柔软性情和独特追求，这与木兰拒绝高官厚禄的简洁、痛快、爽利形成鲜明的对比，进一步说明温暖

[①] 李发荣：《从汉乐府民歌看看汉代女子对美的追求》，载《红河学院学报》2009 年第 6 期。

的家才是木兰心之所系，木兰从军本就是出自对阿爷的体贴和家庭的热爱，所以自然不会贪恋富贵，看重什么"尚书郎"。

我们说，民歌抒发的是底层劳动人民的心声，而中国自古是农耕社会，男耕女织、安居乐业就是农耕文明时期最理想的生活，阖家团圆、幸福和睦就是劳动人民心中最生动的画面。该进时，能挺身而出；需退时，不贪恋富贵，回归家庭，秉持女性美德，合乎社会规范：劳动人民最爱的始终是这样的完美姑娘。

有了对"1"的深度解读后，接下来就是选定"X"——寻找乐府民歌中与木兰相似的文学形象，筛选相关资料。通过大量的比读，我们发现《陌上桑》《孔雀东南飞》与《木兰诗》在内容、形式等方面相似性、关联性最多，秦罗敷、刘兰芝也是与木兰一样"完美"的典型形象。

其一，她们同样勤劳能干。木兰能织布，罗敷善蚕桑，刘兰芝"十三能织素，十四学裁衣""鸡鸣入机织，夜夜不得息"。其二，她们都十分美丽，有着对美的追求。木兰是"脱我战时袍，著我旧时裳。当窗理云鬓，对镜帖花黄"，喜爱独属女性的美。罗敷是头梳"倭堕髻"，耳戴"明月珠"，身着"紫绮"上襦、"缃绮"下裙，手挽"青丝""桂枝"装饰的采桑器具，令耕者、锄者、行者望之神往。刘兰芝是"著我绣夹裙，事事四五通。足下蹑丝履，头上玳瑁光。腰若流纨素，耳著明月珰。指如削葱根，口如含朱丹。纤纤作细步，精妙世无双"，惹人怜爱。其三，她们同样机智。木兰从军十二年未被火伴识破女儿之身，恢复女装后又用雄兔、雌兔的比喻巧妙回应火伴的"惊忙"。罗敷用夸夫让使君自觉惭愧，维护了自己的人格尊严。刘兰芝用不卑不亢的态度面对舅姑的刁难，用假意再婚的计策完成自己的诺言。其四，她们都不贪慕富贵。木兰面对高官厚禄直接拒绝，毫不犹豫。罗敷痛斥使君，坚决拒绝了他的诱惑。刘兰芝不为太守儿子的求婚和丰厚的聘金所动。她们在名利诱惑面前朴素自然的态度，表现出了男子也不能及的非凡气度。

叙事风格方面，三首诗都讲求在具体场景中突出矛盾，增强戏剧性。人物塑造方面，都有大量细腻繁复的描写，重衣着妆饰，少容貌刻画，用侧面描写，烘云托月。表现手法方面，多采用铺陈、排比、夸张等，传达人物情感，凸显人物形象，富有浪漫色彩和民歌回环往复的节奏、韵律。

鉴于七年级学生的实际情况，本专题以5—7课时为宜：第一课时精读《木兰诗》，"去蔽"。从学生的经验出发，逐段细读，用比较还原的方法、形式多样的体验活动，"剥笋壳"一般，逐步去掉学生心中"一般化的、现成的、空洞的英雄概念"，揭示具体文字中蕴含的木兰"这一女性"的本真面貌。第二课时，泛读《陌上桑》《孔雀东南飞》，以篇达类。引导学生对比阅读，寻找相似点、矛盾点，发现并总结共性的、普遍的规律，进而深入感受"这一类"美丽女子的独特魅力，体会"这一种"乐府民歌的艺术风格，从中汲取有益的文化营养。第三、四课时，选点，书写认识或感悟。具体指导过程，主要是帮助学生明晰自己的感受、思考，选择可行的写作方向，拟写有吸引力的写作题目，筛选并梳理写作素材，指导学生把凝练的诗歌语言转化为一幅幅生动的画面，等等。第五课时，交流，点拨提升。第六、七课时，升格完善，形成成品。

二、聚焦"文学形象"辅以"作者情怀""表现艺术"的集群型专题读写

赖瑞云教授在《文本解读与语文教学新论》中多次强调，要重视教材中文质兼美的课文的作用，尤其是经典名篇，不仅要把它们作为范文、表达范式来分析使用，还要充分挖掘其中蕴含的内涵范型，遴选其中的重要信息、生动故事或精彩画面、名言、词汇等，作为范例来积累。这些范文、范式、范型和范例，往往是人类文化史、民族文化史上某种重要现象的"结晶"。它的经典性、深刻性、新颖性、奇异性往往能够引起人们普遍的直观共鸣，特别吸引读者。[1]所以，我们有必要打破单元、年级的界限，对课文中的经典形象进行集中梳理，挖掘其中的联系，并以合宜的方式呈现给学生，引发学生的深度思考，将其转化为优质的写作素材。

比如，《皇帝的新装》中的百姓、《变色龙》中围观的群众、《孔乙

---

① 赖瑞云：《文本解读与语文教学新论》，北京师范大学出版社2013年版，第326—332页。

己》里围观的酒客，都是作品中的次要人物或背景人物，单篇精读时常常被学生忽略，然而把他们放在一起，学生就会不由自主地进行比较、思考，稍加引导，学生便会从中读出有关作者、社会、人性的很多新认识、新感悟，以及小说深层次的表现艺术。

再如，儿童是童话故事中的主角，也是童话故事展开的视角。不仅如此，很多小说家也常常以儿童视角来反映社会生活，表达自己的感受与思考、同情或批判。"孩子的目光，使本来十分平淡的事情变得分外有趣"①，也会使作品的内涵更为丰富深刻，作品的意蕴或意旨更引人深思，更具艺术震撼力。因此，我们可以把《皇帝的新装》中那个说真话的孩子、《我的叔叔于勒》中给于勒叔叔十个铜子小费的若瑟夫、《孔乙己》中专管温酒的小伙计，列为一个专题进行学习。以下就是"经典故事中的那些孩子"专题教学思路：

1. 重读三篇课文，比较：对同一个人、同一件事，孩子与大人的语言、行动、心理有何不同？圈画对比鲜明的描写，批写自己的发现。

2. 联读三篇课文，比较：三个孩子的表现有何异同？作者为什么用孩子的视角来构思故事？你分别感受到了他们怎样的心肠或情怀？

3. 泛读钱理群、孙绍振、王富仁先生有关三篇课文的解读文章，圈画记录你的新理解。

4. 从与三个孩子有关的描写中，精选最触动你的句段，改写成生动的画面，表达自己的感受、思考和判断。

经过集群式的重读、比较、思考、交流，原本被忽视的很多内容便凸显了出来，学生对课文的理解也由浅表走向深入，对作者的写作意图以及情感、情怀或精神有了新的认识或发现，很快便写出了具有一定思维宽度和思考深度的文章。下面便是其中的一篇。

---

① 孙绍振：《名作细读：微观分析个案研究》，上海教育出版社2009年版，第87页。

阅读是一场遇见

张家铄

阅读是一场遇见。在心与心的交流中，遇见真，遇见善，遇见作者热切的渴盼。

阅读《皇帝的新装》，我遇见了纯真。

浩浩荡荡的游行队伍，簇拥着至高无上却浑身赤裸的皇帝，富丽的华盖仿佛遮住了人们的双眼。"多么美的花纹！多么美的色彩！""乖乖，皇上的新装真是漂亮！"……大臣、侍卫、百姓，每个人都赞叹着，心中有说不出也不能说的快乐。"可是他什么衣服也没有穿啊！"你让最小的孩子，睁大好奇而纯真的眼，用干净、响亮的叫声，闪电般撕开漫天的阴霾。我知道，你想告诉我们，谎言终究遮盖不了真相，只有葆有一份纯真，才能在芸芸众生中开出灿烂的花朵。

阅读《我的叔叔于勒》，我遇见了良善。

在菲利普的慌乱眼神、克拉丽丝的暴怒责骂声中，你让若瑟夫走到于勒的身边，用满是皱痕的水手的手，又老又丑的穷苦的脸，绊住了孩子的视线。你用孩子心里的默念无声地表达你对成人的批判，你拿10个铜子的小费传达你的价值判断。我知道，你想告诉我们，美好的亲情远胜过金钱，只有不丧失对人真诚的爱与善，只有健全的心灵，才能在平凡、贫穷乃至苦难的日子里感受到生活的快乐和生命的尊严。

阅读《孔乙己》，我遇见了热切的渴望。

在咸亨酒店曲尺形的柜台边，在长衫客与短衣帮的哄笑声中，你看见了小伙计附和的笑脸。"茴香豆的茴字，怎样写？""我教给你吧，将来做掌柜的时候写账要用。"孔乙己热心的话语里盛满的是恳切的微笑，换来的却是懒懒的回答，努着嘴走远的瘦弱背影。你蓦地有些心痛，你发现社会的凉薄正在侵蚀孩子纯真的心灵，你担忧人性的冷酷、黑暗吞噬孩子的良善。所以，你用笔呐喊："救救孩子！"我读懂了，在看似悲凉的字里行间藏着的是你热切的心肠，"揭出病苦，引起疗救"的渴盼。

感谢生命中的那些阅读，让我在或整齐或错落的字行中，遇见一个个光明、俊伟、深邃的灵魂；让我在稚拙的探究中走向成熟，在人生路上留下深深浅浅的思考足印。

学生在课内习得了这种横向勾连、纵深思考的方式，养成了比较、分析、批判的思考习惯，便会自觉迁移到课外的阅读中去，自主整合读过的其他作品（包括影视作品），自能提炼材料的内涵，走进作者的精神世界或艺术世界，形成属于自己的独特观点或价值判断。比如郝默涵同学便将《皇帝的新装》与圣·埃克苏佩里的《小王子》、柴静的《看见》《穹顶之下》自觉联系、比对，写出了自己的阅读思考。

看 见

郝默涵

人群视而不见的谎言里，你选择看见。

滔天的赞叹里没有夹杂怀疑与不安，皇帝赤裸着穿过一片狂热的目光，阳光坦诚地洒在每一双躲躲藏藏的眼里。你忽地叫出来，用干净澄澈的目光盯住他洋洋得意的眼："可是他什么衣服也没有穿啊！"稚嫩的童声像一把利剑，戳穿所有趋利避害的视而不见。

在浩浩如流的自私、虚伪与盲从里，你单纯又毫不畏惧地坚持看见，大声向世界宣称。看见是你孩童干净的双眸。

平凡如往的风景中，你选择看见。

"你看见那片麦浪了吗？"狐狸的尾尖指向远方那片金色的海洋，"它对我来说，没有任何意义，可一旦因为你，它便是我日夜的期待。"小王子墨黑温润的眼里载着一份爱意浓烈的麦浪，一如既往的夕阳里凝聚着狐狸特殊的目光。

在灵魂的相互依偎与陪伴里，你选择看见。看见心，看见爱，看见是你走过满天繁星依旧满含期待的柔情。

面对置若罔闻、熟视无睹，你选择看见。

你声音里有不可退让的坚守："我看见了，所以没有选择不去的道理。"灰霾笼罩天空，公众无人发问，你以一个女子的力量让整个社会看见了未来的重重危机。在无人问津的环境危机里，是一份母亲赤诚又勇敢的心，是一种"记者柴静"的坚守与责任，还有一个中国人扪心自问的坦承与洞察，让你看见，让你唤醒每一位"沉睡者"的心。

你以柔弱的肩膀担起发问的责任，以锐利的目光直视危险与希望并存的苍穹之下。看见是你执着向前、从不退缩的灵魂，是你解剖社会、驱散阴霾的匕首。

真正重要的东西，无法用眼睛看见，只有用心才能看得见。看见，是源于真和勇气的选择，更是爱与责任的折射。

当然，语文教材中还有不少出自同一作家笔下的"同一个"或"同一类"文学形象，也可以前后贯通，读写研究。比如，"阿长"在鲁迅笔下曾多次出现，我们便可以把与"阿长"有关的《从百草园到三味书屋》《阿长与〈山海经〉》《狗·猫·鼠》《五猖会》等作品，重新组合集中研究。也可以"鲁迅笔下的农民形象"作为一个专题，把课内的《社戏》《故乡》和课外的《风波》等相关作品放在一起研究。

互文性理论认为，"互文是文本的本质属性"，"每一文本都是对其他文本的吸收与转化、呼应与阐释"。所以，只要我们系统阅读，全面解读，深入挖掘文本的丰富内涵，我们总会发现各个文本之间千丝万缕的联系、共通共有的规律，进而提炼出专题读写的核心，有效提升学生的思维品质、创造性读写的能力。

乐府民歌中的美丽女子

——《木兰诗》《陌上桑》《孔雀东南飞》专题起始课实录

一、初读《木兰诗》

师：同学们，关于木兰从军，你知道哪些？
生：木兰是一个勇敢的女孩子，英勇善战，是一位巾帼英雄。
生："谁说女子不如男"，她比很多男儿还优秀，还厉害。
师："谁说女子不如男"是豫剧《花木兰》中的唱词。
生：她替父从军，很孝顺。

师：这是我们印象中的木兰，今天让我们走进《木兰诗》，看诗中的木兰是一个怎样的形象。谁来介绍一下《木兰诗》选自哪里？

生：选自北宋郭茂倩编的《乐府诗集》卷二十五。这是南北朝时北方的一首乐府民歌。

师：你关注到了课下注释括号内的补充说明，非常好。大家圈画出来。我们一起来了解什么是乐府。

（屏显，齐读）

乐府是古代的音乐机关，最初始于秦代，正式成立于西汉汉武帝时期，职责是收集编纂各地民间歌词、制定乐谱、训练乐工等。后来我们把乐府整理改编的歌诗叫乐府诗，或简称"乐府"，"乐府"就演变成为一种带有音乐性的诗体名称。

师：请7名同学朗读这首乐府民歌。要求：读准字音，读准停顿，读出自己的理解。

（生接力读）

师：我忍不住为这7位同学点赞，因为7段62句，他们只出了一个小错。谁听出来了？

生："阿爷无大儿"的"阿"她读错了，应该读"ā"。

师：你听得很仔细。这个词常常附着在姓名、排行或某些亲属名称前面，没有实际意义，却具有某些特殊的意味。

生：加了"阿"字，比如阿爸、阿妈，阿姊、阿妹，让人感觉特别亲切，很亲近。

师：对。这个"阿"字拉近了人们的距离，别有一种亲切、亲昵的味道。让我们一起来读这些容易出错的诗句。

（屏显）

（1）不闻机杼（zhù）声，惟闻女叹息。

（2）昨夜见军帖（tiě），可汗（kè hán）大点兵。

（3）不闻爷娘唤女声，但闻燕（yān）山胡骑（jì）鸣啾（jiū）啾。

（4）爷娘闻女来，出郭相扶将（jiāng）；阿姊（zǐ）闻妹来，当户理红妆；小弟闻姊来，磨刀霍霍向猪羊。

（5）脱我战时袍，著（zhuó）我旧时裳（cháng）。

师：这7位同学谁读得最好？

生：我认为王舒婷读得最好，因为她读的时候，有些词语突出得很重，感觉很有情感。

师：哪些词语，她特别加重了语气？

（生语塞）

师：有一些淡忘了。有请舒婷。请你看屏幕第三句，朗读一遍，然后把你的理解讲给大家听。

生（字正腔圆地读）：不闻爷娘唤女声，但闻燕山胡骑鸣啾啾。这一句的意思是听不见爷娘呼唤女儿的声音，只听见燕山胡人的战马啾啾的叫声。

师：中国古诗文很简洁，这一句省掉了主语，请你补出来，完整地讲一讲。

生：它省略的主语是木兰。写的是在出征路上，木兰听不见爷娘呼唤女儿的声音，只听见燕山胡人的战马啾啾的嘶鸣声。

师：谁来评价舒婷的朗读？

生：我感觉她读得非常好。因为"爷娘"是家人，所以她把"爷娘唤女声"读得比较轻，比较柔；而"燕山胡骑"应该是敌人吧，所以她把"胡骑鸣啾啾"读得比较重。这样一轻一重，对比明显，很符合诗句的内容。

师：你的点评很精彩，说明你的理解也非常到位。朗读是一种出声的阅读方式，也是一种艺术的再创造，需要我们根据自己的理解处理语气的轻重、刚柔，语速的缓急。那第四句应该怎么读？

生：这一句写的是木兰回家，回家一般是很高兴、很兴奋的，所以要读得稍快一点。

师：请你带着自己的理解，用欢快的语气、轻快的节奏，朗读第四、五句，读出这份喜悦、兴奋。

（生读，后齐读全诗）

师：《木兰诗》是一首叙事诗，而且这首诗更加注重叙事的流动性，所以建议大家把整首诗想象成一帧帧镜头，用小标题的形式概括故事情节。

（生拟写镜头标题，后师生交流，师择机板书要点）

生：第一段是木兰织布叹息；第二段是木兰决定替父从军；第三段是木兰准备出征和离家跋涉；第四段是木兰征战沙场；第五段是木兰辞官还乡；第六段是家人团聚。

生：我补充一点：第六段还有木兰换装，火伴惊忙；第七段是木兰应答。

生：第五段还有木兰凯旋，天子赏赐。

师：木兰凯旋是第五段吗？我们大家一起来看。

生：我觉得不是第五段，应该是第四段"壮士十年归"，这里的"归"是归来的意思，这一句写的是凯旋。第六段开头是"归来见天子"，重点是"见天子"。

师：你的判断有理有据。不过注意一点，"壮士十年归"不能单独理解，它与上一句"将军百战死"构成互文，需要联系起来理解。请一名同学来翻译这两句。

生：将军经过了很多年的战争，有的战死了，有的得胜回来了。

生：将军和战士们经过很多年的战争，有的战死了，有的胜利回来了。

师（问第一个翻译的女生）：你能听出她的翻译和你的有什么不同吗？

生：她说的是将军和战士们。

师：你的主语是将军，而她的主语是将军和战士们。你认为谁的更准确？

生：她的。

师：这个句子大家需要特别关注。所谓互文，就是上下句互相交错、补充，所以我们在翻译的时候先调整补充，然后再翻译。请一名同学再来翻译一下，其他同学思考如何概括这个情节。

生：将军和战士们经过无数次出生入死的战斗，有的战死，有的得胜而归。

师：你翻译得非常准确。谁来概括？

生：这两句其实是两个镜头：一个是征战，一个是凯旋。所以，我概括的是木兰征战和凯旋。

师：很好。我们继续看第四段前四句具体写的是什么。请先讲句子大意，再简要概括。

生："万里赴戎机，关山度若飞"意思是远行万里，投身战事，像飞一样地越过一道道关塞山岭。所以我概括的是飞度关塞。

生："朔气传金柝，寒光照铁衣"，意思是北方的寒风中传来打更的声音，寒冷的夜色照在战士们的铠甲上。这应该是夜晚驻扎的情境，所以我概括的是寒夜驻军。

师：你们的概括和孙绍振教授的分析非常相近。第四段前两句是写行军，中间两句是写宿营，最后两句是写征战、凯旋。也就是说，全诗62句，只有2句真正提到了打仗，还是概括性的。所以我们班雨晴等12位同学问：既然木兰是个女英雄、一个传奇的女子，那么全诗不应该描写木兰的英勇善战吗？为什么写打仗的内容这么少？接下来，我们就细读诗歌，看这首乐府民歌着重塑造的是一个怎样的木兰形象，你最喜欢哪个镜头或情节中的木兰。

二、品读木兰形象

师：请同学们再次浏览全诗，然后抓住最吸引你的情节或镜头，逐字逐句细读，静心思考，分析评价，或者想象画面，描述镜头，也可以兼而有之，认真批写自己的理解感悟。比如，老师喜欢"织布叹息"这个镜头，"唧唧复唧唧"中的"唧唧"课下注释是叹息声，但也有专家认为是织布声，所以我就此展开想象，进行了批注。希望老师的示例能给大家一些提示。

（屏显）

> 我最喜欢织布叹息镜头中的木兰。我从"唧唧复唧唧，木兰当户织"中读出了她的勤劳与女孩细腻的心思。这"唧唧"是悦耳的织布声，我仿佛看到了木兰"纤纤擢素手，札札弄机杼"，俯身劳作、运梭如飞的美丽身姿。这"唧唧"还是轻轻的叹息，我仿佛看到木兰停机蹙眉，在凝神沉思。

（生自读批注，后师生交流）

生：我喜欢决定替父从军的木兰。因为我从"愿为市鞍马，从此替爷征"，尤其是"愿""替"字读出了木兰的孝顺。作为一个女子，她本来不用参军，可是"阿爷无大儿，木兰无长兄"，为了年迈的父亲，她毅然决然代替父亲征战沙场。

师：你从哪里能读出木兰父亲的年迈？

生：我是从"爷娘闻女来，出郭相扶将"中的"扶将"读出来的，因为"扶将"就是互相扶持、搀扶的意思。这说明木兰的父亲年龄很大了，腿脚有些不灵便，步履蹒跚。

师：你前后联系，透过"扶将"想象到了木兰的父亲步履蹒跚，很有想象力。"孝"的古字就是一个"子"搀扶着一个老人。但是我们班一鸣等9位同学问：为什么木兰要替父从军，阿姊和小弟不去呢？大家联系上下文分析推测一下。

生：我认为木兰的姐姐有可能出嫁了，而弟弟还年幼，所以只能木兰去。

师：也就是说木兰替父从军是无奈的选择。

生：我从后面一家团圆的镜头中感觉到木兰一家很温馨，她很爱她的父母亲，也爱自己的姐姐和弟弟，所以主动替父从军。

师：出于对家人的爱，木兰自愿选择替父从军。那她在决定的过程中有没有忧愁或犹豫过？

生（齐）：没有。

师：从哪里可以看出来？

生："愿为市鞍马"的"愿"。

生："女亦无所思，女亦无所忆"，什么也没有想，什么也没有回忆。

师：那么单纯、朴素。既然什么都没有想，什么都没有回忆，为什么还要反复问，反复答？真的是"军书十二卷，卷卷有爷名"吗？这是我们班7位同学提出的问题。

（生沉默思考）

师：看来其中还有一些其他的可能。大家看第一段的最后两句。大家齐读一下。

生（齐）：不闻机杼声，惟闻女叹息。

师：同学们把这几处联系起来思考木兰出征是否有过犹豫。

生：她毕竟是个姑娘，应该不能替父出征。

师：女孩不能替父从军，而木兰替父从军意味着什么？

生：意味着有可能遇到危险，甚至会面对死亡。

师：不是有可能，是一定会。打仗拼的就是你死我活。

生：她不知道打仗要打多长时间，自己能不能回来，什么时候回来。

生：她可能担心自己走后年迈的父母没人照顾，家里没人织布。

生：那时女子应该不能从军的，要不然她直接去就是了，不用替父亲从军，也不需要掩藏女儿身份。所以，她还可能担忧替父从军被人发现，会连累亲人。

师：有时候犹豫不一定是因为胆怯，而是出于一种更为周详的考虑。不畏生死、替父从军是一种孝顺，一种担当；叹息、犹豫，为父母、为家庭考虑也是一种孝顺。因此，这两段应该怎样读？

生（语速缓慢地朗读）：问女何所思，问女何所忆。女亦无所思，女亦无所忆。第二段开头应该读出木兰的忧愁。

师：你用你的示范告诉我们前半部分要缓慢低沉地读，读出木兰的叹息忧愁。请你领读开头第一段和第二段这一部分，大家读后面部分。

（生朗读第一、二段）

师：继续说你喜欢的木兰。

生：我喜欢准备出征的木兰。从"旦辞爷娘去，暮宿黄河边""旦辞爷娘去，暮至黑山头"可以看出军情非常紧急，从"东市买骏马，西市买鞍鞯，南市买辔头，北市买长鞭"可以看到木兰忙碌的身影。

师：你提到的这一句，我们班12位同学不太明白，马、马鞍、辔头、长鞭都是一类物品，不应该在一个集市同一个地方吗？怎么会在东西南北好几个集市上呢？

生：应该不一定是在东西南北四个集市，作者可能是故意这么写的。

师：对，这是乐府民歌的一种表现手法，叫"铺排"。我们来了解一下。同时思考，作者用铺陈、排比的手法来写准备出征的工作，有什么好处？

（屏显）

铺排是铺陈、排比的简称，是乐府民歌中普遍运用的一种手法。常常按时间、方位、辈分长幼、事态发展或人物服饰装扮等顺序铺排。铺排可以形成明快的节奏，渲染某种环境、气氛和情绪。

生：这样显得准备出征的工作特别忙碌紧张，渲染了军情的紧急，还有木兰出征的匆忙。

生：让我们感觉到准备工作很忙碌，但是木兰并不着急，内心很平静，做事很利落。

师：用铺排来表现木兰果敢、爽利的形象。叙事节奏方面呢，谁还补充？

生：我感觉节奏与前面忧愁叹息相比，更加明快了。

师：这明快的节奏，就好像木兰不停息的脚步，显示了她出征的决心。"不闻……但闻……"两句写什么？

生：木兰耳边的声音，她听到了黄河流水鸣溅溅、燕山胡骑鸣啾啾，听不到爷娘呼唤女儿的声音。

师：你叫什么名字？

生：李晓冉。

师：在你的印象中，你外出迟迟不回家时，父母会怎样呼唤你？

生：晓冉——你在哪里呀——赶紧回家吃饭啦——（生笑）

师：好亲切好温馨的呼唤！既然听不到这样的声音，为什么还要反复写，写两遍？

生：说明木兰想听到父母呼唤自己的声音，她非常思念父母。

师：请大家用第一人称补出木兰此时此刻的心里话，描述此刻的情景。

生：辞别爹娘，我奔赴战场，熟悉的家乡越来越远，可是我心里的思念却越来越强烈。爹娘，万一我战死沙场，我就不能再回家尽孝了，我多么想再一次听到你们呼唤女儿的声音。

生：在清晨的阳光里，我骑上飞奔的战马，奔赴远方的战场。漆黑的夜色中，耳边传来黄河流水的哗哗声，传来敌军战马的嘶鸣声，这些声音是那么陌生！爹娘，我是多么思念你们呀，我真希望听到你们呼唤我的声音！

师：其实，千言万语不能表达木兰此时此刻的心情。此时的木兰就像一位寻常的邻家姑娘，我们教室内亲切可爱的女孩儿，尽情袒露内心的思恋之情。

生：我喜欢行军宿营镜头中的木兰。透过"万里赴戎机，关山度若飞"，我仿佛看到木兰不畏艰难、勇往直前的飒爽英姿，她飞一样地越过一座座的山，跨过一道道的关。透过"朔气传金柝，寒光照铁衣"，我仿佛听到营寨里传来打更的声音，夜深了，她却依旧身穿沉重的铠甲，手握坚利的铁枪，在寒冷的夜色中站岗，目光炯炯。

师：这四句中有一个"万里"，谁关注到了？从中读到了什么？

生："万里"用了夸张的手法，强调行军路途非常远，是长途跋涉。我从中读出了木兰行军非常艰辛，也非常坚强。

师：对，打仗不是旅游观光，"万里"是夸张，更是强调，用行军路途的遥远、艰辛，强调木兰的勇敢、坚强。后两句呢？

生：我从"将军百战死"中的"百战"看出木兰身经百战，"十年"说明战争持续时间很长，木兰十年浴血奋战，才得以凯旋，更说明她非常英勇顽强。

师：注意"凯旋"就是胜利归来的意思，再跟"归来"就重复了。木兰的英勇坚忍不止体现在这一段中，大家要学会联系上下文来思考。

生："愿驰千里足，送儿还故乡"，"千里"说明她离自己的家非常远，可是她只需要一匹马就可以回家，可以看出她很勇敢。

师：你是不是从来没有离过家出过远门？

生：是的。

师：你把自己代入了课文，所以读出了属于自己的理解。对我们而言，独立地出一趟远门就感觉很不容易了。可是木兰呢，十年军旅，十年奋战，既需要英勇，还需要超乎寻常的坚忍。

生："木兰不用尚书郎"，木兰能够拒绝天子的奖赏，很勇敢。

师：能够拒绝权势、权威也是一种勇敢。你的发现很有价值，这一点大多数人都很难做到！

生："雄兔脚扑朔，雌兔眼迷离；双兔傍地走，安能辨我是雄雌？"说明她的勇敢。雄兔和雌兔在一起很容易辨别，可是它们一起跑的时候就很难辨别了。木兰和男火伴们一起出征打仗的时候分辨不出性别，说明木兰和男子一样勇敢。

生：还有一种可能，就是木兰很机智，善于隐藏真实的身份。

师：是木兰的勇敢、坚忍、机智，让火伴"同行十二年，不知木兰是女郎"。

生："策勋十二转，赏赐百千强"说明木兰立了很多功。木兰功劳越大，越看出木兰的勇敢。

师：让我们用豪迈、昂扬、坚定的语气朗读这些语句，体会木兰的这份英勇、坚忍、刚强。

（齐读）

生：我喜欢辞官还乡的木兰。因为"可汗问所欲，木兰不用尚书郎；愿驰千里足，送儿还故乡"，面对丰厚的赏赐，面对高官厚禄，木兰一点也不为之所动，我从中读出了木兰不慕功名、热爱家乡的感情。

师：你提到了一个"不慕功名"，我想到了南宋词人辛弃疾，他说"了却君王天下事，赢得生前身后名"。可是木兰的选择是什么？

生：木兰的选择是相反的，她不用尚书郎，不想赢得生前身后名。

师：就是简洁有力的两个字——"不用"。这一次木兰的决定干净利落，与出征前的叹息犹豫形成鲜明的对比。为什么会这样？

生：因为她想快点回到她魂牵梦萦的家。

师：家和尚书郎相比，家的位置更重要。

生：木兰出征前是因为担心父母才忧愁叹息，现在她只想回家和父母团聚。

生：因为前面我们讲过，木兰从军本来就是代替父亲，她根本不是为了什么名利，所以当然不用纠结犹豫。

师：木兰从军仅只是为了父亲，为了家人，从来不曾想过功名利禄。多么单纯、朴素的姑娘！也许这就是女子和男子的最大不同，也是木兰这个女郎的可爱之处。

生：我喜欢和家人团聚、换上女装的木兰。听到木兰回乡的消息，父母互相搀扶着出城迎接，蹒跚的步履掩不住激动的心情，阿姊喜悦地整理艳丽的红妆，小弟兴奋地磨刀，要杀猪宰羊。在家人的簇拥下，木兰回到自己久违的闺房，脱下男人的战袍，穿上旧时的美丽衣裳，对着窗前的镜子梳理云一样的发髻，贴上好看的花黄。

师：大家注意，"当窗理云鬓，对镜帖花黄"也是一个互文的句子，这位同学就是按照我们前面讲过的方法，前后交错补充来翻译的。古人认为，身体发肤受之父母，所以非常呵护自己的头发，女子长发及腰甚至及膝，柔柔长长。还有谁在这里做了批注？

生：我批写的是换上女装、面对火伴的木兰，我从中看到了一个美丽的木兰。当一身戎装的木兰换上女孩子艳丽的衣裙、梳着云一样美丽的发髻、袅袅娜娜走到火伴面前时，昔日的火伴顿时瞠目结舌，你看看我，我看看你，脸上一片惊讶，内心一片慌张——同吃同住十二年，怎么从来没有发现，木兰竟然是这么美丽的一个女郎呢？！（众生笑）

师："出门看火伴，火伴皆惊忙"侧面衬托了木兰的美，而你的还原更是生动有趣。这一段再次运用了铺排手法。如果我们配乐分角色朗读最后两段，你会选择怎样的音乐？为什么？

生：用激动、欢快的音乐，因为家人团聚，心情特别激动、高兴。

生：用喜悦、轻松、柔和的音乐，因为这里木兰恢复了女儿身，要与女子温柔的性情相适应。

生：用喜悦、轻松带一点俏皮的音乐，因为最后一段木兰用雄兔和雌兔来比喻，特别好玩，而且木兰为自己没有被火伴发现女子身份而感到骄傲和自豪，木兰很可爱，很有趣。

师：你和福建师范大学孙绍振教授英雄所见略同。木兰是一个不忘女性本色的女英雄，她为自己成功掩盖了女性性别而感到自得。她喜欢自己的女儿身份，她幽默调侃自己的男火伴，她是一个活泼可爱、可亲可敬的姑娘。让我们随着音乐，分角色朗读体会这份喜悦、喜爱和欢快。

（屏显，配乐分角色朗读）

（齐）爷娘闻女来，出郭相扶将；

（女）阿姊闻妹来，当户理红妆；

（男）小弟闻姊来，磨刀霍霍向猪羊。

（女）开我东阁门，坐我西阁床，脱我战时袍，著我旧时裳，当窗理云鬓，对镜帖花黄。

（师）出门看火伴，火伴皆惊忙；

（男）同行十二年，不知木兰是女郎。

411

（女）雄兔脚扑朔，雌兔眼迷离；双兔傍地走，安能辨我是雄雌？

三、感悟"女子"魅力

师：民歌是劳动人民创造的。为什么千百年来人们一直传唱《木兰诗》，却不以木兰的英勇善战作为描述的重点？

生：这样的木兰更加真实，人们喜欢真实的人。

师：木兰是一个英雄、一个传奇，但人们希望她能像邻家女孩那样真实可亲。

生：人们更渴望和平安宁的生活，不愿意打仗，一家人团聚在一起，更幸福。

师：在中国古人心中，社会和平、家人团聚、男耕女织，就是最平凡也是最理想的幸福生活。

生：大家都知道木兰替父从军，很英勇，所以就不重点写这方面了。另外，要是重点描绘木兰的英勇善战、坚强，那么木兰就成了一个"女汉子"了。（生笑）人们可能不喜欢"女汉子"，更喜欢温柔一些的女子。

师：从大家的笑声中可以看出"女汉子"这个词在今天也是褒贬不一的。时代不同，自身需求不同，人们的审美取向也会有所不同。其实不只是《木兰诗》，现存的两汉、南北朝乐府民歌塑造了大量的女性形象。我们再来阅读两首。

（屏显，生读，思考交流）

速读《陌上桑》《孔雀东南飞》，结合注释理解诗意，并与《木兰诗》比较思考：

（1）三首乐府民歌中的三位女子有哪些相同之处？在叙事、描写以及修辞手法等方面又有哪些相同之处？

（2）谁是劳动人民心中最美的姑娘？谁是你心中最美的姑娘？

师：我们先来交流一下这三首乐府民歌在人物形象和表现手法方面的相同之处。

生：这三首乐府民歌写到了三个女子的勤劳，她们都心灵手巧。木兰织布；罗敷善蚕桑，"善"意思是擅长、善于，说明做得非常好；刘兰芝善于织布裁衣，她非常勤劳，"鸡鸣入机织，夜夜不得息"，而且织得又快又好，"三日断五匹"，她还会"弹箜篌""诵诗书"，多才多艺。

生：她们三个都十分爱美，也非常美丽。木兰返乡第一件事就是梳妆打扮，"当窗理云鬓，对镜帖花黄"，她的头发像云一样好看；罗敷"头上倭堕髻，耳中明月珠"，"紫绮为上襦，缃绮为下裙"；刘兰芝"著我绣夹裙，事事四五通。足下蹑丝履，头上玳瑁光。腰若流纨素，耳著明月珰。指如削葱根，口如含朱丹。纤纤作细步，精妙世无双"。她们的衣服、饰物都很美。作者运用铺排手法来描写，突出了他们的美。

师：铺排手法的运用更突出了人物的美，别有一种浪漫色彩和民歌回环往复的节奏、韵律美。对于罗敷、刘兰芝她们精美华贵的衣饰，大家有没有疑问？刚刚同学们提到的是三位女子的勤劳。

生：我有一个问题，从她们特别擅长织布、采桑来看，她们应该是劳动人民，底层的劳动人民怎么会有这么华贵精美的装扮呢？

生：我和她的意见一样，而且穿着这样的衣服好像没法参加劳动吧。
（生笑）

师：你们的问题很有价值，好多专家对此也十分感兴趣。大家可以从写作手法、人民的情感、心理等方面来思考。

生：这应该是一种夸张，夸张地写她们的衣服多么精美华丽，实际上可能不是这样的。因为人们喜欢她们，所以希望她们是美丽的。

师：有道理，民歌抒发的是劳动人民的心声。继续补充。

生：正因为劳动人民没有或者无法穿这么精美的衣服，所以才特别想拥有这样的衣服。这应该表达的是劳动人民对美的渴望。我们平时看电影、电视，看到特别美、特别崇拜的人物，有时也希望成为那样的人。

师：的确，汉代以来，在儒家礼仪文化的影响下，中国历朝历代都特别强调衣饰的尊卑等级，对社会各阶层衣着的颜色以及配饰等都有具体的规定。比如《风俗通》中记载，"倭堕髻"就是东汉京城贵族妇女最流行的发式，而明月珠、明月珰、缃绮、紫绮、蹑丝履更是贵族女性才会拥有的精美服饰。所以，民间诗人们把现实中她们无法拥有的、当时最流行的、最美好

413

的东西全部倾注到诗中的美好人物身上，用这种大胆"夸饰"的手法来表达对她们的喜爱、赞美。还有一点，三首诗都没有写人物的容貌。这样写有什么好处？

生：每个人心中的美是不一样的，因为你认为美的别人不一定认为美，我感觉不写更能给人想象的空间。

生：这三首诗都没写人物容貌，但是都运用了侧面描写手法，用火伴和耕者、锄者、行者的反应，还有太守儿子的求婚来侧面衬托了她们的美丽出众，这样更能显示她们的魅力。

生：我觉得还有一点，民歌不写容貌，是想要人们关注她们的内在美。

师：外在的美固然让人赏心悦目，而内在的美却更让人由衷叹服。继续交流。

生：我发现她们三个人都不爱荣华富贵。"可汗问所欲，木兰不用尚书郎"，高官厚禄对她没有一点诱惑力。使君喜欢罗敷，想要载她一块回去，罗敷直接斥责他愚蠢，拒绝了他。太守的儿子向刘兰芝求婚，给了好多聘礼，但是刘兰芝并不喜欢，一点也没有动心。

师：她们不爱荣华富贵，爱的是什么呢？

生：木兰爱自己的父亲、家人，罗敷爱自己的丈夫，刘兰芝也爱自己的丈夫焦仲卿。

师：真爱与名利富贵无关，她们爱得单纯、朴素、坚贞，面对诱惑，不改初心，所以她们打动了千百年来人们的心。

生：我觉得她们三个都很有智慧。木兰从军十二年，但是火伴们却不知道她是"女郎"，而且她回答火伴时运用了雄兔、雌兔的比喻，特别巧妙有趣。而罗敷没有和使君正面冲突，而是夸赞自己的夫婿，让使君自己知难而退。至于刘兰芝，我感觉她的婆婆，就是焦仲卿的母亲，明明是刁难，而刘兰芝的回答还算是有礼有节，这应该也是智慧的表现。

师：至于刘兰芝的言行表现是否智慧，历来众说纷纭，大家可以继续研究。在劳动人民心中和你心中，谁是最美的姑娘？

生：我觉得很难说谁最美，她们都很美，既有外在美，又有内在美，都很完美。不过我更喜欢木兰，因为木兰更亲切自然。

师：木兰的朴素自然打动了你。

生：我也喜欢木兰，因为木兰给人的感觉更真实可爱，和我们的距离更近。而且，木兰对家人、对国家都很有责任感。

师：木兰既有家国情怀，又不失女儿的真实可爱，是一个有血有肉、丰满立体的人物形象。

生：刘兰芝和焦仲卿的爱情悲剧很感人，但是我更喜欢木兰和罗敷，我觉得她们两个很独立，勤劳又有自己的主见，不是那种特别柔弱依赖别人的女子。

生：我认为刘兰芝的悲剧是时代造成的，那个时候的女子没有办法像今天的我们这样，可以按照自己的想法来选择自己的生活。

师：对，刘兰芝的悲剧是时代的悲剧。但无论处于何种时代，我们都要有自己独立的思想、独立生活的能力，这样我们才会有独立的人格，赢得别人真正的尊重。

生：我觉得木兰、罗敷和刘兰芝代表了三种不同的女子——木兰没有出嫁，她既勤劳、心灵手巧，又孝顺父母、疼爱家人，也很勇敢，但她始终有女孩子的活泼可爱；罗敷、刘兰芝都已经结婚，所以诗歌就特别表现她们对爱情的坚贞。罗敷面对的是使君的诱惑，刘兰芝面对的是婆婆的刁难。我感觉这样的女子在现实生活中好像很难有。（生笑）

师（笑）：此女只应天上有。木兰、罗敷、刘兰芝的确是乐府民歌中三种完美女性形象的代表——木兰是传奇女子的代表，罗敷是美女与贞女的代表，刘兰芝是美女与弃女的代表。未出嫁的她们，在爷娘眼中，是勤劳、孝顺的女儿；在阿姊眼中，是乖巧懂事儿的小妹；在小弟眼中，是关爱家人的大姐；在战友眼中，是勇敢、刚强、机敏的英雄。已为人妻后，她们忠于爱情，侍奉公婆；面对外来的诱惑，她们不贪恋富贵，坚贞不渝；面对家庭的矛盾，她们不卑不亢。这就是劳动人民心中最完美的姑娘、最理想的女子形象。今天，我们每个人都有自己独特的审美。请同学们继续细读，发挥想象力，书写自己的阅读感受、体验和思考，形成属于自己的研究成果。

后 记

这本书中收录的文章与案例都是2012年以后写成的，一部分已经在《语文学习》《语文教学通讯》《中学语文教学参考》《中学语文教学》《中学语文》《语文建设》等报刊上发表，大多数课例已在不同省市、不同学校公开展示。不管是在自己的班级还是其他地市借班上课，我都会想方设法收集学生的感受、质疑与发现。最常用的办法是让学生用小纸条或"初读任务单"书写阅读感受，提出不明白或感兴趣的问题，或者让学生当堂提问。具体的操作步骤，书中也有详细记录，大家可以仔细回读。

很多老师常向我咨询：学生提不出问题怎么办？提的问题不是语文问题怎么办？学生的问题怎么处理？是不是每一个问题都要回答？……说实在的，我在让学生提问题前压根儿没有想这么多。我当时只有一个想法，我想弄清楚：学生在想什么？学生需要什么？学生的兴趣点在哪里？学生已经知道了什么？哪些是学生好像知道其实并不明白的？哪些是我稍微一点拨学生便能豁然开朗的？哪些是"这一班"的学生无论如何都无法理解的？发现问题是学习真正发生的重要前提，学生的问题会指引我们"从哪里开始""到哪里去"。所以，我的回答是：先让学生把感受说出来，把问题提出来。

提不出问题往往是教师有意无意"压制"的结果。一直不让学生提问题，害怕学生提问题——尤其是公开课怕学生提问题，自己无法应对——时间长了，学生便丧失了提问的意识和能力。我们常说"教学相长"，鼓励学生提问，就是倒逼我们自己成长。我的成长过程也是"基于问题的学习"过程，问题的可贵价值不言而喻。

判断学生提的问题是不是语文问题，这就需要看教师的功底和视野了。

以《昆明的雨》为例，学生问"作者为什么雨季'逛菜市场'"——的确，一个20来岁、吃食堂的男学生怎么会喜欢"逛菜市场"呢？这个问题很好，很正常，但它算不算语文问题呢？如果你没有读汪曾祺写其他食物的作品，尤其是没有读过《写字·画画·做菜》，你可能会认为这是一个"非语文"的问题。可是如果你读了这些作品，对汪曾祺所说"我不爱逛商店，爱逛菜市。看看那些碧绿生青、新鲜水灵的瓜菜，令人感到生的喜悦"有了深切的体会，那么这就是一个"很语文"的问题，这个问题就是触摸作者"心怀"的最好问题。所以，拿到学生的问题，不要急于判断，要去阅读、搜寻、考证……经常经历这样的过程，我们便能经常成长。前面我说"俯身三载，关注学生演绎无限精彩"，如果大家也这么去做，一定也能收获无限精彩。

怎么处理学生的问题？具体到一节课的操作，我一般是依照文本的内在逻辑，把学生的问题编选成环环相扣的"问题链"。趣味问题或基础性问题作为切入点或教学铺垫；共性问题汇总或转化为主问题、主活动；与关键词句密切相关、有思维含量的个性问题作为追问点拨或者嵌入学习支架，推动学生深度思考。说实话，一堂课不能解决学生所有的问题，我们也不提倡"碎问碎答"，我们的目的是点燃学生思维的火花，指导学生走进文本、发现文本，进而认识自我、发现自我，培养学生独立思考、主动发问、不断探索的习惯和能力，作用于学生的终身成长。

该书能够出版，我首先要感谢张伟忠老师。是张老师鼓励我梳理自己的教学实践经验，拿出来和大家分享，请方家指教。"构建基于学生的感受、质疑、发现的语文新课堂"也是张老师多年倡导的教学理念，有了这一理念，我在小说、散文、诗歌以及实用文体、专题读写方面的探索才能一以贯之，行稳致远。

我还要衷心感谢一直以来默默陪我努力追梦的郭莉莉老师、崔雪梅老师。她们是我的良师益友，十几年来，她们不断鼓励我，无私地帮助我，持续地推动我成长；在我人生的每个重要节点，都有她们悉心的陪伴与耐心的指点。

我要感谢的还有各省市支持新课堂理念、与我一起前进的教研和教学一线的朋友，各位温暖、热情、亲切、细心的编辑老师，热心指引我们一线教师成长的教育专家，和我一起在语文路上快乐成长的教学伙伴们、可爱的学生们……

有了你们，我的"语文新课堂"追寻之路才时时充满阳光，我才能二十四年如一日，且耕且耘，且行且思，且歌且舞。你们也是激励我前行的不竭动力，我会沿着"语文新课堂"的正道继续向前，努力让每一个平凡的日子因这一理念而迸发出生命的喜悦和智慧的光芒。

段岩霞

2020年10月9日